MAINE ROMAN
SICILE ROMANE
PORTUGAL ROMAN 1
PORTUGAL ROMAN 2
POUILLES ROMANES
ANGLETERRE ROMANE 2
CALABRE ROMANE
BELGIQUE ROMANE
SARDAIGNE ROMANE
LYONNAIS SAVOIE
ABRUZZES MOLISE
VIVARAIS GÉVAUDAN
VÉNÉTIE ROMANE
DAUPHINÉ ROMAN
ROME ET LATIUM

ROME ET LATIUM

ROMANS

Enrico Parlato
Maître de recherches à l'Université de la Tuscia à Viterbe

Serena Romano
Directeur du Gabinetto Fotografico Nazionale
dell'Istituto Centrale per il Catalogo à Rome

Traduit de l'italien par Dom Norbert Vaillant

avec la contribution d'Yvonne Bâtard, Professeur émérite,
titulaire de la chaire de Littérature comparée à Rennes

Photographies inédites de Zodiaque

ROME ET LATI

UM ROMANS

MCMXCII
ZODIAQUE
la nuit des temps

PRÉFACE

Le terme « roman » pourrait faire croire, bien à tort, que Rome est l'origine et le modèle de cet art auquel nous avons déjà consacré tant d'ouvrages. En un sens, ce vocable est aussi fallacieux que peut l'être celui de « gothique ». L'un et l'autre sont admis, mais ne sauraient être pris à la lettre.

En cette collection, la suite des ouvrages a suffisamment montré, nous semble-t-il, que la variété même – presque inépuisable – de l'art roman ne pouvait trouver d'explication que dans l'incroyable faculté d'adaptation de ce dernier aux données locales : matériaux, paysages certes, mais aussi culture et influences de toutes sortes, parfois difficilement explicables.

L'art roman de Rome et du Latium témoigne, bien entendu, de cette capacité peu commune, même si le poids de la tradition antique lui donne un aspect beaucoup moins libre, beaucoup moins spontané que celui d'autres provinces, sans lien direct avec cet impressionnant héritage.

On ne peut oublier que Rome est la pierre d'angle du christianisme. Les deux grands apôtres que furent Pierre et Paul surent apporter l'Évangile dans ce centre de l'immense Empire romain d'où, peu à peu, il parvint à rayonner à travers le monde.

Nécessairement, les traditions ont pesé davantage dans ce cœur de la chrétienté. Les vénérables basiliques, toujours debout, ne pouvaient manquer d'imposer leur modèle et les églises du Latium s'y réfèrent ostensiblement. L'innovation ne pouvait s'exercer ici, alors qu'elle se manifestait si volontiers ailleurs.

Comment ne ressentirait-on pas cependant une émotion particulière en ces lieux de culte où tant de pèlerins sont venus du monde entier joindre leur louange et leur prière à celle des mains anonymes qui, voici quelque huit siècles, les ont élevés à la gloire de Dieu et en l'honneur de la Très Sainte Vierge et des Saints, dans cette terre qui reçut le sang d'une telle multitude de témoins, lieu de sépulture d'un si grand nombre de martyrs.

N O T E

Les planches en noir et blanc de cet ouvrage, comme du reste toutes celles des livres de cette collection et la quasi-totalité de ceux de notre édition, ont été réalisées en héliogravure.

Cette technique, seule, permet d'atteindre à une telle intensité et profondeur des noirs, à un tel rendu des ombres et des lumières, à une restitution aussi parfaite du grain de la pierre, du relief des masses.

C'est pourquoi, en dépit de son coût relativement élevé, nous lui restons fidèles, bien qu'elle soit peu à peu abandonnée par presque tous les éditeurs d'art.

Nous nous permettons de signaler le fait à nos lecteurs. L'héliogravure à feuilles, sauf miracle, semble condamnée à plus ou moins brève échéance. Il nous semble inadmissible que cela puisse se produire dans l'indifférence générale. La qualité devrait l'emporter sur toute autre considération et la disparition d'une telle technique d'impression représenterait une perte irréparable.

Nous tenons à remercier les imprimeurs qui, par amour de leur métier, résistent courageusement aux engouements de la mode et aux facilités tentantes de ce que l'on présente comme progrès.

TABLE

Introduction

Rome

Nord du Latium

Est de Rome

Sud du Latium

Peintures murales

L'ART ROMAN A ROME ET DANS LE LATIUM

Avant-propos

En quelques pages d'introduction à une nomenclature des monuments romans à Rome et dans le Latium, on ne peut songer à écrire l'histoire de l'art ou des arts au cours d'un siècle et demi : tel est en effet l'espace de temps qui sépare les deux pontificats choisis comme limites pour cette étude, celui de Grégoire VII (1073-1085) et celui d'Honorius III (1216-1227). Une synthèse ultrarapide de ce genre serait déjà difficile dans le cas d'un quelconque centre artistique italien; combien plus s'il s'agit de Rome, lieu où les thèmes porteurs de ces cent cinquante ans ont connu leur formulation, leur développement, des entrecroisements incessants dans une complexité qui, traitée superficiellement, ne pourrait qu'aboutir à une synthèse livresque.

On se limite donc ici à fournir quelques renseignements sur les critères qui ont guidé les choix de cette nomenclature, puis sur quelques faits de caractère si fondamental et si général qu'ils sont nécessaires pour la compréhension de l'ensemble.

En premier lieu, les limites chronologiques. Si artificielles qu'elles soient, elles correspondent à un jugement critique substantiellement univoque en ce sens qu'il aboutit, dans le domaine de la peinture par exemple, à ne pas considérer comme appartenant pleinement à l'art de l'époque romane des cas pourtant de grande portée, tels le cycle de Sainte-Marie in Pallara ou celui de Saint-Urbain à la Caffarella. Par contre d'autres problèmes ont été jugés par trop tardifs, déjà marqués par les caractéristiques de l'époque gothique : et ce fut le cas de l'activité des équipes cisterciennes dans le Latium méridional où, engagées dans la restauration et la reconstruction partielle d'un grand nombre d'édifices religieux et civils, elles remplacèrent en fait les caractères de l'architecture préexistante par d'autres empruntés au système de construction cistercien. Les études de Mme Wagner-Rieger (1957), les recueils d'études sur *Les Cisterciens et le Latium* (1980) et sur Ferentino (1982) rendent amplement compte de ce phénomène, à peine signalé ici.

Par ailleurs il n'est guère besoin de faire savoir que bien des ajustements estompent nécessairement les limites ainsi fixées. Soit parce que dans certains cas une date un peu plus tardive que 1227 n'a cependant pas empêché l'appartenance réelle d'une œuvre à des temps légèrement antérieurs – que l'on pense aux fresques de l'oratoire Saint-Silvestre aux Quatre-Saints-Couronnés, exécutées en pleine époque de Frédéric II de Souabe mais encore substantiellement liées au problème Monreale/Filettino/Anagni –, soit surtout parce que les très nombreux cas de chronologie seulement approximative et sans appui solide dans les documents suggéraient d'élargir ces limites, offrant ainsi plus de matière, plutôt que de les resserrer en excluant tant de cas, tous encore à étudier.

Le choix même des délimitations géographiques demande une ligne d'explication. Le principe de la collection où paraît ce livre est rigoureusement régional et oblige à fournir une documentation sur le territoire du Latium actuel qui cependant, tout le monde le sait, est le résultat d'une organisation administrative récente, en contradiction dans une certaine mesure avec des données historiques bien plus anciennes.

Outre Rome et les diocèses suburbicaires, on a donc accordé davantage d'attention aux territoires compris dans les diocèses du Latium médiéval : ceux qui s'étendent vers le Nord et constituent le *Patrimonium Sancti Petri* (centrés sur les grands diocèses de Tuscania et de Viterbe); la Sabine et les territoires de Tivoli; et le Latium méridional avec les diocèses d'Alatri, de Veroli, de Ferentino et de Terracina; et nous renvoyons pour toute précision supplémentaire à l'ouvrage classique de Battelli. On n'a cependant pas manqué d'y inclure une série de monuments placés aux limites extrêmes du Latium actuel – d'Acquapendente à Bolsena, à Sora, à Aquin, à Ausonia, à Saint-Élie Fiumerapido – qui autrement n'auraient été étudiés ni dans les volumes sur les régions limitrophes ni dans le nôtre.

A l'inverse, un monument actuellement inclus dans la province du Latium comme l'abbaye du Mont-Cassin n'a pas été retenu dans ce volume car déjà traité dans le volume de Campanie; et il en est de même pour quelques monuments de Gaète. Le Mont-Cassin demeure toutefois un élément local indispensable pour l'histoire des œuvres romaines à la période considérée.

Le genre du volume rend nécessaire de donner au moins quelques coordonnées essentielles du scénario historico-institutionnel du Latium médiéval, objet des recherches fondamentales de Pierre Toubert (1973) sur la Sabine et le Latium méridional.

Les limites des territoires qui, à des titres variés, faisaient partie du domaine pontifical remontent en substance à l'époque carolingienne. De la *Tuscia* (Étrurie) romaine entre la mer Tyrrhénienne et le Tibre, la frontière septentrionale était marquée par les diocèses de Blera et de Sutri. Au-dessus de cette ligne commençait la *Tuscia Langobardorum* (Étrurie septentrionale). La réorganisation du diocèse de Tuscania qui à la fin du XIe siècle englobe ceux de Blera et de *Centum cellae,* puis le transfert du siège épiscopal de Tuscania à Viterbe (1192) s'inscrivent dans l'expansion vers le Nord des territoires contrôlés par le Souverain Pontife qui, dès le temps d'Adrien IV (1154-1159), réussit à faire triompher ses prétentions sur Radicofani.

A l'Est par contre, la division carolingienne de la Sabine – avec l'annexion de la région de Rieti au duché de Spolète – dédommagea les pontifes de leurs pertes territoriales en établissant une frontière juridiquement certaine, qui se révéla une défense excellente pour l'évêché de Sabine. Au Sud, le territoire de la *Campania* romaine comprend l'actuel Ciociaria et le diocèse de Tivoli. Les Apennins forment une nette séparation d'avec les territoires abruzzains, tandis que la frontière méridionale est marquée depuis le VIIIe siècle par la division entre les diocèses «romains» de Ceccano et d'Alatri et les diocèses lombardo-bénéventins de Sora et d'Aquin. Sur la côte, toute prétention au duché de Gaète ayant été abandonnée, Terracina constitue la limite méridionale de la *Marittima,* province qui, resserrée entre les Monts Lepini et la mer, s'étend au Nord jusqu'à Velletri.

Dans ce contexte il faut au moins mentionner l'existence au Latium, ou dans ses alentours immédiats, de trois grands «principats» monastiques : le Mont-Cassin, Subiaco et Farfa. Ce dernier, abbaye impériale, a souvent représenté un centre de coalition des forces antipapales, rôle qui toutefois décline au début du XIIe siècle. Les transformations de l'Église sont évidemment liées à la Réforme, ce mouvement de rénovation qui prit naissance dans les grands centres du monachisme clunisien et dont le commencement coïncide avec le pontificat de Léon IX (1049-1054). Il convient d'en signaler au moins deux : le rôle décisif joué par le collège des cardinaux qui devient «un corps organique d'électeurs, de conseillers permanents et d'agents qui mettent en œuvre les choix stratégiques de la papauté» (Toubert, 1973, II, p. 1044); l'institution de la *camera domini papae* (et donc du camérier), nouvel instrument pour l'administration financière inspiré du modèle clunisien. C'est ensuite la Réforme – et la nécessité qu'elle entraîne de se doter de structures (y compris de type financier) adaptées à la compétition avec l'Empire – amenant la transformation juridique de la base territoriale de l'Église, définie au début du XIe siècle encore par le terme plutôt élastique de *Terrae Sancti Petri* ou par ceux encore plus vagues de *regalia et possessiones* (Toubert, 1973). Le statut juridique varié acquis par les possessions papales – apparaît alors le terme nouveau de *Patrimonium Sancti Petri* – et l'éclipse du pouvoir impérial à la mort d'Henri VI (1197) permettent à Innocent III (1198-1216) de créer un véritable «État de l'Église» qui, partant du Latium et passant par le duché de Spolète et les Marches, rejoint les territoires de l'Exarchat.

A l'opposé, naissance en 1143 de la commune de Rome qui de façon significative se définit comme *Senatus* et installe son siège à la citadelle capitoline. C'est un nouveau pouvoir face à celui du pape – y compris dans la revendication de la romanité impériale elle-même – qui oblige le pontife à s'appuyer sur des forces locales présentes au Latium où souvent il se réfugie. Un tel fait renforce la cohésion entre la papauté et la région, en exploitant aussi la rivalité entre Rome et les autres villes du Latium, comme Tivoli, Tuscolo ou Viterbe.

Pour Rome, on doit se souvenir de la topographie très particulière de la ville médiévale : la zone d'habitation, groupée sur les rives du Tibre, se tient à l'intérieur de l'énorme espace entouré des murailles d'Aurélien et défini d'une heureuse formule comme «le désert» (Krautheimer, 1981). A la limite extérieure de cette campagne urbaine – note caractéristique du paysage romain jusqu'au siècle dernier – s'élève le Latran, siège de la cathédrale et de l'évêque de Rome. Emplacement excentrique commandé au temps de Constantin par des raisons d'opportunité politique : on ne voulait pas heurter la susceptibilité du patriciat romain, encore attaché à la tradition païenne. À l'époque médiévale, la situation de la cathédrale loin de l'agglomération était tout à fait irrationnelle et contraire à la conception même de l'autorité épiscopale, pivot de la communauté chrétienne. Cependant la fondation constantinienne du Latran prit dans le cadre de la Réforme et du conflit avec l'Empire, une nette valeur symbolique à laquelle on ne pouvait renoncer. L'usage romain des stations processionnelles – l'habitude de célébrer certaines fêtes religieuses à des basiliques fixées selon un calendrier précis – permettait au pontife d'être présent dans la cité et transférait à diverses églises l'importance liturgique qui en d'autres villes ne concernait que la cathédrale.

La tradition des études

Telle est donc dans ses grandes lignes la situation concrète de la région à laquelle sont consacrées les études dont nous avons fait mention. Mais avant d'indiquer rapidement quelques thèmes de caractère général qui traversent l'histoire de l'art de ces décennies, il faut dire que – surtout pour ce qui touche à la question de «Rome» – le cadre des études présente des caractéristiques tout à fait particulières. Une grande partie de la littérature savante sur Rome et sur les problèmes artistiques qui s'y rattachent, tout en offrant souvent des données précieuses, ne dépasse pas les limites d'une recherche de détail. Il semble par contre qu'une orientation des études plus ouverte et plus judicieuse, plus enracinée aussi dans l'Antiquité, doive s'efforcer en premier lieu de respecter l'élément le plus spécifique de la situation romaine : la stratification des faits historiques, le passage progressif de l'antique à l'antique tardif et au médiéval qui est aussi matériellement la condition *sine qua non* de l'existence d'un très grand nombre de monuments romains. Et il s'agit d'une continuité dans les implantations locales; de mythes qui survivent et sont ensuite transformés, adaptés et rappelés dans de nouvelles structures et de nouvelles représentations; et aussi des mêmes matériaux remployés et rénovés.

La tradition, nous le disions, a des racines profondes. La valeur des *monuments* médiévaux romains, en tant naturellement que porteurs de valeurs sacrées, se trouve au premier plan dès les dernières années du XVIe siècle et les premières du XVIIe, grâce au groupe des cardinaux réformateurs réunis autour du cercle oratorien de Bosio et Baronius. L'intérêt passionné que ceux-ci manifestent pour certaines églises et basiliques romaines, souvent leurs propres titres cardinalices, se traduit par des entreprises de restauration et – dans l'un ou l'autre cas – de «tutelle» (pour employer une expression moderne) où l'Antiquité chrétienne est entretenue et préservée comme jamais auparavant. Les opérations de redécouverte des reliques sont alors la voie suivie pour retrouver ce passé où se trouvent réunies les raisons profondes de la foi chrétienne et la raison d'être du monument lui-même : d'où les fouilles dans les églises et dans les catacombes, l'exhumation des sarcophages des martyrs, puis les nouveaux aménagements des édifices religieux.

Cette tradition érudite et interprétative, sur laquelle se fonde la discipline de l'archéologie chrétienne, portera de grands fruits au XIXe siècle : pensons seulement à l'importance qu'a encore aujourd'hui le travail de spécialistes ayant hérité de cette méthode : De Rossi par exemple ou Forcella lui-même. Et l'on ne s'étonne pas non plus, pour en venir à des temps plus proches de nous, que l'époque la plus fructueuse pour toute une partie des études médiévales romaines soit celle qui se situe entre la fin du XIXe siècle et les premières décennies du XXe, époque également liée dans une grande mesure aux campagnes de restauration dans les basiliques et les églises romaines, malheureusement menées souvent selon des critères discutables – pour le goût et la mentalité actuels.

Le Moyen Age retrouvé par Muñoz ou Giovenale ne passe plus aujourd'hui en raison de compléments abusifs et du regret éprouvé pour les vestiges du XVIIe ou du XVIIIe siècle sacrifiés pendant les travaux. Cependant fût-ce au moyen de ces opérations parfois violentes, une histoire de l'architecture médiévale romaine prend naissance : les études de Gustavo Giovannoni restent en ce domaine fondamentales. Et le sens profond du *monument,* qui découle de ces décennies de grande activité, se retrouve – s'il est permis de simplifier ainsi les choses – dans la seule œuvre de grande inspiration jamais écrite sur les édifices religieux romains, le *Corpus basilicarum christianarum Romae* de Richard Krautheimer; celui-ci tire profit en particulier des résultats de ces campagnes de fouilles et de restauration et les rattache à une vision plus large et plus systématiquement dotée d'instruments scientifiques, de documents graphiques et bibliographiques, fournissant aux études même les plus récentes un soutien irremplaçable.

La façon de faire la plus intéressante, spécialement pour ce qui regarde les problèmes romains, se trouve être celle qui, combinant les questions historiques et les questions historico-artistiques, lit les événements relatifs au monde figuratif par rapport à quelques thèmes – ce sont aussi ceux qui guident effectivement les événements des décennies envisagées ici. En premier lieu par conséquent le problème de la papauté qui, sortie de la querelle des investitures et en perpétuelle opposition avec le parti impérial, renforça ses propres positions idéologiques en faveur de la démonstration de sa primauté, et se munit de la gamme la plus vaste possible d'instruments de persuasion : parmi eux et non des moindres, ceux qui sont liés aux réalisations artistiques. La *Renovatio Romae,* entre la fin du XIe siècle et le début du XIIe, est donc le visage symbolique conféré à la ville – grâce aux restaurations, nouvelles constructions, campagnes de décoration – pour qu'elle soit la démonstration de cette primauté. Le vocabulaire dont fait usage ce nouveau langage est fortement antiquisant : la récupération de l'Antique – et par Antique on entend aussi bien l'antique classique que l'antique tardif et paléochrétien – constitue un rappel vigoureux de valeurs tant «impériales» qu'évocatrice des origines chrétiennes.

Une telle méthode, après les travaux d'Esch (1966), de Mme Toubert (1970), de Kitzinger (1972, 1982), de Benson (1982), semble être encore en pleine faveur – à preuve le livre utile et tout récent de Mary Stroll (1991) – et a le mérite de faire entrer l'étude des *spolia,* c'est-à-dire de l'Antique parmi les études médiévales, en renonçant à la formule désormais pauvrement simplificatrice : Antique = Renaissance.

Mais la vision de la Rome médiévale serait incomplète sans envisager un autre aspect, en quelque sorte l'envers du premier, qui se dégage des études de Romanini. Face à la civilisation que nous pourrions appeler pontificale, il y a la civilisation monastique qui parfois s'oppose de façon radicale à la première. Innocent II, le pontife qui met fin en 1140 au schisme d'Anaclet, n'aurait peut-être pas remporté la victoire sans l'appui d'un des protagonistes du mouvement des idées au XIIe siècle, saint Bernard de Clairvaux. L'installation des cisterciens à l'abbaye des Trois Fontaines, en 1140, doit certainement se rattacher aux événements qui avaient pendant des années divisé en deux l'Église catholique : mais Bernard, qui avait cependant soutenu le pontife, se défiait du milieu romain corrompu. D'où l'épisode architectural le plus étrange qui se puisse imaginer dans la Rome des années autour de 1140 : une abbaye cistercienne du «modèle bernardin» le plus strict, aussi éloigné que possible de l'*architectura triumphans* de la Rome papale. Et pareillement, loin de Rome, à Sainte-Marie de Falleri et surtout à Fossanova et à Casamari, après quelques dizaines d'années seulement les cisterciens, qui s'étaient trouvés du *bon* côté, remplacent les vieux bénédictins détenteurs de ces monastères et, ayant démoli les anciens bâtiments conventuels, élèvent ici aussi des édifices français, construits par des équipes de moines. Le renversement formel qui en résultera sera substantiel, et de Fossanova et Casamari partiront d'autres équipes de constructeurs qui bouleverseront de façon radicale – et désormais au XIIIe siècle – le langage architectural au Latium méridional.

Par rapport aux caractéristiques considérées comme les plus évidentes de l'architecture romane – agencement monumental des volumes, traitement plastique des surfaces, puissants systèmes de support et de couvrement –, ce qui a été construit à Rome au XIIe siècle se rattache difficilement à un modèle qui privilégie la tradition architecturale de la vallée du Pô. Il suffirait alors de citer quelques exemples : le chevet de l'église des Saints-Jean-et-Paul, celui de Sainte-Marie au Transtévère, les arcades aveugles qui à Saint-Laurent in Lucina entourent les fenêtres de la claire-voie, la crypte des Saints-Boniface-et-Alexis. Il s'agirait d'un nombre restreint d'œuvres, tout à fait insuffisantes à former un paysage architectural. Au contraire, en dépit des disparitions nombreuses, des transformations radicales subies au cours des siècles, l'architecture religieuse de la Rome du XIIe siècle a sa physionomie distincte, non seulement par le recours à des modèles précis, mais aussi par l'emploi de matériaux bien déterminés – parements de brique, marbre – et par le lien très étroit entre l'architecture et le mobilier liturgique. C'est dans ce dernier domaine que les marbriers romains fournirent une contribution fondamentale, passant d'interventions concernant «l'ambiance» à l'architecture proprement dite : du strict mobilier aux portails et aux cloîtres tout entiers.

Parler d'architecture à Rome oblige donc à une approche exclusivement basée sur des faits – et c'est le chemin suivi par les études les plus récentes –, enracinée dans l'œuvre et dans sa consistance matérielle. Comme on l'a signalé plus haut, les essais sur les arts à Rome et en particulier sur l'architecture romaine du XIIe siècle n'ont pas été réalisés à partir des grandes reconstitutions historiques du début du siècle – pensons à un Rivoira ou à un Kingsley Porter – qui au mieux relèguent le domaine romain dans une sorte de limbes intemporelles. Encore aujourd'hui la source la plus riche et la plus substantielle pour la connaissance des églises médiévales romaines restent les volumes du *Corpus Basilicarum Christianarum* de Krautheimer. Le fondement archéologique de la méthode adoptée dans le *Corpus* a précisément permis de surmonter l'opposition à première vue inévitable entre ce qui se passait à Rome, apparemment immobile, et les transformations stylistiques déjà perceptibles à faible distance de la ville. Il s'est agi avant tout de distinguer ce qui était paléochrétien ou du haut Moyen Age des réfections ou des reconstructions médiévales; les recherches de type archéologique sur les techniques de construction – accompagnées de celles sur les modèles architecturaux et sur chacun des ensembles monumentaux – ont permis une reconstitution des données et des faits circonstanciés. En voici les éléments saillants, à seule fin de déterminer quelques coordonnées fondamentales pour la lecture des chapitres qui vont suivre. Le *boom* architectural, le nombre considérable de restaurations et de reconstructions *a fundamentis* entreprises sous le pontificat de Pascal II (1099-1118) marquent le début de l'architecture de la *Renovatio* et mettent en évidence des modèles bien définis, mis au point dans un laps de temps de trois décennies environ, dont l'apogée eut lieu pendant les pontificats d'Innocent III et d'Honorius III : parcours idéal qui de Saint-Clément mène à Saint-Laurent-hors-les-Murs en passant par Sainte-Marie au Transtévère.

Le plan des églises romaines du début du XIIe siècle est caractérisé par la disposition basilicale avec des rangées de colonnes reliées par des arcs, un espace normalement terminé par le sanctuaire légèrement surélevé avec une seule abside. De massifs piliers de maçonnerie divisent la nef en deux ou parfois trois sections qui correspondent à la division interne de l'espace liturgique marquée par la clôture de la *schola cantorum* et du sanctuaire. Une telle scansion intérieure était parfois réalisée au moyen d'arcs diaphragmes, présents à Sainte-Praxède et jadis à Sainte-Pudentienne (Krautheimer).

La transformation la plus significative de ce genre de plan se retrouve à Saint-Chrysogone (1129) où les colonnes sont surmontées d'architraves – dans un attachement plus strict et plus solennel au modèle antique – et où fait son apparition le transept surélevé et en saillie, dont la hauteur correspond donc à celle de la nef majeure. On discute encore aujourd'hui pour savoir si une telle solution s'est inspirée de l'abbatiale du Mont-Cassin consacrée en 1071, ou si elle dérive du modèle paléochrétien de la basilique de Saint-Paul-hors-les-Murs. La question du plan implique donc les rapports réciproques entre le Mont-Cassin et Rome, reliant ainsi le cas de l'architecture à l'un des points les plus discutés à propos du développement de l'art à Rome.

En ce qui concerne les types architecturaux, on ne peut omettre de mentionner deux structures qui caractérisent les façades des églises romaines : l'avant-corps et le narthex. Le premier, souvent à part dans le bâtiment donnant accès à l'église (Saint-Clément, Sainte-Praxède et Saint-Cosimatus), se présente aussi adossé au porche (Sainte-Marie in Cosmedin). Le modèle de cette sorte d'arc triomphal doit selon toute probabilité être recherché dans celui, détruit, de l'ancienne basilique Saint-Pierre (cf. Gandolfo, 1984). Dans le cas de Sainte-Praxède, l'étude archéologique de Krautheimer semble indiquer que l'entrée monumentale existait déjà dans la construction carolingienne et que l'actuelle est une réfection romane, marquant ainsi un lien avec l'architecture du IXe siècle.

Pour le narthex, la liaison avec l'architecture paléochrétienne est plus qu'évidente. Les porches médiévaux romains prirent une forme bien définie – architrave soulagée par des arcs surbaissés en brique – qui devint pour une longue période comme un signe distinctif de l'architecture romaine dont témoignent, même en dehors de la ville, les porches de Civita Castellana et de Terracina.

Les clochers sont par contre une nouveauté. Ceux qui existent encore et datent de la période considérée ne sont aujourd'hui qu'une trentaine (et un critère de choix a ultérieurement réduit le nombre de ceux traités dans ces notices), mais à observer le plan monumental de Rome dressé par Tempesta (1593), leur nombre se révèle proche de la centaine. Il s'agit donc d'un élément qui a profondément transformé le paysage de la cité médiévale. Encore aujourd'hui le profil caractéristique des clochers romains – entièrement ajourés de fenêtres (pour les alléger et diminuer leur résistance au vent), revêtus d'un parement en brique animé par les plaques de marbre ou les assiettes en céramique et scandés horizontalement par les corniches en brique – demeure une image typique de l'époque romane. A s'en tenir à la récente étude d'Ann Priester (1990) – qui met à jour et corrige le texte de Serafini (1927), s'efforçant lui aussi de retrouver les origines de cette structure architecturale – l'adoption des clochers comme partie intégrante de l'architecture ecclésiastique remonterait seulement à la quatrième décennie du XIIe siècle. L'aspect le plus intéressant de l'étude de Mme Priester, même si elle n'est pas pleinement convaincante, demeure la tentative de repérer l'œuvre d'ateliers spécialisés dans la construction des clochers, non seulement par l'analyse des techniques de maçonnerie, mais aussi sur la base de l'emploi d'éléments décoratifs, parmi lesquels les corniches en brique.

Une autre question de grande importance concerne l'utilisation de matériel récupéré : Sainte-Marie au Transtévère et la Maison des Crescenzi en sont, à des titres divers, les exemples les plus significatifs. Dans la basilique du Transtévère les éléments classiques récupérés ont été soigneusement sélectionnés – ils proviennent en fait des thermes de Caracalla (Kinney, 1986) – de façon à créer une ambiance vraiment fastueuse. Le remploi s'accompagne d'une autre activité où l'on retravaille ou imite des pièces antiques, domaine monopolisé cette fois par les marbriers. Les chapiteaux eux-mêmes furent l'objet d'imitations et les chapiteaux ioniques devinrent très vite les plus répandus dans l'architecture du XIIe siècle : dès le porche des Saints-Jean-et-Paul (vers 1159) nous trouvons des pièces où l'imitation de modèle antique atteint une très haute qualité, donnant le départ à une orientation antiquisante qui se déploiera pleinement dans la basilique Saint-Laurent-hors-les-Murs étudiée récemment par Irmgard Voss (1990). Le remploi de pièces antiques et aussi médiévales est un facteur qui touche l'activité architecturale romaine dans son ensemble non seulement en ce qui concerne les matériaux de prix, mais aussi les éléments de brique eux-mêmes. Par exemple les briques romaines de deux pieds de long furent réutilisées par les constructeurs des voussures des arcs et des fenêtres. On doit donc supposer qu'à Rome l'activité économique liée au bâtiment tournait autour du travail de démolition et de récupération; les monuments continuent à vivre de l'extraordinaire accumulation de matériaux réalisée à l'époque impériale.

La connaissance des techniques de construction devient alors un instrument indispensable pour distinguer les œuvres et aussi pour les dater approximativement. De nouveau le *Corpus Basilicarum* est la source très riche de tels renseignements, aujourd'hui complétée par les études de Mme Avagnina, de Garibaldi et Salterini (1977) – jusqu'au XIIe siècle – et de celle plus récente de Mme Barclay-Llyod (1985) qui a étendu son analyse jusqu'à des œuvres du XIIIe siècle. De telles recherches se sont basées sur les variations du module architectural – la hauteur totale de cinq assises de briques et de cinq couches de mortier (module 5) qui se fondent sur des valeurs voisines du pied romain – et sur l'usage différent des matériaux eux-mêmes : brique, *opus listatum* (alternance de rangées de briques et de rangées de petits blocs de tuf) et *opus saracinescum* où la maçonnerie se compose de petits blocs de tuf bas et plats semblables à des briques assez épaisses. Autre élément significatif, la finition des surfaces en brique parmi lesquelles il faut signaler les joints tirés à la pointe. Procédé qui rendait plus régulier le parement de brique en lissant d'abord le mortier puis en traçant une ligne horizontale à la truelle entre deux rangées de briques.

Il s'agit évidemment de données qui ne permettent pas des datations à une année près, comme on en aura l'évidence à la lecture des chapitres suivants, parce que souvent aussi – et c'est le cas des finitions – il semble qu'il s'agisse de coutumes liées à la pratique d'ateliers particuliers plutôt que d'éléments de repérage chronologique. Même le module paraît plus apte à marquer une coupure au sein de la même construction qu'une chronologie absolue. Les valeurs oscillent et peuvent même changer selon les différents matériaux de remploi ; d'une façon générale, on a cependant observé une diminution de sa longueur au cours d'un siècle. Parmi les techniques de maçonneries, seul l'*opus saracinescum* est lié à des constructions du XIIIe siècle ; il apparaît par exemple dans la chapelle Saint-Silvestre aux Quatre-Saints-Couronnés (1246). La finition avec joints tirés à la pointe est présente dans des œuvres de datation plutôt ancienne – par exemple dans les consolidations apportées à la basilique inférieure de Saint-Clément (fin du XIe siècle) – mais aussi dans le cloître de Saint-Laurent-hors-les-Murs (1187-1191), tandis qu'au XIIIe siècle il n'est utilisé que dans les archivoltes des fenêtres.

Le paysage architectural du Latium est diversement caractérisé au Nord, à l'Est et au Sud, selon les différents rapports de voisinage. On retrouve cependant, dans des zones géographiquement très diverses, des éléments-types de l'architecture romane : qu'il suffise de penser aux cryptes presque contemporaines de Saint-Pierre à Tuscania et de la cathédrale d'Anagni.

Au Latium méridional il sera opportun de faire au moins une allusion à la présence du Mont-Cassin et aux relations étroites avec les monuments campaniens. Équilibre qui se trouvera bouleversé, à la fin du schisme d'Anaclet II (1130-1138), par l'arrivée des cisterciens, d'abord à Fossanova puis à Casamari. Dans la Sabine la double appartenance de la région – en partie liée directement à Rome et en partie serrée entre l'Ombrie et les Abruzzes – se trouve reflétée dans les deux essais récents de Claudio Montagni et Loredana Pessa (1983), et dans celui dû à Marina Righetti (1985) : qu'il suffise de citer deux exemples, Saint-Jean in Argentella d'un côté, et la cathédrale de Rieti de l'autre.

Avec l'exception de la Sabine, la présence de formes architecturales de type romain se limite au territoire restreint des diocèses suburbicaires et à la vallée du Tibre qui, par des établissements monastiques et pour des raisons commerciales, reste en étroit contact avec Rome. Un tel équilibre se modifie à la fin du XIIe siècle et au début du XIIIe, en concomitance avec l'accroissement du pouvoir de la papauté.

Dans le Latium septentrional par contre, la situation est beaucoup plus uniforme et homogène. Le patrimoine monumental lui-même qui est parvenu jusqu'à nous, ainsi que la masse des études consacrées à cette région, depuis celles – les premières – de Rivoira (Tuscania et Montefiascone), puis celles de Kingsley Porter sur Tarquinia, jusqu'aux reconnaissances territoriales effectuées, ces dernières années, par Mmes Raspi Serra (1972) et Rossi (1986), permettent aujourd'hui d'en dresser un tableau assez clair. Le diocèse de Tuscania/Viterbo est sans doute l'observatoire exemplaire pour repérer les rapports complexes et diversifiés avec l'architecture romane lombarde qui se trouve résumée dans une œuvre stratifiée telle que Saint-Pierre à Tuscania. Le lien avec la Toscane, avec la région du mont Amiata et du val d'Elsa se trouve manifesté par d'antiques fondations monastiques, par exemple l'abbaye Saint-Juste (Tuscania). C'est toujours par l'intermédiaire de la Toscane que semble s'imposer l'usage de la crypte (Kraft, 1987), dont subsistent les exemples précoces de Tuscania et peut-être aussi de Blera (très remaniée et pour cette raison exclue de notre catalogue). Une telle structure devient comme un leitmotiv dans l'architecture religieuse de tout le Latium septentrional seulement à partir du milieu du XIIe siècle.

Mais c'est peut-être à Tarquinia que se révèle la présence de diverses cultures dont la marque propre apparaît dans les différentes campagnes de construction de Sainte-Marie du Château. Le système de piliers et de demi-colonnes, les voûtes à nervures sont des traits nettement lombards où viennent s'insérer un élément méditerranéen par les liens avec la cathédrale pisane et un apport cistercien dans la phase terminale de l'œuvre. A la fin du siècle par contre, dans la cathédrale de Viterbe est mis en place un type de plan d'origine romaine, pour marquer le lien entre la papauté et le nouveau siège épiscopal.

La peinture

La production picturale a dû être très vaste, à l'égal de celle des autres régions du monde roman, comme la Bourgogne ou la Catalogne. Aujourd'hui encore, compte tenu des pertes et des destructions, le spécialiste peut compter sur un patrimoine très abondant, qui comprend des cycles de fresques, des mosaïques, des tableaux et est complété par le contrepoids fourni de la miniature. On s'est très tôt et même dès l'Antiquité efforcé de le recenser et de l'étudier, effort qui plongeait ses racines dans l'attachement aux «saintes mémoires» de la ville de Rome – où se mêlent des motifs religieux, liturgiques, dévotionnels, artistiques, parfois propres aux collectionneurs, aux antiquaires. En effet au début du XVIIe siècle, dans le courant archéologique oratorien, prend naissance le désir de connaître et de documenter le patrimoine médiéval de fresques et de mosaïques de la ville : par les soins du cardinal Francesco Barberini furent copiés de très nombreux cycles, au point d'établir un musée d'images qui encore aujourd'hui (Waetzoldt, 1964) fournit une base précieuse à notre connaissance d'œuvres encore existantes ou bien disparues; et entre la fin du XVIIIe siècle et le début du XIXe Seroux d'Agincourt l'a réaménagé et ultérieurement complété pour son Histoire de l'art (1810-1823).

Cet héritage historique et documentaire se transmet, au commencement de notre siècle, non seulement dans le milieu spécifique de l'histoire de l'art (milieu qui au début du XXe siècle n'est certainement pas ouvert à de telles questions), mais aussi dans celui où se mêle l'histoire de l'art et l'archéologie chrétienne, c'est-à-dire dans l'œuvre de Wilpert (1916) qui l'associe à l'étude poussée de l'*organisme,* du *monument* accueillant l'œuvre picturale.

Ainsi se forme un *corpus* de la peinture romaine, et il n'est pas besoin de montrer comment l'œuvre de Wilpert est encore aujourd'hui un instrument fondamental pour l'étude de la peinture médiévale et comment elle constitue un pilier parallèle au *Corpus basilicarum* de Krautheimer. Cependant à la différence de ce qui s'est produit pour les problèmes d'architecture, les études sur la peinture se sont fortement ramifiées au cours des décennies ultérieures. La synthèse du *Moyen Age* de Pietro Toesca constitua déjà, en 1927, un point de rencontre important : tout d'abord parce que, se référant aux études antérieures à lui, y compris Wilpert, Toesca signalait «l'insuffisante discussion de la question byzantine», et introduisait ainsi un sujet chargé de problèmes. En outre, il montrait clairement la nécessité de relier les événements romains à ceux des régions avoisinantes, dans la mesure où elles avaient part au problème romain et où elles constituaient des voies de pénétration et de contact pour des œuvres figuratives extra-romaines cette fois. D'ailleurs Toesca lui-même, par exemple dans la monographie fondamentale sur les fresques de la crypte d'Anagni (1902), avait déjà contribué de manière substantielle à mettre au point certaines de ces questions.

Peu à peu donc on mit en lumière certains problèmes centraux que nous mentionnons dans leurs très grandes lignes.

Le premier est sans aucun doute celui de la relation Rome/Mont-Cassin. Tout le patrimoine figuratif cassinais ayant pratiquement péri sous les bombes, le débat a abordé récemment un point important dans l'intervention de Kitzinger (1972) qui a défendu la priorité chronologique des restes de la mosaïque absidale à la cathédrale de Salerne par rapport à ceux assez voisins de Saint-Clément de Rome, affirmant ainsi le «primat» des orientations artistiques d'Alfanus de Salerne, très proche de Didier du Mont-Cassin, par rapport aux commanditaires romains. Hélène Toubert elle-même affirme la dépendance des choix formels des fresques de Saint-Clément par rapport à celles du Mont-Cassin. Mais à un point de vue qui visait à établir une fois pour toutes à qui revient la priorité chronologique d'un développement artistique qui, entre Rome et la Campanie, présente un écart si visible, est peut-être en train de se substituer une série de solutions plus indirectes : par exemple l'examen des commanditaires possibles de cette rénovation, identifiés peu à peu non certes au seul Didier – qui devint pape sous le nom de Victor III – mais à tout un groupe d'éminents cardinaux réformateurs, présents eux-mêmes entre Rome et le Mont-Cassin, comme le pape Pascal II (Raymond de Bieda, titulaire de Saint-Clément), et, très tôt selon Brenk (1904), le cardinal Frédéric de Saint-Chrysogone.

Une question difficilement séparable de la précédente est celle des modes et des moments du développement de la peinture à Rome et autour de Rome entre la fin du XIe siècle et le début du XIIe, dont récemment la *Mise à jour* apportée par Gandolfo à la *Peinture romane* de Matthiae a tenté de classer encore une fois les principes directeurs. Un groupe très fourni de monuments essentiels – les fresques de la chapelle Sainte-Pudentienne, de la basilique inférieure de Saint-Clément, de la basilique de Castel Sant'Elia, de l'église de l'Annunziata à Ceri, de Saint-Pierre à Tuscania, de Saint-Benoît in Piscinula et de Saint-Grégoire de Nazianze à Rome, pour ne citer que les principaux – présentent d'indéniables caractères communs. Ils révèlent donc clairement l'existence d'une école picturale dont il n'est cependant facile de préciser ni la durée ni les limites chronologiques exactes, car tous les cycles mentionnés plus haut ne se rattachent pas à des éléments de datation solides. Dans le cycle de Saint-Clément surtout, ces problèmes se trouvent liés à d'autres problèmes. A celui-là même du Mont-Cassin, naturellement, et à celui de la récupération de l'antique, car Mme Toubert a démontré dans une étude fondamentale de 1970 l'existence d'un renouveau paléochrétien dans la peinture de ces décennies, c'est-à-dire du « repêchage » de motifs, de thèmes, de techniques de mise en scène et de décors picturaux issus de l'Antiquité tardive et de l'époque paléochrétienne qui deviennent le patrimoine commun des ateliers romains.

Les études sur ce groupe nombreux d'œuvres sont abondantes : de Wilpert lui-même à l'essai de Ladner 1931, et aux *Studies* de Garrison (1953-1962) qui représentent peut-être la tentative la plus minutieuse pour mettre au point les problèmes constitutifs de cet art pictural, y rattachant les questions concernant les *scriptoria*. Il y discutait aussi les éléments du vieux problème « bénédictin », le ramenant à des critères de recherche plus modernes et plus concrets ; quelques années plus tard, la vue d'ensemble de Garrison si remarquable venait recouper le tableau général, toujours très utile car aussi le seul de son espèce, dressé par Matthiae (1966). Et c'est précisément à l'occasion de la *Mise à jour* de l'œuvre de Matthiae (1988) que Gandolfo est intervenu ultérieurement au sujet de la peinture romaine entre la fin du XIe siècle et le début du XIIe, suggérant d'éviter une interprétation par trop univoque d'un panorama où l'on peut également supposer l'existence de courants picturaux contemporains mais très diversifiés : panorama dont les fresques de Saint-Clément seraient la « pointe » la plus noble mais aussi la plus étrangère aux traditions locales.

A Garrison ont doit encore la mise au point d'un concept qui garde encore aujourd'hui sa valeur. Un groupe de cycles de fresques et de manuscrits enluminés caractérise une zone de production comprenant une partie du Latium et de l'Ombrie puisqu'elle atteint par exemple le cycle de Saint-Pierre à Ferentillo d'où le terme de *umbro-romano* (ombrien et romain) – qui révèle des points de contact étroits et significatifs tant dans le développement stylistique que dans les caractéristiques iconographiques. Le phénomène est surtout sensible durant la première moitié du XIIe siècle et concerne donc la majeure partie des cycles de fresques à Rome et au Latium mentionnés un peu plus haut ; mais il s'étend aussi à des monuments plus tardifs de quelques décennies, comme le cycle de Saint-Jean devant la Porte Latine (vers 1191) ou celui de Sainte-Marie in Monte Dominici à Marcellina. Cependant il s'agit alors essentiellement d'une question d'ordre iconographique, c'est-à-dire de la persistance des systèmes et des formules de représentation des épisodes de l'Ancien et du Nouveau Testament qui effectivement se transmettent avec une remarquable uniformité entre des lieux assez distants les uns des autres et dans des œuvres que séparent plusieurs décennies. Mais l'un des aspects les plus intéressants du problème est également le fait qu'à la persistance iconographique s'allie de façon plus ou moins marquée un phénomène de freinage ou d'attardement stylistique, probablement dû en grande partie aux pratiques d'ateliers et à la continuelle remise en circulation des modèles ou des cartons ; à travers cette « peau » vieillie, on observe peu à peu l'usure des formules et la baisse qualitative des produits qui, dans les derniers exemples – que l'on songe au cycle de Saint-Nicolas à Castro dei Volsci –, sont presque indatables.

Il faut encore mentionner, pour conclure, un problème qui, parmi tant d'autres, se révèle vital pour la compréhension des développements de la peinture romaine. Il s'agit de la reconnaissance de l'importance qu'a eue entre la fin du XIIe siècle et le début du XIIIe, la diffusion du langage de Monreale dans toute l'Europe et donc dans l'Italie centrale elle-même. Les traits de style, les formules fixées sur le chantier de Monreale pénètrent par capillarité jusqu'au Latium, y laissant des traces à Grottaferrata, à Filettino, à Anagni. Mais surtout sur le chantier de la mosaïque de l'abside de Saint-Pierre, comme le montrent les quelques fragments conservés, l'Ecclesia et l'Innocent III. C'est un virage fondamental dans le langage, qui atteint jusqu'à des réalisations situées même bien avant le XIIIe siècle, mais il s'allie, au moins à Rome, aux effets de l'autre grand événement des premières années du XIIIe siècle, le chantier de la mosaïque de l'abside de Saint-Paul-hors-les-Murs où Honorius III fit venir des artistes vénitiens. Reconnaissance que l'on doit au même Matthiae (1966), à Bettini (1966 et 1974), à Demus (1966 et 1984), à Lazarev (1967) et enfin à Gandolfo (1988), et d'où provient la définition formelle de certaines réalisations picturales romaines que, autrement, on aurait pu difficilement situer.

La sculpture

Quant à la sculpture, Rome et le Latium constituent un cas tout à fait à part. On y trouve en effet deux phénomènes qui se font face et dont il n'est pas facile de voir le rapport : la grande, la très vaste production des ateliers des marbriers romains pour les édifices de Rome et pour de nombreux bâtiments du Latium, et la sculpture ornementale et figurative.

Les Cosmati – nous parlons ici du XIIe siècle et non des réalisations du XIIIe où les Vassalletto commencent à modifier la situation – se semblent pas subir la fascination de la sculpture figurative. En pleine possession de leurs propres formules couronnées d'un grand succès, ils les reprennent continuellement, tandis que l'aspect des intérieurs d'église, marqué par eux précisément, devient fort homogène et ne semble pas nécessiter de modifications particulières. Restent cependant à expliquer quelques éléments moins clairs qui ne font pas partie de l'art des marbriers : la corniche du portail de Sainte-Marie in Cosmedin, signée d'un certain Jean de Venise, sans doute antérieur au début du XIIe siècle, tandis que cette fois les Cosmati interviennent en grand dans l'édifice d'Alfanus; les portails de Sainte-Marie au Transtévère (peut-être du début du XIIe siècle), de Saint-Georges au Vélabre, de Sainte-Pudentienne et, non loin, de Santa Marina à Ardea (seul portail rattaché à la date certaine de 1191). Puis les nobles fragments du portail dit de Saint-Apollinaire aux grottes vaticanes; et la «marche» de Saint-Jean devant la Porte Latine, où plus que dans les autres pièces se manifeste l'importance que revêt, dans ce secteur de l'expérience réintroduite dans le domaine de la science, spécialement pour ce qui regarde les sources, les signatures et donc la répartition entre des familles, il faut dire qu'effectivement l'étude de l'activité des marbriers se révèle une voie royale pour la compréhension de la mentalité romaine formelle en ces décennies. Peut-être faut-il surmonter les préjugés selon lesquels – sans doute face à un modèle qui privilégiait la grande plastique romane dans la vallée du Pô ou dans l'Europe du Nord – on considère l'activité des marbriers comme un fait de décadence due à la répétition des formules. Les Cosmati ont l'expérience du classique et aussi l'art de la transformation, car ils le montrent pareillement dans leurs diverses pratiques : simple utilisation des matériaux, réutilisation, remaniement, et même simplification. Transformant les matériaux, ils transforment les modèles de l'intérieur en les recréant. La *Renovatio Romae* s'opère par eux non moins que par le phénomène du goût pour l'antique; mais eux-mêmes constituent un phénomène beaucoup plus durable qui sait s'adapter aux conceptions changeantes des commanditaires. Durant cette période de croissance, ils élargissent aussi le rayon de leur propre activité : et d'artisans ils deviennent auteurs de projets d'envergure et architectes, comme Iacopo di Lorenzo qui semble désormais capable de coordonner dans ses propres entreprises toute une gamme de techniques, dont la moindre n'est pas celle de la mosaïque figurative. Et ils montrent, dans les inscriptions qu'ils laissent sur leurs œuvres, une conscience nouvelle de leur rang : *magistri doctissimi* et *magistri romani*.

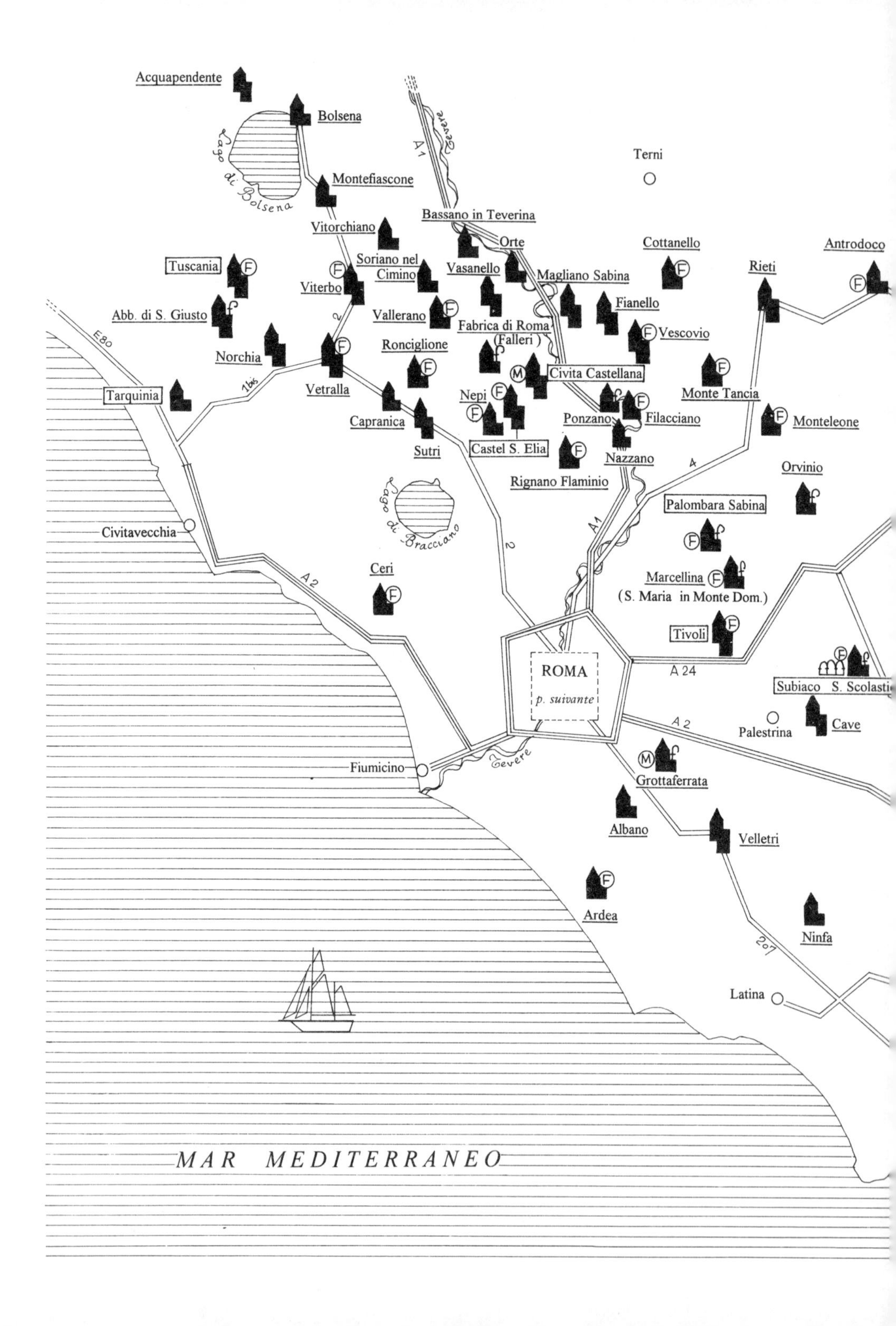

Acquapendente
Bolsena
Lago di Bolsena
Montefiascone
Terni
A1
Tevere
Bassano in Teverina
Vitorchiano
Orte
Cottanello
Antrodoco
Tuscania
Soriano nel Cimino
Vasanello
Magliano Sabina
Rieti
Viterbo
Abb. di S. Giusto
Vallerano
Fianello
Fabrica di Roma (Falleri)
Vescovio
E80
Norchia
Ronciglione
Civita Castellana
Monte Tancia
Tarquinia
1bis
Vetralla
Nepi
Filacciano
Monteleone
Capranica
Ponzano
Castel S. Elia
Sutri
Nazzano
Rignano Flaminio
Orvinio
4
Palombara Sabina
Lago di Bracciano
Civitavecchia
A1
2
Ceri
Marcellina
(S. Maria in Monte Dom.)
A2
Tivoli
ROMA
p. suivante
A 24
Subiaco S. Scolasti
Palestrina
Cave
A 2
Fiumicino
Tevere
Grottaferrata
Albano
Velletri
Ardea
Ninfa
207
Latina
MAR MEDITERRANEO

LATIUM ROMAN
Tivoli grande notice
Norchia petite notice
cloître
abbaye
fresque
mosaïque
crypte
10 km
L'Aquila
A 24
A 25
Avezzano
Vallepietra
acro Speco
Filettino
411d.
82
Anagni
Veroli
Sora
Casamari
Ferentino
Frosinone
Caprile (Asprano)
Castrocielo
S. Elia Fiumerapido
Cassino
Aquino
S. Vittore d.Lazio
156
Castro dei Volsci
Fossanova
630
A 2
Ausonia
Terracina
Formia
Gaeta
Capua

ROME, L'URBS

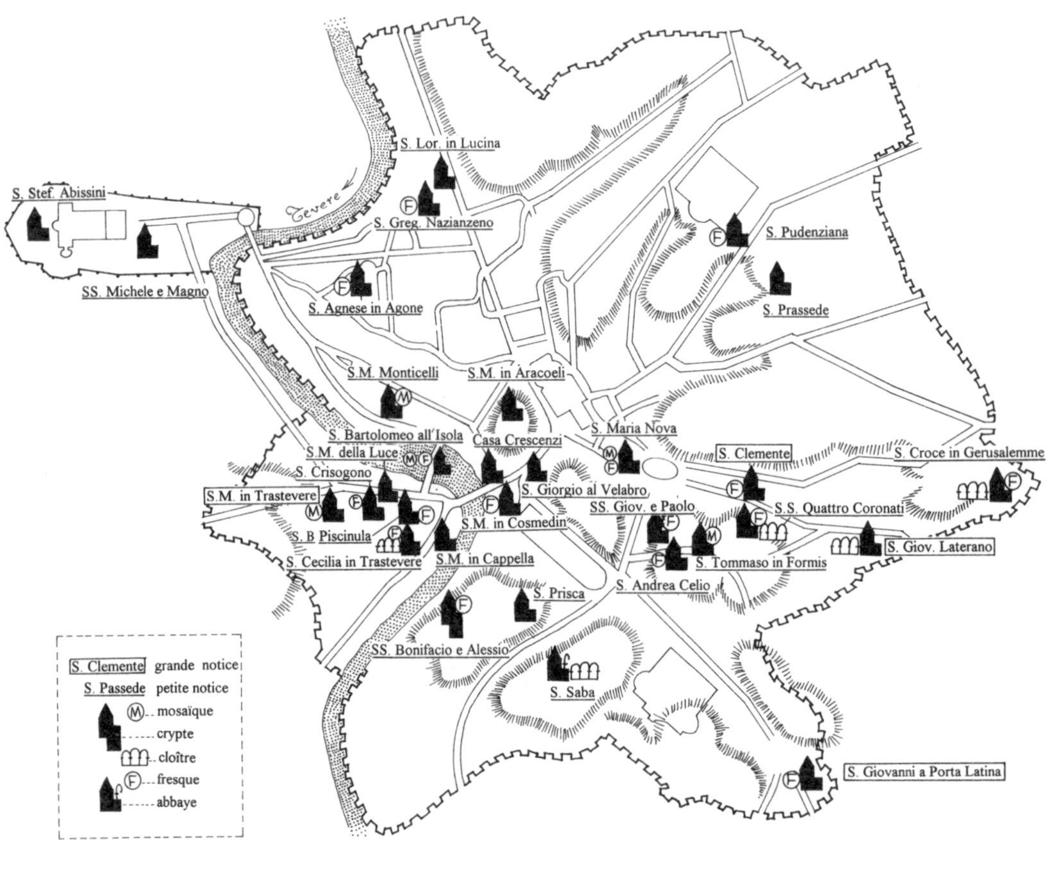

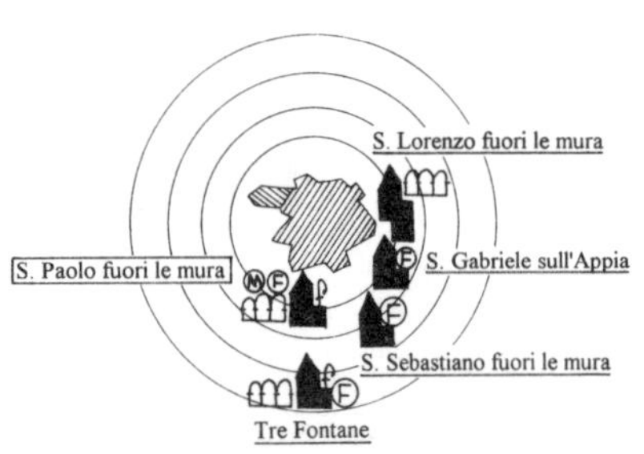

ROME ET SA PĒRIPHĒRIE

GÉNÉRALITÉS

• G. Marocco, *Monumenti dello Stato Pontificio,* 14 vol., Rome 1833-37.
• L. Duchesne, *Le Liber pontificalis,* Paris 1892.
• Gregorio di Catino, *Chronicon Farfense,* éd. U. Balzani, Rome 1903.
• G. Giovannoni, *Note sui marmorari romani* «Archivio della Società Romana di Storia Patria» 27 (1904), p. 5-26.
• A.L. Frothingham, *The Monuments of Christian Rome,* New York 1908.
• G.T. Rivoira, *Le origini dell'architettura lombarda e delle sue Principali derivazioni d'oltralpe,* Milan 1908.
• G. Tomassetti, *La campagna romana,* 4 vol., Rome 1910-1926.
• A. Kinglsey Porter, *Lombard Architecture,* Londres, 1915-17.
• J. Wilpert, *Die römischen Mosaiken und Malereien der kirchliche Bauten von* IV. *bis* XIII. *Jahrhundert,* Fribourg en Brisgau 1916.
• P. Fedele, *Sul commercio delle antichità in Roma nel* XII *secolo,* «Archivio della Società Romana di Storia Patria», 43 (1920), p. 465-470.
• A. Serafini, *Torri campanarie di Roma e del Lazio nel Medioevo,* 2 vol., Rome 1927.
• P. Toesca, *Il Medioevo,* Turin 1927.
• G.B. Ladner, *Die italienische Malerei im 11. Jahrhundert,* «Jahrbuch der Wiener Sammlungen», NS 5 (1931), p. 33-160.
• G. de Francovich, *La corrente comasca nella scultura romanica europea.* II *La diffusione* «Rivista dell'Istituto di Archeologia e Storia dell'Arte», 5 (1936), p. 267-305; 6 (1937).
• R. Krautheimer, S. Corbett, W. Frankl, *Corpus Basilicarum Christianarum Romae,* 5 vol, Rome 1937-1977 (I, 1937; II, 1959; III, 1967; IV, 1970; V, 1977).
• W. Krönig, *Hallenkirchen in Mittelitalien,* «Kunstgeschichtliches Jahrbuch der Bibliotheca Hertziana», 2 (1938), p. 1-142.
• M. Armellini, *Le chiese di Roma dal secolo* IV *al* XIX, éd. C. Cecchelli, 2 vol., Rome 1942.
• F. Hermanin, *L'arte in Roma del sec.* VIII *al* XIV, Bologne 1945.
• P. Brezzi, *Roma e l'Impero medievale,* Bologne 1947.
• E. Hutton, *The Cosmati. The Roman Marble Workers of the* XII *and* XIII *Centuries,* Londres 1950.
• G. Matthiae, *Componenti del gusto decorativo cosmatesco,* «Rivista dell'Istituto di Archeologia e Storia dell'Arte» 19 (1952), p. 249-281.
• E.B. Garrison, *Studies in the History of medieval Italian painting,* Florence, I, 1953-54; II, 1955-56; III, 1957-58; IV, 1960-62.
• C. Venanzi, *Caratteri costruttivi dei monumenti. Strutture murarie a Roma e nel Lazio,* Rome 1953.
• G.B. Ladner, *The Concept of «Ecclesia» and «Christianitas» and their Relation to the Idea of Papal «Plenitudo Potestatis» from Gregory VII to Boniface VIII,* in *Sacerdozio e Regno da Gregorio VII a Bonifacio VIII,* Miscellanea Historiae Pontificiae, XVIII, 1954, p. 49-77.
• H. Hahn, *Die frühe Kirchenbaukunst der Zisterziensen,* Berlin 1957.
• R. Wagner Rieger, *Die italienische Baukunst zu Beginn der Gotik,* 2 vol., Graz-Köln 1956-1957.
• C. Cecchelli, *Vita di Roma nel Medioevo,* 2 vol., Rome 1958-1960.
• G. Matthiae, s.v. *Cosmati,* in *Enciclopedia Universale dell'Arte,* II, Rome-Venise 1959, coll. 8737-843.
• K. Noehles, *Die Fassade von San Pietro in Tuscania,* «*Römisches Jahrbuch für Kunstgeschichte*», 9-10 (1961-62), p. 13-72.
• D. Waley, *The Papal State in the Thirteenth Century,* Londres 1961.
• A. Esch, *Spolien. Zur Wiederverwendung antiker Baustücke und Skulpturen im mittelalterlichen Italien,* «Archiv für Kulturgeschichte» 51 (1969), p. 1-64.
• G. Matthiae, *Pittura politica del medioevo romano,* Rome 1964.
• Stefan Waetzoldt, *Die Kopien des 17. Jahrhunderts nach Mosaiken und Wandmalereien in Rom,* Vienne-Munich 1964.
• G. Matthiae, *Pittura romana del Medioevo,* Rome 1966.
• K Noehles, *Die Kunst der Cosmaten und die Idee der Renovatio,* in *Festschrift Werner Hager,* Recklinghausen, 1966, p. 17-37.
• G.B. Ladner, *The Idea of Reform : Its Imact on Christian Thought and Action in the Age of Fathers,* ed. riv. New York 1967.
• G. Matthiae, *Mosaici medievali delle chiese di Roma,* Rome 1967.
• W. Oakeshott, *The Mosaics of Rome,* Londres 1967.
• O. Demus, *Pittura murale romanica,* Milan 1969.
• D. Glass, *Papal Patronage in Early Twelfth Century : Notes on the Iconography of Cosmatesque Pavements,* «Journal of the Warburg and Courtauld Institutes», 32 (1969), p. 386-390.
• H. Toubert, *Le renouveau paléochrétien à Rome au début du* XIIe *siècle,* «Cahiers Archéologiques» 29 (1970), p. 99-154; [réimpr. dans *Un art dirigé,* Paris 1990, p. 239-310].
• J. Raspi Serra, *La Tuscia Romana. Un territorio come esperienza d'arte evoluzione urbanistico-architettonica,* Milan 1972.
• E. Kitzinger, *The Gregorian Reform and the Visual Arts : A Problem of Method,* «Transac-

tions of the Royal Historical Society», 5, 22 (1972), p. 87-102.
• F. Gandolfo, *Reimpiego di sculture antiche nei troni papali del XII secolo,* «Atti della Pontificia Accademia Romana di Archeologia, Rendiconti», S. III, 47 (1974-75), p. 203-218.
• P. Toubert, *Les Structures du Latium médiéval. Le Latium méridional et la Sabine du IXe siècle à la fin du XIIe siècle,* Rome 1974.
• R. Malmstrom, *The Colonnades of High Medieval Churches at Rome,* «Gesta», 14 (1975), p. 37-45.
• M.E. Avagnina, V. Garibaldi, C. Salterini, *Strutture murarie degli edifici religiosi di Roma nel XII secolo,* «Rivista dell'Istituto Nazionale d'Archeologia e Storia dell'Arte», 23-24 (1976-77), p. 173-255.
• E. Hüls, *Kardinäle, Klerus und Kirchen Roms,* 1048-1130, Tübingen 1977.
• A. Prandi, éd., *L'art dans l'Italie méridionale. Aggiornamento dell'opera di Emile Bertaux,* Rome 1978.
• C. Carobara, *Iussu Desiderii. Montecassino e l'architettura campano-abruzzese nell'undicesimo secolo,* Rome 1979.
• D. Glass, *Studies on Cosmatesque Pavements,* Oxford 1980.
• R. Krautheimer, *Roma. Profilo di una città 312-1308,* éd. anglaise Princeton 1980, trad. it., Rome 1981.
• E. Kitzinger, *The arts as Aspects of a Renaissance,* in G. Constable / R.L. Benson, a cura di, *Renaissance and Renewal in the Twelfth Century,* Cambridge (Mass.) 1982, p. 637-670.
• H. Bloch, *The new Fascination with Ancient Rome,* ibidem, p. 615-636.
• C. Bertelli, *Traccia allo studio alle fondazioni medievali dell'arte italiana,* in *Storia dell'arte italiana,* II, 1, Turin 1983, p. 3-163.
• C. Montagni, L. Pessa, *Le chiese romaniche della Sabina,* Gênes 1983.
• F. Gandolfo, *Protiro,* in *Enciclopedia dell'Arte Medievale,* (specimen), Roma, p. 65-70, Rome 1984.
• J.E. Barclay Llyod, *Masonry Techniques in Medieval Rome, 1080-1300,* «Papers of the British School at Rome», 53 (1985), p. 225-227.
• I. Herklotz, «*Sepulcra*» e «*Monumenta*» *del Medioevo. Studi sull'arte sepolcrale in Italia,* Rome 1985.
• M. Righetti Tosti Croce, éd., *La Sabina Medievale,* Milan 1985.
• S. de Blaauw, *Cultus et decor. Liturgie en architectur in laattantiek en middleeuws Rome,* Slochtern 1987.
• P.C. Claussen, *Magistri doctissimi Romani. Die römischen Marmorskünstler des Mittelalters,* Wiesbaden 1987.
• J.D.A. Kraft, *Die Krypta in Latium,* Munich 1987.
• G. Matthiae, *Pittura romana del Medioevo,* II, *Aggiornamento scientifico e bibliografico* di F. Gandolfo, Rome 1988.
• J. Poeschke, *Der römische Kirchenbau des 12. Jahrhunderts und das Datum der Fresken von Castel S. Elia,* «Römisches Jahrbuch für Kunstgeschichte» 23-24 (1988), p. 1-28.
• P.C. Claussen, *Marmi antichi nel Medioevo romano. L'arte dei cosmati,* in *Marmi antichi,* éd. G. Borgini, Rome 1989, p. 65-79.
• A. Bourea, *Vel sedens vel transiens : la création d'un espace pontifical aux XIe et XIIe siècles,* in *Luoghi sacri e spazi della santità,* éd. S. Boesch Gajano e L. Scaraffia, Turin 1990, p. 367-379.
• A.E. Priester, *The Belltowers of Medieval Rome and the Architecture of Renovatio,* Ph. D. Diss Princeton Univ. 1990.
• A.M. Romanini, éd., *Roma nel Duecento,* Turin 1991, p. 1-72.
• M. Stroll, *Symbols as Power. The Papacy following the Investiture Contest,* Leiden / New York / Kobenhaven / Köln 1991.

ROME

LA BASILIQUE SAINT-CLÉMENT A ROME

Sédimentation et palimpseste d'époques diverses qui, dans les espaces vides de «l'inoccupation» de la Rome médiévale, se sont accumulées au même endroit. L'ensemble de Saint-Clément ne se présente pas seulement comme le témoignage d'une persistance à travers des cultures diverses – chose tout à fait habituelle à Rome – mais évoque, dans l'église inférieure comme dans la supérieure, des moments clés pour la compréhension d'un style s'inspirant de la continuité ou de la reprise de la tradition paléochrétienne; cette église en est l'un des monuments les plus insignes.

On sait que, avant les fouilles entreprises en 1857 par le dominicain Joseph Mullooly, l'église supérieure était considérée comme l'édifice paléochrétien mentionné par Jérôme au IVe siècle dans le *De viris illustribus* (P.L. XXIII col. 666). Les découvertes que l'on fit au cours des fouilles du XIXe siècle ont par contre définitivement mis en lumière les vicissitudes architecturales de l'édifice aux XIe et XIIe siècles, période à laquelle s'est stabilisée la configuration substantiellement maintenue jusqu'à nos jours.

Histoire

Les transformations romanes à l'église Saint-Clément ont commencé aux dernières décennies du XIe siècle. Entre 1080 et 1099, lorsque le cardinal titulaire de l'église fut le bénédictin Rainier de Bieda (élu pape ensuite sous le nom de Pascal II), furent exécutés des travaux de consolidation et de transformation de la construction paléochrétienne, devenue aujourd'hui la basilique souterraine. La date de ces opérations est en général fixée après 1084, année où les troupes de Robert Guiscard venues au secours de Grégoire VII pénétrèrent dans la ville, y provoquant un incendie. En cette occasion prit feu l'église des Quatre Saints Couronnés voisine. Le fait que l'on n'ait pas retrouvé à Saint-Clément de marbres calcinés ou d'autres traces d'incendie n'improuve pas cette hypothèse; on ne peut donc exclure que les travaux aient précédé l'incursion normande ou, à l'inverse, qu'ils aient été plus tardifs, peut-être provoqués par le tremblement de terre qui frappa Rome en 1091. Il est certain cependant qu'en 1099 l'édifice était parfaitement en état : c'est là qu'eut lieu le conclave où le cardinal Rainier fut élu pape.

Les opérations effectuées au cours de ce laps de temps comportèrent la fermeture des arcs de communication entre la nef et l'atrium (l'entrée à plusieurs portes) et la mise en place de deux piliers de soutien entre la nef centrale et la nef latérale Sud (englobés ensuite dans les substructions de l'église supérieure). Il s'agit ainsi d'interventions limitées, l'une d'elles n'étant qu'un ouvrage de consolidation; inutile donc de s'étonner si quelques années plus tard on décida de reconstruire complètement l'édifice.

L'abandon et l'enfouissement de l'édifice paléochrétien furent donc déterminés par son état de délabrement et coïncident avec la période d'intense activité architecturale de Pascal II qui – on l'a déjà dit – en était le cardinal titulaire. Il est ainsi possible que, parmi les premières initiatives du nouveau pontife, figure la reconstruction de son antique titre cardinalice.

La consécration de l'église est aujourd'hui avancée à 1118 (Barclay-Lloyd 1989), la première année du bref et difficile pontificat de Gélase II, sur la base de témoins épigraphiques. En tout cas la basilique était certainement en fonction avant 1125, année de la mort du cardinal titulaire Anastase. En sont la preuve l'inscription qui encore aujourd'hui figure en haut du trône épiscopal «ANASTASIUS PRESBYTER CARDINALIS HUJUS TITULI HOC HOPUS FECIT ET PERFECIT» et le *Passionnaire A 80* (Archives du Latran) que le même Anastase avait fait copier à l'usage des chanoines de Saint-Clément pour la liturgie de l'église. Texte qui a seulement récemment attiré l'attention des archéologues (Gandolfo dans Matthiae-Gandolfo 1988 et Barclay-Lloyd 1989).

Un autre fragment épigraphique découvert par Gatti (1889) entre la via Arenula et la piazza de Censi semble contredire une telle reconstitution des faits. L'inscription disait : «HOC PETRUS TUM(mulo cla)UDITUR IN DOMINO / CEPIT ANASTASI(us que ce)RNIS TEMPLA CLEMENTIS / ET MORIENS CU(ram detulit) HUIC OPERIS / QUE QUIA FINIVIT (...)». L'inscription devait à l'origine se trouver dans l'église Saint-Clément là où on la lit – *«cepit Anastasius que cernis templa Clementis»*, et c'est l'épitaphe du cardinal Pierre Pisano où l'on affirme que la prélat acheva l'œuvre commencée par Anastase. Jadis un tel témoignage avait fait penser que les travaux dans la basilique s'étaient prolongés jusqu'aux années de l'antipape Anaclet II (Pietro Pierleoni, 1130-1138). Dans l'inscription il n'est pas fait mention du cardinal Ubertus, titulaire de

Saint-Clément, qui suivit Innocent II en exil, et l'on peut en déduire qu'en ces années Pierre a pu se substituer au titulaire légitime (Gandolfo 1974), vu également que Pierre Pisano soutint Anaclet II jusqu'à 1137, année où saint Bernard le convainquit de se ranger du côté d'Innocent. Aujourd'hui, il semble plutôt plausible que les travaux qui se sont déroulés sous l'égide de Pierre – probablement entre 1130 et 1137 – ne concernaient pas la basilique elle-même mais le porche, l'atrium et l'entrée monumentale où entre autres la technique de maçonnerie est différente et moins soignée que celle de l'église.

Visite

L'église inférieure

Les fresques de cette église inférieure seront traitées plus loin dans le chapitre consacré aux peintures murales (p. 368).

L'église supérieure

L'église paléochrétienne était établie sur un terrain rectangulaire fermé sur trois côtés et ouvert seulement vers l'Est sur un chemin qui reliait la via Labicana à la via Tuscolana (actuellement via dei Santi Quattro). Sur ce chemin, aujourd'hui place Saint-Clément, s'élève l'entrée monumentale, un corps de bâtiment complet avec au centre le porche. L'accès actuel datant du XVIIIe siècle sur la Stradone di San Giovanni (grande rue Saint-Jean) est dû aux transformations topographiques opérées au temps de Sixte V : en 1587 fut ouverte la ligne droite joignant le Latran au Colisée, en démolissant la chapelle Saint-Servulus et la cour annexe située à l'angle Sud-Est de la propriété.

Le bâtiment d'entrée se distingue du reste de l'édifice par la technique de construction en *opus listatum* (alternance de blocs de tuf et d'assises de brique), différent du parement uniforme et plus noble en brique dont est dotée l'église proprement dite. Les archères (aujourd'hui aveuglées) en montrent la fonction défensive (Krautheimer), fait bien explicable étant donnée la situation complètement isolée de l'église dans la Rome médiévale.

Au milieu fait saillie le porche, arcade d'accès au portique à quatre galeries, élément propre à l'architecture romane du XIe siècle : les témoins actuels en sont ceux de Sainte-Marie in Cosmedin, de Sainte-Praxède et de Saint-Côme, tous probablement dérivés de l'entrée à l'atrium de l'ancienne basilique Saint-Pierre. Celui de Saint-Clément est porté par quatre colonnes (les deux postérieures collées au mur seulement après coup) avec des chapiteaux, que relient longitudinalement des entablements en marbre sur lesquels prend appui l'arc en plein cintre aux claveaux faits de briques romaines longues de deux pieds; le porche est scandé sur les trois côtés par des frontons que dessinent deux rangées de briques posées de chant enserrant une frise à modillons. On a eu surtout recours à des matériaux de remploi : bases, colonnes, chapiteaux, entablement (celui de droite qui présente sur la tranche un

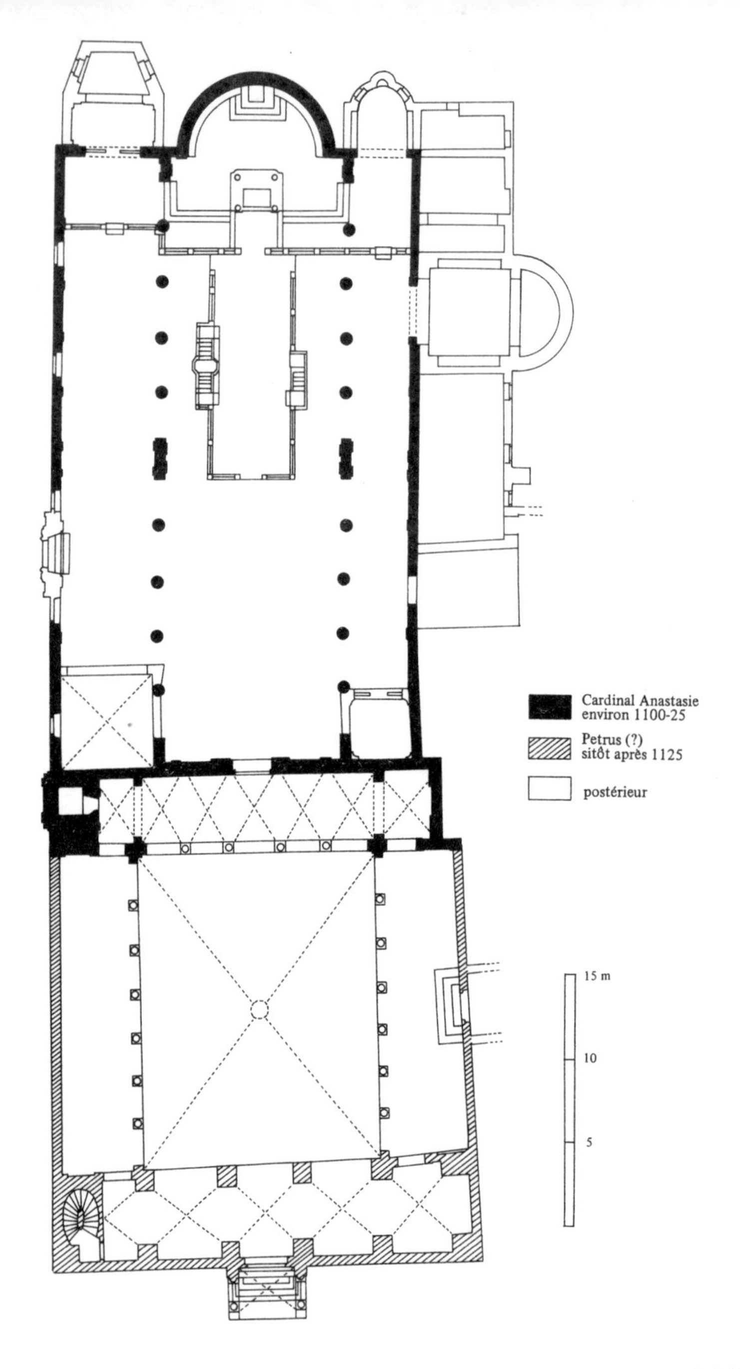

ROME
SAINT-CLÉMENT

décor classique). La bordure de gauche du portail est une pièce du haut Moyen Age remployée, tandis que le montant de droite sculpté de rinceaux est lui aussi une pièce remployée mais d'une époque assez proche de l'édifice.

Le portique à quatre côtés (pl. 5) est la partie de l'église qui a le plus souffert des interventions successives, ce qui rend plus difficile de parvenir à une reconstitution de la situation originelle : selon Mme Barclay-Lloyd, la structure actuelle n'est pas tellement différente de celle du Moyen Age et se serait inspirée du modèle de Saint-Pierre; pour Cosentino (1989) par contre on aurait construit d'abord les deux galeries opposées (celle contre l'église et celle de l'entrée) raccordées seulement plus tard par les galeries latérales. Aujourd'hui seules les grandes arcades du bâtiment d'entrée conservent leur aspect originel, peut-être aussi la colonnade Nord (à droite) à entablement; par contre le côté Sud (gauche) remonte à une réfection du XVIIIe siècle. En plan, le désaxement par rapport à la basilique et les légères irrégularités sont assez évidentes; elles découlent de l'utilisation des fondations de l'atrium paléochrétien antérieur mais sont peut-être aussi la marque d'une interruption survenue dans les travaux de construction.

La restauration de la façade au XVIIIe siècle a complètement englobé la structure médiévale qui dans la partie supérieure était plus en arrière; par contre les colonnes sont celles de la construction du Moyen Age. Selon Mme Barclay-Lloyd, une galerie avec des colonnes et des arcs sur lesquels s'élevait un deuxième étage (en partie semblable à celui de l'église des saints Jean et Paul) précédait la façade; Cosentino quant à lui imagine un narthex plus simple à entablements. Pour compléter le tableau, on mentionne l'existence d'un clocher au Nord de la façade dont les fondations se trouvaient là où aujourd'hui se situe l'escalier d'accès aux parties souterraines; son souvenir nous est transmis par des plans perspectifs et des gravures qui semblent en attester le style roman.

L'église proprement dite se présente extérieurement comme une construction en brique avec des assises posées sur une mince couche de mortier. Le décor est extrêmement sobre et limité aux modillons qui se déploient sous l'égout du toit et le long du couronnement de l'abside (pl. 4).

La nouvelle construction a réutilisé les structures paléochrétiennes comme fondations, réduisant les dimensions de l'édifice ancien et en transformant le plan : le mur extérieur et la colonnade de gauche coïncident avec ce qui existait déjà; la nef centrale et la nef latérale de droite ont par contre été découpées dans la largeur de la nef principale paléochrétienne; le diamètre de l'abside a été réduit tandis que la longueur de l'édifice est restée inchangée. Il en est résulté un espace avec de légères asymétries (la nef latérale de gauche est plus large que celle de droite) où l'écart plus grand entre la longueur et la largeur augmente la tension longitudinale.

Les colonnes reliées par des arcs sont interrompues au milieu par deux piliers qui divisent la nef centrale en deux sections distinctes (piliers qui à l'extérieur débordent de la maçonnerie de la claire-voie); il y est fait usage de colonnes de type divers, le granit alternant avec le marbre cannelé du côté du sanctuaire, toutes en granit vers l'entrée (pl. 7). L'interruption des colonnades par des piliers est une solution qui fait son apparition à Rome au temps de Grégoire VII, par exemple dans l'église détruite de Sainte-Marie in Portico (Barclay-Lloyd 1981). A Saint-Clément, une telle division coïncide avec le début de la *schola cantorum* et devait être également soulignée à l'origine par un éclairage différent : plus restreint dans la première moitié de la nef où la claire-voie n'était percée que de fenêtres simples, tandis que dans la seconde s'y ajoutaient un nombre égal d'oculus pour augmenter la quantité de lumière pénétrant à l'intérieur. Il semble que ceux-ci furent obturés assez rapidement : l'étude de la maçonnerie utilisée indiquerait une date antérieure à 1216 (Barclay-Lloyd 1989); les traces des anciennes ouvertures sont encore nettement visibles sur les murs extérieurs de la claire-voie.

Aujourd'hui, en dépit des transformations multiples et importantes, l'intérieur de Saint-Clément conserve presque intact son caractère spatial primitif. Pour en reconstituer l'aspect originel, il faut éliminer mentalement les chapelles aux extrémités des nefs latérales (celle de droite prévue dès l'origine mais réalisée dans une campagne ultérieure) comme aussi celles de Sainte-Catherine et de Saint-Dominique aménagées au revers de la façade. La couverture, plusieurs fois refaite, était probablement à charpente apparente.

Le tapis de marbre du pavement unifie et subdivise l'espace architectural de l'église. C'est l'un des exemples les plus anciens de l'art des marbriers romains parvenus jusqu'à nous en bon état, même dans les zones périphériques des nefs latérales, du chœur et de l'abside. L'insertion puis la suppression de pierres tombales dans le pavement et les fouilles du XIXe siècle dans l'église souterraine ont entraîné toutefois d'inévitables remaniements des tesselles de marbre; mais le pavement garde encore sa disposition originelle. La lacune la plus évidente se trouve au point de rencontre des deux grandes bandes perpendiculaires, où devait se trouver un quinconce (cinq ronds inscrits dans un carré, comme les cinq points sur un dé), solution adoptée sur le pavement des Quatre Saints Couronnés presque contemporains (Glass 1980). Une bande avec des disques entourés d'une bordure mène à la *schola cantorum* légèrement surélevée, y pénètre, monte au sanctuaire et arrive au ciborium (pl. 7). Le dessin cruciforme est là, par contre, pour marquer le centre de la zone destinée aux fidèles. Le lien des pavements cosmatesques avec le cérémonial et la liturgie apparaît dans les descriptions de l'ancienne église Saint-Pierre : il s'y trouvait par exemple quatre *rotae porphyreticae* (grands disques de porphyre), stations liturgiques de grande importance dans les couronnements impériaux.

Au centre de ce décor s'élève la *schola cantorum* et la clôture du sanctuaire. La réutilisation des plaques du chancel provenant de l'église inférieure – sept présentent le monogrammme de Jean II (533-535) et une autre porte mention de son prédécesseur le pape Hormisdas – tend à montrer une recherche délibérée de continuité avec le passé; elle est également soulignée par la retouche des plaques les plus visibles du côté Est de la *schola cantorum* qui ont été sculptées à nouveau et transformées par des incrustations géométriques colorées. Au-dessus s'élevait sans doute une *« pergula »* (entablement porté par des colonnettes). Ce qu'on appelle la *schola cantorum* – qui demeure inchangée depuis la fin du XVIIe siècle – est né des nouvelles exigences liturgiques de la réforme ecclésiastique et était en réalité une enceinte monastique destinée à l'office quotidien, devenu alors d'obligation. A ce chœur sont associés architecturalement deux éléments fondamentaux pour la célébration liturgique : à gauche la chaire pour la lecture de l'évangile, à droite un ambon plus modeste destiné à l'épître, semblable à celui de Saint-Laurent-hors-les-Murs.

Le ciborium à quatre colonnes de marbre «écrit» et «pavonazzetto» avec entablement et la «cage» (registre supérieur des colonnettes) pour soutenir le toit à deux versants, renvoie à un modèle très répandu et fixé à Rome au XIIe siècle (Saint-Laurent-hors-les-Murs, Saint-Georges au Vélabre). La table de l'autel a subi de nombreux remaniements, le plus important au temps de Benoît XIII (1726) où la *fenestella confessionis* fut complètement transformée.

Le trône épiscopal, présente l'inscription dédicataire du cardinal Anastase en bordure du dossier, pièce de marbre où est gravé le mot «MARTYR» (pl. 6). Il provient de l'église inférieure et fait partie de la dédicace du pape Sirice consciemment mise en évidence pour témoigner que la fondation prend appui sur les martyrs de l'Église romaine. Francesco Gandolfo (1974) proposant pour ce siège une date assez avancée, au temps de l'antipape Anaclet II, y a vu une allusion à l'Église primitive, thème cher à la politique ecclésiastique de Pierleoni, destinée à souligner les attributs épiscopaux et romains de l'autorité pontificale. Hypothèse très suggestive pour laquelle on trouve un parallèle dans le trône de Saint-Laurent in Lucina construit lui aussi comme un meuble reliquaire, mais qui reste encore sans datation certaine.

Le décor en mosaïque de Saint-Clément se situe au début d'une reprise sur une vaste échelle d'une technique qui, dans le milieu romain, était tombée dans l'oubli. La renaissance de la mosaïque a été considérée comme une greffe de la culture cassinaise sur une œuvre d'ateliers campaniens appelés à Rome, question complexe dont on a parlé dans le texte d'introduction. Aujourd'hui l'opinion courante est que les mosaïques du cul-de-four et de l'arc triomphal ont été réalisées par le même atelier. Cependant la présence d'inscriptions en grec sur l'arc triomphal – zone où Matthiae décelait la présence d'un second groupe d'artisans – rend probable le recours à des cartons de provenance byzantine.

Les mosaïques du cul-de-four absidal sont la confirmation de cette réforme du langage artistique roman qui, dans une heureuse formule, a été définie comme un «renouveau paléochrétien». C'est bien paléochrétienne que se révèle l'inspiration iconographique et formelle : la touffe d'acanthe d'où partent les sarments de vigne a été comparée à la mosaïque absidale de l'atrium du baptistère du Latran (aujourd'hui chapelle Sainte-Rufine) pour laquelle a été proposée récemment une date contemporaine de celle de Saint-Clément (Andaloro) : la croix qui en marque l'axe de symétrie est l'héritière de la croix gemmée de l'ère constantinienne (pl. 8). Par rapport aux mosaïques paléochrétiennes, on voit apparaître un traitement plus serré des plans colorés, résultant d'un choix plus homogène des couleurs des tesselles, une prédominance marquée des lignes sur la couleur, et un trait vigoureux cernant les petites figures et les animaux qui peuplent les volutes. L'expérience «moderne» et au fond réaliste des peintures de l'église inférieure n'a pas eu lieu en vain. Le réalisme paléochrétien favorise dans les *marginalia* une attention aux éléments narratifs qui s'insèrent dans la structure symbolique et allusive de la mosaïque absidale.

La représentation servait aussi de réceptacle à des reliques (énumérées dans l'inscription qui se déroule à la base du cul-de-four) : dans la figure du Christ en croix était inséré un fragment de la vraie Croix qui la transformait ainsi en staurothèque, à la fois image et reliquaire.

Bien complexe est le programme iconographique étudié en détail par Hélène Toubert (1970) qui a également proposé comme une «hypothèse indémontrable» que ses éléments aient pu être dictés par Léon d'Ostie, le savant bénédictin chargé par le cardinal Anastase d'écrire la vie de saint Clément et le récit de la translation de ses restes (*Legenda italica*). Deux thèmes forment le pivot de la figuration répartie dans les rinceaux, énoncés l'un et l'autre dans l'inscription figurant au bandeau inférieur du cul-de-four : «ECCLESIAM CRISTI VITI SIMILABIMUS ISTI QUAM LEX ARENTEM SET CRUS FACIT ESSE VIRENTEM» (Nous assimilerons l'Église du Christ à ce sarment que la Loi dessèche mais que la Croix rend verdoyant). On oppose la loi mosaïque desséchée au sacrifice vivifiant du Messie d'où germe l'Église-vigne. Thème exprimé avec force par la représentation inhabituelle (pour l'époque) du Christ mort sur la Croix (peut-être d'inspiration byzantine) auquel l'Éternel tend d'en haut le couronne du martyre, et à l'inverse par la luxuriance du pied d'acanthe d'où émane l'image édénique du paysage du Nil, suggestion confirmée par la présence des quatre fleuves et de la défaite du serpent dans le paradis retrouvé. A nouveau de la Croix, centre de gravité du tableau, émane le second sujet proposé par l'inscription, la représentation de l'Église. De part et d'autre se tiennent Marie dans la douleur et Jean. Les douze colombes blanches qui se profilent sur les bras sombres de la croix figurent les apôtres, suivis sur les rinceaux – combinaison encyclopédique puisée dans les représentations de l'Arbre de vie et de l'Arbre de Jessé – des quatre Pères de l'Église d'Occident (Ambroise, Augustin, Jérôme et Grégoire) habillés en moines bénédictins. On discute de la signification iconographique des laïcs situés sur le même registre; par contre les bergers et la poule avec ses poussins menacée par le milan sont évidemment la figure du troupeau des fidèles.

Par rapport à la composition surchargée du cul-de-four, celle de l'arc triomphal présente un caractère monumental dépouillé dans la scansion de ses registres superposés. Pour cette raison Matthiae suggérait l'intervention d'équipes différentes ayant opéré à une époque légèrement plus tardive. Plus que de figurations eschatologiques paléochrétiennes, les auteurs semblent s'être inspirés ici de modèles d'époque carolingienne. Le médaillon avec le Christ bénissant sert d'épilogue triomphal à la Crucifixion située au-dessous; de part et d'autre figurent symétriquement les symboles du tétramorphe, suivis au registre inférieur par les saints Laurent et Paul (à gauche), Pierre et Clément (à droite), et encore plus bas par les prophètes Isaïe (à gauche) et Jérémie (à droite). L'ensemble du décor se conclut par la procession symbolique du troupeau de Bethléem et de Jérusalem vers l'Agnus Dei au bas du cul-de-four, autre thème iconographique paléochrétien.

Sur l'arc triomphal, le choix des saints et le thème iconographique visent à affirmer le double fondement apostolique de l'Église romaine dans le commun martyre de Pierre et de Paul et dans la double origine de cette communauté faite de gentils et de circoncis. Celle-ci est confirmée par la représentation de Paul qui enseigne Laurent «DE CRUCE LAURENTI PAULO FAMULARE DOCENTI» et de Pierre qui instruit Clément «RESPICE PROMISSUM CLEMENS A ME TIBI CRISTUM» comme le disent les inscriptions. Thème plus attendu peut-être, mais qui dans ce contexte ratifie la forte affirmation implicite du cul-de-four, renvoyant à l'idéal de la *ecclesiae primitivae forma,* et invitant à un retour aux origines. Tension spirituelle et politique qui s'est traduite à la deuxième décennie du XIIe siècle par une extraordinaire redécouverte et une interprétation de la conception spatiale et des représentations du christianisme primitif.

Il faut enfin évoquer la fresque de l'abside avec la Vierge entourée des Apôtres, aujourd'hui tellement repeinte qu'elle en est complètement illisible, mais par bonheur la peinture est représentée sur un dessin de Carlo Fontana (Windsor) établi à l'occasion des restaurations engagées par Clément XI. Dans l'état actuel, il est hasardeux de proposer une datation, cependant les interventions effectuées dans le sanctuaire par le cardinal Caetani dans la deuxième moitié du XIIIe siècle font penser qu'à cette occasion on procéda aussi au décor de cette partie de l'abside.

DIMENSIONS DE SAINT-CLÉMENT

ÉGLISE SUPÉRIEURE

Longueur : 36 m 51.
Largeur : 21 m 60.
Diamètre de l'abside : 8 m 46.
Largeur de la nef latérale Nord : 3 m 74.
Largeur de la nef latérale Sud : 5 m 73.
Largeur de l'atrium
Côté Ouest : 26 m.
Côté Est : 25 m 15.
Longueur de l'atrium : 28 m 69.

TABLE DES PLANCHES

ROME. SAINT-CLÉMENT

ROME. SAINTE-MARIE AU TRANSTÉVÈRE

EGO BENO DE RAPIZA CV MARIA VXOR MEA

SER ECCE IACET REPETIT ... QUE PREVIA MATER

I

HVC A VATICANO FERTVR PP NICOLAO IMNIS DIVINIS QD AROMATIB SEPEL
+ EGO MARIA MACELLARIA P TIMORE DEI ET REMEDIO ANIME MEE HEC

2

S MI
CHAEL
CLEMENS

ANASTASIVSPRESBITERCARDINALISHVIVSTITVLIHOCOPVSCEPIT ETPERFECIT

7

PETRVS
E LIGNO CRVCIS. IACOBI DENS. IGNATII Q: IN SVPRA SCRIPTI. REQVIESCVNT. CORPORE. CRISTI + Q

8

9
SANTA MARIA IN TRASTEVERE

HS
LVCAS
XPCDNSCAPTVSE
INPECCATISNRIS
HIEREMIASPPHA
LEPODIVS
PBR

12

MATHEUS
IOHS
PETRUS

15

16

17

BASILIQUE SAINTE-MARIE AU TRANSTÉVÈRE

Peut-être à l'endroit même où saint Calliste (217-222) réunissait la première communauté chrétienne du Transtévère, se dresse la basilique de Jules Ier (337-352), une des premières églises romaines dédiées à la Vierge, qu'il faut compter parmi les principaux sanctuaires mariaux de la ville, avec Sainte-Marie-Majeure et Sainte-Marie la Neuve. L'importance de cette église à l'époque paléochrétienne est attestée par la légende de la *fons olei* – le jaillissement miraculeux d'huile sortant du sol, annonce du Messie – connu à partir du milieu du IVe siècle et qui dut se développer à l'époque médiévale avec l'affermissement continu du culte de la Vierge. Au temps de Grégoire IV (827-844) fut construite la chapelle de la Crèche – *« ad similitudinem Praesepi sanctae Dei Genitricis quae appellatur Maioris »* à l'imitation de la chapelle de Sainte-Marie-Majeure liée elle aussi à la naissance du Sauveur.

L'édifice fut entièrement reconstruit dans la première moitié du XIIe siècle, peut-être à la suite du tremblement de terre de 1091 qui eut de graves conséquences pour les églises du Transtévère dont beaucoup furent complètement réédifiées dans les cinquante ans qui ont suivi.

Mais c'est à l'époque de Calliste II (1119-1124) que remontent les événements à l'origine de l'édifice actuel : le titre cardinalice de Sainte-Marie au Transtévère fut conféré à Pietro Pierleoni, membre d'une riche famille du Transtévère d'origine juive qui avait apporté son soutien au pontife. L'intervention des Pierleoni avait en effet été décisive pour la défaite du parti impérial à Rome. En 1123, deux ans après son entrée dans la ville, Calliste transféra de Sainte-Marie aux Martyrs (Panthéon) à Sainte-Marie au Transtévère la station de la Circoncision fêtée le 1er janvier : *« Anno dominice incarnationis millesimo CXXIII indictione I, data est statio octavi Natalis Domini ecclesie S. Marie trans Tiberim a Domino romane ecclesie pontifice Calixto... »*. Diverses ont été les hypothèses pour expliquer le fait, en soi plutôt inhabituel : la fête choisie a été mise en relation avec la colonie juive résidant au Transtévère (Grisar 1924), ou considérée comme une allusion aux origines juives du cardinal titulaire (Kinney). La station coïncide avec la fête de la crèche qui à Sainte-Marie au Transtévère se célébrait précisément le premier janvier, suivant ainsi d'une semaine la station de la Nativité à Sainte-Marie-Majeure. Il semble donc que le but premier de telles modifications au calendrier liturgique ait été l'accroissement du prestige de cette église, en raison de l'intérêt porté par Pierleoni à son titre et peut-être aussi de la bienveillance du pontife à l'égard d'une église liée à la mémoire de saint Calliste.

Immédiatement après la mort d'Honorius II (1124-1130), Grégoire Papareschi fut élu pape. Voici les faits tels que les rapporte Gregorovius : « La dépouille mortelle d'Honorius n'était pas encore refroidie qu'elle fut descendue hâtivement dans une fosse déjà creusée dans le couvent, pour permettre à la faction réunie en cet endroit de procéder à la nouvelle nomination. Puis le cadavre fut transféré à Saint-Jean avec une hâte indécente. Le pape mort et celui tout juste élu entrèrent ainsi ensemble au Latran. » Le même jour, le 14 février 1130, se tint une deuxième élection où l'emporta Pietro Pierleoni qui choisit de s'appeler Anaclet, se référant au second successeur de Pierre et – selon l'exemple de Calliste – à l'Église des origines.

Le schisme fut de longue durée et l'Église divisée eut à sa tête deux prélats du Transtévère. A part la brève exception de l'année 1133 où Innocent s'installa dans la ville grâce au soutien de l'empereur Lothaire couronné à cette occasion, Anaclet gouverna Rome jusqu'en 1138, année de sa mort, et fut soutenu par la majorité des membres du collège cardinalice jusqu'en 1137. L'intervention de saint Bernard en faveur d'Innocent II entraîna de façon décisive la défection de plusieurs cardinaux et la diminution progressive du parti schismatique.

Anaclet fut en lien étroit avec l'église du Transtévère et avec l'image non faite de main d'homme de la Vierge de clémence qui y était renfermée. Lien dont témoigne un extraordinaire document figuratif : les fresques de la chapelle Saint-Nicolas au patriarcat du Latran qu'avait fait peindre ce même Anaclet. Quelques gravures en reproduisent le schéma iconographique : au centre régnait la représentation de la Vierge de clémence, à ses pieds se prosternaient en adoration Calliste II d'un côté et Anaclet de l'autre, suivis au registre inférieur par deux groupes symétriques de papes, choisis parmi ceux qui s'étaient distingués dans la défense des prérogatives de l'Église face à l'Empire. Dans un tel contexte, l'icône de Sainte-Marie devenait une image de l'Église triomphante, et un élément caractéristique de la propagande d'Anaclet représenté comme le légitime successeur de Calliste II.

Après le retour d'Innocent II (1139) la *damnatio memoriae* d'Anaclet était inévitable. Surtout au Transtévère, citadelle des familles rivales des Pierleoni et des Paparalschi, l'opposition politique se trouva entremêlée à celle des familles, cette dernière orientée vers la réaffirmation du pouvoir des vainqueurs dans le quartier. C'est dans cette double optique qu'il faut interpréter la reconstruction de l'église, peut-être commencée par Anaclet lui-même, mais terminée par Innocent qui en fit un monument de son propre triomphe.

« Ecclesiam beate Dei Genitricis Marie tituli Calixti totam innovavit et construxit », affirme le *Liber Pontificalis* (II, p. 384) dans la biographie d'Innocent II. Les travaux étaient certainement en cours en 1141, puisque en cette année revient deux fois (24 avril et 10 août) la notation – *« quando edificabatur ecclesia »* – rapportée dans le nécrologe de Sainte-Marie au Transtévère (Egidi 1908). A s'en tenir à ce qu'on lit dans le *Liber politicus* de Benedetto Canonico (1143) – *« ecclesiam sancte Marie transtiberim novis muris funditus restauravit et absidem ejus aureis metallis decoravit »* – il n'a donc pas seulement reconstruit l'église, mais l'aurait également achevée. On fait mention du décor absidal, à placer certainement à l'étape finale des travaux, qui auraient été achevés sous le pontificat d'Innocent II mort le 24 septembre 1143. Décès que commente dans le nécrologe la phrase : *« qui ecclesiam S. Mariam Transtyberim a fundamentis renovavit »*, confirmant ce qui est écrit dans le *Liber politicus.* Enfin les *Acta consecrationis* de la basilique (1215) et l'épitaphe du pontife (1308) sont d'accord pour indiquer les dates de 1140 et 1148 pour le commencement et la fin des travaux. L'inscription aujourd'hui encastrée dans le porche de l'église est ainsi conçue : *« + Hic requiescunt venerabilia ossa / sanctissimae memoriae Domini Innocentii Papae secundi / de domo Paparescorum. / Qui praesentem ecclesiam ad honorem Dei Genitricis Mariae / sicut est a funda / mentis sumptibus propris / renovavit sub anno Domini MCXL et completa est anno Domini MCXLVIII ».*

Une fois écartée la possibilité d'une extension des travaux jusqu'au pontificat d'Alexandre III – fait qui est ressorti d'une lecture plus attentive du Nécrologe de Sainte-Marie au Transtévère –, se présentent deux hypothèses : accepter la chronologie 1140-1148, reproduite dans les *Acta consecrationis* et dans l'épitaphe de Papareschi, et supposer qu'après la mort du pontife le travail ait été dirigé par le frère du défunt, Pietro Papareschi, cardinal évêque d'Albano depuis 1142 (Ciacconio, Moroni, Mallerini). Ou bien considérer que l'église a été pratiquement terminée en 1143, en acceptant les affirmations du *Liber politicus* et du Nécrologe, et en conséquence resserrer la chronologie en trois années, ce qui semble peu vraisemblable (Kinney). Il faudrait alors admettre – comme le suggère Krautheimer (1981) – que la reconstruction de Sainte-Marie au Transtévère ait été déjà commencée au temps d'Anaclet : la splendeur de la construction pourrait être la marque d'un commanditaire bien argenté tel que fut Pierleoni. Pour l'heure, l'hypothèse ne peut être démontrée étant donné que les sources – toutes du côté d'Innocent – font de lui le seul commanditaire de l'œuvre.

Aujourd'hui encore la structure romane apparaît à l'évidence dans la plan basilical scandé de deux rangées de colonnes surmontées d'architraves (onze à gauche, dix à droite), dans l'arc triomphal, dans le sanctuaire surélevé avec transept d'un seul tenant et non saillant (pl. 11).

Il faut cependant signaler les plus importantes transformations subies par l'édifice au cours des siècles. La moulure à cavet en façade est médiévale mais postérieure à la campagne initiale, comme le montre clairement le chevauchement de la maçonnerie sur le clocher. Plus

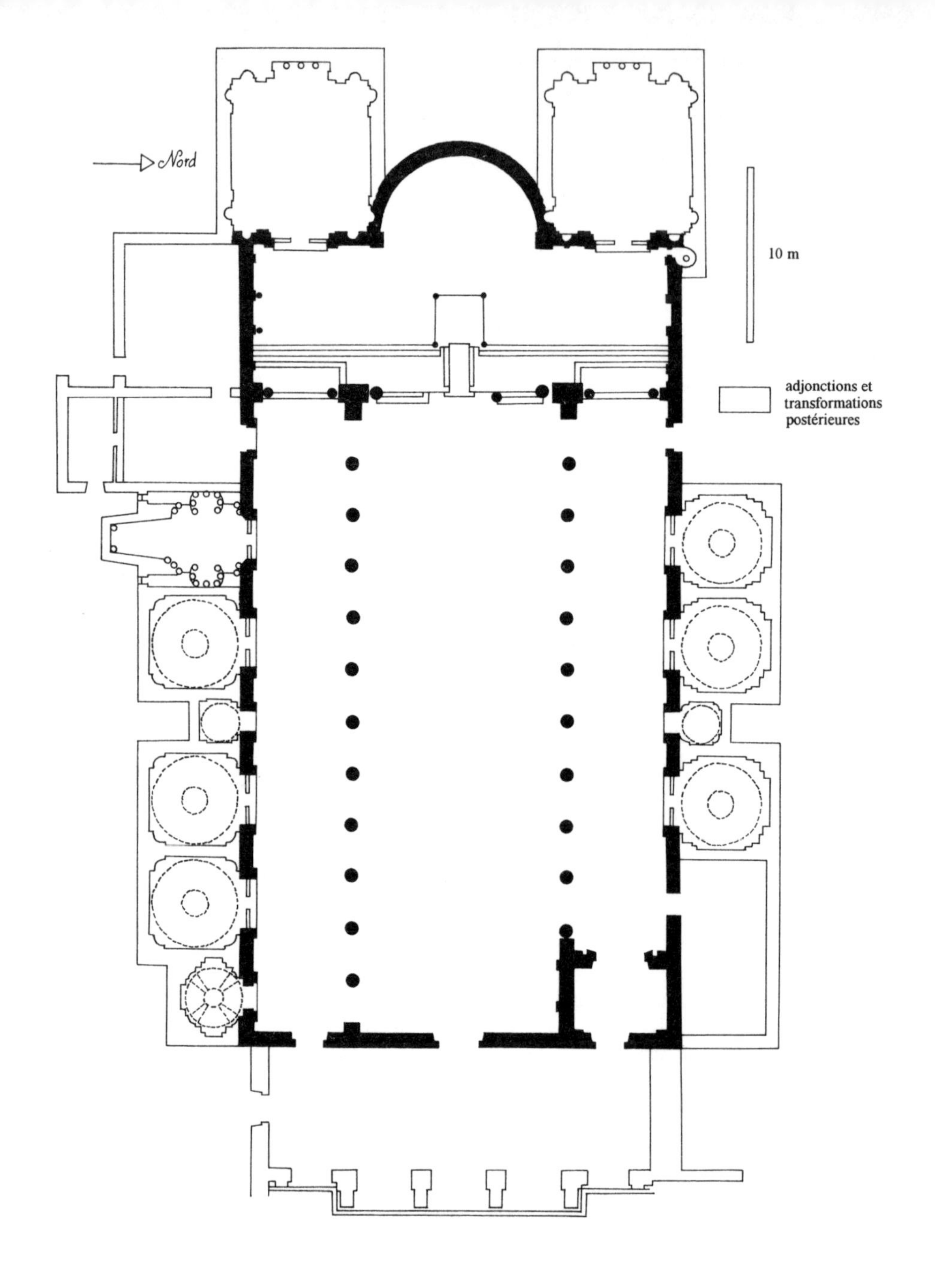

ROME
SAINTE-MARIE
AU TRANSTÉVÈRE

tardives encore les chapelles nobiliaires qui s'ouvrent dans les nefs latérales, tandis que celles qui, dans le transept, flanquent l'abside ont été ajoutées entre la fin du XVIe siècle (chapelle Altemps) et les premières décennies du XVIIe (chœur d'hiver). A la même époque ont été réalisés les plafonds à caissons du transept et de la nef. En 1702, au temps de Clément XI, Carlo Fontana (l'architecte qui a travaillé à Saint-Clément) refit le narthex de la basilique. A l'origine, les trois portails en façade donnaient tous accès à la nef centrale, et c'est seulement au XVIe siècle que les deux portails latéraux furent déplacés pour correspondre avec les nefs latérales, en ouvrant à droite un passage dans la base du clocher. Une quatrième entrée s'ouvrait dans le bras Nord du transept; aujourd'hui encore on peut voir la maçonnerie différente (blocs de tuf) à l'endroit où le passage a été bouché. Sur place demeurent le fronton du XIVe siècle (Cecchelli, 1933) et la petite tête d'un modillon, sans doute œuvre de la maturité du milieu des frères Vassalletto. L'édicule au centre du mur Nord du transept abritait jadis une représentation peinte du Sauveur figurant sur les dessins d'Eclissi (Cecchelli).

Les transformations qui ont le plus modifié l'aspect de l'église doivent être attribuées à l'architecte Virginio Vespignani. La campagne de restauration menée entre 1865 et 1869 non seulement entraîna la perte d'importants témoins médiévaux – on alla jusqu'à proposer la démolition du clocher – mais elle introduisit des éléments imités et factices qui viennent gêner la lecture du monument. Il s'agit des fenêtres en façade, accompagnées des fresques dans le style médiéval. A l'intérieur, le rétablissement du niveau originel du sol entraîna la destruction du pavement et une intervention radicale sur les aménagements du sanctuaire; le premier fut entièrement refait ainsi que les escaliers d'accès au sanctuaire, les seconds furent profondément remaniés, en particulier la clôture du chœur et le ciborium dont on a refait la couverture. Selon Carlo Bertelli (1961), le ciborium médiéval dont il ne reste que les colonnes de porphyre avait la forme d'un baldaquin-chapelle. Par contre sont d'origine le chandelier du cierge pascal – œuvre des Vassalletto datable de la sixième décennie du XIIIe siècle – et le trône dans l'abside. Ce dernier, flanqué de lions ailés de facture très antiquisante, est une œuvre assignée par Gandolfo (1980) à l'époque d'Innocent III qui consacra solennellement l'église le 15 novembre 1215. Les éléments à l'antique manifestent une iconographie impériale et les aspirations théocratiques qui ont guidé la politique de ce pontife. Toujours selon Gandolfo, on doit attribuer l'œuvre à Jacopo di Lorenzo peut-être en collaboration avec son fils Cosma, tandis que Claussen (1987) pense à une datation antérieure d'une ou deux décennies.

A Vespignani revient aussi la disposition des fenêtres de la claire-voie – séparées par des peintures en pur «style Pie IX» –, la fausse frise en mosaïque qui se déroule le long de l'architrave et la mosaïque à l'intrados de l'arc triomphal.

La construction médiévale était donc précédée d'un porche avec des colonnes de granit (réutilisées dans celui du XVIIIe siècle) comme support de l'architrave allégée par des arcs surbaissés en brique. La structure, figurée sur un dessin de Fontana (Windsor Castle), était plutôt semblable au narthex de l'église des saints Jean et Paul postérieure de quelques années. En façade s'ouvraient trois fenêtres cintrées (dont celles du XIXe siècle sont des imitations fantaisistes). Pareillement les fenêtres ouvertes à l'origine le long de la nef centrale; les descriptions faites pendant les restaurations de Vespignani en manifestent le placement irrégulier par rapport aux rangées de colonnes. Selon Mme Kinney, il est possible que les fenêtres aient été placées en correspondance avec chacun des entrecolonnements dans la partie de la nef la plus proche du sanctuaire et que par contre elles aient été plus écartées vers l'entrée. De cette manière, l'intensité de la lumière augmentait dans la zone proche du sanctuaire, selon un artifice expérimenté aussi à Saint-Clément. Mais dans les nefs latérales s'ouvraient des fenêtres en archères placées très haut et à l'origine le transept devait être beaucoup plus lumineux : la forme des fenêtres qui s'ouvraient le long des murs est indiquée encore aujourd'hui par les encadrements aux extrémités de la mosaïque absidale; des fenêtres de même forme s'ouvraient le long des murs de fond du transept : à l'extérieur du côté Nord on en voit encore la trace. La technique de construction de l'édifice est assez uniforme : les assises de briques sont assemblées par de fines couches de mortier polies; on ne retrouve jamais sur le parement de l'église et du clocher la finition à l'aspect de fausse tenture (Avagnina, 1977). Le décor architectural est lui aussi homogène dans les diverses parties de la construction : la double corniche en dents d'engrenage – celle du bas orientée dans un sens, celle du haut dans l'autre – borde le bandeau à modillons séparés par des briques formant un dessin en zigzag. Ce motif apparaît au couronnement de l'abside (pl. 9), sur le mur de fond du transept, sur le flanc de la nef latérale Nord et forme les corniches d'entre les étages sur le clocher (pl. 10).

L'usage de briques de remploi dans l'église et dans le clocher impose une limite à l'analyse technique de la maçonnerie mais s'insère dans un contexte architectural où le remploi de matériau précieux de l'Antiquité romaine a une grande importance. Le chevet, partie initiale de la construction (Avagnina), est caractérisé par l'utilisation de briques de remploi particulièrement homogènes qui sembleraient extraites du même monument antique (pl. 9). Les lésènes raccordées dans le haut par des arceaux scandent plastiquement tout l'hémicycle absidal, solution unique dans le panorama architectural romain qui trouve un précédent dans les arcs entourant extérieurement les fenêtres de la nef centrale de Saint-Laurent in Lucina (Avagnina). Il s'agirait, dans le cas de Saint-Laurent, d'éléments puisés dans l'architecture ravennate de la fin du XIe siècle (Krautheimer). Sur l'abside, la corniche de couronnement se distingue des autres situées le long des murs gouttereaux de l'église par le remploi de modillons antiques monumentaux en tout semblables à ceux utilisés dans la nef centrale. Trait qui souligne, en même temps, l'importance attribuée au chevet et surtout l'unité du chantier : la présence dans la phase initiale de l'œuvre du même matériau que celui utilisé ultérieurement dans la nef confirme la continuité dans la poursuite du projet. Les modillons en marbre plus modestes qui se trouvent dans les autres corniches sont eux aussi des matériaux de remploi, mais du haut Moyen Age.

Le clocher a certainement été réalisé pendant la même campagne de construction (pl. 10); le mur de la claire-voie s'appuie sur le mur du clocher et lui est donc postérieur (Priester). La tour repose sur la première travée de la nef latérale de droite et sur une partie de la seconde. Sa structure se compose d'un haut soubassement, aujourd'hui englobé dans l'église et dans l'édifice adjacent, sur lequel sont montés les quatre étages supérieurs : dans le premier s'ouvrent trois fenêtres, dans le second et dans le troisième une double fenêtre double, dans le dernier une fenêtre triple. Les colonnettes des étages supérieurs sont à nouveau du matériel de remploi. Le parement est décoré de cupules en porphyre et en serpentin, et les corniches entre les étages ainsi que les petites corniches plus modestes au départ des arcs (une seule rangée de dents d'engrenage orientées vers la droite ou vers la gauche selon leur position par rapport à la fenêtre) contrebalancent l'élan vertical de la tour. Il est probable que l'édicule abritant une représentation de la Vierge en mosaïque au dernier étage, est cette fois une adjonction plus tardive (Priester).

Selon Mme Priester, le clocher de Sainte-Marie au Transtévère se rattache étroitement à ceux de la Sainte-Croix à Jérusalem et de Sainte-Marie la Neuve, œuvre de la même équipe d'artisans, sans doute de provenance non romaine. Toutefois dans le cas de Sainte-Marie au Transtévère, l'étroite continuité des temps et de la technique d'exécution entre l'église et le clocher semble rendre douteuse la thèse soutenue par cet auteur, à savoir l'existence d'équipes spécialisées dans la seule construction de clochers.

Par rapport aux fondations de Pascal II – Saint-Clément par exemple –, Sainte-Marie au Transtévère atteint des dimensions beaucoup plus vastes que celles présentées par les grandes basiliques du Ve siècle. La nouveauté du plan de la basilique du Transtévère consiste dans la présence d'un transept surélevé et d'un seul tenant : la hauteur de cette nef transversale devait presque coïncider avec celle de la nef centrale. Il s'agit là d'un trait d'origine cassinaise (lui-même marqué de références paléochrétiennes) qui en ces années précisément s'affirme à Rome : à Saint-Pierre, les bas-côtés constantiniens furent transformés en un transept continu, des opérations analogues furent exécutées aussi à Sainte-Croix de Jérusalem (Krautheimer). Dans le Latium du Nord également, quelques fondations de la deuxième moitié du XIIe siècle adoptent une telle solution, que l'on retrouve par exemple à la cathédrale de Viterbe.

La structure à architrave de la colonnade, les chapiteaux ioniques, la corniche qui se déploie le long de l'architrave, soulignant le développement horizontal de la nef, constituent l'élément fondamental d'un espace où la référence à l'architecture paléochrétienne est bien marquée et insistante, et où l'ordre ionique semble emprunté au système adopté au Ve siècle à Sainte-Marie-Majeure (pl. 11).

Une telle solution, grâce précisément à l'exemple de Sainte-Marie au Transtévère, semble s'affirmer nettement dans l'architecture romaine et inspirer par exemple, la nef d'Honorius à Saint-Laurent-hors-les-Murs (Krautheimer, 1981) : ainsi se trouvent posées les bases de ce classicisme qui marque l'architecture romane à cheval sur le XIIe et le XIIIe siècle.

L'atmosphère solennelle et monumentale à l'antique qui encore aujourd'hui – en dépit des interventions de Vespignani – imprègne la nef de Sainte-Marie au Transtévère est due, soit au modèle architectural, soit à l'utilisation d'éléments de remploi triés avec soin. De ce point de vue, l'église du Transtévère constitue un exemple vraiment extraordinaire qu'à Rome on peut seulement comparer à la Casa dei Crescenzi. Colonnes, chapiteaux ioniques (avec fleur sur l'abaque), modillons des corniches et autres fragments proviennent des Thermes de Caracalla (Kinney). Il ne s'agit pas en effet d'un pis-aller mais, au contraire, d'un choix parfaitement accordé à ce retour à l'Antiquité sciemment poursuivi à partir de Pascal II. Ces tendances se trouvent même renforcées à Sainte-Marie au Transtévère dans un contexte de représentations qui exaltent une vision triomphale de l'Église et du pontife, à laquelle on fait allusion au cul-de-four absidal.

Les mosaïques

Après celle de Saint-Clément, la composition qui couvre de mosaïque le cul-de-four absidal et l'arc triomphal de Sainte-Marie au Transtévère est la plus ambitieuse des œuvres relevant de cette technique au cours du XIIe siècle et pose un problème important du point de vue du style comme de celui de l'iconographie. C'est même sur cette dernière question que s'est principalement portée l'attention des spécialistes. La composition présente au cul-de-four le Christ et la Vierge assis sur des trônes (pl. 13); au sommet se trouve la «coquille» classique, commune à tant d'absides romaines; de part et d'autre diverses figures de saints, Pierre, Paul, les papes Calliste et Corneille, le diacre Laurent, le pape Jules (fondateur de la basilique), et enfin le martyr Calepodius et le pape Innocent II qui offre le modèle de l'église. Le bandeau inférieur du cul-de-four est occupé par l'inscription dédicatoire : *« Præfulgida mater honoris / regia divini rutilat fulgore decoris + in qua Christe sedes manet ultra secula sedes / digna tuis destris est quae tegit aurea vestis + cum moles ruitura vetus foret hic oriundus / Innocentius hanc renovavit papa secundus »*. Les citations du Cantique des Cantiques – *« veni electa mea et ponam in te thronum meum »* (sur le livre tenu par le Christ) et *« leva ejus sub capite meo et dextera illius amplesabit* (sic) *me »* (sur le cartouche de la Vierge) – constituent avec le texte de la dédicace un élément important pour comprendre les sujets représentés sur la mosaïque. Enfin la file des agneaux se rendant en procession de Bethléem à Jérusalem vers l'Agnus Dei renvoie évidemment à l'iconographie paléochrétienne.

L'arc triomphal porte à son sommet la Croix avec l'alpha et l'oméga flanquée des symboles des évangélistes; au-dessous figurent Isaïe et Jérémie (pl. 12). Les cages à côté des prophètes ont été habituellement interprétées comme une allusion au mystère de l'Incarnation auquel se réfère le cartouche d'Isaïe.

Dans l'ensemble, on a toujours remarqué que la composition suit le modèle traditionnel des absides romaines, qui à partir de celle des Saints-Côme-et-Damien font un large usage d'éléments apocalyptiques.

Mais le programme proposé dans l'abside de Sainte-Marie au Transtévère introduit des éléments tout à fait nouveaux. D'une part il est clair que ce programme exploite largement des éléments élaborés entre le XIe et le XIIe siècle, en particulier à Saint-Clément : un vaste répertoire antiquisant de frises et d'éléments décoratifs et notamment l'emploi de rinceaux pour couvrir l'espace absidal non occupé par les figures, d'où un effet de tapis continu certainement dérivé de celui de la mosaïque de Saint-Clément.

D'autre part la présence de la Vierge assise sur un trône à côté du Christ est un élément absent des absides paléochrétiennes et introduit ici, par une très importante innovation, dans un contexte mûrement réfléchi.

Matthiae affirmait (1967) que cette abside se distinguait précisément des paléochrétiennes par «l'introduction inattendue de la Vierge parmi les personnages traditionnels». En réalité toute la spéculation théologique du XIIe siècle prépare et autorise cette innovation, qui naît d'un besoin d'humaniser davantage les thèmes religieux, d'où une attention particulière accordée à la Vierge : en sont la preuve un très grand nombre de textes et la fréquence croissante des représentations mariales au cours du siècle, surtout en France mais aussi dans les villes d'Italie elles-mêmes. C'est précisément dans un lien avec la France qu'on avait cru trouver (Mâle, 1960) l'origine de l'innovation iconographique de Sainte-Marie : on avait émis l'hypothèse que l'élément consacré à la Vierge était une reproduction du vitrail disparu commandé par l'abbé Suger pour Notre-Dame, et qu'Innocent II aurait vu pendant son exil parisien (1131). Cette hypothèse ayant été écartée – après qu'on ait démontré (Verdier, 1976) que l'iconographie du vitrail était en réalité très différente de celle de la mosaïque –, une autre a prévalu, due en premier lieu à Ernst Kitzinger (1980) : la tête de la Vierge sur la mosaïque serait une véritable «copie» de ce qu'on appelle l'*Icona Tempuli* (la Vierge à l'Enfant, aujourd'hui à Sainte-Marie du Rosaire) et une copie non seulement pour l'image mais aussi pour le style, comme le montrent les différences entre ce détail et les autres parties de la mosaïque. Nous nous trouverions ici en face d'un cas de «goût pour l'antique», à savoir la propension à montrer de façon reconnaissable des «objets» artistiques «antiques» auxquels on reconnaît une capacité particulière dans le domaine de la communication visuelle et symbolique. Le procession du quinze août, durant laquelle les deux icônes – l'*Icona Tempuli* et le Christ achéropite (non fait de main d'homme) du Latran – se rencontraient, pouvait constituer un précédent visuel, transposé et retravaillé pour la structure iconographique de la mosaïque de Sainte-Marie au Transtévère. La rencontre avait probablement lieu près de Sainte-Marie la Neuve où l'icône du Christ (c'est-à-dire le Christ lui-même) rendait hommage à la Vierge, formant avec elle comme une sorte de *Déèsis* vivante. Il faut noter que dans notre mosaïque la physionomie du Christ s'inspire de l'achéropite du Latran. Cette représentation – quasi effacée – nous est toutefois connue par les copies plus tardives de Tivoli, Sutri et Capranica.

La thèse de Kitzinger, plutôt que de viser à une «explication» de l'iconographie de la mosaïque, explore les racines et implications possibles de la *valeur* d'une «image», saisie jusque dans son caractère liturgique reconnaissable et dans ses métamorphoses.

La possibilité qu'un artiste du XIIe siècle se soit sciemment proposé de copier une représentation antique non seulement sous l'aspect iconographique mais aussi stylistique encourt cependant la critique la plus claire (Gandolfo, 1988) qu'on puisse faire à cette hypothèse; rappelons-nous également la thèse opposée soutenue par Boskovits

(1983) qui estime due à une restauration de Cavallini la tête-même de la Vierge qui pour Kitzinger est la clé de toute la structure doctrinale de la mosaïque.

Le lien établi entre la mosaïque de Sainte-Marie et la procession du quinze Août demeure une piste de lecture d'un grand intérêt, y compris pour la coïncidence effective de certains éléments non dépourvus de poids : la lecture de passages du Cantique des Cantiques pendant la procession, passages que l'on retrouve sur les inscriptions de la mosaïque; la pose de la Vierge du Transtévère, figurée dans l'attitude de l'avocate comme l'*Icona Tempuli*. Il aurait certes été naturel de rencontrer la réalisation de ce phénomène à l'endroit même où tout cela se produisait, c'est-à-dire à l'église Sainte-Marie la Neuve – où par ailleurs la mosaïque suit une tout autre tradition – plutôt qu'à Sainte-Marie au Transtévère, symbole de la victoire d'Innocent sur Anaclet.

En outre, certains des éléments déjà étudiés ont trouvé place dans d'autres reconstitutions d'ordre plus spécifiquement iconographique. Wellen (1966), remarquant que la Vierge de Sainte-Marie au Transtévère se caractérisait par le vêtement de *Sponsa-Regina*, a publié une miniature (Munich, Bayerische Staatsbibliothek, Clun. 4550, fol. 1v., Commentaire d'Honorius d'Autun sur le Cantique des Cantiques) qui présente effectivement une analogie frappante avec la partie centrale de notre mosaïque. Le raisonnement de Wellen amenait à considérer tant la miniature que la mosaïque (et leur modèle commun présumé)) comme une représentation symbolique où la Vierge *Sponsa* et le Christ *Sponsus* deviennent les images de l'Église; et il axait ainsi le programme de la mosaïque sur la célébration de la mission salvifique de l'Église par le moyen de l'Incarnation. D'où la réaction d'Ursula Nilgen (1981) qui restitue une forte connotation politique à toute la mosaïque : elle remarque l'exclusion de la Vierge de clémence – icône très chère, on l'a dit, à l'antipape Anaclet – et souligne le parallélisme entre la représentation du Christ et celle du pape qui pendant les célébrations liturgiques était assis au centre de l'abside. Il faut noter que la présence, de part et d'autre du groupe central, d'une série de personnages – les papes fondateurs de la basilique, les martyrs dont les reliques furent retrouvées à l'occasion de la reconnaissance faite pendant les travaux, Innocent lui-même – confirme la thèse ecclésiologique et fait comprendre que nous nous trouvons dans ce cas devant une assimilation de sens, d'ailleurs prévisible, entre l'église Sainte-Marie et l'Église tout court.

Le problème chronologique, que nous avions vu à propos de la construction de l'édifice, touche évidemment aussi la mosaïque. Il ne fait cependant aucun doute qu'il faut considérer celle-ci comme l'œuvre d'Innocent : l'inscription dédicatoire, la présence du seul Innocent sur la mosaïque le confirment et excluent du moins la participation d'un pape régnant après lui qui n'aurait pu omettre d'y signaler son intervention. Les mosaïques absidales peuvent être considérées comme le sceau, sur le mode ecclésiologique comme sur celui du triomphe personnel, apposé par Innocent II tandis qu'il amenait à son terme un édifice peut-être commencé en son temps par son adversaire Anaclet. Reste la possibilité que du fait de la prolongation des travaux après la mort d'Innocent, l'œuvre ait été terminée en peu de temps par quelqu'un qui se considérait comme l'héritier du projet d'Innocent. On ne connaît pas actuellement l'identité du cardinal titulaire de Sainte-Marie au Transtévère, mais Pietro Papareschi, frère d'Innocent II, créé par lui cardinal évêque d'Albano (1142), pourrait bien – comme l'assurent Ciacconio et Moroni – être responsable de l'achèvement de l'œuvre et avoir assuré la poursuite et l'application des conceptions figuratives élaborées au temps d'Innocent.

La mosaïque est évidemment liée à la tradition des ateliers au travail à Rome dans les années 20 du XIe siècle, principalement à Saint-Clément; mais par rapport à la mosaïque de Saint-Clément (pl. 8), on sent déjà une substantielle différence dans l'exécution qui d'un côté insiste sur les effets décoratifs et même l'impression de richesse dans les détails des habits de la Vierge, et de l'autre semble à l'inverse pencher vers des solutions plus graphiques et nettement moins appuyées dans la composition. Mais nous sommes encore assez éloignés des simplifications que l'on verra au VIIe siècle dans la mosaïque de Sainte-Marie la Neuve. L'œuvre de Sainte-Marie au Transtévère apparaît substantiellement unifiée et ne fait pas penser à un chantier trop étendu dans le temps. La tentative de Matthiae qui voulait distinguer deux artistes à l'œuvre, l'un pour l'abside, l'autre pour l'arc triomphal, semble un peu insuffisante, et les différences que l'on constate dans les divers éléments de la mosaïque doivent être attribuées à la répartition du travail dans un chantier plutôt qu'à proprement parler à deux «mains» susceptibles d'être identifiées.

Les montants du portail latéral

Dans la basilique, l'accès latéral de droite remonte à un réaménagement du XVIe siècle. Par contre date du Moyen Age l'encadrement en marbre de la porte : les piédroits (pl. 14) sont sculptés de rinceaux habités d'animaux fantastiques, parmi lesquels un centaure armé (pl. 16), ou remplis de feuilles très schématisées de façon géométrique, ou encore de pommes ou de grappes de raisin; au linteau par contre le motif végétal est interrompu au centre par trois médaillons avec la Vierge orante flanquée de deux anges (pl. 15). La figure de la Vierge avec un diadème rappelle la représentation de la Vierge de clémence, la célèbre icône, plusieurs fois mentionnée dans cette étude et liée à l'histoire de l'église : à partir de cette donnée Zuccari a pu récemment (1991) suggérer une hypothèse sur la provenance et aussi sur la chronologie du portail qui proviendrait d'un local situé au flanc droit de la basilique mais indépendant d'elle et servant d'accès à la via della Paglia. Présent sur un plan du XVIIIe siècle (Giacomo Recalcati, 1709), celui-ci a subi des transformations au XIXe siècle pour finalement aboutir à l'actuel oratoire de l'Addolorata (Vierge des douleurs) à l'entrée duquel Zuccari a retrouvé des fragments qu'il considère comme se rapportant au portail latéral de l'église. Cet oratoire devait au XIIe siècle abriter précisément la Vierge de clémence et c'est de là que sortait l'icône quand elle était portée en procession : la représentation de la Vierge sur le linteau serait donc en même temps une sorte de signal de la présence de l'icône et un souvenir de son passage à l'occasion des processions. S'il en est ainsi et si le linteau et les piédroits ont été commandés à cette intention et pour ce motif, la date du portail ne peut elle aussi se situer qu'à l'époque d'Innocent : ce serait en effet Innocent II qui aurait transféré l'icône dans l'oratoire fait pour elle, vers 1140.

La thèse est fort suggestive et probablement tout à fait exacte dans la découverte de l'emplacement de l'oratoire, du portail et aussi de ce qu'on faisait de l'icône. Elle laisse encore place à des recherches ultérieures concernant les questions spécifiques posées par les reliefs sculptés. Il est malaisé en effet de leur attribuer une date précise d'après leur style, car le panorama restreint de la sculpture figurative à Rome aux alentours de ces décennies – privé qu'il est de points d'appui chronologiques solides – n'offre pas une solution facile. De même les comparaisons, proposées entre autres par Mmes Bertelli (1976) et Melucco (1978) avec des œuvres comme la marche de Saint-Jean devant la Porte latine (pl. 20) ou le portail de Grottaferrata permettent de situer les reliefs dans un certain espace de temps mais ne les datent pas de façon certaine à un an près; de plus l'analogie que l'on peut effectivement reconnaître existe bien au niveau des parentés et des ressemblances mais assurément pas à celui des caractéristiques précises de la facture permettant d'y reconnaître des artisans et des ateliers communs. Par ailleurs Mme Bertelli (contredite par E. Russo, 1980, qui se contente de voir ici diverses mains) reconnaît des différences d'exécution entre le linteau et les piédroits assez substantielles pour leur attribuer des datations différentes : milieu du XIe siècle pour le linteau, milieu du XIIe siècle pour les piédroits, par quoi se trouverait en fait condamnée l'hypothèse dernièrement présentée par les soins d'Alessandro Zuccari.

Si l'on doit réétudier le portail de Sainte-Marie au Transtévère, il faudra avoir présente à l'esprit la possibilité qu'il résulte de remplois et de réaménagements, et sur ce point les fragments retrouvés par Zuccari pourraient se révéler précieux. Il faudra surtout réfléchir sur un fait de nature plus générale : est-il plausible de reconnaître une œuvre de l'époque d'Innocent dans une série de reliefs qui ont peu de choses à voir avec la riche culture, noble et classicisante, prédominante dans le reste de la basilique, fondée sur l'utilisation d'éléments remployés dont sont décorés les trois portails principaux de la basilique?

DIMENSIONS DE SAINTE-MARIE AU TRANSTÉVÈRE

Longueur : 52 m.
Largeur : 26 m 30.
Profondeur du transept : 8 m 60.
Diamètre de l'abside : 9 m 56.
Longueur de la nef centrale : 38 m 60.
Largeur de la nef centrale : 12 m.
Largeur du porche : 24 m 50.
Profondeur du porche : 7 m 40.
Hauteur du clocher : 32 m.

SAINT-JEAN DEVANT LA PORTE LATINE

Dans la vie d'Adrien Ier (772-795) le *Liber pontificalis* (édité par Duchesne) nous apprend que le pontife *« in omnibus noviter renovavit »* la basilique près de la Porte latine. Au XIe siècle l'église prit de l'importance en raison de son collège de chanoines qui menaient une vie simple et « réformée » : il s'agissait d'une église collégiale à laquelle était peut-être adjoint un monastère féminin. En 1144, elle fut placée sous l'autorité du chapitre du Latran; à la fin de ce XIIe siècle, en 1190, une nouvelle dédicace témoigne de l'intérêt du pape Célestin III pour la basilique, où l'on place les reliques des saints Gordien et Épimaque (l'inscription dédicatoire un temps encastrée au revers de la façade et aujourd'hui placée sur le devant d'un ambon moderne, est ainsi conçue : *Anno Dominicae Incarnationis MCLXXXX Ecclesia Sancti Johannis ante Portam Latinam dedicata est ad honorem Dei et Beati Johannis Evangeliste manu Domini Celestini III PP presentibus fere omnibus cardinalibus de mense Madiam die X festivitatis SS. Gordiani et Epimachi est enim ibi remissio vere penitentibus XL dierum de injunctis sibi penitentiis singulis annis.*

Ultérieurement, probablement au XIVe siècle, un ensemble d'édifices conventuels aujourd'hui disparus fut adossé au porche; au cours du XVIIe siècle, on opéra d'importantes transformations surtout dans la zone de l'abside et du sanctuaire, masquées désormais par les restaurations du XXe siècle. En 1913-1915, en effet, Paul Styger découvrit dans les combles les restes d'un cycle de fresques en grande partie conservées même sous les toiles qui plus bas revêtaient les

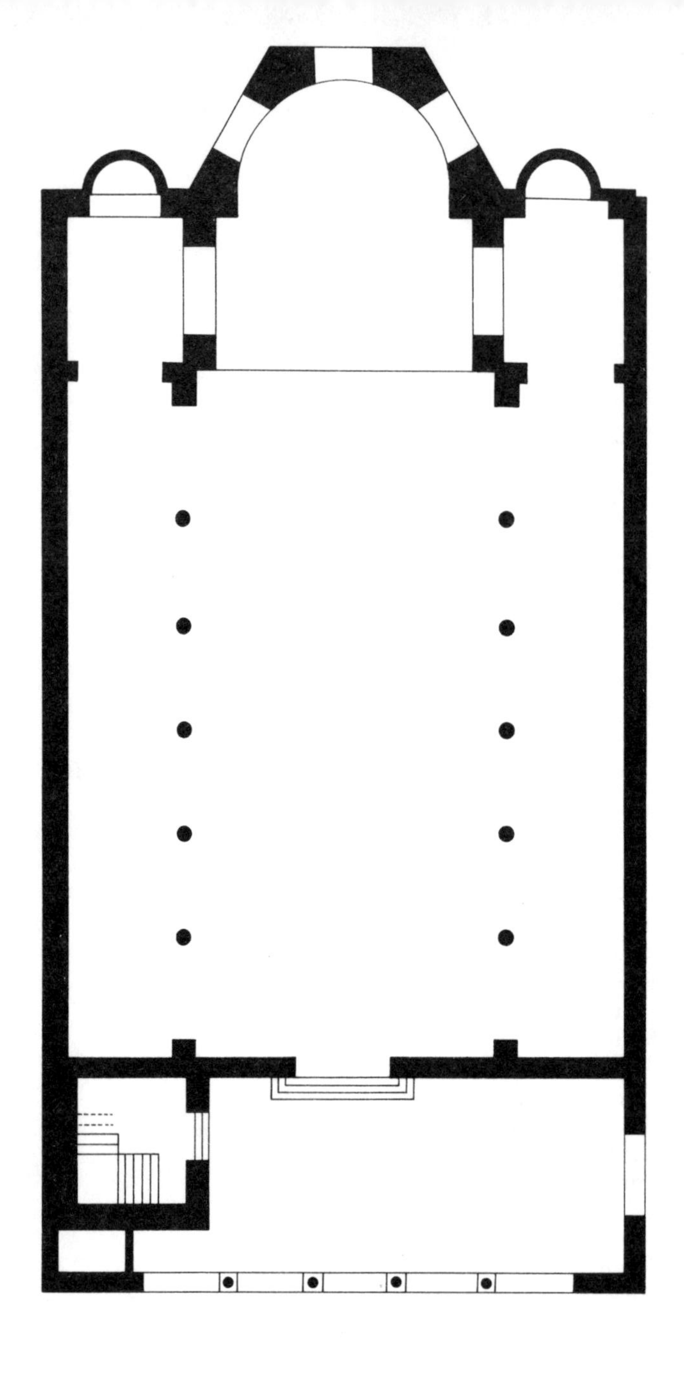

ROME
SAINT-JEAN DEVANT
LA PORTE LATINE

espaces entre les fenêtres de la nef centrale. La direction des restaurations fut confiée à Wilpert et elles respectèrent l'état des peintures; mais quinze ans plus tard environ, l'église connut une intervention beaucoup plus discutable, due à A. Terenzio, qui fit disparaître les traces de l'époque baroque, détruisant le décor stuqué et fresqué de l'abside et des fenêtres romanes, la voûte en berceau de la travée droite du chœur et les autels des nefs latérales; on rouvrit les trois grandes fenêtres paléochrétiennes de l'abside et l'on reconstruisit les édifices conventuels dans le style XIIe. Un petit reste de tenture peinte, sans doute de l'époque carolingienne et retrouvé par Styger dans le pastophorium de droite, donna l'idée d'en appliquer une semblable tout autour de l'église.

L'intérêt que présente la basilique de la Porte Latine provient tant de l'ordonnance architecturale de la basilique elle-même et des problèmes chronologiques qu'elle pose, que du cycle de fresques décorant les murs de la nef centrale, l'arc d'entrée du chœur et les murs de sa travée droite.

La basilique actuelle se trouve précédée d'un porche aux arcs en plein cintre reçus sur quatre colonnes de remploi (pl. 18). A gauche, empiétant sur le plan du porche, se dresse le clocher. L'intérieur compte trois nefs, séparées par deux rangées de cinq colonnes de remploi elles aussi, les deux premières de couleur «pavonazzetto» (marbre jaune teinté de bleu), les autres de marbre cipolin et de granit; les murs de la nef centrale sont percés d'une rangée de fenêtres en plein cintre, rouvertes après la redécouverte des fresques et la démolition des structures et du décor baroques (pl. 21). Les nefs latérales se terminent par deux espaces rectangulaires dans lesquels ont été creusées les absidioles; ces espaces communiquent par des arcades avec le sanctuaire. L'abside centrale est semi-circulaire à l'intérieur, polygonale à l'extérieur. Pour le devant d'autel on a utilisé un fragment de panneau à entrelacs presque certainement carolingien (pl. 19), analogue à un autre fragment encastré sur le devant de l'ambon en pierre, où se trouve également placée l'inscription lapidaire déjà mentionnée. Sur les marches qui séparent le sanctuaire de la nef on trouve par ailleurs une longue frise de rinceaux avec de petites têtes, de saveur nettement classique par le répertoire de ses motifs et aux traits durs et tranchants (pl. 20).

La chronologie de l'édifice est très discutée. Il semble que l'on puisse de façon presque certaine reconnaître dans quelques pans de maçonnerie en *opus mixtum* les traces de la structure paléochrétienne originelle de la basilique : il s'agit en particulier de la zone absidale, ainsi que de sections de maçonnerie dans les murs de la travée droite du chœur et dans les deux espaces rectangulaires terminant les nefs latérales. Krautheimer retrouve aussi le même *opus mixtum* à l'extrémité antérieure de la nef latérale de gauche, particulièrement dans la partie qui englobe la maçonnerie du clocher. Selon le même auteur, tout le reste de l'édifice, y compris la structure des nefs et du porche, devrait être attribué à l'époque romane, et probablement au XIIe siècle; par contre Schumacher et Matthiae, et avant eux Styger lui-même, estiment que l'on peut repérer les traces d'une maçonnerie distincte tant de la paléochrétienne que de la romane, et ils la rapportent à la restauration carolingienne d'Adrien Ier dont nous avons connaissance : ainsi la construction des nefs, surélevées ensuite au XIIe siècle, et la transformation des espaces qui les terminent de «sacristies» en chapelles absidées seraient de l'époque carolingienne. Cependant la différence de maçonnerie que veulent voir ces archéologues n'est pas tellement évidente, et en fait seul apparaît clairement le contraste entre l'*opus mixtum* de la partie incorporée au clocher et le mur roman; d'autres différences ne semblent guère suffisantes pour repérer une étape bien définie de la construction due à une intervention radicale et significative. C'est un aspect bien tourmenté que présente la maçonnerie de la façade; on y a obturé une ouverture à droite de la porte d'entrée, ancienne entrée latérale sans doute, et le mur, à une hauteur supérieure à celle du portail, forme une sorte de retrait rempli ultérieurement par un enduit fresqué datant probablement du XIVe siècle. Par contre la solution de continuité avec la base du clocher n'est guère sensible; c'est pourquoi on serait porté à croire que façade et clocher sont substantiellement contemporains, c'est-à-dire datables de l'époque romane, au sein de la grande campagne de construction terminée par la dédicace de la fin du XIIe siècle. Il convient de noter par ailleurs que le porche était lui aussi fresqué : sur la partie de droite de la façade apparaît un intéressant fragment peint que Matthiae interprétait comme une «Prédication de Jean-Baptiste» et datait de la fin du XIe siècle, début XIIe. Le fragment qui recouvre en fait l'ouverture bouchée mentionnée plus haut représente un groupe de personnes rassemblées, avec une figure mutilée à gauche, et l'interprétation iconographique proposée par Matthiae ne semble pas tellement convaincante; la fresque est si largement repeinte qu'elle en est presque indatable. La colonnette peinte, une moitié torsadée l'autre strigillée, qui vient limiter le champ sur la droite, ne suit pas les procédés décoratifs riches et complexes du cycle de l'intérieur et se montre étrangère à tout essai d'illusion de perspective. Ce fragment n'est pas le seul; d'autres moins importants, appartenant probablement à la même couche de peinture et de même couleur, apparaissent sur le mur de droite formant un angle avec le mur du porche lui-même; d'autres, encore, en très mauvais état mais – à les voir de près – certainement romans, sont visibles sur le mur opposé, c'est-à-dire à la base du clocher qui fait l'angle avec la façade. Ainsi l'étude de ces fragments non seulement nous permet d'en conclure en toute probabilité que la basilique de la Porte Latine avait un porche entièrement fresqué, à la façon d'autres églises célèbres comme Sainte-Cécile au Transtévère, mais elle nous convainc aussi de la datation relativement précoce d'au moins l'implantation du clocher qui fut vraisemblablement terminé au cours du XIIe siècle.

L'édifice actuel cependant, malgré les restaurations abusives, est somme toute une basilique bien conservée, d'un type que Krautheimer (1980) considère comme caractéristique d'un groupe d'églises paroissiales (S. Stefano del Cacco, S. Salvatore in Onda) dès la fin du XIe siècle et qui, à la Porte Latine se trouve utilisé même pour une église conventuelle. La maçonnerie romane, d'après Krautheimer, est analogue à celle de Saint-Clément et donc des premières décennies du XIIe siècle. Il faut en conclure que la réfection architecturale est antérieure à l'époque de la dédicace assignable peut-être au moment (1144) où l'église passa sous la dépendance du chapitre du Latran, et que la mise en place des reliques de Gordien et Épimaque sous l'autel majeur et la consécration ultérieure marquent le terme d'une vaste opération de rénovation de l'église.

La basilique se signale par un sens de l'antique et une récupération de ses œuvres, fil conducteur pour la culture du XIIe siècle qui se révèle ici dans l'utilisation de colonnes de remploi aux chapiteaux ioniques : quatre, très belles, recevant les arcs en plein cintre du porche et dix dans la nef; mais aussi dans le relief à rinceaux et petites têtes transformé en marche dans la zone du sanctuaire (pl. 20). Peu étudié (mentionné par Matthiae, 1959, et Melucco Vaccaro, 1974), il a été évoqué par Pace (1987) à propos des portails de Grottaferrata et de Sainte-Marie au Transtévère (pl. 14 à 17) : dans le groupe peu nombreux des œuvres de sculpture à Rome à la fin du XIe siècle et au XIIe (cf. l'introduction) qui ont indubitablement des traits communs, mais dont aussi chacune constitue un épisode avec ses particularités propres, ce relief de la Porte Latine est l'un des plus intéressants. Car là l'évidente récupération d'œuvres classiques, plus marquée que dans les autres œuvres du groupe en question, s'accompagne d'un traitement plastique fruit de la réflexion sur des exemples paléochrétiens, les sarcophages; il semble aussi, comme bien rarement dans des œuvres de l'époque romane, garder le souvenir des réalisations formelles du haut Moyen Age, aux incisions accusées et aux plans aplatis, peut-être à travers d'autres réalisations dont la date reste malheureusement incertaine, tel l'énigmatique autel de Sainte-Marie du Prieuré (Melucco Vaccaro, 1974).

Mais ce qui est surtout remarquable, c'est le cycle des fresques que jusqu'ici nous avons juste mentionné et qui subsiste dans une large mesure, bien que sérieusement mis à mal par les restaurations.

Retrouvé, on l'a dit par Paul Styger en 1914 sous les peintures du XVIIe siècle, celui-ci recouvre encore l'arc d'entrée de l'abside et les murs de sa travée droite, les deux murs de la nef centrale et le revers de la façade. On peut aussi en voir difficilement des restes dans l'espace situé à l'extrémité de la nef latérale de droite. Sur l'arc de l'abside, sous un bandeau décoré d'une grecque multicolore en trompe-l'œil, où apparaissent des anges aux mains voilées portant un livre et les quatre symboles des évangélistes; l'illusion procurée par la grecque est renforcée sur les côtés de la paroi par un faux pilier «végétal» à rameaux d'olivier autour duquel s'enroule un ruban. Le même type de pilier encadre également les murs latéraux du chœur, couronnés cette fois d'une frise différente à grandes consoles en trompe-l'œil avec des animaux, des oiseaux, des génies ailés et des monstres. Les vingt-quatre vieillards de l'Apocalypse, agenouillés et formant une procession rythmée, occupent la partie haute du mur (pl. 25) tandis que plus bas, mais malheureusement presque complètement détruits, se trouvaient quatre édicules – représentés dans un style fortement antiquisant – où l'on voyait les quatre évangélistes (sur les frontons, leurs symboles). Quelques *tituli* aident à leur identification : sur le mur gauche, MARCUS UT ALTA FREMIT VOX PER DESERTA LEONIS et MATEUS (agens) (h)OMINEM GENERALITER IMPLET; à droite MUGIT AMORE PIO LUCAS IN CARMINE XRI et ALTA PENETRA CELUM TU MENTE JOHANNE(s). Comme l'a justement remarqué Mme Manion – à laquelle on doit l'unique monographie sur ce cycle de fresques qui demanderait une étude plus approfondie – le groupement vingt-quatre vieillards / quatre évangélistes n'est pas habituel dans la tradition romaine et renvoie plutôt à la coutume byzantine de placer les évangélistes sur les trompes ou les piliers de la coupole; le groupement des figures des évangélistes avec des thèmes de l'Apocalypse est propre au cycle de la Porte Latine. La même Mme Manion notait très justement l'accent fortement antiquisant et même archaïque du motif de l'édicule et le retrouvait – preuve de la permanence de cette tendance – dans les miniatures des évangiles carolingiens de Soissons.

Dans la nef s'atténue l'effet décoratif en trompe-l'œil si marqué dans la zone du sanctuaire, sauf dans le bandeau ornemental qui couronne le cycle tout entier en haut du mur, avec de grandes corniches en trompe-l'œil; dans les angles formés par les deux murs avec le revers de la façade, une sorte de grand pilier végétal qui s'inspire du motif déjà relevé dans le sanctuaire, avec une touche de réalisme en plus. Les scènes sont cette fois séparées par de simple bandes colorées et sont disposées sur deux registres au revers de la façade, sur trois aux murs latéraux; la crucifixion, sur le mur de droite, interrompt la symétrie en occupant la hauteur de deux registres, de façon analogue à d'autres exemples célèbres – que l'on pense seulement à la vieille église San Pietro et à Sant'Angelo in Formis. Le cycle commence par le récit de la Genèse, sur le mur de droite, et se développe en tournant. Les scènes sont les suivantes : 1) Création du monde (pl. 24) (à noter le Christ-/Logos représenté imberbe, selon la tradition iconographique du ms. Cotton de la Genèse, et entouré du *clypeus*; à ses côtés la lune et le soleil, la nuit et le jour, et au-dessous de lui la mer avec poissons et dauphins). 2) Création d'Adam avec les quatre fleuves du Paradis (pl. 22). 3) Création d'Ève. 4) Péché Originel (pl. 23) (avec un énorme serpent enroulé autour de l'arbre). 5) Condamnation de nos Premiers Parents. 6) Expulsion du Paradis. 7) Chérubin, à l'angle formé avec la façade. 8) Sacrifices de Caïn et d'Abel (pl. 26). 9) Meurtre d'Abel (Styger, en 1914, voyait encore l'*animula* qui s'échappait de la bouche d'Abel, détail qui a disparu aujourd'hui). 10) Condamnation de Caïn. 11) Ordre donné à Noé. 12) Entrée dans l'arche. 13) Abraham et les trois anges. 14) Sacrifice d'Isaac. 15) Isaac bénit Jacob. 16) Lutte de Jacob avec l'ange. 17) Songe de Jacob. A la suite, c'est le cycle du Nouveau Testament : 1) Annonciation (pl. 24). 2) Visitation. 3) Voyage à Bethléem. 4) Nativité. 5) Annonce aux bergers. 6) Adoration des mages. 7) Annonce de la Fuite en Égypte (ou Songe de Joseph). 8) Fuite en Égypte. 9) Massacre des Innocents. 10) Le Christ au milieu des docteurs. 11) Baptême du Christ. 12) Transfiguration. 13) Résurrection de Lazare. 14) Entrée à Jérusalem. 15) Dernière Cène, Lavement des pieds, Portement de croix. 16) Crucifixion. 17) Déposition de croix. 18) L'ange au tombeau. 19) Les Saintes Femmes au tombeau. 20) Apparition aux disciples d'Emmaüs. 21) Sur la route d'Emmaüs. 22) Le repas à Emmaüs. 23) Les disciples racontent l'apparition du Christ à Emmaüs. 24) Incrédulité de saint Thomas. 25) Apparition au lac de Tibériade. Enfin au revers de la façade, le Jugement Dernier (pl. 26).

Manion et Matthiae ne font qu'une allusion à l'existence, dans la nef latérale de droite, d'autres fresques que Matthiae identifie comme «l'histoire de sainte Élisabeth». Des restes importants sont de fait visibles dans le pastophore de droite sur la partie haute des murs, de façon plus précise sur le mur de droite, sur celui qui le sépare de la nef centrale et au revers de l'arcade d'accès du pastophore à la nef latérale proprement dite. Sont particulièrement intéressants les fragments sur le mur de droite : il s'agit d'un paysage avec des buissons et un palmier dans lequel se dressent les trois croix; celle de gauche ayant disparu, on peut voir celle de droite (représentée sous forme de listels bicolores, accompagnée de l'inscription THES A...) et celle du milieu, gemmée, dotée de l'inscription CRUX. Les fragments au revers de l'arcade d'accès sont par contre plus complexes : à la suite, à partir de la gauche, un fond architectural et une tête de vieillard; un vide, et un groupe de têtes; puis, tournée vers la partie opposée, une tête de femme voilée et nimbée, un buisson ou un arbre, et un ange tourné vers la femme. Plus loin encore, un autre ange volant qui tend le bras vers un personnage masculin plus bas, comme celui sur le premier fragment avec l'inscription IOACHIM. Il s'agit évidemment – comme Mme Manion le suggérait – de l'histoire d'Anne et Joachim; on peut supposer que ce sont les épisodes de Joachim chassé du Temple, de Joachim au milieu des bergers et de l'Annonce à Anne puis à Joachim. Sur le dernier mur, une tête de femme et une autre tête de femme nimbée et voilée, et sur le fond un drap jeté autour d'une poutre. On peut raisonnablement penser à une Nativité de la Vierge.

Les restes de fresques dont on donne aujourd'hui pour la première fois une description précise sont d'autant plus intéressants qu'en plus d'apporter un complément au programme iconographique du cycle principal, il ne sont – contrairement à celui-ci – ni repeints, ni complétés, comme le sont fâcheusement les fresques de la nef centrale et du sanctuaire. Le résultat visible des travaux de restauration et de complément est aujourd'hui on ne peut plus confus : les fresques – dans la partie originelle – sont fort abîmées et atteintes de décoloration, et les visages et les vêtements ont été généreusement repeints avec un goût qu'on ne peut qu'appeler mussolinien, tandis que les vides parfois énormes ont reçu un dessin au trait rouge, afin de permettre la reconstitution iconographique de la scène. Il devient ainsi difficile, surtout vu d'en bas d'effectuer une analyse ponctuelle du message pictural de l'ensemble : Matthiae le répartit entre au moins trois ou quatre peintres différents, et Mme Manion comme aussi Styger entre deux artistes, l'un principalement à l'œuvre dans le sanctuaire (caractérisé par des lignes pesantes et des contrastes marqués), et l'autre dans la nef (usant de hachures noires et en demi-teinte). Il semble préférable en réalité de penser à des groupes d'artistes : au sanctuaire le caractère dominant est, semble-t-il, le trait vigoureux et le riche répertoire décoratif; en ce qui concerne le nef, les photos prises à l'époque de la découverte des fresques et avant restauration (publiées en partie par Styger) révèlent la présence fréquente d'un peintre usant de coloris en taches intenses et de touches pâteuses qui ont presque disparu aujourd'hui, du fait de la dégradation naturelle et des restaurations. Les fragments de la nef latérale de droite, au contraire, sont peints selon toute la gamme propre à un «style» qui à cette date, c'est-à-dire dans les dernières années du XIIe siècle, tend déjà vers le maniérisme; aplats verdâtres pour les chairs, rehauts blancs et lignes rouges pour marquer les traits, nez camus; ce sont des caractères qui se retrouveront au cours du XIIe siècle, au moins jusqu'à son milieu et prouvent l'enracinement de la tradition romane dans les ateliers romains.

Comme on l'a déjà indiqué dans l'étude initiale, le cycle de la Porte Latine est un très important point fixe dans le groupe appelé romano-ombrien des cycles bibliques, qui comprennent divers autres exemples (allant des enluminures aux monuments). C'est peut-être avec le cycle fragmentaire de Marcellina, légèrement plus tardif, que l'on relève les plus grandes parentés; chaque cycle de ce groupe allie cependant des traits communs, spécialement iconographiques, à des caractères particuliers, et du point de vue stylistique chacun d'eux est certainement dû à un atelier différent; celui de la Porte Latine se montre fort attentif à l'élaboration du patrimoine classique et antique dont les éléments sont conservés et transmis surtout au travers des répertoires iconographiques et des procédés de trompe-l'œil architectural. L'importance du cycle de la Porte Latine se trouve accrue par une connaissance assez précise de sa date, à rattacher selon toute vraisemblance à l'année de la dédicace, vers 1190; dans le panorama des cycles et des œuvres non datées qui caractérisent souvent l'époque médiévale, et en particulier celle du groupe romano-ombrien, ce point de référence est évidemment d'une particulière utilité.

LES CLOÎTRES DE SAINT-JEAN-DE-LATRAN ET DE SAINT-PAUL-HORS-LES-MURS

Les œuvres médiévales qui subsistent à Saint-Jean-de-Latran et à Saint-Paul-hors-les-Murs sont aujourd'hui des fragments d'ensembles monumentaux d'une importance extraordinaire. Fondation constantinienne, cathédrale et monument principal du Moyen Age à Rome, la basilique du Latran a perdu son caractère antique tardif et médiéval par suite de la restauration de Borromini (vers 1650), de la réfection de la façade au XVIIIe siècle et, à la fin du siècle dernier, de la malheureuse reconstruction de l'abside. Citadelle bénédictine, la basilique de la via Ostiense (route d'Ostie) est parvenue presque intacte jusqu'au XIXe siècle mais a été gravement endommagée par l'incendie des 15 et 16 juillet 1823. La décision de reconstruire entièrement l'église au lieu de récupérer ce qui n'avait pas été attaqué par les flammes a fait disparaître le monument le plus significatif de la Rome paléochrétienne et médiévale qui soit parvenu jusqu'à l'aube des temps modernes où l'on a compris la façon de conserver les monuments.

Dans les deux cloîtres qui représentent, à Rome, le sommet de la sculpture de la fin du XIIe siècle aux premières décennies du XIIIe, se manifeste une plastique figurative dont le premier témoin se trouve dans le chandelier du cierge pascal de Saint-Paul.

Le chandelier du cierge pascal

Haut de 5 m 60, le chandelier est une œuvre monumentale – dans ses dimensions et dans son aspect rappelant les colonnes en spirale de Rome – actuellement adossée à un mur du bras Sud du transept dans un contexte différent du contexte originel (pl. 27). Il devait faire partie d'un ensemble d'aménagements liturgiques tels que la clôture du chœur et l'ambon disposés dans la nef centrale à proximité de l'autel majeur. La fonction du chandelier est étroitement liée à la liturgie du samedi saint, durant laquelle avait lieu l'allumage du cierge; une telle signification est indiquée par l'inscription (sur la base) – « + *Arbor pomagerit. Arbor ego lumina gesto. Porto libamina. Nuntio gaudio sed die festo. Surrexit Cristus. Nam talia munera p*(rae)*sto* » – et par les scènes représentées qui sont en relation évidente avec les célébrations de la semaine sainte (Bassan, 1982). Sur la partie basse se trouvent aux angles quatre figures féminines séparées par autant de formes mi-humaines mi-animales; il s'agit peut-être de la Prostituée de Babylone qui tient les rois de la terre en son pouvoir (Noehles, 1966).

Sur le fût proprement dit, séparé de la base par un haut bandeau à volutes végétales, sont sculptés sur trois registres superposés les épisodes de la Passion (pl. 28). Sur chaque bandeau sont regroupés plusieurs épisodes de façon à former un récit qui commence dans le bas et se termine dans le haut par l'Ascension du Christ.

Le segment supérieur, interrompu en son milieu par une sorte de nœud, est décoré d'entrelacs végétaux en bas relief, et le réceptacle cannelé au sommet est porté par des bêtes monstrueuses.

La paternité et la datation du chandelier sont liées à la signature figurant au-dessous de la première scène christologique : « + *Ego Niconaus* (sic) *de Angilo cum Petro Bassalletto hoc opus co*(m)*plevit* ». L'œuvre a donc été exécutée par Nicola d'Angelo avec la collaboration de Pietro Vassalletto. La répartition entre deux mains, l'une repérable sur la base et dans les parties décoratives à entrelacs végétaux, l'autre responsable des récits de la Passion, est indiscutable. Cependant l'attribution à Nicola d'Angelo ou à Pietro Vassalletto donne lieu à des positions diamétralement opposées et inversées dans les études les plus récentes (Bassan, 1982 et 1988; Claussen, 1987). A Nicola d'Angelo qui a conçu l'œuvre, il faudrait attribuer les scènes les plus importantes, à savoir les reliefs avec l'histoire du Christ (Bassan). Par contre pour Claussen, les nombreux et très nets emprunts au répertoire paléochrétien (soulignés aussi par Bassan) porteraient à attribuer à Pietro Vassalletto de telles scènes; selon l'archéologue allemand, la formation de cette famille de marbriers au cours du XIIe siècle se serait faite à partir de la sculpture figurative de l'Antiquité tardive. Pour une solution définitive du problème, nous fait défaut la possibilité d'une comparaison avec des œuvres plastiques attribuables de façon sûre à Nicola d'Angelo. Assigner à Pietro Vassalletto les sculptures à la base du chandelier pourrait trouver une justification dans la plastique vigoureuse et dans le trait à angle vif qui se retrouve dans d'autres œuvres de cet atelier. La reprise tout à fait évidente de thèmes de la plastique paléochrétienne dans les scènes de la Passion (pl. 28) révèle toutefois dans la façon dont les figures se détachent du fond et en général dans le modelé et le drapé une attention à des exemples plus récents de la sculpture romane, constituant ainsi un cas unique (parmi les témoins parvenus jusqu'à nous) dans le panorama de la sculpture à Rome. Avec cette œuvre prend naissance une plastique figurative qui pour la première fois s'écarte de la tradition du décor architectural.

La datation avancée du chandelier proposée dans les premières études (1160-1170) est maintenant d'un commun accord repoussée à la dernière décennie du XIIe siècle ou, au plus tard, aux premières années du XIIIe siècle (Bassan, 1982 et 1988; Claussen, 1987).

Le cloître

Ayant échappé au brasier de 1823, le cloître a cependant subi une arbitraire et absurde restauration en 1904 : à ce moment on supprima les voûtes d'arêtes des galeries – non d'origine peut-être, mais certainement médiévales – et ont les remplaça par les voûtes actuelles à charpente apparente (cf. Giovenale, 1917). De plan rectangulaire (25 m 70 sur 20 m 65), il est scandé de piliers et de baies quadruples (trois sur les petits côtés, cinq sur les grands), celles-ci subdivisées elles-mêmes par des paires de fines colonnettes à chapiteaux (pl. 31). L'entablement est marqué par la longue inscription en mosaïque (côtés Est, Sud et Ouest) et par le bandeau à disques et carrés entourés d'une bordure et faits de marbres incrustés; au-dessus s'étend la corniche soutenue par de petits modillons et scandée de masques léonins.

La blancheur du marbre qui recouvre toutes les parois de l'édifice met en valeur les couleurs de la mosaïque et de la marqueterie de marbre. C'est une première impression d'ensemble qui met en évidence la disparition du décor en brique, élément habituel de l'aménagement des cloîtres romains.

La longue inscription, où reviennent les mots collectifs *agmen, coetus, turma,* etc., reste le meilleur commentaire pour comprendre la fonction et la signification attribuées à cet espace par la communauté monastique réformée depuis peu : *« Agmina sacra regit locus hic quem splendor honorat / hic studet atque legit monachorum cetus et orat / Claustrales claudens claustrum de claudo vocatur / Cum Christo gaudens fratrum pia turma seratur / Hoc opus exterius pre cunctis pollet in Urbe / Hic nitet interius monachalis regula turbe / Claustri per girum decus auro stat decoratum / Materiam mirum precellit materiatum / Hoc opus arte sua quem Roma cardo beavit / natus de Capua Petrus olim primitiavit / Ardea quem genuit quibus abbas vixit in annis / cetera disposuit bene provida dextra Johannis ».* (Ce lieu d'une digne splendeur régit la troupe sacrée, ici les moines étudient,

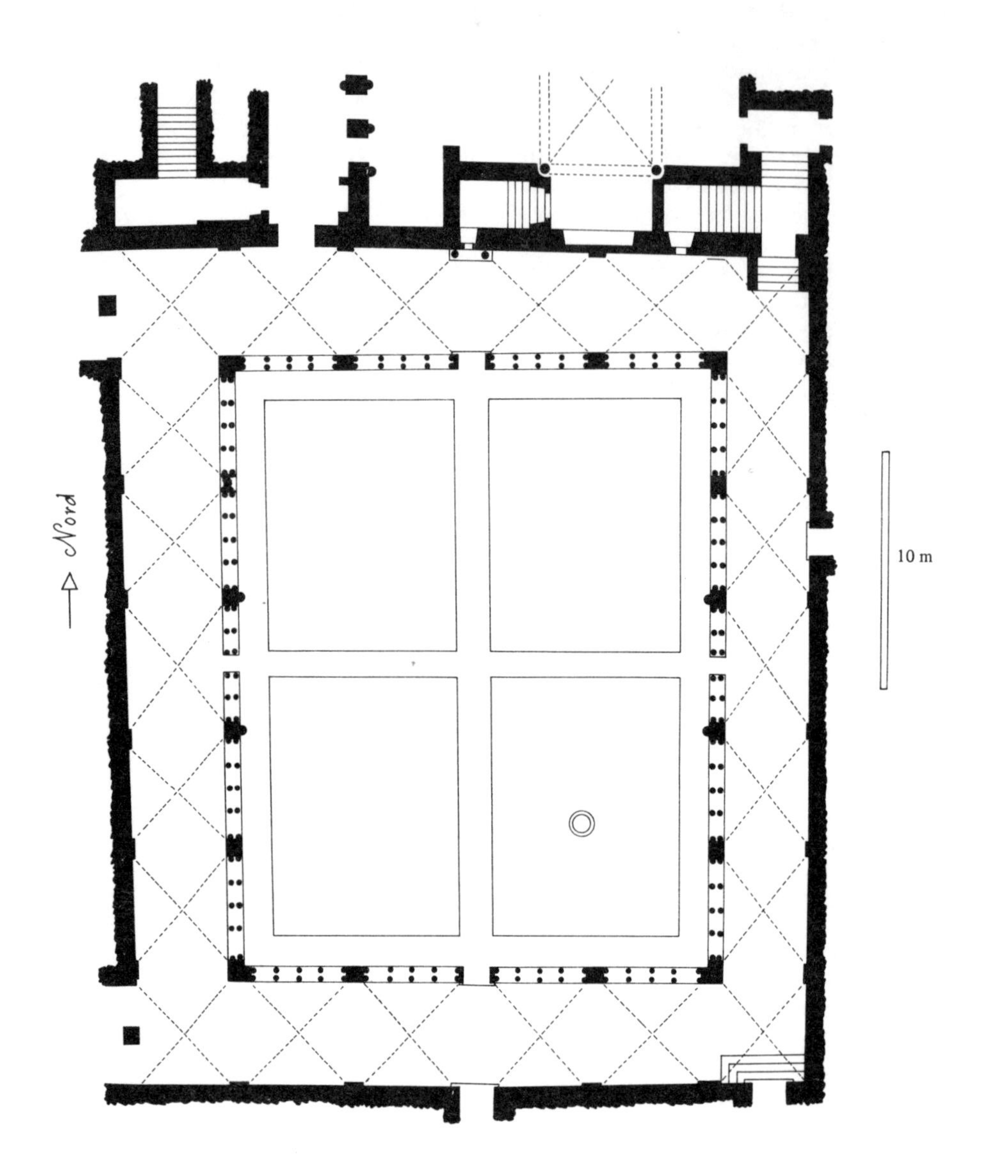

ROME
SAINT-PAUL
HORS-LES-MURS
cloître

lisent et prient. Le cloître qui sert de clôture aux cloîtrés (moines) tire son nom de clore. Il renferme la pieuse troupe des frères qui se réjouissent avec le Christ. A l'extérieur, cette œuvre se distingue entre toutes à Rome. A l'intérieur, brille la règle de la gent monastique. Dans tout le cloître sa gloire est ornée d'or. Le travail effectué l'emporte sur la valeur du matériau. Pierre natif de Capoue a jadis commencé cette œuvre par son art, lui que Rome centre du monde a rendu bienheureux. Tout le reste, c'est la mains sage de Jean né à Ardea, abbé en ces années-là, qui l'a réalisé). Les deux commanditaires, Pierre de Capoue (indiqué de façon un peu ambiguë dans le texte) et l'abbé Jean Caetani (celui-là même qui est représenté sur la mosaïque absidale), permettent d'indiquer les limites de la chronologie de l'œuvre. Pierre de Capoue, nommé cardinal en 1192, mourut en 1214; Caetani fut abbé de Saint-Paul de 1212 à 1235 environ. Il est probable que les travaux commencèrent vers 1208, vraisemblablement du temps de l'abbé Roffredus (mort en 1210) qui réforma le monastère (Scaccia Scarafoni, 1943), s'interrompirent puis furent menés à terme après la mort de Caetani. L'observation du monument confirme un tel processus et suggère même un déroulement précis des travaux (Giovannoni, 1908; Giovenale, 1917) : de l'angle Nord-Est à l'angle Nord-Ouest la facture quasi graphique des chapiteaux se transforme en un modelé plus marqué. Ces trois côtés (Est, Sud, Ouest) sont unanimement considérés comme appartenant à la première campagne de construction : les colonnes sont privées de tout décor, les intrados ne présentent qu'une simple moulure, l'espace au-dessus des arcades n'est pas orné de bas-relief, les chanfrein de la corniche n'est décoré que de masques léonins. La tendance générale à reconnaître dans ces galeries l'œuvre des Vassalletto (à l'exception de Faloci Pulignani, 1929) a été récemment remise en cause par Claussen qui a proposé d'y voir l'intervention de Pietro Vassalletto associé à Nicola d'Angelo; on y retrouverait la collaboration illustrée par le chandelier du cierge pascal. La présence de ce dernier artiste viendrait ainsi relier le cloître de Saint-Paul au portail détruit du Latran (œuvre signée de Nicola) qui en serait alors l'antécédent immédiat.

La galerie Nord de ce cloître présente par contre de notables différences avec les trois autres : les colonnettes sont garnies de mosaïque, entre les bases sont insérées de petites sculptures avec des animaux, on y voit des chapiteaux figuratifs, les intrados des arcs sont garnis de caissons et décorés de rosaces, les pilastres sont cannelés, des bas-reliefs occupent les écoinçons tant du côté du jardin (pl. 29) que de celui de la galerie (pl. 30), les masques léonins sur la corniche, sculptés d'une autre façon plus délicate, sont reliés par un entrelacs végétal courant. L'écart entre les deux sections est donc net et très nombreuses sont les solutions décoratives et iconographiques reprises du cloître du Latran. Emprunts qui à Saint-Paul s'accompagnent d'une plus grande attention aux éléments classiques (caissons, cannelures) absents par contre au Latran, et d'une technique d'exécution très voisine de celle du maître plus jeune, auteur de la partie terminale du cloître de Saint-Jean. La galerie Nord du cloître de Saint-Paul représente donc une époque de l'atelier des Vassalletto, très tardive – vers le milieu des années 30 du XIIIe siècle – pendant laquelle s'est introduit un réalisme accentué, déjà de caractère gothique.

Autres éléments romans

La porte de bronze se trouvait à l'origine près de l'entrée centrale de la basilique de Saint-Paul : les dommages subis dans l'incendie de 1823 – des traces du feu sont encore visibles sur plusieurs panneaux –, puis la reconstruction de l'église en entraînèrent le transfert au musée de l'abbaye.

Elle est aujourd'hui placée à l'intérieur de l'église symétriquement à la porte sainte. Une telle disposition est relativement récente (1966), elle résulte d'un compromis intelligent entre des problèmes de conservation qui empêchaient de la replacer à l'extérieur et la recherche d'un contexte qui ne fut pas trop différent de celui pour laquelle elle avait été conçue.

Dans les cinquante-quatre panneaux fixés sur les vantaux de bois sont figurés des scènes de la vie du Christ et des apôtres accompagnés de prophètes et de saints (pl. 32 et 33). Les scènes sont réalisées avec l'élégance graphique linéaire du damasquinage.

On pourrait avec raison considérer la porte comme une œuvre totalement étrangère à la tradition romaine et pour autant l'exclure de cette étude; cependant elle reste peut-être le document artistique le plus important qui témoigne des relations entre Constantinople, le Mont-Cassin et Rome, l'un des piliers de la *renovatio* du XIIe siècle. On rendra compte brièvement ici des résultats des recherches les plus récentes, parmi lesquelles il faut mentionner l'importante étude de Bloch (1986-1987). Des renseignements détaillés nous ont été transmis par les inscriptions : elles ont été réalisées à Constantinople en 1070, le fondeur en fut un certain Staurachius, le dessinateur Theodorus, le commanditaire Pantaléon d'Amalfi du temps de l'abbé Hildebrand qui, quelques années plus tard, sera élu pape sous le nom de Grégoire VII.

Pantaléon d'Amalfi – mentionné jusqu'à trois fois dans les inscriptions – est une figure de commanditaire très intéressante : en plus de celle de Saint-Paul, il fut à l'origine de deux autres portes de bronze, la plus ancienne pour la cathédrale d'Amalfi (datée des années 1070) (cf. *Campanie romane,* pl. 146), la troisième dans l'ordre chronologique (1076) pour le sanctuaire de Saint-Michel-Archange au Mont Gargan. Auparavant Maurus, père de Pantaléon, avait fait exécuter, toujours à Constantinople, la porte de bronze du Mont-Cassin. De tels faits fournissent un tableau concret et assez circonstancié des rapports avec le monde byzantin, facteur important pour le renouveau du langage artistique qui commença à Rome à la fin du XIe siècle.

L'incendie de 1823 laissa probablement presque intacte la grandiose mosaïque absidale, représentant le Christ juge sur son trône entouré de Pierre, André, Paul et Luc, avec à ses pieds le pontife Honorius III agenouillé (pl. 34); sur le bandeau au-dessous l'Etimasie (trône vide) entre deux archanges, puis les cinq Saints Innocents, le sacriste Adinolphus et l'abbé Jean Caetani qui acheva l'œuvre à la mort d'Honorius. Cependant, selon le sort subi par la plupart des œuvres contenues dans la basilique, dont la moindre n'est pas le gigantesque cycle fresqué de la nef, cette mosaïque ne fut pas sauvegardée selon de justes principes d'interprétation, mais fut si radicalement refaite et «restaurée» dans l'édifice du XIXe siècle qu'elle est maintenant pratiquement méconnaissable. Seules quelques parties ont échappé aux restaurations : il s'agit du bandeau inférieur avec les Saints Innocents, Adinolphus et l'abbé Caetani, et naturellement les têtes des apôtres descellées et conservées pour certaines dans la basilique elle-même, et pour une autre dans la Fabrique de Saint-Pierre.

La question des mosaïques de la basilique Saint-Paul est désormais – après les apports de Matthiae, de Ladner, de Gandolfo – substantiellement clarifiée. Si en effet sur le chantier de la mosaïque absidale de Saint-Pierre au Vatican se manifeste un langage inspiré du décor en mosaïque de l'abbaye de Monreale, la nouveauté du chantier de Saint-Paul est attestée par la phrase bien connue de la lettre d'Honorius III au doge de Venise Pietro Zani (23 janvier 1218) où le pontife demande au doge de lui envoyer à Rome «deux autres maîtres» mosaïstes, car celui qui y travaille déjà ne suffit pas à la tâche.

La présence d'artistes vénitiens *leader* vient donc ajouter sa note au savoir artistique du très grand atelier engagé, on doit le supposer, dans l'important chantier de la mosaïque et qui – pour des raisons évidentes de capacités techniques – emploie probablement les artistes du chantier du Vatican eux-mêmes, imprégnés des exemples de Monreale; cette présence imprime à leur langage un tournant significatif, dont la progression se lit de bas en haut dans des nuances correspondant sans doute à trois mains différentes. On a constaté des parentés frappantes avec «l'Agonie au jardin des Oliviers» de la basilique Saint-Marc : le Maître de l'Agonie est reconnaissable dans la tête de saint-Pierre (Demus, 1984), tandis que dans la zone des archanges due à Adinolphus et à l'abbé Caetani on constate bien la coexistence du nouveau langage vénitien et du maniérisme inspiré de l'art graphique encore fortement influencé par Monreale.

Comme récemment Gandolfo l'a encore une fois et très justement souligné, l'importance extraordinaire que revêt le chantier de Saint-Paul, pour tout l'art de la première moitié du XIIIe siècle, tient précisément au fait d'avoir indiqué la possibilité d'une coexistence entre ces deux langages, radicalement apparentés mais différents, et d'avoir ainsi permis les développements ultérieurs de l'art pictural, par exemple sur le grand chantier d'Anagni.

C'est un climat différent et naturellement une entreprise aux dimensions et aux ambitions beaucoup plus limitées que nous trouvons dans le décor à fresque de l'oratoire dit de Saint-Julien, peut-être ancienne salle capitulaire du monastère, local situé entre le cloître et le mur de fond Sud du transept.

Très abîmées et très repeintes, les fresques ont été récemment restaurées sous la direction de Fabrizio Mancinelli, et sont aujourd'hui plus lisibles, si bien qu'on peut risquer d'en donner une hypothétique description d'ensemble. Le décor s'étend sur trois murs : sur celui de l'entrée, une Crucifixion avec la Vierge, saint Jean, Longin et le centurion – en deux panneaux –, saint Pierre et saint Paul. Sur les murs longs, six apôtres face aux six autres et séparés par des palmes; les suivent six saints, auxquels répondent aussi six autres sur le mur opposé. Sous ce registre se déployait une rangée de médaillons avec des bustes de saints, dont très peu sont intacts, parfois à peine lisibles; et à droite deux tympans avec d'autres figures de saints presque entièrement effacées. Les nuances stylistiques appréciables sont au nombre d'au moins quatre ou cinq; mais les différences essentielles se trouvent entre le Maître auteur des saints sur le mur de droite – peut-être le même que celui de la Crucifixion et de quelques médaillons au registre inférieur – et celui à qui sont dus les apôtres du mur de gauche, et peut-être les deux personnages de Pierre et Paul près de la Crucifixion. Si en effet ce dernier use de fonds larges et de cernes noirs qui indiquent sommairement les mouvements du drapé, en faisant comme des nervures de la surface peinte, l'autre maître est plus délicat et plus fin dans la couche picturale, et il rappelle dans une certaine mesure des réalisations même mineures de la peinture à Rome de la fin du XIIe siècle et du début du XIIIe. Il fait en particulier penser aux peintures du ciborium dans la crypte des Saints Boniface et Alexis, datables de 1218 : une telle observation s'avérant exacte, les fresques pourraient se situer à un moment de peu antérieur au commencement du chantier de l'abside, où l'explosion du langage plus moderne du début du XIIIe siècle n'avait pu encore se manifester dans la basilique.

LE LATRAN

Le porche médiéval de la basilique.

L'actuelle façade orientale fut construite entre 1732 et 1735 par Alessandro Galilei et remplace le porche médiéval, œuvre qui représente certainement un moment important dans la mise au point d'un modèle architectural et décoratif inauguré par le prestigieux exemple du Latran.

Les dimensions des colonnes qui en subsistent, situées actuellement dans le bras Nord du transept pour y soutenir l'orgue (Herklotz, 1989), donnent une idée de ses proportions grandioses et monumentales; la structure nous en est connue par une documentation graphique assez importante (très récemment, découverte d'un nouveau dessin; cf. Popp, 1990) : une colonnade à six arcades surmontées d'une architrave se trouvait devant la façade de l'édifice. Du côté gauche subsistait une partie du plus ancien narthex du haut Moyen Age (Serge III, 904-911) où s'était dans la suite nichée la chapelle Saint-Thomas. Les dimensions de l'architrave étaient plutôt grandes : c'est là qu'était placée la longue inscription dédicatoire (dont il reste des fragments dans le cloître) au-dessus de laquelle étaient encastrées des figures en mosaïque séparées par des disques de marbre; la corniche était décorée de masques d'animaux. Les scènes représentées (épisodes de la prise de Jérusalem par Vespasien et Titus; donation de Constantin et son baptême; Décollation de saint Jean-Baptiste; saint Silvestre et le dragon; le Descente aux Enfers; le martyre de saint Jean l'Évangéliste) et surtout la longue inscription – « + *Dogmate papali datur ac simul imperialis...* » – soulignent sans toutefois se référer à des faits particuliers, sans donc offrir des repères chronologiques certains, le primat de l'église du Latran, mais aussi l'universalité de l'Église romaine. La datation du porche est encore objet de discussion. D'après la signature « *Nicolaus Angeli fecit hoc opus* » relevée par Ciampini (1690), d'après d'autres sources et aussi l'*incipit* de l'inscription dédicatoire – d'où l'on peut tirer une référence au moins générale à un équilibre entre papauté et empire –, on a daté le porche du pontificat d'Alexandre III (1159-1181), sans doute des dernières années du règne (Claussen, 1987). Cependant les éléments stylistiques connus par les dessins : l'absence de parements en brique apparente, le décor de marbre et de mosaïque, les reliefs de la corniche, sont des caractères qui ne se retrouvent à Rome qu'à partir des premières années du XIIIe siècle. Pour ces raisons et d'autres encore Gandolfo (1983) estime que la signature de Nicola d'Angelo n'est pas digne de foi, et élimine un des obstacles à une datation plus tardive qui mettait en étroite relation les équipes à l'œuvre sur le porche et celles du cloître. Récemment l'authenticité de cette signature a été démontrée par des preuves ultérieures (Herklotz, 1989). Cependant la possibilité envisagée par Claussen (1987) de reconnaître la participation de Nicola d'Angelo dans la première section du cloître de Saint-Paul permettrait d'étendre l'activité de cet artiste à la première décennie du XIIIe siècle et de s'acheminer vers une solution du problème.

Le cloître

« *Nobiliter doctus hac / Vassallectus in arte cum patre cepit opus quod solus perfecit ipse* » (hautement doué dans cet art Vassalletto commença cette œuvre avec son père et l'acheva seul). L'inscription est à la fois éloquente et muette : elle donne le nom des Vassalletto mais relègue les auteurs dans un vague rapport familial. Selon une conjecture très bien fondée, le père mentionné dans l'inscription serait Pietro Vassalletto, associé à Nicola d'Angelo pour le chandelier de Saint-Paul; tandis que sous le nom de Vassalletto pourraient parfaitement se dissimuler divers artisans qui l'auraient utilisé comme une sorte de marque de famille (Claussen, 1987). Même si la formule personnelle du texte – « *solus perfecit* » – semblerait se rapporter à un personnage bien identifié.

L'inscription fragmentaire en mosaïque clarifie le contexte, même chronologique, dans lequel a été construit le cloître : « *Canonicam formam sumentes discite normam / quam promisistis hoc claustrum quando petistis. / Discite sic esse tria vobis adesse necesse / nil proprium morem, castum portando pudorem. / Claustri structura sit vobis docta figura / ut sic clarescant animae moresque nitescant / et stabiliantur animo qui caconicantor / ut coniugantur lapidesque sic poliuntur / gaudeat in coelis Christe quicumque fidelis / qui sua dimisit operi vel mundi* (...)». (Vous qui entrez dans la vie canoniale, apprenez la règle que vous avez promis de suivre lorsque vous êtes arrivés dans ce cloître. Sachez que trois choses vous sont nécessaires : rien en propre, un comportement chaste et pudique,

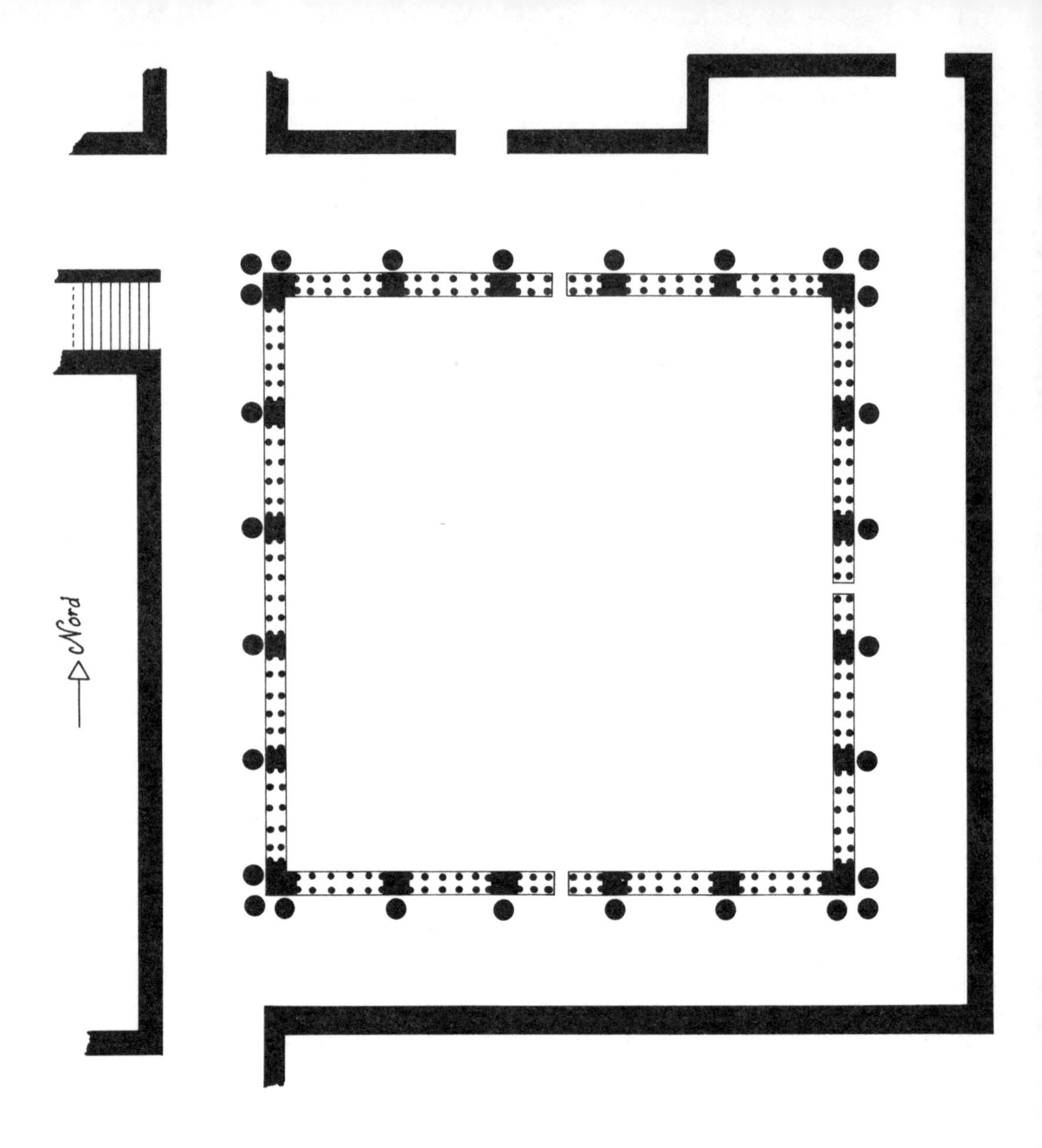

ROME
SAINT-JEAN
DE LATRAN
cloître

l'obéissance. Que la forme du cloître soit pour vous une image pleine d'enseignement afin que brillent les âmes, que les mœurs soient éclatantes, et que soient affermis dans leur âme ceux qui deviennent chanoines; qu'il soient unis et se polissent comme les pierres entre elles. Que se réjouisse dans les cieux tout fidèle du Christ qui abandonne ses biens ou les choses du monde...). La réforme du chapitre du Latran – *« canonicam formam sumentes discite normam »* – avait été entreprise par Innocent III à la fin de son pontificat (1216), date qui peut marquer au moins de façon imprécise le commencement possible des travaux. La construction était assurément en cours en 1227, puisque dans le testament du cardinal Guala Bicchieri, il est prévu un legs *« ad opus claustri Lateranen »* (Frothingham, 1892). Un document de 1236 – *« actum in claustri veteri* (sic) *Lateran aecclesie* (sic) » (cf. Giovannoni, 1908) – ne prouve pas avec certitude l'achèvement de l'œuvre mais atteste en tout cas l'existence de deux cloîtres. Les documents qui à partir de 1238 ont été rédigés *« in claustro »* constituent un *terminus ante quem* pour l'achèvement des travaux. La datation 1215-1232 proposée en son temps par Giovannoni (1908) s'est révélée discutable mais substantiellement exacte.

L'un des plus grands parmi les cloîtres romans, celui du Latran couvre un carré de 36 m de côté, dans l'axe du mur Ouest du transept, et sa construction – à s'en tenir à une hypothèse récente (De Blaauw, 1987) – pourrait avoir eu lieu dès les années 30 à 40 du XIIIe siècle. Le bahut uniforme est interrompu en son milieu par les accès au jardin (à l'exception de la galerie Nord), et chacun des quatre côtés est divisé par des piliers en cinq sections régulières à cinq baies où l'arcade centrale est marquée par des colonnettes d'un type plus élaboré : torses, doubles, enroulées en vis, décorées de mosaïque (pl. 36). Ainsi se trouve soulignée encore une fois la scansion métrique qui anime cette architecture. Les chapiteaux sont pour la grande majorité d'entre eux de type composite dérivé du classique, mais on y trouve aussi des chapiteaux figurés, regroupés particulièrement dans les galeries Nord et Est. L'architrave continue est marquée de deux bandeaux superposés : celui du bas, en mosaïque contient l'inscription dans le secteur méridonal; celui du haut est fait de mosaïque et d'incrustation de marbres, avec alternance de disques et de carrés entourés d'une bordure. Au sein d'un répertoire avant tout géométrique, paraissent quelques éléments figuratifs : l'Agneau (côté Sud) et des êtres monstrueux (côté Ouest). Une rangée de petits modillons à feuille et volute soutiennent la corniche où se trouve à nouveau un petit bandeau en mosaïque, tandis que le chanfrein en marbre est garni d'un décor végétal serré d'où émergent à intervalles réguliers des masques léonins et de petites têtes humaines d'un réalisme inhabituel, parfois teinté de grotesque. Parmi les représentations figuratives du cloître, ont une grande importance les paires de lions et de sphinx qui veillent sur les trois ouvertures donnant accès au jardin et les bas-reliefs qui occupent les écoinçons des arcades.

(suite à la page 115)

TABLE DES PLANCHES

19

20

22

23

24

25

27

SAN PAOLO FUORI LE MURA

29

32

33

34

35
SAN GIOVANNI IN LATERANO

37

38

L'unique scène biblique [le Péché originel (pl. 38), représenté aussi à Saint-Paul (pl. 29)] passe presque inaperçu dans la très grande majorité des épisodes empruntés aux fables et à la mythologie, centrés sur l'opposition entre le bien et le mal (Claussen, 1987), parmi lesquels se détache la figure au triple visage (pl. 37) (Hoogewert, 1942), motif iconographique présent aussi sur la façade de Saint-Pierre à Tuscania (pl. 50) et dans la sculpture de l'Ombrie méridionale à cheval sur le XIIe et le XIIIe siècle (cf. Noehles, 1962). Les galeries sont couvertes de voûtes retombant sur des colonnes de granit aux chapiteaux ioniques. Une telle structure, peut-être un peu postérieure au porche (Giovenale, 1917), a été récemment considérée comme lui étant contemporaine (Voss, 1990) et en particulier les chapiteaux ioniques révéleraient, toujours selon Mme Voss, l'intervention des équipes ayant opéré sur le chantier de Saint-Laurent-hors-les-Murs au temps d'Honorius.

Le problème d'attribution, c'est-à-dire la distinction entre les deux générations d'artistes présentes dans le cloître et mentionnées dans l'inscription a été résolu dans ses grandes lignes par Giovannoni (1908) : à Pietro Vassalletto est attribué toute la partie du bahut et les galeries Nord et Est en entier; le reste devrait revenir à « Vassalletto ». Une observation directe du monument révèle en effet des différences d'exécution manifestes : les chapiteaux des galeries Sud et Ouest présentent une forme plus évasée, le répertoire se simplifie et l'exécution est moins variée. Surtout le décor plastique de la corniche offre un déroulement différent : sur les côtés Nord et Est on trouve une trame végétale serrée résultant d'une taille nette à arête vive, où l'espace de fond laissé libre est quasi inexistant; dans les sections opposées (Sud et Ouest), la ligne des rinceaux est beaucoup plus souple, le dessin à larges mailles moins serré. On peut faire des considérations analogues pour les masques. Sur les corniches Nord et Est et en particulier à la jonction de ces deux bras se trouvent les petites têtes les plus intéressantes : dans certaines de celles-ci, le caractère personnel de la physionomie est extraordinaire, au point de faire penser à des autoportraits (Claussen, 1987) – mais l'hypothèse est indémontrable –, d'autres font écho aux expressions dramatiques et grotesques des masques de théâtre romains ou bien traduisent la bestialité styrique des têtes de faune. Du fait d'un changement ultérieur du répertoire figuratif, apparaissent des têtes de chat qui alternent avec les masques léonins classiques. Dans cette zone, on observe une exécution soignée et nullement de routine, relevée avec raison par Claussen. Ce sont des petites têtes moins expressives dues à l'habituelle taille souple et peu vigoureuse que nous retrouvons dans les secteurs Sud et Ouest où prévaut la scansion plus monotone au moyen de masques de lion.

Les bas-reliefs au dessus des arcades semblent apparemment plus uniformes, même si les motifs empruntés à la nature qui apparaissent sur le côté Nord rentrent bien dans la division générale des zones du cloître. Ces éléments ont été comparés aux chapiteaux avec la grenouille et le lézard dans la nef de Saint-Laurent (Voss, 1990), tandis que les bas-reliefs du côté Sud s'apparentent à ceux de la galerie Nord du cloître de Saint-Paul, jusqu'à la reprise de motifs iconographiques. On perçoit donc une ligne et une continuité à travers ces divers chantiers des Vassalletto.

Les trois paires de sculpture en ronde bosse qui gardent les entrées du jardin, du fait qu'elles s'intègrent au bahut, devraient être attribuées à Pietro Vassalletto : en effet les volumes vigoureux des sphinx (galerie Sud) renvoient à la plastique du maître romain auquel sont attribués les deux lions assis qui flanquent l'entrée orientale (Claussen, 1987).

En conclusion le passage d'une génération à l'autre, entre «père» et «fils» – mentionné dans l'inscription du Latran – détermine, fût-ce au sein d'un atelier qui reprend des motifs et des idées de composition, un contraste bien net entre deux styles, la main du «fils Vassalletto» est celle qui au Latran s'ouvre sur des horizons entièrement explorés plus tard dans la dernière campagne de décoration du cloître de Saint-Paul.

Une étroite relation avec les sculptures du porche caractérise un vase de marbre aujourd'hui placé en couronnement du cippe funéraire de la famille Dati (1500), mais qui à l'origine sommait une fontaine. Le vase est décoré de masques masculins et féminins en relief manifestement inspirés de l'art classique, accompagnés d'une frise végétale où se fait jour une tension linéaire dans une synthèse abstractive qui révèle leur appartenance à un art déjà gothicisant. Selon Claussen (1980) le vase, en raison de la ressemblance des masques avec les sculptures du cloître, est l'œuvre du second groupe d'artistes et doit être daté des années autour de 1240-1250. Le classicisme marqué du vase du Latran – différent sous cet aspect des sculptures du cloître – a été interprété par Claussen (1980) comme marquant un moment particulier de la sculpture romaine où se manifeste avec force le lien avec l'art du temps de Frédéric.

Les portes de bronze de Célestin III

La porte de bronze à deux battants placée aujourd'hui à l'extrémité Ouest de la galerie Nord du cloître et sa jumelle située dans l'oratoire Saint-Jean l'Évangéliste du baptistère du Latran comptent parmi les bribes échappées à la destruction du palais papal au temps de Sixte V (pl. 35). Celle du cloître fut arrachée à la fonte par l'intervention du cardinal Savelli descendant d'Honorius III.

Les deux portes sont identiques par la technique de la fonte, par leurs dimensions (environ 240 cm sur 80 cm pour chaque battant) et très semblables dans le décor fait d'un encadrement et de panneaux. Elles furent exécutées à une année de distance – celle du baptistère en 1195, celle du cloître en 1196 – par Pietro et Uberto de Piacenza pour le même commanditaire, le camérier Cencio Savelli, qui plus tard deviendra pape sous le nom d'Honorius III. La fonte en bronze massif et le dessin figurant sur les encadrements des panneaux constituent un renvoi évident aux portes de bronze romaines, avec une référence assez proche à celle du petit temple de Romulus Augustule. Les architectures gravées sur la porte du baptistère révèlent aussi une connaissance avertie de l'architecture cistercienne par le lien étroit qu'elles présentent avec les chapiteaux de l'abbaye de Fossanova (Iacobini 1990). On ne trouve donc ici aucun rapport avec la tradition byzantine présente par exemple dans la porte de bronze de Saint-Paul, mais à tout le moins on s'y efforce d'affirmer vigoureusement la «romanité» qui s'accorde au contexte où se trouvaient placées les deux portes à l'origine.

D'après les dessins relevés par Ugonio (1580), par Ciampini (1690), mais surtout grâce à la description donnée par Panvinio (1562), nous savons qu'elles se trouvaient l'une à la suite de l'autre : la première (baptistère) en haut de l'escalier du Patriarcat, la seconde (cloître) dans le couloir qui conduit de l'escalier au Triclinium de Léon III (Iacobini 1990). Elles étaient donc situées le long d'un parcours cérémonial d'une très grande importance, au terme des couronnements impériaux. Au pied de l'escalier, l'empereur enlevait sa couronne et aidait le pontife à descendre de cheval, lui tenant l'étrier en marque de soumission, puis il l'escortait jusqu'au Triclinium de Léon III. A partir de ce contexte Antonio Iacobini reconstitue le décor gravement mutilé de la porte qui jadis dominait l'escalier (baptistère) : accompagnée de Pierre ou peut-être du pontife, la personnification de l'Église romaine se trouvait représentée dans la plénitude de ses prérogatives spirituelles et temporelles.

Le thème s'inscrivait parmi les représentations de la papauté triomphant de l'empire, que les prédécesseurs de Calliste II ont fait figurer dans divers locaux du Patriarcat : à Calliste II remonte la représentation de son plus grand succès politique, le concordat de Worms (1122) représenté dans la «camera pro secretis consiliis», à côté de la chapelle Saint-Nicolas; le Couronnement de Lothaire commandé par Innocent II était figuré sous des traits tellement humiliants – l'empereur présentait un hommage féodal au pontife – qu'il provoqua la vive protestation de Frédéric Barberousse et des évêques allemands.

Au même contexte cérémonial et politique appartient la *Sedes stercoraria* – siège romain en marbre assez mal en point, actuellement conservé dans le cloître – qui avec deux autres sièges en porphyre (aujourd'hui au Musée du Vatican et au Louvre, mais jadis placés près de la chapelle Saint-Silvestre au patriarcat) jouait un rôle important pendant le couronnement des papes à partir de celui de Pascal II (1099). Il semble en effet qu'au terme du trajet à cheval entre Saint-Pierre et le Latran, on faisait asseoir l'élu, à peine descendu de cheval, sur la *Sedia stercoriara*, alors placée devant le porche de Saint-Jean. Au moment où le pontife se relevait, les cardinaux assemblés autour de lui récitaient : *«Suscitat de pulvere egenum et de stercore erigit pauperem, ut sedeat cum principibus et solium gloriae teneat»* (1 Samuel 2,8). L'humiliation rituelle était ensuite compensée par l'exaltation résultant de l'installation dans les deux *sedes porphyreticae (solium gloriae)* et de cette façon le nouveau pape entrait en pleine possession de ses prérogatives (Gandolfo 1981). C'est la mise en œuvre de cet emprunt des insignes et des attributs impériaux, commencé avec le *Dictatus papae* (1075), qui fut pour tout le XIIe siècle un élément très important du patronage artistique des papes.

BIBLIOGRAPHIE

Saint-Clément

• G. Gatti, *Di un nuovo monumento relativo alla basilica di S. Clemente,* «Bullettino della Commissione archeologica comunale» 17 (1889), p. 467-474.

• C. Cecchelli, *San Clemente,* «Le chiese di Roma illustrate», Rome 1930.

• E. Junyent, *Il titolo di San Clemente in Roma,* Rome 1932.

• E. Scaccia Scarafoni, *Il mosaico absidale di San Clemente in Roma,* «Bollettino d'arte», S. III, 29 (1935), p. 49-68.

• Krautheimer, I, 1937, p. 117-136.

• Armellini-Cecchelli 1942, I, p. 164-176.

• L. Boyle, *The Date of Consecration of the Basilica of San Clemente,* «Archivium Fatrum Praedicatorum», 30 (1960), p. 417-427 [réimpr. dans *San Clemente Miscellany* II, a cura di L. Dempsey, Rome 1978, p. 1-12].

• Waetzoldt 1964, cat. nn. 66-70, fig. 36.

• Avagnina-Garibaldi-Salterini 1977, p. 206-208.

• F. Gandolfo, *La cattedra papale in età federiciana,* in *Federico II e l'arte del Duecento italiano,* Atti della III settimana di studi di storia dell'arte dell'Università di Roma [1978], éd. A.M. Romanini, Rome 1980, II, p. 339-366 (en part. p. 348-350).

• Glass 1980, p. 116-118.

• E. Kitzinger, *A Virgin Face : Antiquarism in Twelfth-Century Art,* «Art Bulletin», 62 (1980), p. 6 s.

• Krautheimer 1980, p. 212-214, 217-218, 226.

• E. Russo, *Integrazioni al «Corpus», VII, 3 della scultura altomedievale* «Rivista di archeologia cristiana» 56 (1980), 1-2, p. 96 n. 3.

• P. Verdier, *Le couronnement de la Vierge : les origines et les premiers développements d'un thème iconographique,* Montréal 1980, p. 40 s.

• U. Nilgen, *Maria Regina, Ein politischer Kultbildtypus?,* «Römisches Jahrbuch für Kunstgeschichte», 19 (1981), p. 1-33.

• M. Boskovits, *Proposte (e conferme) per Pietro Cavallini,* in *Roma Anno 1300.* Atti della IV settimana di Studi di Storia dell'Arte Medievale dell'Università di Roma «La Sapienza», éd. A.M. Romanini, Rome 1983, p. 297-329.

• D. Kinney, *Spolia from the Baths of Caracalla in S. Maria in Trastevere,* «Art Bulletin», 68 (1986), p. 379-397.

• Claussen 1987, p. 81.

• Matthiae-Gandolfo 1988, p. 262-268, 275, 282.

• W. Tronzo, *Apse Decoration, the Liturgy and the Perception of Art in Medieval Rome : S. Maria in Trastevere and S. Maria Maggiore,* in *Italian Church Decoration of the Middel Ages and Early Renaissance,* éd. W. Tronzo, Bologne 1989, p. 167-193.

• Priester 1990, p. 217-229, 299-304, 307-308, 317, 319, 321.

• A.M. D'Achille, *La scultura,* in Romanini 1991, p. 160-161.

• Stroll 1991, p. 162-179.

• A. Zuccari, *Il portale laterale di S. Maria in Trastevere,* in *Giornata di studio sull'icona della Madonna della Clemenza,* Rome, 10 décembre 1991 (sous presse).

Saint-Jean devant la Porte Latine

• G.M. Crescimbeni, *L'istoria della chiesa di S. Giovanni avanti porta Latina,* Rome 1716.

• P. Styger, *La decorazione a fresco di S. Giovanni ante Portam Latinam,* «Studi Romani», 2 (1914), p. .261 s.

• Serafini 1927, p. 174-176.

• Krautheimer, I, 1937, p. 304-319.

• G. Matthiae, *S. Giovanni a Porta Latina e l'oratorio di S. Giovanni in Oleo,* «Le chiese di Roma illustrate», Rome s.d. (1959).

• Matthiae 1966. II, p. 102-119.

• M. Manion, *The frescœs of S. Giovanni at Porta Latina,* Ph. D. Diss Bryn Mawr College, 1972.

• Glass 1980, p. 97-98.

• Matthiae-Gandolfo 1988, p. 280-281.

• Priester 1990, p. 266-274, 299, 301-302, 304, 307-308, 310, 315, 318, 321.

Le cloître de Saint-Jean de Latran

• E. Josi, Il chiostro lateranense, Cité du Vatican 1970.

• A.M. D'Achille, *La scultura,* in Romanini 1991, p. 173-177.

• A. Iacobini, *La pittura e le arti suntuarie : da Innocenzo III a Innocenzo IV (1198-1254),* in Ro-

manini 1991, p. 272-273.
• P.F. Pistilli, *L'architettura tra il 1198 e il 1254,* in Romanini 1991, p. 34-42.

Le cloître de Saint-Paul-hors-les-Murs
• G.B. Giovenale, *Il chiostro medievale di San Paolo fuori le Mura,* «Bollettino della Commissione Archeologica Comunale di Roma», 45 (1917), p. 125-167.
• P. Fedele, *L'iscrizione del chiostro di S. Paolo,* «Archivio della Società Romana di Storia Patria», 44 (1921), p. 269-276.
• E. Bassan, *L'architettura del monastero e il chiostro dei Vassalletto,* in *San Paolo fuori le mura,* éd. C. Pietrangeli, Florence 1988, p. 223 s.
• Matthiae 1966, p. 24-29, 45-54.
• Matthiae 1967, I, p. 279-304.
• Toubert 1970.
• Gandolfo 1974.
• H. Toubert, *Rome et le Mont-Cassin,* «Dumbarton Oaks Papers», 30 (1976), p. 3-33; [réimpr. dans *Un art dirigé,* Paris 1990, p. 193-238].
• Avagnina-Garibaldi-Salterini 1977, p. 188-191.
• E.M.C. Kane, *The Painted Decoration of the Church of San Clemente,* in *San Clemente Miscellany II,* a cura di L. Dempsey, Rome 1978, p. 60-151.
• Glass 1980, p. 83-86.
• Krautheimer 1980, p. 205-212, 215-216, 227.
• J.E. Barclay Lloyd, *The Building History of the Medieval Church of S. Clemente in Rome,* «Journal of the Society of Architectural Historians», 45 (1986), p. 197-223.
• Claussen 1987, p. 13.
• S. Raffaelli, *Sull'iscrizione di San Clemente. Un consuntivo con integrazioni,* in F. Sabattini, S. Raffaelli, P. D'Achille, *Il volgare nelle chiese di Roma. Messagi graffiti, dipinti e incisi dal IX al XVI secolo,* Rome 1987, p. 37-66.
• Matthiae-Gandolfo 1988, p. 253-259, 263-267, 275, 282.
• J.E. Barclay Llyod, *The Medieval Church and Canony of S. Clemente in Rome,* Rome 1989.
• Claussen 1989.
• V. Cosentino, *L'atrio della basilica di S. Clemente, «Studi Romani»,* 37 (1989), p. 309-323.

Sainte-Marie au Transtévère
• Serafini 1927, p. 220-223.
C. Cecchelli, *Santa Maria in Trastevere,* «Le chiese di Roma illustrate», Rome 1933.
• Armellini-Cecchelli 1942, p. 783-796.
• Wagner Rieger 1957, I, p. 151.
• Waetzoldt 1964, cat. nn. 525-538, fig. 296-298.
• Matthiae 1966, p. 54-56.
• Matthiae 1967, p. 305-314.
• G.A. Wellen, *Sponsa Christi : Het Absismozaïek van de santa Maria in Trastevere te Rom en het Hooglied,* in *Feestbundel F. Van der Meer,* Amsterdam-Bruxelles 1966, p. 148-159.
• G. Bertelli, *Una pianta inedita della chiesa alto-medioevale di S. Maria in Trastevere,* «Bollettino d'arte», Ser. 5, 59 (1974), p. 157-160.
• D. Kinney, *Santa Maria in Trastevere from its Founding to 1215,* Ph. D. Diss. New York Univ. 1975.
• D. Kinney, *Excavations in S. Maria in Trastevere, 1865-1869 : a Drawing by Vespignani,* «Römische Quartalschrift für christliche Altertumskunde und Kirchengeschichte», 70 (1975), 1-2, p. 42-53.
• G. Bertelli, *Precisazioni su un architrave di S. Maria in Trastevere,* «Bollettino d'arte», Ser. 5, 61 (1976), p. 72-74.

NOTES SUR

QUELQUES ÉGLISES ROMANES DE ROME

1 *CASA DEI CRESCENZI. LES VESTIGES DE CETTE DEMEURE* s'élèvent dans la zone urbaine comprise entre le théâtre de Marcello et Santa Maria in Cosmedin, zone qui était très habitée durant le Moyen Age. L'édifice représente une sorte de via media entre un véritable palais seigneurial et un lieu fortifié du genre plus commun des tours. Dans la partie inférieure, une rangée de sept colonnes supporte une charpente présentant des pièces sculptées et ornées de figures, certaines remployées de l'antique, d'autres plus probablement répliques médiévales; toute la maçonnerie est, par ailleurs, parsemée de pièces de remploi et d'inscriptions, et l'une de ces dernières, en hexamètres, apprend que «Nicolaus, patron de cette demeure, n'a pas été mu par un désir de vaine gloire, mais a érigé cette maison *Romae veterem renovare decorem*».

Quelle fut, en effet, la famille à laquelle appartenait la demeure? Ce point n'a pas été suffisamment éclairci : le nom de Crescenzi (Gnoli) n'apparaît qu'à la fin du XIIIe siècle, et l'identification proposée par Hermanin semble des plus hypothétiques : selon lui, ce Nicolaus serait un conseiller du Sénat, par suite ni clerc, ni noble, citoyen romain de fait.

Pour cette raison, la maison des Crescenzi a représenté dans des publications archéologiques relativement restreintes une sorte de contrepoids civil et laïque à la culture antiquisante de la Rome des basiliques. La récupération de l'antique, dont usa le pouvoir pontifical triomphant pour sa plus grande gloire personnelle, devient ici une réalité esthétique et historique qui a pu être utilisée non pour l'Église mais pour la cité même et son passé : *Romae veterem renovare decorem*.

Ainsi peut-on comprendre pourquoi l'on a voulu souvent lier la construction de la maison des Crescenzi à la naissance de la commune de Rome, en 1143. En réalité, des points d'appui chronologiques sûrs manquent totalement, étant donné l'impossibilité d'identifier avec certitude le propriétaire; aussi seul le concept de «goût» peut suppléer et suggérer une datation correspondant aux événements du renouveau de la Réforme : entre la fin du XIe et le début du XIIe siècle, époque que pourrait confirmer le style de l'écriture des inscriptions (Krautheimer). L'édifice constituerait alors un témoin, hautement significatif, des orientations culturelles des cercles citadins, même si ceux-ci n'étaient pas nécessairement liés aux personnages de la Curie et aux pontifes; et il donnerait ainsi une indication précieuse sur les attitudes qui prévalaient au sein du Capitole, montrant (Benson, Bloch) à quel point l'intérêt pour l'antique pouvait s'y faire jour, en même temps que pour les monuments anciens de la cité (S.R.).

LES QUATRE SAINTS COURONNÉS. 2 LE NOYAU ORIGINEL DES *Quatre Saints Couronnés fut un édifice romain affecté très probablement au culte, portant le nom de Titulus Aemilianae, et finalement transformé en une grande basilique à l'époque carolingienne. A cette période remontent les lignes fondamentales de l'ensemble architectural actuel.*

L'église et le monastère qui s'y rattache sont précédés d'une tour qui surmonte l'entrée, suivie d'une cour – correspondant au porche à quatre côtés de la construction du IXe siècle – et d'une seconde cour, prise par contre sur la partie initiale de la nef de l'église : du côté droit est nettement visible la rangée de colonnes (aujourd'hui aveuglée) qui marquait la limite entre la nef centrale et le collatéral. La réduction de l'espace imposé à l'église est évidente aussi à l'intérieur. Sur ce qui à l'origine était la nef centrale, on a pris les nefs latérales elles-mêmes, surmontées de tribunes tandis que l'abside paraît disproportionnée. La structure en est romaine et son diamètre correspond encore à celui de la nef centrale dans l'implantation carolingienne primitive.

L'église fut détruite par les Normands en 1084, fait rapporté dans les sources et prouvé par la découverte de morceaux de marbre calcinés. La reconstruction eut lieu au temps de Pascal II (1099-1118). Il en est fait mention dans l'inscription placée jadis près de la fenestella confessionis (aujourd'hui au côté gauche du transept), où l'on rappelle la reconnaissance des restes des saints enterrés dans la crypte carolingienne (1111). Le Liber Pontificalis rapporte en outre que la consécration de l'église eut lieu le 20 janvier 1116 : «... ecclesiam Sanctorum Quatuor Coronatorum... a fundamentis refecit atque consecravit anno pontificatus sui XVII mens. jan. XX». On crut tout d'abord (Muñoz, 1914; Apollon, Ghetti, 1964) qu'on avait procédé directement à cette sévère réduction des espaces qui marque encore aujourd'hui l'intérieur de l'église. L'observation de la technique des maçonneries a permis à Krautheimer de proposer un déroulement des travaux plus réparti. Les rangées de colonnes avec arcs sont interrompues en leur milieu par des piliers, solution courante dans les églises romaines à partir de la fin du XIe siècle : on la trouve dans les documents concernant l'église de Santa Maria in Portico, elle est visible à Saint-Clément et, en dehors de Rome, dans les édifices de Nazzano et Ponzano Romano. Les mêmes piliers en brique (visibles près du revers de la façade) présentent des joints tirés à la pointe – autre élément caractéristique des équipes romaines à partir de la fin du XIe siècle – qu'on trouve également ici aux Quatre Saints Couronnés dans la partie supérieure de l'abside, sur les murs de fond du transept et sur le mur extérieur de la claire-voie méridionale. De cette observation dérive la datation à l'époque de Pascal II de ces colonnades tenues auparavant pour carolingiennes. Selon Krautheimer, il y aurait donc eu deux campagnes de restauration : dans la première, que l'on peut rattacher à la reconnaissance des reliques de l'autel majeur (1111), on tenta de retrouver entièrement la basilique du IXe siècle; dans la seconde par contre on opta pour des travaux plus modestes : la longueur de l'église fut réduite de moitié, les trois nefs furent prises sur l'espace de la nef centrale. Le corps longitudinal ainsi transformé se greffa sur l'abside et une partie restante de la nef (dont est fait le transept actuel) qui, elles, gardèrent la dimension de la structure plus ancienne. La réduction des dimensions de l'édifice est rappelée aussi dans la bulle promulguée le 25 mai 1116, quelques mois après la consécration, où on affirmait entre autres : «... ecclesiam ipsam licet minoribus spatiis reparare et sanctorum corpora congruentem coperire curavimus». Des difficultés financières et celle de trouver les longues poutres nécessaires à la charpente du toit imposèrent une solution de fortune (Krautheimer, 1981).

A cette seconde campagne de travaux appartiennent manifestement les petites nefs latérales séparées de la centrale par des rangées de colonnes surmontées d'arcs. Colonnes et chapiteaux corinthiens sont de remploi. Les tribunes supportées par les nefs latérales ont été conçues – selon Krautheimer – comme des galeries non praticables pour réduire la largeur du plafond.

De cette reconstitution des faits découle une datation différente pour les rinceaux végétaux peints à la fresque sur les intrados (visibles sur le côté droit du porche), qu'il faudrait repousser à l'époque de Pascal II. Muñoz, lui, la rattachait au bâtiment du IXe siècle. Du commencement du XIIe siècle, et peut-être encore de la première campagne de construction, on date aussi les fresques qui décoraient l'abside avant que Giovanni da San Giovanni (1623) y ait laissé son œuvre. Des peintures médiévales il ne reste aujourd'hui qu'un bandeau décoratif, caché entre le cul-de-four absidal et les combles (Muñoz, 1914); le décor renvoie à ce goût pour l'antique que l'on trouve dans les tentures des fresques de l'église inférieure de Saint-Clément et dans celles de l'église Sainte-Croix de Jérusalem (auxquelles les a comparées Muñoz). Par ce qu'en dit Giulio Mancini (1623) nous en connaissons les auteurs, Gregorius et Petrolinus, et la commanditaire, Tuttabuona; et nous pouvons en fixer la date au temps de Pascal II. Ce qu'on lit dans le texte de Mancini – «Cette peinture est remarquable par les habits des martyrs et des vierges (...) et les habits pontificaux de ce temps-là» – suggère, au moins dans les thèmes iconographiques, une certaine parenté avec les fresques de l'église inférieure de Saint-Clément.

Le pavement en opus sectile est l'un des plus ancien et des mieux conservés de ceux que l'on trouve à Rome (Glass, 1980). Les restaurations entreprises par le cardinal Millini au début du XVIIe siècle n'ont transformé que la zone du sanctuaire. Dans la nef centrale, le décor a pour élément principal le quinconce; le long de l'axe médian se déploie le bandeau aux cercles entourés d'une bordure. Les rectangles latéraux sont décorés d'un motif en arête de poisson. A l'endroit de l'arc triomphal, où se présente une légère différence de niveau, devait se trouver l'enceinte de la schola cantorum. Dans le cloître demeurent les petits piliers avec le décor à panneaux que l'on retrouve dans le mobilier de Sainte-Marie in Cosmedin (1123). Du même ensemble devait faire partie la face antérieure de la fenestella confessionis encastrée, on l'a dit, dans le bras gauche du transept.

Il est probable qu'au même moment que la reconstruction de l'église fut bâti le monastère du côté Sud, peut-être à l'emplacement d'un autre plus ancien. Dans le mur Ouest de l'ensemble (le côté qui donne sur la via dei Querceti) s'ouvre une série de petits oculus (aujourd'hui aveugles) tout à fait semblables à ceux de la nef de Saint-Clément. Une telle construction pourrait donc remonter à l'époque de Pascal II, ou peut-être à une vingtaine d'années plus tard, lorsque Innocent II (1138) confia le monastère aux bénédictins de Sassovivo (Foligno). Toujours au flanc méridional de l'église s'élève le cloître. Son aspect actuel est dû lui aussi aux interventions de remise en état de Muñoz qui a reconstruit de nombreuses arcades.

La structure de forme rectangulaire coïncide dans la galerie Nord avec l'espace occupé jadis par la nef latérale de gauche de la basilique carolingienne et de la première reconstruction romane avortée, à laquelle elle est certainement postérieure. Les arcades assez étroites et à double voussure sont regroupées par huit sur les grands côtés, et par six sur les petits. De frêles colonnettes jumelées aux chapiteaux à feuillage, d'un grand effet graphique, supportent la lourde masse de la maçonnerie. Les flancs des piliers sont décorés de paires de pilastres cannelés et rudentés. L'entablement se termine dans le haut par deux corniches en *dents d'engrenage (de sens opposés) entre lesquelles s'insèrent les petites consoles séparées par les incrustations cosmatiques. Les colonnettes jumelées aux chapiteaux de feuillage, les pilastres adossés aux piliers et aussi le décor de briques en dents de scie où s'introduisent les incrustations de marbre confèrent à l'ensemble les premiers accents classicisants. Ce sont des éléments qui encore aujourd'hui rendent acceptable la séquence chronologique proposée par Muñoz (1914), qui estimait le cloître des Quatre Saints Couronnés postérieur à celui de Saint-Laurent-hors-les-Murs (1187-1191) et très proche de celui de Saint-Félix-le-Vieux (1216-1220). Par rapport au premier, sont abandonnés les supports avec colonnette unique et chapiteau à béquille, mais subsiste l'archivolte à double voussure des arcades, tandis que du second s'impose l'usage des colonnettes jumelées. Le même Muñoz proposait, sous une forme dubitative, l'attribution du cloître du Mont Coelius à Pietro de Maria, qui a laissé sa signature sur le portique à quatre côtés de Sassovivo (Foligno), soulignant la ressemblance de ces deux œuvres. L'hypothèse a été aussitôt reprise par Faloci Pulignani (1915). Dans le contrat passé entre le camérier de l'abbaye de Sassovivo et l'artiste, on demandait à ce dernier de travailler exclusivement pour le monastère de Foligno et pour sa dépendance romaine, à savoir le monastère des Quatre Saints Couronnés. L'attribution proposée a également été reprise dans des études récentes (Claussen, 1987) et s'il y a une dépendance entre les Quatre Saints Couronnés et Sassovivo, il faut, en raison des caractères stylistiques, admettre l'antériorité du second par rapport au premier.*

L'addition, sur le flanc Nord, de la résidence de Stefano Conti, cardinal de Sainte-Marie au Transtévère et surtout vicarius Urbis *et donc représentant du pontife alors réfugié en France, est venue du fait que le monastère est voisin du Latran et de sa structure fortifiée, ce qui en faisait un lieu sûr dans le «désert» de la cité médiévale; elle transformait ainsi l'établissement monastique en une résidence curiale, un palais aux fonctions semblables à celle du Patriarcat, mais à l'abri des coups de main redoutés. La construction se logea dans les restes de la nef de droite, partie du bâtiment carolingien non intégré à la nouvelle église de Pascal II, et se distingue par la technique de construction à petits blocs de tuf dite* opus saracinescum. *La pièce la plus connue de cette construction est la chapelle Saint-Silvestre qui fut terminée en 1246. La date est mentionnée sur l'inscription en caractères gothiques encastrée dans le mur gauche de la chapelle. Celle-ci, voûtée en berceau, était de plan rectangulaire à l'origine; l'actuel sanctuaire fut ajouté au* XVIe *siècle, et il faut la considérer comme une chapelle palatine. On y accède en passant par une pièce où l'on conserve, dans un état très fragmentaire, une représentation du calendrier, exécutée au cours du* XIIIe *siècle – le modèle en serait celui de Sainte-Marie du Prieuré sur l'Aventin (avant 1232, disparue) – où des éléments puisés dans le décor des manuscrits se trouvent ici traduits en une architecture qui encadre les personnages avec les rouleaux et les relie au calendrier proprement dit (Iacobini, 1991). Un système de communication acoustique reliait la chapelle Saint-Silvestre avec une salle à l'étage supérieur : les «porte-voix», les entonnoirs en marbre cannelé, encore aujourd'hui encastrés dans le mur de droite et joints à des tuyaux en terre cuite arrivant à hauteur d'homme dans les murs du grand salon à l'étage supérieur, remplissait cette fonction (Muñoz, 1914).*

Les fresques de la chapelle sont étudiées, avec d'autres, dans le dernier chapitre de ce volume.

C'est à une époque très voisine de celle du décor de la chapelle Saint-Silvestre, que remonte selon toute probabilité un petit morceau de fresque au revers de la façade de l'église (Toubert, 1979), où sont représentés, vénérant un saint évêque, un certain magister Rainaldus *(ainsi l'identifie le cartouche) et un moine à l'habit blanc. Si le Rainaldus de la fresque est le Rainaldus d'Ostie mentionné dans l'inscription dédicatoire de la chapelle Saint-Silvestre (Matthiae-Gandolfo, 1988), la date d'un tel fragment ne doit guère s'écarter de celle de cette chapelle. Mme Toubert (1979) reconnaît dans la fresque la main d'un miniaturiste qui a copié la Bible de Conradin, repérant ainsi une période romaine importante dans la vie d'un artiste qui sera à l'œuvre dans le Sud où domine la culture de l'époque de Frédéric.*

Toujours au revers de la façade, mais du côté droit, était peinte la Crucifixion du Christ entre les deux larrons, datée de 1248 et commandée par une certaine Divitia. Œuvre que nous pouvons supposer voisine par le style du portrait de Rainaldus et des fresques de la chapelle Saint-Silvestre. Son souvenir est dû à la brève mention d'un manuscrit signalé par Muñoz (1914) (E.P.).

3

SAINTE-AGNÈS IN AGONE. C'EST PRESQUE UN HASARD SI NOUS insérons l'église de Sainte-Agnès dans l'Arène, monument insigne du baroque romain, dans un panorama des monuments romans de cette ville. Il s'agit, en réalité, de la tentative de ne pas laisser enseveli, sous le vêtement baroque qui le couvre, le souvenir d'un monument qui tint une place importante durant le Moyen Age.

La Sainte-Agnès paléochrétienne présentait une structure anormale. Elle utilisait comme porche les arcades du Circo Agonale, celles-ci devenaient de plus en plus basses à deux reprises sous le petit escalier grâce auquel le visiteur parvenait dans une zone située au rez-de-chaussée du Cirque. Un plan, dessiné par Panvinio, est tout ce qui nous reste de cet édifice, dont l'existence permet de réaliser à quel point notre conception de l'architecture paléochrétienne et médiévale peut être «géométrique» alors qu'elle présentait, au contraire, toute sorte de solutions anormales, exceptionnelles.

Cet édifice – qui avait été confié aux bénédictins à la fin du XIe siècle, mais était passé aux mains des clercs réguliers dès le début du suivant – fit l'objet d'interventions de Calixte II, le pape triomphant du Renouveau, qui l'agrandit et en consacra l'autel majeur en 1123.

Il reste des traces de ce que l'on appelle habituellement la crypte, qui est, de fait, située sous l'église baroque. Elle est accessible non de la place, mais de la Via dell'Anima, comme l'était d'ailleurs l'église paléochrétienne et romane. Elle présente des structures complexes, avec des travées délimitées par des piliers et des colonnes; les voûtes ont été radicalement transformées hors de la construction de l'église supérieure. Des fragments du pavement cosmatesque sont clairement visibles et le décor de fresques est encore en place, bien que fort bouleversé lors des restaurations du XIXe siècle au point d'être très difficilement déchiffrable. Eugenio Cisterna, le peintre qui eut la charge de peindre la voûte en 1882, fut vraisemblablement l'auteur des repeints sur tout l'ensemble; mais il est improbable que la décoration entière soit totalement le fruit de sa fantaisie. Certains écoinçons sur les parois (l'un avec sainte Agnès en prière, l'autre avec le Christ sur un trône entre deux saintes) pourraient conserver un substrat médiéval et les scansions de la composition, certains partis décoratifs, feraient penser à des œuvres réalisées peut-être au XIIIe siècle, probablement lorsque furent exécutées les fresques de la crypte d'Anagni (S.R.).

4 SANT'ANDREA AL CELIO (ORATOIRE DE). PUBLIÉES PAR SA*lerno (1968), les fresques dont il va être question se trouvent dans l'oratoire de Sant'Andrea, près de l'église de San Gregorio Magno al Celio, et ont été sauvegardées dans les combles, au-dessus du plafond du XVIIe siècle. La chronologie de l'édifice n'est pas très claire. Dans l'église de San Gregorio – fondée d'après la tradition par le pape Grégoire – de vastes restaurations sont attestées à l'époque de Pascal II (1108); dans l'oratoire, la maçonnerie sur laquelle sont placées les fresques a semblé paléochrétienne à Mme Toesca (1972). La permanence de ce lieu de culte pendant des siècles ne permet pas de définir le moment précis où ont été exécutées ces peintures, qui, par suite, ne peuvent être datées que par leur style.*

Les fresques se trouvent sur la paroi du mur originel interne de la façade, modifié au XVIIe siècle en mur d'entrée, et ne subsistent que dans la partie correspondant au fronton. Au centre de celui-ci, figure un médaillon avec le Christ bénissant, entouré d'anges prosternés dans un geste d'adoration. Plus bas, une frise où deux prophètes avec un cartouche sont enfermés dans deux cases intercalées entre d'autres ornées de motifs décoratifs géométriques.

La peinture est très abîmée; on doit donc faire usage d'une grande prudence dans le jugement, même si le travail donne l'impression d'une réelle qualité. Des appréciations très diverses ont été exprimées sur ces fresques : Salerno tend à les considérer comme remontant au XIIe siècle, en relation avec les travaux réalisés par Pascal II à San Gregorio, Mme Toesca et Bertelli signalent des liens étroits avec la culture ottonienne et les voudraient, à ce titre, du commencement du XIe siècle, tandis que Gandolfo les a récemment situées dans l'ensemble de la peinture romaine qui commence avec les grandes réalisations monumentales du début du XIIe siècle. En effet, quelque suggestives qu'elles soient, les datations très hautes dans le temps pour les fresques ruinées du Celio contraindraient à les placer à l'origine de toute une série d'autres – celles de Castel Sant'Elia, le linéarisme de Tuscania, certaines flexions plus rigides comme à Rignano Flaminio – et entraîneraient des conclusions auxquelles il serait difficile d'échapper. Il n'y a donc pas de doute que la prudence dans le jugement doive être maintenue. Le fronton est bordé par une corniche à dessins similaires à ceux utilisés dans le style bénédictin de San Crisogono et dans les fresques fragmentaires du clocher de Farfa : par conséquent dans des œuvres qui ont été datées des alentours de 1050-1060. Les répertoires décoratifs du groupe Saint-Clément – Castel Sant'Elia – Ceri semblent absents, mais aussi ceux, extrêmement antiquisants, de Santa Maria in Cosmedin; les petits prophètes avec les cartouches, dont la tête, de grande dimension, est inclinée, rappellent ceux, analogues, de San Nicola in Carcere. En contrepartie, si l'on considère le trait de luminosité blanche qui, diminué en raison de la chute de la couleur, met maintenant en évidence les panneaux et les figures, il semble difficile de ne le concevoir qu'en rapport avec la peinture de Tuscania, tout en maintenant – mais l'autonomie et l'originalité du peintre du Celio est désormais un fait établi – une forte particularité d'expression, comme s'il s'agissait de maniérismes que le maître ne partage somme toute avec aucun autre. La thèse de Gandolfo sur l'existence de courants parallèles coexistant dans la peinture romaine de la première moitié du XIIe siècle pourrait recevoir une confirmation intéressante des fresques du Celio, et cela à un haut niveau de qualité sur le plan pictural (S.R.).

SAN BARTOLOMEO ALL'ISOLA. ON FAIT REMONTER TRADI- **5** tionnellement la construction de l'église, très transformée aux XVIIe et XIXe siècles, aux années de l'empereur Otton III qui y fit transférer des reliques parmi lesquelles celles des saints Abondius et Abondantius de Rignano Flaminio. C'est cependant Pascal II (1099-1118) qui fut à l'origine de vastes remaniements dans l'édifice, comme en témoigne l'inscription placée sur le portail (TERTIUS ISTORUM REX TRANSTULIT OTTO PIORUM CORPORA QUIS DOMUS HAEC SIC REDIMITE VIGET ANNO DOMINICAE INCARNATIONIS MCXIII IND VII MENSE APRILIS D. IIII TEMPORE PASCHALIS PP II). L'ordonnance de la basilique – à trois nefs divisées par des colonnes remployées (aujourd'hui portant des chapiteaux en stuc du XVIIe siècle) que l'on croit provenir du temple d'Esculape, le sanctuaire, relevé au-dessus d'une crypte plus ancienne, et trois absides; il avait peut-être aussi un pavement cosmatesque dont subsistent quelques vestiges devant l'autel majeur – cette ordonnance plaide en faveur d'une datation de l'époque du renouveau classicisant du début du XIIe siècle. Ces travaux continuèrent cependant fort longtemps, au moins jusqu'au temps d'Alexandre III (1159-1181), à qui l'on doit, selon toute vraisemblance (Sisti) l'érection du clocher et la mosaïque de la façade représentant le Rédempteur. Claussen a fait connaître une source de 1701, la visite apostolique du cardinal Tarugi, qui parle d'une longue inscription, visible alors, donnant la date de 1180 comme celle de l'achèvement de l'église et le nom du marbrier Nicolò d'Angelo.

La mosaïque, aujourd'hui cachée par la façade baroque, représente le Christ Rédempteur tenant en main l'évangile sur lequel on lit : EGO SUM VITA ET VERITAS. L'exécution en est plutôt sommaire, tant en ce qui concerne les traits un peu stupides du visage que le traitement hâtif du vêtement. Il s'agit probablement (Gandolfo, 1988) de l'œuvre d'un atelier d'origine campanienne, offrant des parentés avec d'autres mosaïques de la moitié du XIIe siècle, celles de Santa Maria Nova (vers 1161) essentiellement; dans le traitement de la chute des plis des vêtements et du manteau, elle présente quelques simplifications que nous retrouverons dans une autre peinture à l'intérieur de l'église, œuvre cependant d'une bien plus grande qualité. Il s'agit de la Vierge trônant avec l'Enfant et des saints, fresque de l'absidiole de droite (pour l'identification des quatre figures de saints avec Theodora, Abondius, Abondantius et Marcien, cf. Jacobini, 1991). La fresque présente un dessin et des couleurs puissants et marqués. Sans aucun doute a-t-elle déjà été atteinte par l'extension du style de Monreale, avec des traits, ici et là, étrangement schématisés – ainsi la chute des plis du manteau orange de l'un des assistants. Pour cette raison la fresque a été mise en relation avec le style de Santa Maria del Monacato à Castrocielo (voir p. 344); et de là s'est vue confirmée l'orientation campano-méridionale que Gandolfo avait déjà relevée dans la mosaïque de la façade. L'intervalle de temps représenté par le pontificat d'Alexandre III (1159-1181), au terme duquel l'église dut être virtuellement achevée, a pu, avec une certitude relative, donner un point de repère chronologique pour la mosaïque : la fresque, selon Gandolfo, était déjà en place aux premières années du XIIIe siècle et ne pouvait donc, de ce fait, être reculée avant le terme de ce pontificat.

On ne peut savoir quelle œuvre décorative avait réalisée Nicolò d'Angelo : Claussen suggère non sans prudence qu'à son époque peuvent remonter deux lions, aujourd'hui placés devant la chapelle de la Vierge, mais qui furent peut-être à un moment donné situés devant le portail d'entrée. Un autre reste précieux d'un ouvrage qui se trouvait originellement à San Bartolomeo est conservé, par contre, dans une autre église romaine, celle des Saints-Boniface-et-Alexis : là, au centre des stalles en bois du XVIIIe siècle, sont encastrées deux colonnettes de marbre sculptées et ornées de mosaïques cosmatesques. Sur l'une, on peut lire l'inscription : + JACOBUS LAURENTII FECIT HAS DECEM ET NOVEM COLUMPNAS CUM CAPITELLIS SUIS. Vues en 1701 par le cardinal Tarugi à San Bartolomeo, mais déjà retirées de ce qui dut être leur emplacement primitif, elles furent portées aux Saints-Boniface-et-Alexis à la fin du XVIIIe siècle (Claussen); peut-être faisaient-elles partie d'une iconostase. Les procédés décoratifs habituels des marbriers – le marbre, la marquetterie colorée – ont pour objet de simuler, sur la surface convexe des colonnettes, une sorte de fausse architecture avec des petits arcs à frontons et des chapiteaux; ils sont accompagnés – comme cela n'arrive que peu souvent dans le travail fortement dépourvu d'images des marbriers romains – par des figures d'animaux et de petits monstres. La réduction en plan d'idées architecturales en termes purement décoratifs et l'apparition d'éléments figuratifs monstrueux et animaliers (largement utilisés par la suite dans le cloître de San Paolo par les Vassalletto) sont des motifs de grand intérêt dans l'atelier des maîtres romains, et en particulier celui de Jacopo di Lorenzo, qui constitue l'un des artistes les plus notables, auteur de la rénovation et de la décoration de Saint-Pierre par Innocent III et qui travailla dans les grands chantiers de Civita Castellana, Ferentino, Subiaco. Si la date de 1180, transcrite par le cardinal Tarugi, est véridique, le travail exécuté à San Bartolomeo all'Isola serait l'un des premiers de Jacopo, qui signe en ajoutant encore à son nom celui de son père (S.R.).

6 SAINT-BENOÎT IN PISCINULA. LE QUARTIER DU TRANSTÉVÈRE QUI

entoure l'église Saint-Benoît in Piscinula était aux XIe et XIIe siècles doté de très nombreuses églises : Sainte-Marie au Transtévère, Saint-Chrysogone, Sainte-Marie in Cappella (consacrée en 1090), Saint-Sauveur in Corte formaient un groupe particulièrement vivant et important à l'époque romane. L'église Saint-Benoît, qui est aujourd'hui masquée par une façade du XIXe siècle, fut inscrite en 1198 dans le Liber censuum *de Cencio Camerario; mais les documents en font mention à des époques bien antérieures, aux Xe et XIe siècles.*

En dépit des transformations, on peut dire que la structure de l'église est demeurée substantiellement celle de l'époque romane : trois nefs; une abside semi-circulaire qui à l'extérieur présente de petits modillons en marbre et deux bandeaux en dents d'engrenage; clocher et porche, ce dernier étant probablement supporté par des colonnes de granit rouge dont deux furent trouvées dans la maçonnerie de la façade au cours des travaux de restauration de 1844. Il faut noter qu'à l'endroit du porche s'est implanté, probablement au XIIIe siècle, un petit oratoire de plan rectangulaire à voûtes d'arêtes; et que le clocher qui occupe l'angle Nord-Est de la nef centrale est vide à l'étage inférieur, parce que, selon Mmes Guiglia et Bertelli (1979), on a voulu ainsi conserver le décor fresqué de la nef qui existait déjà à l'époque de la construction du clocher, bien que depuis peu de temps. Par contre est antérieure et peut-être noyau originel du lieu de culte ce qu'on appelle la « cella » de saint Benoît actuellement très remaniée.

Les fresques, qui se trouvaient au moins au revers de la façade et sur le mur de droite de la nef, sont aujourd'hui réduites à quelques lambeaux recouverts de surcroît par des adjonctions postérieures (tribune des chantres, sacristie et débarras). Il s'agit de fragments d'un Jugement dernier (rangée d'apôtres et figures d'anges) au revers de la façade, et sur le mur de droite un Sacrifice de Caïn et d'Abel, et peut-être une Expulsion du Paradis terrestre; dans l'abside il existe aussi quelques restes d'un motif décoratif à festons. Porter un jugement sur les fresques est difficile, étant donné leur faible visibilité; mais les éléments décoratifs semblent les replacer dans le milieu de la peinture à Rome et dans le Latium de la fin du XI*e* *siècle et du début du* XII*e* *siècle (Saint-Clément, Ceri), donnée qui n'est pas démentie par ce qu'on peut entrevoir du traitement des physionomies. Mme Guiglia les a fait entrer dans le courant iconographique qui s'enracine dans le groupe des Bibles Atlantiques – dit « ombrien-romain » – pour lequel on peut encore prendre comme point de comparaison le cycle de Ceri. Dans l'ensemble, il semble qu'on puisse proposer une datation de la première moitié, peut-être du premier quart du* XII*e* *siècle (S.R.).*

7 *SAINTS-BONIFACE-ET-ALEXIS. L'ÉGLISE DES SAINTS-BONI-*face-et-Alexis se présente aujourd'hui sous le revêtement baroque que lui a conférée la réfection radicale menée en 1750 par le cardinal Quirini. Ses origines sont cependant très anciennes : diaconie du VIIIe siècle, transformée en abbaye au Xe – époque à laquelle est déjà attestée la dédicace aux deux saints – elle fut le siège d'une communauté mixte : grecque et latine, avant de devenir ensuite monastère bénédictin. A l'origine, l'église était à trois nefs de même hauteur, séparées par des murs avec de fausses tribunes et des arcs prenant appui sur huit colonnes de chaque côté; le chœur et le transept étaient surélevés de quatre marches par rapport à la nef. Il y avait aussi un ample atrium et un portique, qui existait encore en 1700, portique soutenu par six colonnes, aujourd'hui encastrées dans la façade qui donne accès à l'atrium. Comme l'affirme Krautheimer, les proportions de l'église – mises à part les chapelles latérales – sont restées celles du Moyen Age : des pans de la maçonnerie romane sont encore visibles à l'extérieur dans les parties hautes de la nef et du transept, ainsi que dans le clocher, conservé dans sa structure et ses maçonneries originelles et que, selon l'archéologue, on peut dater de la fin du XIIe / début du XIIIe siècle. Il faut noter que, dans les stalles en bois de l'abside, sont insérées deux colonnettes à reliefs et incrustations cosmatesques qui appartenaient initialement non à cette église, mais à San Bartolomeo all'Isola, d'où elles furent retirées en 1700 (v. p. 124).

Conservée dans sa structure et son décor roman par contre, est la crypte *ad oratorio,* orientée dans le sens contraire de l'église supérieure – comme à San Pietro de Tuscania. Les voûtes, sans nervures, sont soutenues par huit colonnes munies de chapiteaux; un siège épiscopal, d'époque incertaine mais authentique, placé face à l'autel, est formé de fragments de remploi du haut Moyen Age. Enfin l'autel est surmonté d'une sorte d'édicule à baldaquin encastré par la suite dans la niche absidale et sous les colonnes.

Autour de ce centre de culte, s'est déroulée une suite d'événements qui nous permettent de dater avec une précision remarquable tant la première phase de la basilique (XIIIe siècle) que les ornements qui la décorent ainsi que le petit cycle de fresques de la crypte. En 1217 s'élève en effet un litige entre les chanoines de Saint-Pierre et les moines bénédictins de Saint-Alexis, tous deux affirmant conserver les reliques authentiques du saint. Selon la légende, rapportée par Nerini (1752), le moine Thomas de Saint-Alexis vit en songe le saint qui lui ordonna de creuser dans la crypte pour y trouver ses restes (« *Scias pro certo, quod corpus meum sub majori altari hujus monasteri in crypta requiescit* »). La fouille effectuée et le corps de saint Alexis et les reliques de Boniface découverts, le pape Honorius III donna raison aux moines et – toujours d'après le rapport de Nerini au XVIIIe siècle, qui cite de nombreux documents et qui constitue la source principale sur l'histoire de l'église – voulut confirmer la légitimité de la dédicace aux deux saints par une consécration solennelle de l'église. L'année suivante, par contre, à l'anniversaire de l'événement, le cardinal Pelagio Calvani, bénédictin et, peut-être, protecteur du monastère, fit édifier dans la crypte un édicule pour protéger l'autel, qu'il dédia à saint Thomas de Cantorbery et, selon toute vraisemblance, le fit décorer de fresques suivant un programme que nous indiquerons plus loin.

Tout donne donc à penser que, vu le bref laps de temps qui sépare ces événements concernant les reliques, l'intervention d'Honorius III se soit limitée à la dédicace de l'autel de Saint-Alexis et à la reconsécration de l'église, et cela incite à croire que, si Honorius avait promis de faire effectuer de grands travaux dans l'église, il en serait resté quelques traces puisque la mémoire de l'invention des reliques et de la reconsécration est si précise. Peut-être que le ciborium cosmatesque soutenu par quatre colonnes, qui couvrait l'autel majeur et qui a disparu aujourd'hui, aurait été réalisé à cette époque où l'on s'intéressait à l'autel et aux reliques; mais avant cette période, on doit signaler le plan complexe de l'édifice, crypte incluse, qui dut s'édifier durant un long laps de temps pendant lequel l'abbaye, constituée sous le métropolite Serge de Damas, connut une grande floraison, étant comptée parmi les quatre plus grandes abbayes privilégiées de Rome; au XIe siècle, Pierre Damien en fut l'abbé et, pendant tout le XIIe siècle, la vie du monastère fut très florissante, illustrée par des abbés et des personnages fort proches de la curie et des papes.

On ne connaît pas de façon certaine la date précise de l'extraordinaire portail d'entrée; de proportions grandioses, il a des piédroits en marbre composés de remplois datant de l'Antiquité tardive avec des insertions cosmatesques : il constitue un cas de remploi spécialement intéressant parce que les morceaux réutilisés ont été montés avec beaucoup d'habileté et intercalés dans une frise à marqueterie verte et violette.

L'unique partie remontant sûrement au début du XIIIe siècle est donc celle qui entoure l'autel de la crypte. L'édicule est limité par une balustrade soutenue par deux solides colonnettes. Les fresques se trouvent soit sur la face externe, soit sur les faces internes de cet édicule. Objet de peu d'attention de la part des archéologues, Wilpert (1916) le pense de l'époque d'Honorius III et, comme nous l'avons vu, le document relatif au cardinal Calvani le fait situer aux alentours de l'année 1218. Une série de photographies, effectuées vers les années 1940 et conservées à la Photothèque de la Bibliothèque Hertzienne de Rome, les montre dans des conditions déjà navrantes, mais meilleures qu'actuellement, car aujourd'hui des pans entiers sont blanchis, effacés et peut-être irrécupérables. Sur la face principale, on voyait deux médaillons avec les bustes des saints Pierre et Paul et, entre eux, un petit espace carré, creusé dans l'épaisseur de la maçonnerie, qui, à une certaine époque, devait probablement contenir des reliques. Sur la face droite, l'archivolte porte le Rédempteur dans un médaillon et, à ses côtés, deux anges adorant; au-dessous, sur les piliers, deux figures d'hommes (tous deux tonsurés) avec un nimbe carré, celle de droite portant une maquette de l'église, l'autre avec un grand cartouche et une crosse. Il n'est pas facile de deviner qui sont ces personnages : car un document nous apprend qu'entre 1217 et 1218 le monastère changea d'abbé (Angelus en 1217, Nicolaus en 1218) : on pourrait donc penser que le cardinal Calvani les a fait représenter tous les deux. Le premier tient en main un grand cartouche qui est probablement le parchemin par lequel Honorius III reconnaissait l'authenticité des reliques et que Nerini a peut-être pu voir puisqu'il l'évoque dans son livre sur l'église; l'autre offre par contre l'église nouvellement consacrée. Selon Gandolfo (1989), ce dernier serait un pontife, et plus précisément Pascal II : pour la question de la datation, nous en parlerons plus loin.

Si nous revenons aux fresques, du côté gauche de la chapelle, sur l'archivolte, figure une Étimasie (trône surmonté d'une croix) flanquée d'arbres et sur les pilastres deux figures de saints qui restent non identifiés. A l'intérieur, quatre faces de pilastres portent un panneau de saveur très classique – avec un cercle rouge sur fond jaune; ceux qui restent comprennent les autres figures de saints, dont la mieux conservée est celle d'un saint moine à vêtement blanc et manteau foncé. La niche absidale comportait la Vierge à l'Enfant entre saint Boniface et saint Alexis, mais la peinture est aujourd'hui illisible et était déjà ruinée en partie en 1700 quand Nerini la vit et la reproduisit dans une eau-forte. Sur la voûte apparaissent l'Agneau (au centre) et les symboles des évangélistes disposés en croix et complétés par des éléments décoratifs.

Là où elle est encore conservée, la peinture semble brossée de façon rapide, mais de réelle qualité. Le maître a sans doute dû travailler dans un temps fort bref, mais il témoigne d'une réelle familiarité avec le répertoire classicisant – dans les motifs végétaux à fleurs et à fruits ondulés ou dans le système «catacombal» choisi pour les voûtains – dont il use très librement en l'adaptant et en ne craignant pas l'asymétrie. Il utilise une peinture liquide, particulièrement apte à rendre les impressions nerveuses des drapés, subtils, quasi fluides – comme dans le saint moine – et qui sait rendre les physionomies en quelques traits essentiels, presque sans dessin. Ce dernier, par contre, lui sert pour traduire les silhouettes et le mouvement; les figures des anges en vol sont à ce point de vue très caractéristiques et l'impression est naturellement accentuée par l'état lamentable de conservation de la peinture qui met en évidence le dessin de base. Je ne suis pas d'accord avec l'opinion de Gandolfo (1989) qui a récemment situé ces fresques à l'époque de Pascal II (1099-1118); comme nous l'avons vu, l'arrière-plan historique de la réalisation du ciborium et des fresques semble suffisamment établi pour accréditer la datation à l'époque d'Honorius III. En outre, le peintre ne paraît pas isolé dans le panorama de Rome et du Latium de ce temps : son répertoire décoratif se retrouve, plus riche et plus complexe, à la Platonia de Saint-Sébastien-hors-les-Murs et peut-être au Sacro Speco de Subiaco, et la même nervosité dans le sens de la simplification pour rendre l'anatomie et le mouvement se fait jour dans la peinture romaine, à San Giovanni à Porta Latina, à San Giovanni in Argentella, à Marcellina (S.R.).

8

SAINTE-CÉCILE-AU-TRANSTÉVÈRE. L'ÉDIFICE, ANTIQUE DO*mus Ecclesiae remontant aux débuts du Ve siècle, garde encore aujourd'hui la configuration reçue au temps de Pascal Ier (817-824). Les interventions du XIIe siècle se limitent à quelques sections de la construction : au cloître, situé au côté Sud de l'édifice, au clocher et au porche en façade.*

Aujourd'hui l'aspect du cloître est très modifié par de nombreuses adjonctions superfétatoires qui encombrent jusqu'au pourtour rectangulaire, les galeries ont perdu leur antique fonction. Il est caractérisé par une succession d'arcades, soutenues par une seule colonnette au chapiteau à béquille, et au profil souligné par une moulure à double voussure. La corniche surmontée de deux rangées de dents d'engrenage en sens opposés est scandée de modillons en marbre séparés par un dessin en zigzag fait de briques. Ce trait est une sorte de leitmotiv qui se retrouve sur les corniches du clocher.

La date de 1100 retrouvée par Giovenale sur une plaque de marbre du soubassement, considérée par lui comme un élément probant pour la datation du porche, ne paraît pas convenir; elle est en effet gravée sur une pierre qui semble remployée. Le type du cloître suggère au contraire une datation sensiblement plus tardive : le décor en zigzag est présent, par exemple, à Sainte-Marie-au-Transtévère (vers 1140), le système de supports aux chapiteaux à béquille suggère une parenté avec le cloître de l'abbaye des Trois-Fontaines et avec celui plus tardif de Saint-Laurent-hors-les-Murs (1187-1191). Il semblerait donc se situer dans la première moitié du XII*e* *siècle, comme la partie inférieure du clocher.*

*Ce dernier s'élève le long du flanc Nord de l'édifice : à cinq étages, les deux premiers avec fenêtres doubles à pilier médian, les trois derniers avec fenêtres triples à colonnettes, chapiteaux à béquille et petits arcs à double voussure. Les corniches entre les étages sont comme celles du cloître et on y retrouve le motif en zigzag; celles au départ des arcs sont marquées d'une rangée de dents d'engrenage. Selon M*me *Priester (1990), les trois premiers étages du clocher pourraient remonter au pontificat de Pascal II (1099-1118) – et il faudrait les comparer à la partie basse du clocher des Saints-Jean-et-Paul –, tandis que les deux derniers seraient une adjonction plus tardive, du* XIII*e* *siècle.*

Le porche à architrave est divisé en cinq travées par des colonnes aux chapiteaux ioniques. Dans la partie supérieure, on note une nette différence due aux transformations du XVIII*e* *siècle entreprises par le cardinal Acquaviva, qui a laissé son nom sur l'inscription dédicatoire. Le long du bord inférieur de l'architrave se déploie un bandeau en mosaïque scandé de médaillons où figurent les saints liés à la* passio *de Cécile. Certaines de ces petites représentations, en particulier celle de l'extrême droite, semblent avoir été remaniées par des interventions ultérieures. La présence d'un décor de mosaïque, figurant au porche détruit du Latran et à celui de Saint-Laurent-hors-les-Murs, semble indiquer une date plus avancée que celle des galeries du cloître et de la partie la plus ancienne du clocher.*

Dans le porche de Sainte-Cécile existait jadis un cycle de fresques avec des récits de la vie et de la passio *de la sainte et d'autres martyrs; cycle qui suscita un très grand intérêt puisque au début du* XVII*e* *siècle le cardinal Francesco Barberini le fit copier par ses peintres (Waetzold, 1964). Il n'en reste qu'un panneau, dans un état de conservation absolument désespéré : il fut détaché du porche en 1785 et se trouve aujourd'hui dans la chapelle à l'extrémité de la nef latérale de droite. Il représente peut-être l'apparition de la sainte et la redécouverte de son corps : la couleur est réduite à peu de chose et le dessin n'est presque plus lisible; les dates proposées varient extrêmement – de la fin du* XI*e* *siècle au premier quart du* XIII*e*. *Cependant le placement le plus exact semble celui qu'avait jadis donné Matthiae et qui a été précisé par Gandolfo : dans le milieu de l'art pictural romain, alors récemment rénové par l'entrée du cycle antiquisant de Sainte-Marie in Cosmedin. Noble et raffiné, c'est l'art même du triptyque de la cathédrale de Tivoli dont il partage la mise en place architecturale et les proportions relatives des figures et du fond (E.P.).*

9

*SAINTE-CROIX DE JÉRUSALEM. LA BASILIQUE DE SAINTE-*Croix (Santa Croce in Gerusalemme), à laquelle on accède aujourd'hui par le porche du XVIIIe siècle, de Gregorini et Passalacqua, conserve encore dans son plan quelques-unes des caractéristiques de la basilique de l'Antiquité tardive, que Krautheimer date approximativement de la moitié du IVe siècle et qui faisait partie du grand ensemble des édifices sessoriens. A cette basilique – comportant une nef rectangulaire et une seule abside, munies toutes deux d'arcs transversaux et de grandes arcades sur les côtés – furent apportées, durant le Moyen Age – et, de façon plus précise, au XIIe siècle –, des transformations importantes qui constituèrent de fait l'une des interventions architecturales et décoratives les plus intéressantes de la Rome des années 1140.

Le pape Lucius II (1144-1145) en fut le promoteur, sans doute dans les années qui précédèrent son pontificat (1125-1144), alors qu'il était cardinal titulaire de Sainte-Croix (*Liber Pontificalis* II, p. 385 : «*Lucius II... Sanctae Crucis cardinalis presbiter... quam... ecclesiam... in edificiis plurimum augmentavit... Fabrica namque ipsius ecclesiae a summo usque deorsum in melius reformata et claustro... de novo edificato canonicorum regularium conventum constituit*»). Il s'agit d'une intervention radicale : «*de ruinis fundamento praeclaro et admirando opere renovavit*». Il y a lieu de penser que l'œuvre entière de modernisation et de décoration fut définitivement achevée en 1148 quand, après la mort du pape Lucius, le cardinal titulaire Ubaldo Caccianemici, son neveu, donna à la basilique le ciborium qui devait abriter la précieuse relique de la Croix, et sur lequel se détachait une inscription qui a été transmise par Lanciani et Forcella : TEGM ID HUBALD FORE FECIT CARDINA(lis) VIR PRUDENS CLEMENS ET SP(irit)UA(lis) + IOHES DE PAULO CUM FRIB SUIS ANGELO ET SASSO HUIUS OPERIS MAGISTRI FUERUNT. Le ciborium, malheureusement disparu, nous est connu par une inscription du XVIIIe siècle (Claussen, 1987).

Les transformations de Lucius II donnaient un aspect plus organique à la structure paléochrétienne, «ouverte» par de grandes arcades sur les flancs. Sept arcs longitudinaux divisent l'espace en trois nefs, et sur les latérales on édifia des pseudo-tribunes, sans doute dans le but de fournir un appui plus résistant au grand toit de bois qui couvre la construction tout entière. En outre, la maçonnerie en briques de petit format alternées avec des couches de chaux (Krautheimer) que l'on peut voir dans cette pseudo-tribune, est utilisée également pour boucher les grandes ouvertures sur les côtés : cela prouve que les arcatures furent réduites en dimensions, jusqu'à ne plus consister qu'en une petite fenêtre. A la même campagne de travaux, remonte aussi la construction de l'atrium, avec un préau soutenu par six colonnes à architrave, peut-être encore en place mais englobées dans le porche actuel qui remonte au XVIIIe siècle. Par ordre du pape, on érigea aussi un petit cloître, comme le note le *Liber Pontificalis*.

L'édifice ainsi réalisé était certainement moins lumineux, mais correspondait de façon plus orthodoxe au modèle basilical dont, à l'inverse, s'écartait la construction de l'Antiquité tardive. On le compléta par un pavement cosmatesque. L'extension accrue des surfaces murales fut utilisée pour l'exécution d'un cycle de fresques : celui-ci fut retrouvé en 1913, puis donna lieu à des restaurations conduites par Guglielmo Matthiae.

Il s'agit de restes assez consistants : sur l'arc triomphal un médaillon (illisible, on ne peut dire s'il renfermait un agneau ou la figure du Christ) flanqué de sept chandeliers et des symboles des évangélistes; sur les parois, par contre, sous une frise à rinceaux, une rangée de médaillons avec des bustes de prophètes. A la suite d'une décision discutable, l'enlèvement des fresques, qui eut lieu sous la conduite de Matthiae, ne fut pas total : on retira ce qui était sur l'arc triomphal (y compris la frise et les fragments ajoutés au XVe siècle) et les bustes des prophètes sur l'autre paroi. Les fragments restants furent consolidés sur place et laissés (*in situ*).

En raison de leur datation et surtout de leur grande qualité, les fresques de Sainte-Croix, ou ce qui en reste, constituent un élément très intéressant dans le panorama pictural romain de la moitié du siècle, plutôt rare en témoins et en points de repère chronologiques. Tant Bertelli que Gandolfo, auteurs des études les plus importantes sur le sujet, ont souligné un élément important : à savoir la présence simultanée sur le chantier de deux peintres très différents l'un de l'autre : le premier est l'auteur des cinq premiers médaillons avec les prophètes, le second des médaillons restants et peut-être des peintures de l'arc triomphal. La référence que Matthiae établit avec la peinture byzantine provinciale, se voit concrétisée par les deux archéologues non dans une recherche de rapports très lointains avec des monuments grecs ou balkaniques, mais dans un essai pour spécifier ce qui pourrait être le mouvement culturel le plus proche du premier peintre surtout, celui de la plus haute qualité et en même temps à la culture byzantinisante. L'allusion à une origine vénitienne possible, hypothèse que l'on trouve aussi dans l'étude de Bertelli, est nuancée dans l'esprit de l'archéologue en raison d'une référence à la Bible de Calci, ce qui établit un lien avec la culture pisane et toscane; tandis que le rapport avec la culture vénitienne paraît plus fort et plus convaincant dans la proposition de Gandolfo, lequel, à l'inverse, exclut tout rapport réel, quel qu'il soit, avec le monde toscan. L'entrée sur le chantier du second peintre, celui-ci par contre romain, a incité le premier à user dans son langage de formes plus habituelles et plus traditionnelles dans les milieux romains : les formes de notation plastique, très sensibles dans la manière du premier peintre, s'orientent vers un style plus plan, traversé de stries, d'un écheveau de lignes, suivant une conception du graphisme profondément enracinée dans la peinture romaine (S.R.).

10 SAINT-CHRYSOGONE. LA BASILIQUE DE SAINT-CHRYSOGONE,

située dans le Transtévère, se compose de deux églises superposées : elle offre un double motif d'étude et d'intérêt. Nous suivrons, pour une fois, non le sens d'une visite qui, logiquement, devrait commencer par la basilique supérieure pour rejoindre l'inférieure, mais la succession chronologique des interventions qui nous intéressent et, par suite, il nous faudra nécessairement débuter par l'église inférieure, la plus ancienne, qui ne fut plus utilisée à partir du début du XIIe siècle.

Lorsqu'on y descend, on trouve sur le mur de la nef droite un cycle fragmentaire de peintures murales visibles encore en partie et restaurées récemment. Le thème en est la vie des saints Sylvestre, Pantaléon et Benoît : il est réduit aujourd'hui à quatre scènes seulement, plus une série d'autres morceaux. Les scènes identifiables sont : 1) saint Sylvestre lie le dragon, 2) saint Pantaléon guérit un aveugle, 3) sauvetage de saint Placide, 4) saint Benoît guérit un lépreux. Ce qui frappe, entre autres, et qui n'a pas disparu en dépit, pourtant, du très mauvais état de la peinture, c'est la structure décorative. Les panneaux narratifs sont encadrés par les bandeaux colorés habituels, mais ils sont ordonnancés sur un double registre et séparés entre eux par une architecture peinte : des modillons représentés en raccourci et des colonnes torses, comme si l'histoire se déroulait en réalité sur un espace destiné à créer une impression de relief et où les scènes des saints rempliraient la surface plane des fonds. Dans l'histoire des études sur la peinture romaine médiévale, on a toujours noté comment cet artifice de composition, marqué d'une conception spatiale architecturée, trouvait ses racines dans les grands modèles romains de l'Antiquité tardive : les cycles de Saint-Pierre et de Saint-Paul-hors-les-Murs, semblablement représentés dans un cadre architectural peint. La transmission des modèles ne doit pas étonner, spécialement à Rome où les modèles paléochrétiens revêtaient une valeur qui dépassait le domaine artistique ou iconographique et contenaient une charge culturelle et religieuse immense. Cependant leur reprise n'est pas obligatoire ou systématique dans la Rome médiévale, dans laquelle, à l'inverse, s'affirme fortement une tendance à réduire les formes à deux dimensions et qui, plus spécifiquement en ce qui concerne les « structures » décoratives des cycles narratifs, refuse tout élément de trompe-l'œil et de perspective pour s'en tenir à l'usage de simples bandeaux colorés séparant les scènes. Si pourtant le choix de l'un ou de l'autre de ces « systèmes » décoratifs a pu s'opérer à l'intérieur des répertoires des ateliers, toutefois la disparition des modèles antiques et leur réapparition constituent des faits dignes d'être notés, même s'ils ne coïncident pas nécessairement entre eux, dans la mesure où ils témoignent de l'attention portée au patrimoine de l'Antiquité tardive et au désir de suggérer la profondeur et l'illusion de l'espace dans des périodes historiques de « renaissance » ou du moins de reviviscence classique, comme cela fut certainement le cas à Rome *au début du* XIIe *siècle.*

Toutefois, on ne saurait réduire le substrat culturel du cycle pictural de Saint-Chrysogone à ce seul lien avec la tradition romaine. Comme l'a relevé B. *Brenk, qui a consacré aux fresques (1984-1985) des études qui semblent en avoir mis en lumière les caractères et la situation historique, celles-ci présentent un mélange de composants. Fortement byzantinisantes dans certains traits – la forme des architectures, par exemple celle de la tour dans la scène du sauvetage de saint Placide, qui évoque des miniatures byzantines du* X^e^ *siècle – par d'autres elles semblent particulièrement proches des miniatures du Lectionnaire latin 1202 de la bibliothèque Vaticane (datant de 1071 environ), c'est-à-dire du codex cassinais le plus voisin des œuvres picturales perdues de l'abbaye du Mont-Cassin. En conclusion, le peintre, ou l'atelier auteur du cycle de Saint-Chrysogone, a opéré la fusion d'éléments romains traditionnels : éléments byzantins d'une part qui, peut-être ne pouvaient être trouvés dans la culture romaine du temps, où ils font défaut, et dont le Mont-Cassin aurait pu constituer l'intermédiaire ; et enfin véritables éléments cassinais, d'autre part, selon Brenk, saisis au moment de leur formation et non seulement leur reflet, plus probablement avant 1071 (date du Lectionnaire : 1202) qu'après cette date.*

Sur ce point, le problème de la date du cycle lui-même se fait plus embarrassant. Les datations par le style qui ont été proposées pour lui (par exemple celle de Matthiae au Xe-XIe *siècle), bien qu'elles approchent de la question, ne la saisissent pas en son centre. La référence récemment reprise (Gandolfo 1988) aux fresques du clocher de Farfa est certainement valable : en ce lieu en effet l'élément décoratif (corniches à oves, petits médaillons) et l'usage d'un trait noir et lourd pour marquer les contours semblent très proches des fragments de Saint-Chrysogone. Par suite la proposition de Brenk, qui veut dater le cycle de Saint-Chrysogone des années durant lesquelles Frédéric, abbé du Mont-Cassin, fut cardinal titulaire (1057) et devint pape sous le nom d'Étienne IX (1058) se voit confortée par le rapprochement avec les fresques de Farfa.*

L'abbé et cardinal Frédéric, s'il fut bien à l'origine du cycle, constitua une figure éminente dans le monde ecclésiastique et religieux. Il servit sûrement d'intermédiaire entre l'abbaye cassinaise et la curie romaine et, par là, dans la mesure où il participa au mouvement de rénovation monastique et religieux cassinais, en même temps qu'il représentait la curie romaine, constitua un nœud très important dans la question de la prééminence de Rome ou du Mont-Cassin dans la réforme. Il est d'autant plus probable que, au moins dans le domaine artistique, le mouvement rénovateur, ce qu'on appelle la « renaissance » romaine du XIIe *siècle, ait fourni les sources vitales de l'abbaye cassinaise et y ait puisé en même temps, en conservant certainement, toutefois, une particularité et parfois une priorité de choix qui interdisent en tout cas de considérer* Rome *comme une simple succursale de l'abbaye du Mont-Cassin.*

Comme Gandolfo l'a bien mis en évidence, le cycle de fresques de la basilique inférieure constitue tout à la fois le point d'arrivée d'une tradition romaine probablement riche en souvenirs ottoniens et une première ouverture dans une direction – que l'on peut justement définir comme cassinaise – qui se précisera et parviendra à son point culminant quelques années après 1060, date qui doit être vraisemblablement celle des peintures de Saint-Chrysogone. Mais un peu plus tard, pour des raisons de force majeure, la basilique sera abandonnée et ainsi le court délai qui a dû s'écouler entre la réalisation du cycle de fresques – qui concerne un vaste espace – et l'abandon de cette dernière constitue l'unique objection sérieuse au raisonnement de Brenk puisqu'une durée de soixante années est restreinte pour qu'on puisse admettre une suite de décisions aussi substantiellement contradictoires.

Le cardinal Giovanni da Crema, grand ami de Bernard de Clairvaux et personnage clef dans la Rome *de la première moitié du* XIIe *siècle, fit édifier une autre église, surélevée par rapport à la première, mais d'égales dimensions, ce qui n'était pas toujours le cas dans la* Rome *de la réforme ecclésiastique, où les exigences du culte ne coïncidaient pas toujours avec les ressources pécuniaires religieuses et pontificales, et où la basilique supérieure de Saint-Clément, peut-être le monument le plus caractéristique de cette réforme, fut résolument plus petite que la précédente.*

Les travaux furent menés rapidement et comprirent aussi d'autres ouvrages dans le couvent et la construction d'un oratoire : « oratorium cum continua domo, claustro et ceteris officinis construxit », *comme l'indique une épigraphe encastrée à droite de l'autel majeur : la construction de l'oratoire eut probablement pour but de faire face aux besoins du culte durant le laps de temps où la vieille église fut inutilisable et la nouvelle en chantier.*

En 1127, cette dernière devait être parvenue à un stade relativement avancé puisque Giovanni da Crema consacra l'autel (épigraphe dans le chœur : « ANNO DOMINICAE INCARNATIONIS MILLESIMO CENTESIMO VIGESIMO SEPTIMO INDICTIONE QUINTA ANNO DOMINI HONORII SECUNDI PAPAE TERTIO...

DEDICATUM EST HOC ALTARE PER MANUS IOHANNIS DE CREMA PRESBITERI CARDINALIS A PETRO VENERABILI PORTUENSI EPISCOPO... »). Une autre inscription, placée aujourd'hui dans le transept, atteste que l'église fut achevée en 1129 : « IN NOMINE DOMINI ANNI INCARNATIONIS DOMINICAE MILLESIMO CENTESIMO VIGESIMO NONO, INDICTIONE SEPTIMA ANNO DOMINI HONORII SECUNDI PAPAE QUINTO IOHANNES DE CREMA PATRE OLRICO MATRE RATILDI NATUS ORDINATUS AUTEM PRESBITER CARDINALIS A VENERABILI PASCHALE PAPA SECUNDO IN TITULO SANCTI GRISOGONI A FUNDAMENTIS HANC BASILICAM CONTRUXIT ET EREXIT TESAURO ET VESTIMENTIS ORNAVIT EDIFICIIS INTUS ET FORIS DECORAVIT LIBRIS ARMAVIT POSSESSIONIBUS AMPLIAVIT PARROCHIAM ADAUXIT ». La basilique était complétée par un porche et un clocher. En 1620, elle donna lieu à de vastes travaux ordonnés par le cardinal Scipione Borghese, qui laissèrent presque intact le plan interne, mais réaménagèrent complètement la façade et le porche; le plafond en bois est naturellement baroque, de même que les décors en stuc qui courent le long des architraves de la nef.

La basilique de Giovanni da Crema est constituée par trois nefs séparées par une file de colonnes de remploi avec chapiteaux – qui sont actuellement en stuc et baroques, provenant de la restauration du cardinal Borghese, mais étaient probablement antiques à l'origine et vraisemblablement ioniques – et architrave; cette dernière apparut peut-être à Rome à Santa Maria in Cappella aux environs de 1090 et fut reprise avec grand faste à Santa Maria in Trastevere. Le passage au transept est marqué par deux colonnes de porphyre à chapiteaux corinthiens. Le transept et le chœur sont surélevés, et l'abside unique légèrement plus étroite que la nef centrale.

La construction était complétée par un porche architravé avec pilastres et piliers, et un narthex. Aujourd'hui tout cet avant-corps a été remplacé par des éléments du XVIIe siècle, mais l'aspect originel de la façade nous est connu grâce à une eau-forte de Francino (1588) : elle se composait d'un porche sur colonnes à chapiteaux ioniques et sans narthex, trait qui indique déjà une innovation par rapport aux autres réalisations plus traditionnelles de ce genre, comme celles de Santa Maria in Cosmedin, Saint-Clément, Sainte-Praxède, et qui servira de modèle à d'autres par la suite (San Lorenzo in Lucina, Tre Fontane, Sainte-Croix, Saint-Jean-de-Latran, etc.); comme constitue aussi un modèle pour beaucoup d'autres clochers romains celui de Saint-Chrysogone, contemporain de l'érection de la basilique selon Poeschke (1988). Le décor de l'intérieur de l'église devait être d'une grande richesse : outre le vaste pavement cosmatesque avec sa gigantesque roue centrale qui existe encore aujourd'hui, même s'il se trouve pris dans les adjonctions de Borghese, il y avait un mobilier, aujourd'hui disparu à l'exception de l'autel, actuellement conservé dans la seconde sacristie et très restauré.

Il n'est pas nécessaire de souligner combien souvent on a pu relever les parentés de ce plan architectural avec celui de l'église abbatiale du Mont-Cassin qui, pourtant, possédait un transept auquel on accédait par un arc triomphal reposant sur des colonnes de porphyre et orné de colonnes : selon Poeschke toutefois, Saint-Chrysogone peut n'avoir pas pris nécessairement pour modèle l'église cassinaise, mais toutes deux pourraient dériver de prototypes paléochrétiens, Saint-Paul-hors-les-Murs avant tout autre (S.R.).

11

*SAINT-ÉTIENNE DES ABYSSINS. L'ÉGLISE, APPELÉE ÉGA*lement San Stefano Maggiore, se trouve à quelques mètres de l'abside de Saint-Pierre, et donc sur le territoire du Vatican. Au cours de deux phases cruciales de son histoire : le XVIIIe siècle durant lequel elle subit une construction radicale et les années 1930 pendant lesquelles elle fut soumise à des restaurations dirigées par Gustavo Giovannoni, cette église a vu son aspect entièrement modifié, à tel point que Krautheimer lui-même (1976) a dû user des plus grandes précautions pour fonder son opinion au sujet de sa structure originelle et de sa chronologie.

Le plan de l'édifice est probablement carolingien : une coupure évidente dans la technique murale – spécialement dans le transept et l'abside, mais aussi dans la nef Nord – témoigne toutefois que la structure du haut Moyen Age fut reprise et complétée, vraisemblablement entre le XIIe siècle et le début du XIIIe; à l'extérieur, sur l'abside, apparaît le motif habituel des arceaux sur modillons. De la même époque peut-être, datait le porche sur colonnes couvert d'une voûte, dont témoigne Alfarano. Le moment où furent mises en place les extraordinaires colonnes antiques encore *in situ,* mais actuellement encastrées dans les murs de droite et de gauche de la nef et du transept, reste toutefois incertain. Krautheimer penchait pour le XIIe-XIIIe siècle, et si l'hypothèse était prouvée, il s'agirait d'une réussite vraiment grandiose, égale à celle des autres exemples romains beaucoup plus célèbres.

Peut-être d'autres matériels antiques furent-ils également utilisés pour réaliser les montants et l'architrave du portail d'entrée; cette fois cependant les morceaux de remploi ne furent pas réutilisés tels quels, mais, totalement redessinés et sculptés, ils constituent ainsi une œuvre médiévale tout en conservant dans une certaine mesure la « saveur » d'une relique antique. Les piédroits ont un décor de rinceaux complété, dans l'angle, par des grappes de raisin et des petites figures d'animaux; deux disques à rayons, véritables restes classiques, ont été retrouvés lors de la remise en place du remploi, à la base inférieure de ces piédroits. Les rinceaux se poursuivent sur l'architrave et, au centre, sont interrompus pour donner place à un médaillon entourant l'Agneau mystique. On observera la taille très accidentée du fond, privé probablement aujourd'hui du revêtement en pâte de verre ou, à tout le moins, de couches de couleur qu'il comportait à l'origine.

Toesca rapprochait ce portail de ceux de Santa Marina ad Ardea et de Santa Cristina à Bolsena; la conséquence qui en découle – une datation de la fin du XIIe siècle – apparaît encore comme la plus convaincante. Toutefois, plus que des reliefs de Santa Marina di Ardea (qui peuvent sembler effectivement romains), le portail de San Stefano se rapproche de celui de Bolsena, surtout par son choix «typologique» de l'ornementation des rinceaux; et on doit l'attribuer à un atelier voisin de ceux qui, dans le Nord du Latium, dans le Sud de l'Ombrie, en Abruzzes même, réalisaient, entre la deuxième moitié du XIIe siècle et les premières décennies du XIIIe, une série abondante de portails et de reliefs similaires.

12 SAN GIORGIO AL VELABRO. L'ÉGLISE EST MENTIONNÉE *pour la première fois dans le* Liber Pontificalis, *comme fondation de Léon II (682-684), et son implantation est encore assurément médiévale : une basilique à trois nefs dont la largeur va en se rétrécissant vers l'abside (vraisemblablement pour utiliser la maçonnerie de fondations préexistantes). Muñoz déjà cependant, dans le compte rendu des restaurations radicales dirigées par lui en 1924-1925, puis Krautheimer et Venanzi, ont souligné – fût-ce avec quelques nuances un peu différentes – comment apparaissent avec évidence les traces d'une campagne de construction de l'époque romane. Dans la partie supérieure du flanc droit et autour de l'entrée latérale du même côté; dans des parties de la façade au-dessus du portail, sur le clocher lui-même, on voit clairement paraître la présence d'une maçonnerie en brique avec des joints tirés à la pointe dans le ciment, semblables à ceux communs aux constructions romaines du XIIe siècle. On ne peut préciser la succession de ces campagnes de construction : il s'est agi probablement d'une réfection d'ensemble, même si elle n'a pas été achevée dans un nombre restreint d'années; toutefois, comme c'est presque toujours le cas dans la Rome des basiliques, elle dut avoir une origine cultuelle, puisque l'un des emplacements touchés par la réfection romane fut à l'évidence l'ensemble autel majeur /* fenestella confessionnis. *Au-dessus de l'autel fut construit un ciborium, du type habituel au XIIe siècle et au début du XIIIe (Saint-Laurent-hors-les-Murs; Saint-André in Flumine à Ponzano Romano), et la* fenestella *fut ornée de mosaïques cosmatesques.*

L'élément le plus visible de cette campagne, qui dure jusqu'au début du XIIIe siècle, est la nouvelle entrée de l'église, qui se trouve dotée d'un porche comme dans d'autre cas très célèbres (pensons au porche du Latran) et qui détermina probablement la circulation dans l'édifice tout entier : à partir de là en effet, le niveau du pavement s'élève, fait passé sous silence par Muñoz dans sa recherche de « l'original » paléochrétien, mais attesté de façon sûre par lui-même et par Krautheimer. Le porche est supporté par de fines colonnes aux chapiteaux ioniques et aux deux extrémités par deux pilastres. Sous le pavement, on a retrouvé des tombes rectangulaires à peu près contemporaines de la construction (XIIe-XIIIe siècles), pour lesquelles on a réutilisé des plaques de chancel qui, d'après Venanzi et Krautheimer, proviennent de l'ancienne schola cantorum *détruite au XIIIe siècle. Le portail d'entrée est incrusté de pièces de remploi; sur l'architrave du porche, une inscription en vers est ainsi conçue :* «Stefanus ex Stella cupiens captare superna eloquio rarus virtutum lumine clarus expendens aurum studuit renovare pro aulum sumptibus ex propriis tibi fecit sancte Georgii clericus hic cujus prior ecclesiae fuit hujus hic locus ad velum prae nomine dicitur auri». *On peut penser que le prieur Étienne, donateur du porche, avait aussi pourvu à la décoration du portail sur la bordure duquel un relief aux lignes simples et profondément incisées représente l'Annonciation.*

L'œuvre appartient à ce groupe restreint de sculptures qui semblent ignorer les formules cosmatesques et conserver plutôt le souvenir des systèmes de facture – antiplastique – héritée du haut Moyen Age; on peut par exemple y trouver quelque parenté avec les reliefs du portail de Santa Marina ad Ardea.

SAINT-GRÉGOIRE DE NAZIANZE. L'ORATOIRE, CONTIGU 13 à l'église de Sainte-Marie-au-Champ-de-Mars, faisait partie du monastère des bénédictines sur lequel nous possédons des documents remontant au moins aux IXe et Xe siècles. Il s'agit d'une petite église (16 m 30 sur 7 m) à nef unique et abside, voûtée en berceau; un arc transversal la coupe aux deux tiers de sa longueur; des arcatures se déploient sur les murs latéraux qui, à leur tour, sont interrompues par d'autres arcades plus basses.

Selon Mme Boccardi-Storoni, dans les structures de l'oratoire on peut retrouver aisément les phases successives de la construction, qui ont commencé durant le haut Moyen Âge (VIIIe-IXe siècles). De cette première période relèvent seulement les murs goutttereaux, c'est-à-dire l'implantation de l'édifice; les maçonneries en brique dans lesquelles sont réalisées les arcatures adossées aux murs, la voûte en berceau et l'abside elle-même seraient par contre plus tardives, quoique la datation du XIIe siècle proposée par Mme Boccardi-Storoni prenne davantage appui sur des hypothèses à moitié légendaires concernant l'abbesse Constance que sur des faits sérieux relatés par des documents. Il est toutefois très plausible que la construction des arcatures latérales ait eu pour raison la nécessité de soutenir la voûte en berceau; plus tard encore, on aurait réalisé les arcatures basses qui recoupent les précédentes. Le clocher serait solidaire de la phase centrale, mais aurait été réalisé cependant quelques dizaines d'années plus tard (S.R.).

Les fresques de cet oratoire seront étudiées plus loin, dans le chapitre consacré à la peinture (p. 355).

SAINTS-JEAN-ET-PAUL. LA BASILIQUE S'ÉLÈVE SUR LE VERSANT 14 *occidental du mont Coelius, dans un site stratifié, où* prédominent les monuments de l'époque romaine – en particulier les substructions du Claudianum – et où l'on constate une permanence des implantations, romaines, paléochrétiennes et médiévales.

La basilique, l'ancien titulus Pammachii, est paléochrétienne et remonte à la fin du IVe siècle (Prandi, 1953). On y effectua des opérations de grande envergure aux XIIe et XIIIe siècles, parfaitement visibles jusqu'en 1677. Commencèrent alors des transformations radicales qui, avec celles du XVIIIe siècle et du milieu du XIXe, firent presque disparaître l'aspect originel de l'édifice. Seul le chevet avec la galerie caractéristique – élément tout à fait inhabituel dans l'architecture romaine du Moyen Age – n'a pas subi de remaniements sérieux.

Les restaurations dirigées par Adriano Prandi de 1948 à 1952 se sont concentrées sur la façade, sur le clocher et sur le monastère. Dans la première, l'intervention de remise en l'état primitif a permis de voir les arcades paléochrétiennes qui s'ouvraient dans les deux registres, ainsi que le porche et le clocher datant l'un et l'autre du XIIe siècle. A l'intérieur, on a par contre préféré – avec une prudence bien justifiée – conserver les résultats des transformations du XIXe siècle. A Prandi (1953) on doit aussi l'étude sur l'ensemble architectural où l'on rend compte des découvertes et des travaux accomplis, un texte fondamental aujourd'hui encore pour la connaissance du monument.

D'après des fragments d'inscriptions, les premières transformations du monument à l'époque romane remonteraient au prêtre Theobaldus, cardinal de l'Église au temps de Pascal II (1099-1118). Selon Prandi, il faut attribuer à Theobaldus la construction du noyau primitif du monastère et des deux premiers étages du clocher. Il est possible – c'est le cas de l'église des Quatre-Saints-Couronnés voisine – mais non prouvé que les travaux aient été provoqués par l'incursion normande de 1084.

Au cardinal Giovanni, de la famille des comtes de Sutri, titulaire de la basilique de 1145 à 1159, ou peut-être – selon la note retrouvée par Claussen (1987) dans le Liber Censuum – à 1178, remontent les transformations les plus marquantes de la construction qui durent se terminer en 1157, année de la reconsécration de l'église. Une inscription lapidaire jadis placée près de l'autel majeur rappelle l'événement : « Anno D.MCLVII Pontificatus D. Hadriani IV papae anno IV, II calen. Ianuarii per Ioannem presb. card. qui totum opus simul et altare construxit consecratum est hoc altare a Viliano archiepiscopo... » (Forcella, X, p. 6, n. 4).

On procéda à l'obturation systématique des nombreux passages de lumière qui s'ouvraient dans la façade, dans les murs de la nef centrale et dans l'abside; les rangées de colonnes furent interrompues par deux piliers en maçonnerie de chaque côté, que nous montre aujourd'hui le plan d'Alessandro Specchi (1707). A Giovanni de Sutri on doit le porche à architrave qui précède la façade. L'inscription rappelle en effet le nom du commanditaire : « Presbiter ecclesie romane rite Johannes hec animi voto dona vovenda dedit martyribus Christi Paulo pariterque Io(h)anni passio quos eadem contulit esse pares ». L'espace est divisé en sept travées par des colonnes en granit aux chapiteaux ioniques médiévaux qui supportent l'architrave en marbre, renforcée par des arcs surbaissés en brique. Le rythme des travées est souligné par de petites sculptures de remploi – probablement des trapézophores (pieds de table) (Prandi) – placées à la jonction des platesbandes. Au-dessus des arcs s'étend la corniche, entre deux frises en dents d'engrenage de sens opposé qui enserrent les modillons à la moulure caractéristique. Parmi les modillons, on voit encore un motif de rosace fait d'incrustation, et à l'origine les marbres de la corniche étaient peut-être colorés : Prandi a en effet retrouvé au cours des restaurations des pigments bleu, carmin et ocre. Au-dessus de la corniche, la présence de tuiles enfoncées dans la maçonnerie du premier étage montre que celui-ci remonte à une campagne de construction différente et plus tardive. Au porche se rattache aussi la bordure en marbre du portail principal avec des sculptures symboliques : les deux lions en saillie sur les côtés et l'aigle avec un agneau entre les pattes au-dessus du linteau.

Les chapiteaux ioniques médiévaux – œuvres de différentes mains mais où la référence à des modèles antiques est toutefois la même –, les trapézophores de remploi insérés entre les arcs surbaissés et le portail avec ses sculptures concourent à souligner la référence à l'art de la renovatio. Dans ce contexte prend naissance la proposition d'attribuer le porche et le portail à la personnalité fuyante de Nicola d'Angelo, en se basant sur la comparaison avec les lions du clocher de Gaète et ceux de San Bartolomeo all'Isola (Claussen, 1987). La date de l'œuvre, certainement rattachée à la commande de Giovanni de Sutri, se trouve liée à la consécration de l'église en 1159, selon l'opinion unanime.

C'est aussi au commanditaire Giovanni de Sutri qu'est attribué l'achèvement du clocher, commencé selon Prandi au temps de Theobaldus. Cet archéologue reconnaissait en effet dans les deux premiers étages une technique de maçonnerie apparentée à celle du noyau le plus ancien du monastère. En outre dans cette zone, les céramiques décoratives ont été insérées de force dans la maçonnerie, alors que dans les quatre derniers étages leur logement était prévu au départ; c'est le signe de l'intervention d'un autre atelier qui dans la suite aura harmonisé la partie initiale de l'œuvre avec le reste.

Le clocher utilise pour ses propres fondations l'angle très solide du Claudianum, élément qui devait être décisif dans le choix de l'emplacement, par ailleurs tout à fait anormal. Des fenêtres doubles à pilier médian s'ouvrent aux deux premiers étages, des paires de fenêtres doubles aux colonnettes et chapiteaux à béquille dans les quatre derniers. Les arcs sont tous à double voussure. La scansion horizontale est le fait des corniches entre les étages et de celles au départ des arcs. Les premières sont constituées de deux rangées de dents d'engrenage orientées en sens opposés entre lesquelles s'insèrent les modillons de marbre; les secondes d'une simple frise en dents d'engrenage orientée vers l'arête de la tour. Il y a des parentés notables entre ce clocher et celui plus tardif de Santa Maria Nova (Serafini, 1927) où entre *autres est très frappant le décor d'assiettes en céramique. Le modèle des corniches, l'absence de joints tirés à la pointe confirment la proposition de Serafini et suggèrent – sur la base des recherches de Mme Priester (1990) – une autre référence aux clochers de Sainte-Marie au Transtévère et de Sainte-Croix de Jérusalem.*

Au temps de Cencio Savelli, camérier puis pape sous le nom d'Honorius III, remonte une campagne de restauration ultérieure. Les travaux ont dû se dérouler entre 1199 environ, année où Savelli reçoit le titre presbytéral de Saints-Jean-et-Paul, et 1216, celle où il devient pape. Son nom avec celui de Cosma était jadis gravé sur le ciborium près de l'autel majeur : « + Cinthius indignus presb(y)ter fieri fecit. / + Magr Cosmas fecit hoc opus». *A Savelli on doit donc la réfection de la zone du sanctuaire et du ciborium qui était porté par des colonnes en marbre pavonazzo et couvert d'un toit de base carrée, devenant un octogone soutenu par des rangées de balustres. A cette même période remonterait aussi le pavement cosmatesque (Glass, 1980), complètement remanié au XVIIIe siècle et aujourd'hui presque méconnaissable.*

La galerie d'arcades qui couronne le chevet – la forme architecturale la plus nettement romane lombarde qui se puisse trouver à Rome – semble remonter à la même campagne de construction. Prandi affirme en effet que pour la mettre en place, non seulement on démolit une partie des maçonneries paléochrétiennes mais encore on opéra des entailles dans les obturations des fenêtres absidales, remontant certainement à Giovanni de Sutri. Ainsi serait mis en évidence un écart entre les transformations du milieu du XIIe siècle et celles opérées au début du XIIIe.

Enfin Savelli fit construire au-dessus du porche le couloir de liaison entre l'église et le monastère auquel d'ailleurs, furent apportées des modifications ultérieures (E.P.).

15 *SAINT-LAURENT-HORS-LES-MURS. L'ENSEMBLE MONUMEN*tal qui s'est développé au long des siècles dans la zone du Verano comprenait plus d'un édifice et se groupait autour de catacombes où se trouvait aussi la tombe de saint Laurent, objet d'une grande vénération. Dès le IVe siècle, il existait près de la catacombe une église qu'on appelait *basilica major,* basilique liée à ce lieu de sépultures, semblable à celle de Saint-Sébastien-hors-les-Murs. La nouvelle église, qui s'élève exactement au-dessus de la tombe du martyr Laurent, fut probablement construite sur l'ordre du pape Pélage Ier (556-561). Cette église constitue le chœur de la basilique actuelle.

La succession des interventions effectuées dans l'édifice dédié à saint Laurent a été étudiée à fond par Krautheimer (1959) et on dispose de quelques points de repère solides. En 1148, fut réalisé le ciborium de l'autel majeur, donné par l'abbé Hugues et signé par Angelo et Sasso, fils du maître Paolo (ANNO DOMINI MCXLVIII EGO HUGO HUMILIS ABBAS HOC OPUS FIERI FECI – IHANNES PETRUS ANGELUS ET SASSO FILII PAULI MARMORARI HUIUS OPERIS MAGISTRI FUERUNT). En 1187-91 (*Liber Pontificalis,* II, 451), Clément III fit construire le cloître. Peu après Cencio Camerario, chancelier du pape et futur Honorius III, fit remodeler la tombe de saint Laurent, qui fut ornée de mosaïques cosmatesques et sur laquelle fut placée une inscription : «... ENCIUS HOC FIERI CUM CANCELLARIUS ESSET DE (sumptibus suis(?) fecit Laur)ENTI STEPHANI VOBIS». Cencio devint camérier en 1191 et cardinal en 1192 : peut-être même l'inscription fut-elle apposée alors qu'il était déjà pape («*cum cancellarius esset...*»). En 1217, Cencio, devenu Honorius III, couronna à Saint-Laurent Pierre de Courtenay empereur de Constantinople : le même Honorius est représenté dans la frise de la mosaïque sur l'architrave du porche, et bien que ce point de repère présente, comme nous le verrons, des aspects problématiques, le rapport avec l'activité et le mécénariat d'Honorius en faveur de l'église de Saint-Laurent paraît indiscutable.

En plus de tout ceci, il faut rappeler que Mme Toubert (1976) a étudié quelques aquarelles que Vespignani fit réaliser au XIXe siècle. Ce dernier y a relevé et dessiné quelques fresques qui se trouvaient dans le porche Sud de la basilique pélagienne et qui furent détruites par la suite. Il s'agissait de l'histoire de saint Laurent : en pratique, la première rédaction de la légende hagiographique qui, par la suite – à la fin du XIIe siècle – fut reproduite dans le nouveau porche. Ces fresques furent commandées par Raniero di Bieda, abbé de Saint-Laurent-hors-les-Murs, cardinal titulaire de Saint-Clément et futur pape Pascal II (1099-1118); elles semblent, à en juger par les aquarelles, extrêmement proches de la légende d'Alexis à Saint-Clément et d'autres fresques similaires. Il s'agit, par conséquent, selon Mme Toubert, d'une réalisation picturale importante, datable très vraisemblablement de la fin du XIe siècle, liée par son style et par concomitance à celle de Saint-Clément et qu'il est opportun de garder en mémoire pour mieux reconstituer les caractéristiques de l'ensemble de Saint-Laurent.

Durant la première moitié du XIIe siècle, la basilique pélagienne, dont l'orientation était l'inverse de l'actuelle, fut donc soumise à de vastes transformations. Autour de la tombe de saint Laurent, on édifia une construction voûtée et parée de fresques, qui ne résista cependant pas longtemps car, assez vite, pour protéger le sépulcre, on en vint à bâtir un arrière-chœur ou transept avec une abside. Au terme de cette phase, au-dessus de l'autel majeur fut érigé le ciborium, œuvre de Giovanni, Pietro Angelo et Sasso; l'emplacement originel de ce dernier fut modifié – il s'agit d'un déplacement et certainement d'une rotation de 180° – lorsque la construction de la basilique d'Honorius changea l'équilibre entre les deux édifices. En effet, à la fin du XIIe siècle, par ordre de Cencio Camerario, on remodela la tombe, qui fut munie d'une confession cosmatesque à double face : de façon significative, celle de la nef de l'église pélagienne fut la plus décorée et la plus précieuse tandis que l'autre, simple et à peine ébauchée, regardait la nef actuelle. Aussitôt après, évidemment, on décida de modifier le projet qui, jusqu'alors, avait été contenu dans l'édifice existant. On choisit alors de faire pivoter l'orientation de la basilique, faisant de l'ancienne la partie terminale de la nouvelle, démolissant par suite l'abside et faisant partir une nouvelle nef du point de jonction avec l'ancien sanctuaire. Ainsi fut réalisée une nef triple divisée par des colonnes à chapiteaux ioniques, et on lui adjoignit un porche, lui aussi soutenu par des colonnes aux chapiteaux également ioniques, exécutés sur le type de celui, beaucoup plus ancien, de Santa Maria in Trastevere.

Sur l'architrave du porche, court une frise de mosaïque que les bombardements de 1943 ont fortement endommagée, mais que l'on connaît soit par les copies du XVIIe siècle (Waetzoldt, 1964), soit par les photographies historiques du GFN. On y voit le Christ entre saint Cyriaque et saint Laurent : deux médaillons avec l'Agneau (des deux, il reste des fragments, et du groupe précédent deux petites têtes), et, sur la droite, un saint Laurent qui tire vers lui Honorius désigné par les lettres HONOR PP III ; à côté du pape, une autre petite figure, celle-ci d'un laïc, que certains interprétaient comme le nouvel empereur Pierre de Courtenay, mais que, récemment, d'autres (Krautheimer 1980, Claussen 1987) ont considérée comme le portrait d'un personnage inconnu, probablement un donateur.

La chronologie de la construction de Saint-Laurent présente des aspects non encore clarifiés. Selon Krautheimer, qui put examiner la maçonnerie mise à nu lors de l'écroulement provoqué par les bombardements de 1943, il s'y trouve beaucoup d'incohérences et de réparations, spécialement dans les zones proches de la «suture» entre la basilique de Pélage et l'église d'Honorius, qui révèlent une mise au point progressive et peut-être non uniforme du projet définitif. En ce qui concerne ce dernier, toutefois, la référence à l'époque d'Honorius III est un fait assuré : il est difficile cependant de savoir à quel point le pape, de son vivant, avait pu conduire les travaux. Krautheimer tend à placer entre les années de son pontificat la construction entière jusqu'au porche; selon Claussen, à l'inverse, les travaux durèrent beaucoup plus longtemps, jusqu'à couvrir trois ou quatre décennies; la figure d'Honorius sur l'architrave du porche ne figurerait pas le pape encore vivant, mais déjà mort, conduit par saint Laurent vers le Christ. Ce dernier argument est peu convaincant : il n'est pas pensable que le pape régnant alors ait laissé représenter Honorius sur cette architrave avec l'inscription HONOR PP III et ait renoncé à s'y faire figurer lui aussi. Liée au problème chronologique de la construction, est la question de la datation très tardive du mobilier liturgique interne (au XIXe siècle, on attribuait à la chaire la date de 1254), qui, toutefois, pourrait s'expliquer par le fait que, sous le pontificat d'Innocent IV (1243-1254), l'orientation de la crypte fut renversée et que l'on remonta le niveau du sanctuaire : il s'agirait, en ce cas, d'une phase ultérieure dans l'histoire du monument, qui nous porterait cette fois vers le milieu du XIIIe siècle. On devrait penser, en somme, que toute l'organisation de cette zone aurait dû attendre l'achèvement des travaux de la crypte et du sanctuaire et que cela expliquerait le retard avec lequel fut réalisé le mobilier liturgique. Mais surtout un argument digne de discussion semble être la question de l'affinité de la sculpture architecturale – chapiteaux de la tombe de saint Laurent, du porche, de la nef, sculptures du portail – avec celle des chantiers de Vassaletto. L'ensemble des chapiteaux ioniques de la basilique Saint-Laurent a fait l'objet, tout récemment, d'une étude de I. Voss : celle-ci l'a divisé en trois groupes : celui des chapiteaux de la tombe du saint, puis celui des chapiteaux de l'atrium, enfin ceux de la nef. Les plus archaïques sont les premiers, mais il y aurait encore beaucoup à étudier à leur sujet en comparant ce très bel exemple de confession à celui, très semblable, par exemple, de la platonia de Saint-Sébastien-hors-les-Murs, qui présente un plafond à ornements cosmatesques à rosettes et une longue inscription.

Les chapiteaux du porche et de la nef présentent des différences notables d'exécution, mais dénotent la même tendance classicisante allant jusqu'à l'imitation : un des plus extraordinaires est le fameux chapiteau à la grenouille et au lézard – l'unique pièce figurative parmi les vingt-deux de la nef, que Winckelmann confondit avec un original grec – œuvre de Sauro et Batrace qui, par ce subterfuge – en présentant des animaux portant leurs noms – auraient signé l'ouvrage. La fusion d'un souffle classique puissant avec un aspect gothique accentué à traits quasi réalistes, est tout à fait caractéristique et répond fort bien à l'atelier de Vassaletto, spécialement durant la phase qui correspond aux deux cloîtres de Saint-Paul et de Saint-Jean, sans devoir être daté cependant de façon identique et de la même année; car on trouve des différences marquées, par exemple dans la frise qui surplombait le bandeau de mosaïques du porche, par rapport aux motifs analogues et pourtant différents des cloîtres de Saint-Jean et de Saint-Paul, ce qui nous incite à ne pas rejeter l'hypothèse de l'exécution de la majeure partie de la basilique de Saint-Laurent durant les années du pontificat d'Honorius III.

16 SAINT-LAURENT IN LUCINA. L'ÉGLISE S'ÉLÈVE SUR LE CAM-*pus Martius, zone de grande importance dans la Rome classique, mais en lisière de la ville du Moyen Age. L'orientation de la basilique, du Nord au Sud, est parallèle à la via del Corso voisine (l'ancienne via Lata), se conformant ainsi aux tracés de la Rome antique. Il est fait mention du* Titulus Lucinae *à partir de 366 – l'année où fut élu le pape Damase – tandis que l'église elle-même ne fut construite qu'à l'époque de Sixte III (432-440). D'importants remaniements eurent lieu à la fin du VIIIe siècle. L'incursion normande de 1084 dut provoquer de graves dommages dans la région; l'événement est ainsi rapporté dans le* Liber Pontificalis *(II, p. 290) :* «Immo ipse cum suis totam regionem illam in qua ecclesiae sancti Silvestri et sancti Laurentii in Lucina site sunt penitus destruxit et fere ad nichilum redegit...». *En 1112 et en 1118 eurent lieu d'importantes translations de reliques. La première – on y procéda aussi à la reconnaissance du gril de saint Laurent et des ampoules de sang du martyr conservées près de l'autel majeur – eut lieu au temps de Pascal II et marque peut-être le début d'importantes restaurations certainement terminées en 1130. Le 25 mai de cette année-là – le fait est rappelé par une inscription lapidaire encastrée dans le porche –, l'antipape Anaclet II procéda à la consécration de l'église et plaça de nouvelles reliques dans l'autel majeur. En 1196 Célestin III consacra de nouveau l'église, date que l'on considère normalement comme le* terminus ante quem *pour la construction du clocher.*

L'église médiévale disparut progressivement entre la fin du XVIe siècle et la première moitié du XVIIe : dans les années 1596-1606 le pavement de l'église et du narthex fut surélevé de 1 m 60 pour le mettre au niveau de la chaussée; en 1650 les murs extérieurs des nefs furent rehaussés d'environ 3 m. Aujourd'hui l'intérieur se présente sous l'aspect que lui a conféré en 1858 l'architecte Andrea Busiri Vici, tandis que le porche et la façade furent en 1927-1928 l'objet d'une restauration de remise en l'état antérieur (Terenzio) qui retrouva en partie la structure médiévale aux dépens du décor baroque.

De la construction médiévale demeurent aujourd'hui le porche, le clocher, les murs extérieurs de la claire-voie, auxquels il faut ajouter les deux lionceaux près de l'entrée, la fenestella confessionis *et le trône dans l'abside.*

La description de l'édifice transmise par Ugonio (1588) et les recherches effectuées par Krautheimer (1937) permettent de reconstituer ce qui a définitivement disparu : «... La nef centrale, grande et dont l'élévation présente des piliers et des arcs de brique avec les deux bas-côtés (...) à l'extrémité... quelques marches pour arriver à l'autel majeur» (Ugonio). Le plan basilical à trois nefs, séparées par des rangées de piliers rectangulaires reliés par des arcs, se greffait donc sur l'abside légèrement surélevée; c'est encore Ugonio qui mentionne la présence d'un pavement en opus sectile *certainement attribuable au XIIe siècle, et d'une grande fresque dans l'abside. Cette dernière, illustrée par un document d'Eclissi (cf. Waetzoldt, 1964), représentait le Christ entre les saints Pierre et Paul, Laurent et Étienne, et de part et d'autre du cul-de-four Lucina et Sixte II. La maçonnerie sur laquelle était appliquée la fresque est certainement du haut Moyen Age (VIIIe siècle) et constitue un ferme* terminus post quem; *toujours selon Krautheimer, la peinture pourrait remonter au XIIe siècle.*

Parmi les parties subsistantes de l'église médiévale, le porche a une place importante et constitue aujourd'hui l'exemplaire le plus ancien d'un modèle répandu dans l'architecture médiévale romaine. L'entablement est supporté par des colonnes de remploi aux chapiteaux ioniques médiévaux et renforcé par les arcs surbaissés en brique. Au-dessus de ceux-ci, est réapparue, après les restaurations de Terenzio, la corniche avec une frise en dents d'engrenage sous la rangée de modillons en marbre. Comparé au narthex des Saints-Jean-et-Paul, la plus grande simplicité du décor architectural et l'imitation plus superficielle des modèles antiques (par exemple sur les chapiteaux) indique le caractère antérieur du porche de Saint-Laurent.

Le long des flancs de l'église on peut encore repérer les fenêtres médiévales, dix par côté à l'origine. Les fenêtres hautes, étroites et cintrées étaient entourées d'arcades aveugles de dimension notablement plus grandes, présentant ainsi un traitement plastique du parement tout à fait inhabituel dans l'architecture romaine. La seule référence que l'on puisse indiquer est le chevet de Sainte-Marie au Transtévère. La particularité de la claire-voie de Saint-Laurent avait suggéré à Krautheimer (1937) un lien possible avec l'architecture ravennate contemporaine; il semble aujourd'hui plus prudent d'y voir des caractères généraux du roman lombard.

Le clocher est implanté sur la première travée de la nef latérale de droite. Il avait primitivement sept étages, mais du dernier disparu, on ne voit que la partie inférieure des fenêtres aveugles. Dans les deux premiers étages à fenêtres s'ouvrent des baies doubles à pilier central, tandis que dans les trois dernières ce sont deux fenêtres doubles avec colonnettes et chapiteaux à béquille. Les corniches entre les étages sont faites de listels en brique accompagnés d'une frise en dents d'engrenage convergeant vers le centre, tandis que celles du départ des arcs sont marquées d'une simple moulure en brique. Le décor du parement est complété par des disques de porphyre et de granit.

Le clocher est certainement postérieur à l'église : pour le construire, on aveugla plusieurs fenêtres de la nef centrale et on renforça la structure de la nef latérale. Cependant l'ouvrage en brique aux joints tirés à la pointe n'est pas trop différent de l'église, au point d'amener Krautheimer (1937) à douter qu'un long intervalle de temps ait pu s'écouler entre les deux constructions. Serafini (1927) puis Mme Priester *soulignent par contre la ressemblance du décor architectural avec celui du clocher de San Salvatore alle Coppelle datée de 1195, lien qui permettrait d'en rattacher la construction au temps de Célestin III qui reconsacra Saint-Laurent en 1196.*

Dans le porche et dans l'église, quelques fragments du mobilier de l'église médiévale. Les deux lions qui flanquent aujourd'hui la porte d'entrée, l'un avec un petit personnage entre les pattes, l'autre avec un chiot endormi, faisaient partie d'un portail probablement détruit lorsqu'on décida de surélever le sol de l'église. On ne peut rien dire de la fenestella confessionis, *aujourd'hui encastrée dans l'autel baroque et presque invisible, sinon sa datation probable en 1130, tandis que le chandelier du cierge pascal est considéré comme un faux (Claussen, 1987; contrairement à Schneider-Flagmeyer; Bassan, 1982).*

Insérée et presque caché parmi les stalles du XVIII*e siècle, le trône en marbre est un exemple intéressant de recomposition médiévale à partir de pièces récupérées : les flancs sont en effet des reliefs romains remaniés, tandis que le dossier est en même temps le support d'une inscription dédicatoire et, de ce point de vue-là, semblable à celui de Saint-Clément. Le texte gravé sur le trône de Saint-Laurent rappelle la consécration de l'autel survenue en 1112, date qui en placerait l'exécution au temps de Pascal II. Selon Francesco Gandolfo (1974) il serait cependant plus tardif et remonterait à la consécration d'Anaclet II (1130), attribuée dans la suite à Pascal pour effacer la mémoire de l'antipape (E.P.).*

17 *SANTA-MARIA IN ARACOELI. A L'EXTÉRIEUR DU MUR NORD* de l'actuel transept de Santa Maria in Aracoeli apparaissent des fragments bien visibles de la maçonnerie en tuf du type mis en vogue à Rome autour de 1200 et tout à fait étrangers à la sculpture murale de l'église gothique. De même les parois externes de l'actuelle 8e chapelle à droite, située à l'emplacement du clocher du XIIe siècle, conservent des vestiges de maçonnerie romane.

Malmstrom (1976) partit de cette observation pour reconstituer la forme de l'église bénédictine originelle de Sainte-Marie-au-Capitole. L'église était située dans le transept de l'église gothique actuelle et était orientée la façade vers le Capitole, avec le clocher sur le côté gauche de cette façade comme à Saint-Georges au Vélabre.

Selon la thèse fascinante de Malstrom, qui se base sur un dessin du XVIe siècle de Van Heemskerk, devant la façade de l'église bénédictine était situé un obélisque soutenu par deux lions. L'idée impériale que l'archéologue voit dans la figure des lions et dans l'obélisque lui-même, pourrait s'expliquer par l'existence d'un palais d'Auguste situé justement sur le Capitole, dont le souvenir aurait pu rester dans des fondations des édifices médiévaux. En faveur de cette hypothèse, il existe également d'autres arguments.

La légende d'Auguste et de la Sibylle, que Pietro Cavallini peindra dans l'abside rénovée de l'église franciscaine de Santa Maria in Aracoeli à la fin du XIIIe siècle, constitue l'un des fils conducteurs de la «vie» du Capitole, étroitement liée à la christianisation de lieux païens. Auguste, d'après la version la plus ancienne de la légende, érigea un autel à l'Enfant Jésus sur le Capitole, mais dans les *Mirabilia Urbis* (vers 1140) on narre par contre qu'Auguste reçut en songe la vision de l'autel et que cela eut lieu précisément dans le palais impérial sur le Capitole «*ubi nunc est ecclesia Sanctae Mariae in Capitolio*»; sur une colonne en porphyre de l'Aracoeli (Esch 1969), figure l'inscription «*a cubiculo augustorum*». La diffusion de cette légende vers 1200 est attestée par l'allusion qu'y fait Innocent III dans son *Sermo III in Nativitate Domini;* mais surtout elle est figurée sur un bas-relief très connu, conservé aujourd'hui encore dans la chapelle Sainte-Hélène à l'Aracoeli. Il s'agit probablement de la façade d'une confession (Claussen) plutôt que d'un devant d'autel (Stroll). Une petite porte surmontée d'un Agneau mystique et encadrée par un arc soutenu par deux colonnes torses; sur le fronton, une petite image d'Auguste et la Vierge à l'Enfant. Le relief, intercalé entre des frises de mosaïque cosmatesque, porte, dans les motifs ornementaux, d'évidentes traces classicisantes (cf. par exemple les têtes de faunes dans les petits chapiteaux), très répandus après la moitié du XIIe siècle à Rome et dans le Latium, mais les figures sont très ingénues et la structure est inhabituellement dense, ce qui rappelle les reliefs du haut Moyen Age et peut-être l'*horror vacui* des plaques lombardes.

Plus tardives, par contre, sont les pièces de mobilier liturgique encore présentes dans l'église. Dans le transept, à l'extrémité de la nef centrale, se trouvent deux ambons cosmatesques que Giovannoni (1945) estimait faire partie d'un unique ambon. Claussen cependant n'a noté aucune différence entre eux : celui du Sud, signé par Lorenzo di Tebaldo (LAURENTIUS CUM JACOBO FILIO SUO (h)UJUS OPERIS MAGI'TER FUIT) semble peut-être légèrement plus ancien que l'autre, qui présente sur sa face deux colonnettes torses encadrant un aigle au centre. Des réfections et des remaniements sont sûrement survenus pour les deux; en effet l'une des plaques les plus caractéristiques qui ornaient le lutrin, c'est-à-dire la partie convexe de l'ambon, se trouve aujourd'hui dans les musées du Capitole – ayant fait l'objet d'un don à la collection de «l'antiquarium» Benoît XIV. C'est une des preuves les plus éloquentes des rapports que les artisans des ateliers de marbre ont entretenus avec l'Antique : la marqueterie cosmatesque encadre un relief circulaire, décrivant la naissance, l'enfance et l'éducation d'Achille. Le relief a été daté du IVe siècle, mais il faut, je crois, supposer à tout le moins qu'il a été retravaillé par l'artisan médiéval, s'il ne s'agit pas d'une copie : Claussen pensait à un original semblable aux reliefs des plats d'argent des trésors impériaux. Le sujet – singulier si l'on pense qu'il figure sur un ambon – fut évidemment subordonné à une interprétation chrétienne. Dans l'ensemble, la plaque du Capitole ajoute un élément important à notre connaissance de la très riche culture romaine des alentours de l'an 1200 (S.R.).

18 SANTA MARIA IN CAPPELLA (AUTREFOIS SANTA MARIA DELLA *Pigna). Minuscule église à proximité des rives du Tibre. Son aspect actuel, surtout à l'intérieur, se ressent profondément de la restauration «dans le style» remontant au milieu du siècle dernier. L'architecte Andrea Busiri Vici fit alors disparaître en façade le décor baroque tardif (on peut le voir sur une aquarelle d'Achille Pinelli, 1834), conserva la grande fenêtre cintrée qui interrompt la corniche de cette façade et ajouta le fronton qui surmonte le portail d'entrée. A l'intérieur, de plan basilical, la séparation des nefs est assurée par des rangées de colonnes avec architrave. Cette solution d'un particulier intérêt – étant donné surtout la date de consécration de l'édifice (1090) – est cependant estompée par l'aspect néomédiéval que lui ont conféré les restaurations du* XIX*e siècle.*

La datation de l'édifice se base sur la pierre encastrée dans un mur où est mentionnée la date de consécration, le 25 mars 1090, au temps d'Urbain II (1088-1099) ainsi que l'ancien nom de l'église : «ecclesia Sancte Marie que appellatur ad pineam».

A cette date, Serafini (1927) rattache le petit clocher à deux étages avec des fenêtres doubles à pilier central, scandé horizontalement entre les étages de corniches faites d'une simple rangée de dents d'engrenage, et de moulures au départ des arcs; on peut le rapprocher du clocher de Sainte-Rufine au Transtévère.

La corniche plus élaborée que l'on voit en façade (deux rangées de dents d'engrenage orientées en sens contraires, où viennent s'insérer les modillons en marbre) et qui se poursuivait sur les flancs comme le prouve l'aquarelle de Pinelli, l'emploi à l'intérieur de colonnes surmontées d'architraves – comme à Saint-Chrysogone ou à Sainte-Marie au Transtévère – semblent cependant se rapporter à des modèles architecturaux et décoratifs qui n'apparaissent dans les églises romaines qu'en plein XII*e siècle (E.P.).*

19 *SAINTE-MARIE IN COSMEDIN. L'ASPECT ACTUEL DE* Sainte-Marie in Cosmedin lui vient d'une campagne de restauration radicale, menée à partir de 1893 et dirigée par G.B. Giovenale qui a fait disparaître une bonne partie des structures postmédiévales pour rétablir une «construction originelle» médiévale. Une intervention de ce genre, aussi radicale et même violente dans le choix d'une période historique à privilégier avant toute autre, ne serait plus pensable aujourd'hui, où l'on vise à respecter toutes les périodes créatrices de l'histoire. On détruisit en particulier la façade du XVIIIe siècle – œuvre de Giuseppe Sardi – qui elle-même avait remplacé celle remontant aux travaux entrepris par le cardinal Francesco Caetani (1295-1300); on supprima en outre les fausses voûtes lancées au-dessus des trois nefs à la fin du XVIIe siècle, et leur destruction fit venir au jour – dans la mesure où il était conservé dans les combles baroques – ce qui restait du cycle de fresques de 1123.

Tant l'intérieur que l'extérieur de l'église laisse percevoir très clairement cette saveur du Moyen Age reconstitué, sinon carrément réinventé ou complété, que les restaurateurs de la fin du XIXe siècle et du début du XXe ont infligée à tant de monuments romains. Cependant, malgré cela, l'ensemble reste un des exemples les plus extraordinaires et les mieux conservés d'architecture et de décors romans; ensemble lié aux figures d'un pontife – Calliste II – et d'un personnage – le *camerarius* Alfanus – qui sont des figures clefs dans l'histoire et la politique culturelles de la Rome du début du XIIe siècle.

Les dates extrêmes qui marquent l'histoire de la construction et de la décoration de Sainte-Marie in Cosmedin à l'époque romane sont bien attestées dans les nombreuses inscriptions conservées dans l'église. On lit la première autour du dossier discoïdal du trône épiscopal : ALFANUS FIERI TIBI FECIT VIRGO MARIA. La seconde se trouve sur une pièce de marbre placée actuellement dans l'iconostase mais primitivement encastrée dans le pavement : ALFANUS FIERI TIBI FECIT VIRGO MARIA / ET GENETRIX REGIS SUMMI PATRIS ALMA SOPHYA. Et encore sur l'autel, + ANNO MCXXIII INDICTIONE I EST DEDICATUM HOC ALTARE PER MANUS DOMINI CALIXTI PP II V SUI PONTIFICATUS ANNO MENSE MAIO DIE VI ALFANO CAMERARIO EIUS DONA PLURIMA LARGIENTI.

Manifestement c'est donc le camerlingue Alfanus qui a orchestré toute l'affaire, scellée par la consécration effectuée par Calliste II en 1123; et Alfanus confirmera son attachement à cette église en s'y faisant préparer un tombeau, qui se trouve situé dans le porche et porte une inscription peut-être dictée par lui : VIR PROBUS ALFANUS CERNENS QUIA CUNCTA PERIRENT / HOC SIBI SARCOFAGUM STATUIT NE TOTUS OBIRET / FABRICA DELECTAT POLLET QUIA PENITUS EXTRA / SEO MONET INTERIUS QUIA POST HAEC TRISTIA ERANT. L'écho émouvant du *non omnis moriar* d'Horace, si manifeste dans le *ne totus obiret,* se prête en une parfaite symétrie à la comparaison avec le style classique de l'architecture et du décor de la basilique; et cela laisse à penser qu'Alfanus n'a peut-être pas été seulement l'intermédiaire de l'œuvre – artistique et politique – de Gélase et surtout de Calliste II, mais lui-même à la source du style et des choix de celle-ci, et donc l'un des éventuels promoteurs du classicisme romain remis en honneur au début du XIIe siècle. L'intention de Calliste II trouva finalement en Alfanus celui qui sut l'exprimer et découvrir pour elle le langage adapté; on se demande si à Saint-Silvestre in Capite également, où de nouveau le camerlingue et le pontife apparaissent ensemble pour la consécration de l'autel et pour des dons à l'église – entre autres le pavement cosmatesque –, a prévalu la même atmosphère d'extraordinaire classicisme.

Dans un livre très récent, Mary Stroll a précisé quelques éléments essentiels de la situation historique qui permettent de mieux comprendre le grand relief, même politique, que prend l'œuvre de modernisation et de décoration de l'église.

La charge de *camerarius* a pris une grande importance dans la première moitié du XIIe siècle, en tant qu'intermédiaire du contrôle personnel du pape sur l'administration des biens de l'Église; et elle est née par la volonté d'Urbain II, qui la confia à un moine de Cluny, Pierre, évidemment pour mettre à profit le système administratif perfectionné de Cluny. Sous Calliste II le *camerarius* était Étienne de Berry, neveu du pape, qui le créa peu après cardinal-diacre de Sainte-Marie in Cosmedin; dans cette charge de camerlingue, il fut ensuite remplacé précisément par Alfanus. L'église, à l'origine diaconie orientale, devint donc un point stratégique très important pour la politique pontificale et constitua probablement aussi un avant-poste et un point fort pour la zone du Transtévère, citadelle de la famille des Pierleoni qui furent de grands défendeurs de Calliste et de son prédécesseur Gélase. Il convient de noter que la prééminence de la personne et peut-être de la charge d'Alfanus prend d'autant plus de relief que, dans toutes les inscriptions déjà citées qui font mémoire de l'entreprise de Sainte-Marie in Cosmedin, n'apparaît jamais, contrairement à l'usage, le nom du cardinal titulaire – à savoir Étienne prédécesseur d'Alfanus – comme si le camerlingue tenait à souligner son propre rôle et sa fonction de trait d'union avec le pontife.

Et l'opération de prestige effectuée sur la basilique fut très radicale. L'édifice d'Alfanus le camerlingue s'est constitué dans un contexte architectural très complexe et très ancien qui comptait déjà au moins deux campagnes de construction. Sans doute au VIe siècle, une diaconie avait englobé la structure de l'Antiquité tardive que Krautheimer appelle la loggia, actuellement visible au revers de la façade et qui constitue encore aujourd'hui la partie occidentale de la basilique. A l'époque carolingienne, la diaconie fut agrandie d'environ le double de sa longueur : les supports étaient cependant différents – colonnes avec entablement au lieu des piliers – et même la disposition du mur de la nef centrale qui se présentait, au moins dans la partie proche de la «loggia» déjà mentionnée, animé par des galeries. L'implantation de la basilique romane ne modifie donc pas le plan de l'édifice préexistant. Mais les supports sont modifiés : les colonnes alternent avec des piliers – dans le rapport de trois à un – et sont reliées par des arcs. A Sainte-Marie in Cosmedin on adopte en conséquence – comme à Saint-Clément et aux Quatre-Saints-Couronnés – cet élément «lombard» et donc non spécifiquement classique, sans se sentir aucunement obligé à s'aligner sur les choix de «citation» classique qui prédomine par contre à Saint-Chrysogone et à Sainte-Marie au Transtévère. On supprime les galeries de la nef centrale en les obturant, afin – pense-t-on – de disposer de plus grandes surfaces de murs à peindre. A l'Ouest disparaît la loggia qui était restée visible et qui est masquée par un narthex à deux étages, pourvu en façade d'un porche sur quatre colonnes.

Quant au clocher, implanté sur la nef latérale de gauche, il n'a pas été construit en même temps que le reste de l'édifice et, tout en se situant au cours du XIIe siècle, il date toutefois d'après 1123 : Poeschke, dans un récent article, a cherché à confirmer ce *terminus a quo* par une comparaison entre les modèles de corniche utilisées pour l'église et pour le clocher, beaucoup plus simples dans le premier cas, doublées en deux rangées de petits modillons et bandeaux en dents d'engrenage dans le second.

Ce qui résulte des nouvelles interventions sur les structures préexistantes de l'église, c'est un espace basilical unifié, sans éléments saillants et même marqué par la succession de pans de murs continus; l'élément caractéristique de cet espace «lisse» se trouve donc être l'ensemble formé par le pavement, l'ameublement liturgique et le décor pictural. Le pavement cosmatesque, l'un des plus beaux et des mieux conservés de Rome, se compose d'un motif central avec un rond de très grandes dimensions flanqué de quatre ronds plus petits et d'autres motifs rectangulaires. Le mobilier liturgique comprend le trône épiscopal, sur lequel, nous l'avons dit, on peut lire l'inscription dédicatoire d'Alfanus : encastré dans le mur de l'abside, il semble synthétiser les grands thèmes de la politique et de la culture si vivants en ces années-là. Gandolfo (1974) en a analysé les «messages» : la forme du trône renvoie à celle des plus classiques sièges romains, la *sella* (ou *faldistorium*) et le *solium* et s'efforce de nous en persuader au premier coup d'œil par le renvoi aux motifs de la tradition impériale, qui deviennent tout à fait explicites avec les deux lions supportant les accoudoirs. Mais la pièce circulaire nimbée qui forme le dossier évoque, vue de loin c'est-à-dire par les fidèles, l'image d'un personnage nimbé : celle d'un saint. L'*imperium* et la *sanctitas* sont les deux notions sur lesquelles insiste Calliste II et celles autour desquelles s'articule en substance le concordat de Worms de 1122, en tant qu'attributs irrécusables de la figure du pontife et fondement de sa suprématie : Calliste II les rend sensibles ici à Sainte-Marie in Cosmedin, qui est peut-être la création la plus directement suivie et influencée par lui.

En raison d'une étroite ressemblance de style, les deux ambons et le pavement appartiennent aussi à la même campagne; l'iconostase et la clôture du chœur sont modernes, tandis que sont de la fin du XIIIe siècle le chandelier pascal avec les armes des Caetani et visiblement le petit ciborium de Déodat. Claussen a rapproché le groupe le plus ancien de l'œuvre du Maître Paul, également auteur (Contardi 1980) du pavement de Saint-Clément; tandis qu'il constate des différences sensibles entre par exemple le pavement de Sainte-Marie in Cosmedin et celui de Castel Sant'Elia, qui doit être l'un des exemples les plus anciens, à dater de l'année de la consécration (1099).

Et pour finir, la tombe d'Alfanus, située sous le porche et où figurent les vers cités plus haut. Tombe couverte d'un toit avec un fronton, ce qui indique le choix d'un modèle de tombeau en enfeu, de saveur fortement antiquisante, dont l'exemplaire le plus célèbre est le tombeau d'Alberada à l'abbaye de la Trinité de Venosa; et après un an ou deux, celui-ci fut copié pour la tombe anonyme mais extraordinaire du temple de Romulus à l'église des Saints Côme et Damien, tombe destinée selon Herklotz (1985) au cardinal titulaire Guy, mort en 1149. Elle était complétée par le tympan fresqué sur le mur, aujourd'hui pratiquement disparu mais représentant jadis la Vierge à l'Enfant, œuvre exécutée au temps de Gélase II (1118-1119) et Calliste II (1119-1124) : Alfanus rend hommage aux deux pontifes successifs dont il avait sans doute été le camerlingue et durant le règne desquels avaient dû se dérouler les étapes de la construction et de la décoration de la basilique. Fortement antiquisant dans le choix de ses modèles, le tombeau l'est tout autant dans les détails de la sculpture architecturale : dans les chapiteaux corinthiens, dans la frise à feuilles d'acanthe; et la facture des petits piliers – semblable à celle des fonts baptismaux de Sainte-Marie du Château à Tarquinia, de certains fragments des Quatre Saints Couronnés, des autels des Trois-Fontaines et de Sainte-Cécile au Transtévère – se révèle tout à fait proche de celle des marbres cosmatesques du mobilier liturgique, montrant ainsi l'unité de tout le groupe et la contemporanéité des diverses pièces.

Autre question concernant un élément du décor plastique. Le portail d'entrée de l'église présente un encadrement sculpté d'une série de figures. Rinceaux habités d'oiseaux sur la face interne des piédroits, petites feuilles et petits oves sur la face externe; au linteau, une main bénissante au milieu, flanquée de deux agneaux; au-delà deux croix; puis les symboles des évangélistes, deux de chaque côté; deux pyxides et enfin aux deux extrémités, pour terminer la série, deux oiseaux, sans doute deux aigles ou deux pélicans. Au-dessus se déroule une inscription : *Ioannes de Venetia me fecit*. Le caractère sommaire, parfois la grossièreté des façons de Ioannes a toujours fait penser pour ce relief à une date antérieure à celle du *corpus* de sculpture que nous venons d'étudier, dont le classicisme convient bien aux choix faits du temps de Calliste II. Au portail la façon de cerner les figures d'une entaille, l'anatomie naïve des animaux, les motifs décoratifs eux-mêmes, d'ascendance classique mais traités d'une façon tout à fait anti-classique, tout cela implique un climat où le «bain» classiciste n'avait pas encore eu lieu. Et cependant il devait y avoir des raisons suffisantes pour sauvegarder le portail et pour l'adapter à une ouverture sensiblement plus étroite et moins haute que l'ouverture originelle : il n'est pas exclu que ces raisons aient pu se trouver dans le «programme» du linteau dont les figurations ne sont certainement pas seulement décoratives. Le lien des reliefs de Sainte-Marie in Cosmedin avec un groupe de sculptures romaines – l'autel de Sainte-Marie du Prieuré; le portail de Sainte-Marie au Transtévère; les fragments de Saint-Georges au Velabre; le «gradin» de Saint-Jean devant la Porte Latine; les portails de Sainte-Pudentienne, de Saint-Apollinaire, de Saint-Étienne des Abyssins – a été plus d'une fois discuté, sans que l'on ait jamais tenté d'établir un cadre plus précis pour tous ces fragments, même au point de vue chronologique. Gandolfo s'est récemment appuyé sur l'élément contenu dans l'inscription, celui de «de Vénétie» apposé au nom de l'auteur, pour rattacher le relief du portail de Sainte-Marie à des exemples de sculpture vénitienne de l'époque des Contarini (après 1063); mais on remarque aussi comment certains traits de la facture de ce sculpteur, la taille sommaire par exemple, le faible relief des plans qui rappellent des traits du haut Moyen Âge, sont présents à Rome même dans certaines des œuvres déjà citées, particulièrement dans l'autel du Prieuré, partiellement dans les fragments du Vélabre et au portail de Sainte-Pudentienne, partiellement aussi dans le «gradin» de Saint-Jean devant la Porte Latine.

Dans la réalisation de Sainte-Marie in Cosmedin, on l'a dit, le décor fresqué de l'intérieur occupe une très grande place. Giovenale qui a dirigé les travaux de restauration à la fin du XIXe siècle et qui bien des années plus tard a publié un volume, jusqu'à aujourd'hui l'unique monographie développée sur le monument, a donné un large compte rendu, aux conclusions définitives aujourd'hui encore, sur les vestiges retrouvés par lui; et il divise en trois groupes les lambeaux fresqués alors existant. Outre les restes plus anciens – datables des années d'Adrien Ier (772-795) et de Nicolas Ier (858-867) – il a repéré comme appartenant à l'époque d'Alfanus et de Calliste II les deux tympans fresqués du porche, aujourd'hui disparus : le tympan déjà mentionné avec la Vierge et les pontifes Gélase et Calliste, sur le tombeau d'Alfanus; et l'autre sur l'enfeu de gauche avec l'Annonciation et la Nativité.

Mais le clou est naturellement représenté par le cycle de la nef qui se réduit aujourd'hui à un pâle et indiscernable fantôme; on peut plus facilement les étudier sur les grandes photos prises au moment de la découverte et conservées à l'Institut central pour l'Inventaire et la Documentation. Hélène Toubert, dans son étude fondamentale sur le renouveau paléochrétien dans la peinture romaine du XIIe siècle, a estimé que le cycle de Sainte-Marie in Cosmedin était la plus extraordinaire démonstration de la capacité des ateliers romains à puiser dans le fonds classique : et celui-ci se laisse voir surtout dans l'art scénique qui unifie les registres et les épisodes divers au sein d'une ambiance décorative de saveur antique très marquée. Le mur est divisé en panneaux surmontés d'une frise où figurent des médaillons avec des masques classiques; les panneaux eux-mêmes sont couronnés de tympans où paraissent des cornes d'abondance et flanqués d'une frise de candélabres. Au-dessous, après une autre frise à motifs végétaux, d'autres panneaux de forme rectangulaire sont pourvus d'une grande bordure avec un motif de draperie où paraissent des petits amours nus. Notons que Giovenale a repéré des fragments de fresques, malheureusement très réduits, dans l'ébrasement des fenêtres absidales : on peut donc penser que le décor ne s'était pas limité à la nef mais s'étendait aussi dans les absides.

Il n'est pas nécessaire de souligner la parenté entre le style antique de ce cycle – dont le répertoire décoratif puise dans les grands modèles de la basilique de Giunio Basso (Saint-André in Catabarbara) et de la coupole de Sainte-Constance – et celui des fresques de la basilique inférieure de Saint-Clément; et il faut ajouter que, à quelques années de là (vers 1128), il a aussi puisé dans les fresques de la crypte de Saint-Nicolas in Carcere. Mais comme ces dernières, le cycle de Sainte-Marie in Cosmedin marque incontestablement une époque de classicisme encore plus grand et plus conscient; et il se distingue aussi par l'ampleur et l'ambitieux programme de son décor iconographique : celui-ci semble cependant difficile à comprendre, amputé qu'il est de presque tout le registre inférieur et surtout pâli au point de le rendre à peine lisible. Selon Giovenale qui a peut-être réussi à en mieux déchiffrer quelque fragment, le registre inférieur représentait des scènes du Nouveau Testament, celui du haut à droite des scènes de l'Ancien et plus précisément du livre de Daniel avec l'histoire de Nabuchodonosor. Le déchiffrement du registre supérieur du mur de gauche est encore plus problématique : là où Matthiae et Lejeune lisaient faussement un cycle de scènes avec Charlemagne, ce sont en réalité presque certainement – Mme de Maffei et Short l'ont fait voir – des récits tirés du livre d'Ézéchiel, relatifs à l'histoire des Hébreux qui se révoltent contre Dieu et à la destruction de Jérusalem qui en résulte. Le sens de ces choix iconographiques et leur organisation ne sont pas du tout évidents non plus : étant écartée l'explication «politique» de Matthiae qui établissait des correspondances thématiques sur la base – erronée, on l'a dit – de la reconnaissance d'un cycle de scènes de Charlemagne, l'interprétation la plus juste est peut-être celle indiquée récemment par Mme Stroll qui en a remarqué avant tout l'anomalie par rapport aux choix les plus courants dans le décor des basiliques, et qui voit dans les exemples bibliques choisis – l'orgueilleux et idolâtre Nabuchodonosor, les Hébreux rebelles – un avertissement adressé à qui voudrait se rebeller contre le pouvoir pontifical. Le programme rentrerait ainsi à plein dans les thèmes de la politique culturelle de Calliste II, très enclin à renforcer l'idée de l'*imperium* ecclésiastique et pontifical; dans la basilique Sainte-Marie in Cosmedin, ex-diaconie, ex-*schola Graecorum,* tout, de l'architecture au mobilier liturgique et aux fresques, en est la manifestation éclatante et voulue (S.R.).

20 SAINTE-MARIE DE LA LUMIÈRE (AUPARAVANT SAINT-SAUVEUR *à la cour).*

L'aspect actuel de l'édifice est dû aux transformations qu'il a subies après 1278; à cette époque, l'église fut confiée aux minimes et peu d'années après (1730) une image de la Madone commença à opérer des miracles. L'événement incita à modifier le titre de l'église – dédiée désormais à Sainte-Marie de la Lumière – et à la transformation complète de l'intérieur, œuvre de l'architecte Gabriele Valvassori.

Les documents les plus anciens remontent au Xe siècle et font figurer cette église parmi les dépendances de Saint-Chrysogone. Aucune transformation ou consécration nouvelle de l'édifice ne se voit mentionnée au XIIe siècle : les nombreuses bulles papales qui, en ce siècle, confirment la dépendance du Saint-Sauveur à l'égard de Saint-Chrysogone, la falsification d'un document réalisée par des clercs de Saint-Sauveur, témoignent de façon incontestable des tentatives de ces derniers pour s'affranchir de la tutelle du clergé de Saint-Chrysogone – une recherche d'autonomie qui, peut-être, a pu se manifester dans la reconstruction de l'église. Ce qui subsiste de la construction médiévale et la description de celle-ci, transmise par Mauro (1677), rendent certaine une réfection radicale à cette époque.

Aujourd'hui sont encore clairement visibles l'abside, le bras gauche du transept avec des corniches sur modillons de marbre serrés entre deux rangées en dents d'engrenage divergentes (donnant sur le vicolo del Buco), une partie du fronton de la façade. Le clocher est maintenant complètement masqué par les constructions adossées à l'église : il est divisé en trois étages, les deux premiers comportant des baies triples à piliers (aveugles), le dernier des baies triples à colonnettes et chapiteaux à béquilles. Sur les intrados se voient conservées quelques traces d'un décor peint de rinceaux. Le clocher, décoré de plats en céramique, est scandé par des corniches marquant chaque étage et l'imposte des petits arcs à double voussure. Dans les premiers, on trouve encore la décoration de briques en zigzags présente aussi dans d'autres églises du Transtévère, comme Sainte-Marie au Transtévère et Sainte-Cécile.

La description de Mauro permet d'ajouter quelques données supplémentaires : en façade il y avait un portique d'où, du côté droit, s'élevait le clocher; à l'intérieur le plan basilical à trois nefs – peut-être avec des files de colonnes portant un entablement – se greffait sur le transept surélevé de six marches. La similitude de ce plan, surtout dans la structure de son transept, avec ceux de Saint-Chrysogone (dont dépendait le Saint-Sauveur) et Sainte-Marie au Transtévère est évidente. L'ouvrage en brique – sans joints tirés à la pointe – apparaît particulièrement semblable en sa technique et ses modèles à celui de Saint-Chrysogone (Avagnina, 1977). Le type de corniche et la présence du décor en zigzags au clocher sont des éléments que l'on retrouve par contre à Sainte-Marie au Transtévère. Saint-Chrysogone et Sainte-Marie au Transtévère – achevés respectivement vers la fin de la quatrième et de la cinquième décennie du XIIe *siècle – se présentent ainsi comme des points de référence pour l'ancienne église du Saint-Sauveur à la Cour. L'analyse de la structure murale (Avagnina) privilégie le lien – même chronologique – avec Saint-Chrysogone; l'archéologue pense que les travaux ont commencé par l'abside et se sont achevés par la façade et que le clocher, puis le portique pourraient être légèrement plus tardifs que l'église elle-même. Cette hypothèse ne diffère pas de celle de Mme Priester (1990), qui attribue le clocher aux équipes qui ont travaillé à Sainte-Marie au Transtévère, Sainte-Marie Nouvelle et Sainte-Croix de Jérusalem (E.P.).*

21 *SANTA MARIA IN MONTICELLI. LE CLOCHER ET QUEL*ques maigres vestiges sont tout ce qui reste aujourd'hui de la construction romane, entièrement transformée durant deux campagnes de restauration : la première eut lieu en 1715-1716 et concerne l'édifice entier, mais il n'en demeure aujourd'hui que la façade de Giuseppe Sardi. Par la suite, en 1860, l'intérieur fut repris dans la mentalité puriste de Francesco Azzurri.

Les documents les plus anciens sur l'édifice remontent à la deuxième moitié du VIIe siècle, au temps d'Eugène Ier (654-657). Une translation importante de corps de martyrs provenant de Porto eut lieu durant le pontificat d'Urbain II (1088-1099), ensuite le *Liber Pontificalis* (II, p. 305) atteste que Pascal II consacra l'édifice : «*Aecclesiam* (sic) *Sanctae Mariae positam in regione Areole in loco qui vocatur in Monticelli* (...) *consecravit*». Une pierre insérée aujourd'hui dans le mur près de l'entrée de la sacristie rappelle la consécration suivante, qui survint le 6 mai 1143 en présence d'Innocent II. Cette seconde date donne un *terminus post quem* pour une reconstruction radicale qui se produisit durant la première moitié du XIIe siècle. Nous trouvons des renseignements sur l'église, dans ses grandes lignes, grâce aux plans relevés en vue des restaurations de 1715 et par la description d'Ugonio : le plan basilical à trois nefs était divisé par des rangées de colonnes reliées par des arcs; l'abside était décorée de mosaïques dont il ne subsiste aujourd'hui qu'un cercle avec la tête du Sauveur sur un nimbe cruciforme, image très retouchée et d'un schématisme linéaire accentué.

Dans le chœur, se trouvait du mobilier cosmatesque remontant à 1227 et signé par «*Magister Andreas cum filio suo Andrea hoc opus fecerunt AD MCCXXVII*» (cf. Claussen, 1987) ce qui documente sur des transformations postérieures. Il s'agit de deux marbriers ayant travaillé à Rome et à Alba Fucens (Avezzano) dans la deuxième ou la troisième décennie du XIIIe siècle (Claussen).

La façade devait être précédée d'un portique, dans lequel s'insérait, sur le côté droit, le clocher à quatre étages : le premier et le deuxième à double baies sur piliers, le troisième à trois baies sur piliers et le quatrième à baies triples sur colonnettes; les corniches marquant les étages sont composées de modillons et de rangées de dents d'engrenage et ne marquent les étages que par un simple bandeau à dents d'engrenage. Le type de décoration et l'usage de la finition avec joints tirés à la pointe du revêtement de briques ont été rapprochés par Mme Priester (1990) d'autres clochers, à l'exemple des premières phases de construction de ceux des Saints-Jean-et-Paul et de Sainte-Cécile, les mettant par là en relations avec les ouvrages réalisés au temps de Pascal II. Une hypothèse qui contraste toutefois avec la date de 1143 (consécration par Innocent II) associée par l'archéologue au clocher de Santa Maria in Monticelli et qui, le cas échéant, suffirait à mettre en évidence les difficultés d'une datation *ad annum* sur la base de la seule technique de construction (Avagnina, 1977) (E.P.).

22 SANTA MARIA NOVA. ÉGLISE BAROQUE, AUJOURD'HUI, MAR*quée par l'intervention du Bernin, Sainte-Françoise-Romaine a conservé le nom plus ancien de Sainte-Marie-Nouvelle, qui fait allusion aux circonstances de sa fondation : l'église fut destinée en effet à remplacer Sainte-Marie-Antique, voisine, après le tremblement de terre de 847.*

Les deux dates : 1161 – réédification sous le pontificat d'Alexandre III – et 1216-17 – restauration de la couverture du toit sous le pontificat d'Honorius III – marquent une période de construction qu'il n'est pas facile de retrouver dans l'aspect actuel de l'église. La partie transept-abside remonte probablement à la moitié du XIIe *siècle. Pourtant de cette époque devaient dater le porche détruit qu'au* XVIIe *siècle l'eau-forte de Francino nous représente avec son toit de chaume sur colonnes, s'étendant aussi bien devant la façade que le long du côté droit; la façade, elle aussi disparue, et le cloître aujourd'hui entièrement refait. Au temps d'Honorius III appartiennent par contre le clocher et peut-être la mosaïque perdue de la façade.*

Les témoins architecturaux étant ainsi bouleversés, il reste quelques traces du décor. La plus importante est la mosaïque du cul-de-four absidal : elle représente la Vierge entre les saints Jacques, Jean, Pierre et André, figurés sous des arcades, selon un procédé que Matthiae (1967) fait remonter aux motifs de sarcophages paléochrétiens. La mosaïque n'est pas de grande qualité et offre un traitement lourd et monotone dans les drapés et les physionomies des saints, ce qui ne peut être entièrement attribué à quelque restauration inconsidérée, baroque ou du XIX*e siècle. Il s'agit plus vraisemblablement d'ouvriers décadents : déjà Matthiae penchait pour cette solution, montrant la différence tangible entre cette mosaïque et celle de Santa Maria in Trastevere, et estimant possible de l'attribuer à l'une (1161) et à l'autre (1216) phases de la vie de l'édifice sur lesquelles nous possédons des documents, comme le voulait Hermanin. Plus récemment, Gandolfo a de nouveau avalisé la datation de 1161, qui semblerait en effet plus logique pour la décoration de la partie absidale, en tant que celle-ci représente le terme de toute la restructuration du sanctuaire. Les fragments de fresques retrouvés dans les combles du transept de droite doivent sûrement remonter, par contre, à l'époque d'Honorius III : les travaux effectués sur son ordre sur la couverture de l'église provoquèrent évidemment une décoration nouvelle, complément de cette mosaïque qui, selon toute probabilité, existait déjà. La photo de la fresque encore* in situ, *avant son enlèvement, montre la partie supérieure d'un Christ en gloire tenant le Livre et, près de lui, un ange; à la sacristie, est également accroché un petit fragment sur lequel on peut voir la tête d'un animal (un oiseau?) qui pourrait avoir appartenu au même ensemble, mais que nulle indication ne permet de reconnaître et de situer.*

Le Christ et l'ange ont des physionomies puissantes, aux traits marqués, rehaussés de blanc, les yeux écarquillés; l'aile de l'ange est traitée à grands coups de pinceau; dans l'ensemble, l'observation de Matthiae semble très pertinente, qui décèle dans ces fragments l'apparition d'une série de procédés provenant du chantier de Saint-Paul-hors-les-Murs au temps d'Honorius III, lorsque survinrent de nouvelles équipes vénitiennes.

Dans la sacristie est conservée également une autre fresque détachée, qui provient des locaux contigus à l'église. C'est une composition longue et dont quasi toutes les têtes de personnages ont été mutilées : une Vierge trônant avec l'Enfant, saint Paul, saint Barthélemy, un saint et un apôtre avec une croix (Jean-Baptiste?), et d'autre part une autre figure abîmée que l'on ne peut plus identifier. On a également sauvegardé un fragment de la frise à motifs végétaux blancs d'un grand géométrisme. Cette fois, le style de la fresque ne fait aucun doute : il s'agit d'un autre élément du mouvement pictural dont les témoins les plus proches se trouvent dans l'oratoire de Saint-Silvestre aux Quatre Saints Couronnés; il comprend aussi celui qu'on appelle « le Maître ornemaniste » de la crypte d'Anagni et le Maître de Saint-Nicolas à Filettino (S.R.).

23 *SAINTS-MICHEL-ET-MAGNE. LA FONDATION DE L'ÉGLISE*

des Saints-Michel-et-Magne est due à des événements légendaires qui se rapportent au tombeau de saint Pierre, au pèlerinage à celui-ci et à la *Schola Frisonum* qui y aurait eu son siège.

L'église médiévale remonte par contre aux premières décennies du XIIe siècle. Au revers de la façade, une épigraphe mutilée – mais entièrement transcrite à la fin du XVe siècle (cf. De Blaauw) – rappelle la consécration alors au seul saint Michel Archange. La cérémonie eut lieu le 30 janvier 1141 par Innocent II : *«... anno ejusdem MCXLI temporibus domni Innocentii II papa, anno ejus XI, mense Januar die XXX, indictione IIII haec ecclesia consecrata est a praedicto domno et venerabili summo pontifice».* Pour souligner l'importance de l'événement, le pontife était assisté par quelques cardinaux, parmi lesquels sont cités au moins le chancelier Aimeri de Bourgogne, titulaire de Sainte-Marie-Nouvelle, et Gerardo Caccianemici dell'Orso, titulaire de Sainte-Croix-de-Jérusalem, élu pape par la suite sous le nom de Lucius II (1144-45). L'église devait être alors une collégiale – sur la même pierre, il est fait allusion à un «*Stephanus venerabilis archipresbiter*» – qu'Innocent III agrégea à la basilique de Saint-Pierre le 9 mars 1198. Au XVe siècle, l'édifice était dans un état de grand abandon, mais des opérations de réfection furent menées entre 1756 et 1759, suivies de quelques transformations mineures au XIXe siècle et au début du nôtre, qui lui ont conféré son aspect actuel.

Aujourd'hui des restes éloquents de la construction médiévale et le témoignage précieux de Torrigio (1629) permettent de se faire une idée assez claire de l'édifice consacré par Innocent II. A l'extérieur, sous le fronton de la façade et au chevet, on voit encore les corniches à modillons et dents d'engrenage; un dessin du paysagiste flamand Lievin Cruyl (1669, cf. Krautheimer) montre que ce décor se déployait sur le côté gauche du monument et que des fenêtres simples s'ouvraient dans la claire-voie. Enfin la technique de construction en briques – liées par des couches fines de mortier – est caractéristique du XIIe siècle (Krautheimer), aussi peut-on affirmer que l'ossature de l'église est encore romane. A l'intérieur, le plan basilical à trois nefs était à l'origine divisé par deux files de sept colonnes de marbre reliées par des arcs (Torrigio 1629). Les interventions du XVIIIe siècle ont caché les colonnes dans quatre piliers et à l'intérieur des murs qui flanquent le chœur. Les tampons des nefs latérales permettent encore de situer les supports originels du plafond. Torrigio rappelle en outre la présence d'un mobilier cosmatesque : «Le pavement est en brique; mais il y avait de petites pierres travaillées de la façon qu'on appelle *tessellata*, dont on trouve les vestiges à l'autel majeur et au centre».

Le clocher, situé contre la petite nef de droite, est construit en briques romaines de remploi (Serafini 1927) et son équilibre reste précaire, comme le montrent les nombreux chaînages métalliques qui fixent ses parois. Ce clocher est divisé en cinq étages : dans les deux premiers s'ouvrent des fenêtres doubles à pilier central – dans les trois derniers, trois baies triples avec des colonnettes, chapiteaux à béquilles et voussures à double rouleau. Les corniches à dents d'engrenage convergeant vers le centre séparent les divers étages et se voient reprises à l'imposte des arcs. Du côté Ouest de la tour, sont insérés des disques en marbre et une croix en porphyre. La présence des fenêtres doubles (au lieu de triples) du côté Nord n'est pas une particularité voulue à l'origine (Serafini), mais doit être plutôt attribuée à des reprises désordonnées de l'ouvrage réalisées par la suite. Le clocher, qui semble une version réduite et simplifiée de celui de Santa Maria in Cosmedin, a été rapproché de celui de Sainte-Pudentienne (Serafini); cette confrontation rend probable une datation fort proche de celle de l'église (E.P.).

24 SAINTE-PRAXÈDE. FONDÉE PAR PASCAL Ier (817-824), L'ÉGLISE A *conservé de façon substantielle l'aspect qu'elle présentait à l'époque carolingienne, même si il s'y est greffé des interventions romanes réalisées à la fin du XIIe et au début du XIIIe siècle; en 1198, Innocent III affilia le monastère aux vallombrosiens (qui l'occupent encore); en 1223, la colonne de la Flagellation fut apportée de Jérusalem par le cardinal Giovanni Colonna. Une inscription lapidaire atteste qu'auparavant – entre 1073 et 1087 – le cardinal titulaire Benedetto Caio avait fait restaurer la crypte.*

Actuellement, l'église et le couvent sont englobés dans un vaste ensemble cerné à l'Est par la Via San Martino ai Monti (où se trouve l'entrée principale), au Sud par la Via dei Quattro Cantoni, à l'Ouest par la Via dell'Olmata et au Nord par la Via di Santa Prassede, où est située l'entrée latérale, utilisée habituellement pour accéder à l'église. Le porche qui donne sur la Via San Martino ai Monti rappelle certains exemples similaires de l'époque romane : il consiste en une grande voussure en brique, partie terminale d'une voûte en berceau (réalisée en ciment) soutenue par des corbeaux en marbre prenant appui sur le mur et sur deux colonnes antiques de granit. Dans l'architecture de marbre du portail comme dans la partie supérieure, on peut reconnaître nettement le remploi de marbres romains. Le chapiteau ionique de droite, est, lui aussi, une reprise de l'antique, tandis que son compagnon est une copie médiévale (Krautheimer); les bases sont constituées par des chapiteaux toscans renversés, que l'on retrouve dans la même position dans les colonnes murées sur le côté gauche de l'atrium carolingien. Élément qui, joint à la présence de maçonnerie du IXe siècle dans la partie supérieure du porche (celle de la zone plus désordonnée et irrégulière nettement visible au-dessus de l'arc en brique), fait supposer que ce type d'architecture – très semblable à celui de Saint-Clément – doit dater de l'époque romane, tout en reprenant et en réélaborant la construction carolingienne précédente. Le porche de Sainte-Praxède constitue ainsi un maillon important dans la chaîne qui permet de suivre l'évolution de cet élément dans l'architecture romaine du XIIe siècle.

Sur la façade, les éléments romans ont réapparu après les restaurations de 1937 : ainsi la partie supérieure du fronton, limitée par la corniche à dents d'engrenage et les modillons de marbre (qui se poursuit sur le mur externe, à l'imposte du toit), ainsi que la niche creusée dans la paroi sont-elles des intégrations du XIIe siècle, complétées par une mosaïque dont quelques restes ont été retrouvés.

L'intérieur, qui reste encore de façon substantielle celui de la basilique carolingienne de Pascal Ier, est scandé par une série d'arcs diaphragmes qui ont toujours posé un sérieux problème quant à leur datation. Les recherches sur l'appareil des murs ont révélé une maçonnerie à faux parement, commune à une période chronologique qui s'étend de la fin du XIe siècle à tout le XIVe (Krautheimer) et a suggéré que de telles interventions de consolidation, mais également de transformation de la basilique, pouvaient être contemporaines de celles exécutées sur la façade et dans la claire-voie.

Le clocher s'élève à l'extrémité méridionale du bras gauche du transept, dont il englobe les structures. Extérieurement, il présente des baies doubles et est scandé par des corniches à modillons et dents d'engrenage orientées alternativement vers la droite et vers la gauche, selon un type de décor architectural qui devrait remonter à l'époque où les vallombrosiens prirent possession du couvent (E.P.).

SAINTE-PRISQUE. L'ASPECT ACTUEL DE L'ÉGLISE SEMBLE **25** très peu médiéval : la dédicace, les restes archéologiques et le mithreum remontent à l'Antiquité tardive; à l'inverse, la façade (1600, œuvre de l'architecte d'Arezzo Carlo Lambardi) et l'intérieur révèlent clairement leur époque de construction : celle du classicisme romain en cours au début du XVIIe siècle.

L'antique *Titulus Sanctae Priscae* avait son siège dans l'oratoire voisin, situé à l'Ouest de l'église actuelle; celui-ci fut abandonné et remplacé par le nouvel édifice. La reconstruction commença vers 1100; dans la *Vita Anselmi* est évoquée la visite de Galon, évêque de Paris, qui vit l'oratoire en ruine, assista à la translation et reçut en don une relique de la sainte. A cette époque – celle de Pascal II (1099-1118) – fut édifiée la basilique orientée, de dimensions plutôt vastes, qui constitue le noyau de l'actuelle.

Aujourd'hui, la construction a été réduite en longueur du côté de la façade à la suite de l'incendie de 1415 et des restaurations de 1600; l'espace situé devant l'église faisait à l'origine partie de cette dernière, comme le montrent clairement les arcades aujourd'hui englobées dans la construction moderne qui s'élève à gauche de la façade. Sur les intrados des arcs, Ferrua signalait la présence de restes d'un décor peint. A l'intérieur, le plan basilical a été réduit à une seule nef avec des chapelles latérales, mais, dans les piliers, on voit encore les colonnes en granit et en marbre de l'église médiévale. Le dernier couple de colonnes a été englobé dans le chœur du XVIIe siècle.

A l'extérieur, l'abside montre clairement la structure romane : au-dessus d'un soubassement de grands blocs de travertin (matériel de remploi trouvé sur place), s'élève le parement de brique entrecoupé par trois bandeaux en petits blocs de pépérin, technique de construction semblable à celle utilisée dans l'entrée de Saint-Clément. Le chevet est couronné par des modillons en marbre, certains sculptés, d'autres nus. Il s'agit d'un matériel de remploi datant du haut Moyen Age (Cecchelli, 1979). Les trois fenêtres ogivales qui s'ouvrent dans l'abside proviennent par contre des restaurations entreprises par Calliste III (1455-58). L'asymétrie que l'on relève dans les nefs latérales serait due, selon Krautheimer, à l'affaissement des substructions antiques réutilisées dans l'église médiévale. Dans un bref laps de temps – comme semble l'indiquer la structure murale – on dut intervenir sur les murs gouttereaux de droite et en partie de gauche. Dans les nefs, à une certaine époque, s'ouvraient les escaliers menant à la crypte.

L'église construite sous Pascal II, dans son extension originelle, figurait parmi les plus importantes fondations du début du XIIe siècle, et parmi les premiers exemples du renouveau d'un type basilical dont nous trouvons aujourd'hui encore des témoins dans les vastes constructions de Sainte-Marie au Transtévère et de Saint-Chrysogone (Krautheimer) (E.P.).

26 SAINTE-PUDENTIENNE. DOMUS ECCLESIAE, C'EST-A-DIRE DE*meure privée servant de lieu de culte, transformée par la suite en église à la fin du IVe siècle en réutilisant un édifice thermal romain, Sainte-Pudentienne subit des transformations radicales au Moyen Age quand fut d'abord décoré l'oratoire marial, puis, durant la 2e moitié du XIIe siècle, lorsqu'on procéda à un remaniement complet de l'architecture. Aujourd'hui, en dépit de la reconstruction effectuée par le cardinal Enrico Caetani (1587), du rehaussement du sol de la Via Urbana au siècle dernier, qui fit suite à la réfection de la façade dans le style néomédiéval sous le patronage du cardinal Lucien Bonaparte (1870, architecte Francesco Manno), il reste des vestiges des transformations remontant à l'époque romane, qui ont été mis en évidence lors de la restauration de 1928-30 : ils consistent : a) dans les fresques de l'oratoire, b) dans la structure interne de l'église et du clocher, c) dans les reliefs du portail.*

L'oratoire marial s'élève contre l'abside, à un niveau nettement plus élevé, dû à la situation de l'église, adossée au flanc du Viminale, et elle se trouve maintenant précédée d'un porche donnant sur la Via Cesare Balbo, une construction remaniée de façon radicale durant les interventions de Terenzio dans les années 30. Cet oratoire est décoré de fresques que l'on trouvera étudiées plus loin dans le chapitre sur la peinture (p. 361).

D'après les recherches de Krautheimer, la reconstruction médiévale de Sainte-Pudentienne pourrait avoir eu lieu durant la deuxième moitié du XIIe siècle. En 1155, le pape Adrienn IV installa dans l'église les chanoines réguliers de Santa Maria del Reno de Bologne; l'édifice fut confié à un groupe stable de religieux, selon un usage encouragé par la réforme ecclésiastique. En 1210, le cardinal Pietro Sassone érigea à l'intérieur un jubé décoré de mosaïques avec une porte centrale donnant accès au sanctuaire. En celui-ci, deux ambons – visibles également de la nef – étaient accompagnés par un ciborium couvrant l'autel majeur; tout ce mobilier a aujourd'hui disparu, mais il a été décrit par Panvinio. L'établissement d'une zone presbytérale surélevée et réservée aux chanoines doit représenter le point final de la restauration entraînée par la prise de possession du lieu par les Bolonais.

Vers ces années, le plan basilical fut en fait réduit à une nef unique : les arcades paléochrétiennes furent renforcées par des archivoltes en brique (leurs extrémités sont encore visibles sous les modénatures du XVIe siècle), de nombreux arcs de jonction avec les nefs latérales furent également obturés, la troisième travée de la nef gauche devint le point d'implantation du clocher. La nef unique qui en résulta fut ensuite scandée par trois arcs diaphragmes servant de supports à la charpente apparente du toit, les arcs prenant appui sur des colonnes – solution analogue à celle adoptée dans l'église voisine de Sainte-Praxède. L'emplacement des deux premiers arcs peut être repéré dans le défoncement de l'appareil mural encore visible des deux côtés de la nef à la hauteur des 2e et 4e colonnes (ce dernier particulièrement frappant). Le 3e, selon Krautheimer, se trouvait là où, aujourd'hui, se dresse l'arc triomphal du XVIe siècle. Panvinio rappelle enfin l'existence des vestiges d'un narthex, dont il n'est pas possible de connaître la datation.

Le clocher à cinq étages est scandé horizontalement par autant de corniches à modillons et dents d'engrenage, disposées de façon à converger vers l'axe central à chaque face, et des corniches plus petites en brique sont situées à l'imposte des arcs. Au premier registre, s'ouvre une fenêtre double à piliers qui s'amplifie en fenêtre triple au second; aux étages supérieurs, celles-ci s'ornent de légères colonnettes. Sur la face antérieure, on peut voir un décor de disques et de motifs cruciformes en porphyre et serpentine. Ce type de clocher, et notamment les solutions adoptées pour les corniches, semblent indiquer une datation tardive, qui doit relever de la phase ultime des travaux.

Dans l'entablement du portail d'entrée, datant du XVIe siècle, est insérée une frise, provenant de la corniche en marbre du portail médiéval qui fut recomposé en cet endroit par Francesco da Volterra à la fin du XVIe siècle et retravaillé au XIXe. A l'intérieur d'un dessin de rinceaux, apparaissent des médaillons entourés d'inscriptions et de figures, soit, de gauche à droite : 1) saint Pastor bénissant, il porte le livre de sa main voilée et est accompagné de l'inscription : « + SANCTE PRECOR PASTOR PRO NOBIS ESTO ROGATOR + HIC CCUNCTIS VITAE PASTOR DAT DOGMATE SANCTE »; 2) sainte Pudentienne, couronnée, portant le vase dans lequel elle recueillit le sang des martyrs, avec l'inscription : « + PROTEGE NOS VIRGO PUDENQUETIANA + VIRGO PUDENQUETIANA CORAM STAT LAMPADE PLENA »; 3) l'Agneau crucifère accompagné de l'inscription : « + MORTUUS ET VIVUS IDEM ET PASTOR ET AGNUS + HIC AGNUS MUNDUM RESTAURAT SANGUINE LAPSUM »; 4) sainte Praxède, figure symétrique de celle de sainte Pudentienne, autour de laquelle on lit : « + NOS PIA PRAXEDIS PRECE SANctas FER ADaeDIS + OCCURRIT SPONSO PRAXEDIS LUMINE CLARO »; 5) saint Pudens, un rouleau en main, portant l'inscription : « + TE ROGO PUDENS SANCTE NOS PURGA CRIMINA TRUDENS + ALMUS ET ISTE DOCET PUDENS AD SIDERA CAeLES ». En haut de la frise court l'épitaphe suivante : « AD REQUIEM VITAE CUPIS O TU QUOQUE VENIRE EN PATET INGRESSUS FUERIS SI RITE REVERSUS ADVOCAT IPSE QUIDEM VIA DUX E JANITOR IDEM GAUDIA PROMITTENS ET CRIMINA QUAEQUE REMITTENS ».

Les médaillons avec les deux saintes et l'Agneau étaient placés dans la partie supérieure de la porte, dans une position assez proche de l'actuelle, tandis que les deux cercles avec Pastor et Pudens étaient disposés sur les côtés de la corniche médiévale – ce qu'indique clairement le sens vertical des rinceaux.

On a proposé des datations diverses pour ces reliefs, depuis celle, très haute dans le temps (VIIIe siècle), de Petrignani (1934) jusqu'à celle, tardive (début XIIIe) récemment proposée par Claussen (1987). L'attribution à l'atelier de Vassalletto, suggérée par l'archéologue allemand, se fonde sur de faibles indices et n'est pas confirmée par le style, car ce travail se distingue nettement d'autres portails réalisés au temps d'Innocent III. Les datations proposant l'époque de Grégoire VII (Ferrua, Hermanin) reposent à l'inverse sur des rapprochements avec les descriptions du portail du Mont-Cassin et ne peuvent être acceptées si l'on observe l'entrelacs serré de rinceaux du portail roman, si différent de ceux que l'on trouve en Campanie et dans la région du Mont-Cassin. La chronologie plus tardive qui en résulte oblige à envisager la deuxième moitié du XIIe siècle, en raison des documents que nous possédons sur l'église, documents qui indiquent qu'en ces années-là – comme il a été dit – cette dernière subit d'importants réaménagements. L'indication rapide de Pietro Toesca (fin XIIe) qui compare l'œuvre au portail de Santa Marina ad Ardea (1191) reste la plus intéressante. Semblable quant à son type seulement, mais différent par son style, on peut citer aussi le portail dit de Saint Apollinaire (grottes de Saint-Pierre) où les figures dans les médaillons sont traitées avec une taille plus accusée. A Sainte-Pudentienne, on trouve à l'inverse la reprise des modèles paléochrétiens, ce qui apparaît à l'évidence dans le buste de Pudens par exemple. Un autre point de référence dans le catalogue réduit des portails sculptés romans, est l'entrée latérale de Santa Maria in Trastevere, où les figures dans les médaillons présentent des caractères assez semblables, bien que la distribution des rinceaux y soit fort différente (E.P.).

27

*SAINT-SABAS. L'ORATOIRE DU MONASTÈRE SAN SABA, OC*cupé par une communauté de moines grecs, était un espace – utilisant lui-même des structures préexistantes – à nef unique avec abside et entrée à plusieurs portails. C'est probablement au milieu du XIIe siècle, à l'occasion du passage du monastère aux moines clunisiens (1145), que fut réalisée une église plus vaste utilisant les structures de l'oratoire dont il respecte seulement la largeur – qui coïncide avec celle de la nef centrale actuelle – et des pans du mur Ouest, englobé dans celui de la nouvelle église. Les maçonneries des murs latéraux furent également maintenus à leur jonction avec les revers de la façade, et c'est d'elles que l'on fit partir les colonnades actuelles. Ce fut probablement à une époque encore ultérieure que la partie originelle du porche, qui s'étendait au flanc gauche de l'église, fut fermée et transformée en une nef plus courte, à laquelle on donne le nom de « quatrième nef ».

La basilique actuelle doit donc être considérée comme étant encore substantiellement une église du XIIe siècle en son plein, dont Krautheimer rapproche le type de maçonnerie des exemples de Sainte-Prisque et de Saint-Jean devant la Porte Latine. Elle est divisée en trois nefs par deux rangées de colonnes aux chapiteaux ioniques et corinthiens, parmi lesquels Mme Cechelli (1979) en distingue certains probablement de remploi, et d'autres vraisemblablement imités de pièces antiques au haut Moyen Age. Le remploi, dans la basilique romane, de pièces de l'Antiquité et du haut Moyen Age se remarque aussi à l'extérieur, dans la corniche de l'abside où sont réutilisés des fragments ornés d'entrelacs, datables justement des VIIIe-IXe siècles.

A la campagne de construction du XIIe siècle en son plein en succède une autre vers le début du siècle suivant. Le portail principal d'entrée à l'église est doté en effet d'une bordure cosmatesque avec une inscription : AD HONOREM DOMINI NOSTRI IHV XPI ANNO VII PONTIFICATUS DOMINI NOSTRI INNOCENTI III PP + HOC OPUS D(omi)NO IOHANNE ABBATE IUBENTE FACTUM EST P(er) MANUS MAGISTRI IACOBI. La date est donc 1205 et l'auteur est Jacopo fils de Lorenzo. Selon Claussen, il se pourrait que Jacopo ait réalisé non seulement le portail mais tout le porche qui le précède; ce dernier a cependant été radicalement remanié au XVe siècle et privé de ses colonnes sous Pie VI (1775-1799). La gravure de Felini (1610) montre les deux colonnes centrales prenant appui sur des lions – contrairement aux autres cas à Rome –

et ceux-ci rappellent peut-être les lions aux côtés du portail de la cathédrale de Civita Castellana. Il n'est pas assuré que, comme le pense Mme Glass (1968), le pavement de la nef se rattache lui aussi à l'époque de Jacopo.

Claussen a cherché à reconstituer l'histoire mouvementée du mobilier liturgique, vu par Ugonio au XVIe siècle puis dispersé en divers lieux de Rome. Il était probablement l'œuvre d'un atelier de l'école de Vassalletto, à peu près datable du second quart du XIIIe siècle : en 1907 fut reconstituée avec quelques fragments une iconostase, ainsi qu'un ciborium, encore plus manifestement recomposé et inventé. Plus intéressante est l'iconostase de la nef latérale de droite, qui est dotée d'une frise apparentée à celle du cloître du Latran ou du porche de Saint-Laurent-hors-les-Murs, l'une et l'autre issues elles aussi du milieu de Vassalletto (S.R.).

28 SAINT-SÉBASTIEN-HORS-LES-MURS, PLATONIA. AU DÉBUT DU

XIIIe siècle, Honorius III manifesta un grand intérêt pour l'église de Saint-Sébastien et pour les lieux de culte qui l'environnaient. Durant son pontificat et, selon toute probabilité, sur son intervention personnelle, fut réalisé le cloître – qui n'existe plus aujourd'hui car il a été supprimé lors de l'agrandissement de l'église d'une à trois nefs, mais que l'on a retrouvé dans l'actuelle nef de gauche lors d'une fouille menée dans les années 1920. C'est à lui qu'il revient d'avoir réinstallé l'autel de la crypte, dans lequel il fit insérer les reliques de saint Sébastien et qu'il reconsacra en 1218, l'ornant d'un ciborium cosmatesque que Panvinio a vu et décrit. Enfin, selon toute probabilité encore (Krautheimer 1970), c'est également à lui que l'on doit la consécration de l'autel majeur, sous lequel fut retrouvée une monnaie à son effigie. Les archéologues sont unanimes à rapporter à Honorius III une autre intervention mystérieuse encore dans une certaine mesure, liée qu'elle est à une question de culte embrouillée. A l'extérieur de l'abside de la basilique, sur la gauche, s'inscrit une construction de l'Antiquité tardive, à la forme grossièrement semi-circulaire, contenant en son centre un grand sépulcre renfermant deux corps, fresqué à l'intérieur, écrasé par un autel médiéval et entouré sur son pourtour par treize (à une époque quatorze) arcosoliums décorés en stuc. A la base de la coupole court une inscription peinte qui célèbre le martyr Quirinus, évêque de Sciscia, dont les reliques furent apportées de Hongrie à Rome au commencement du Ve siècle. D'autre part, une tradition pieuse tenace, confirmée par des fouilles, veut placer dans les environs de ce lieu et, de façon plus précise, dans ce qu'on appelle la «galerie du puits», la memoria apostolorum, *c'est-à-dire l'endroit où l'on veut qu'aient été déposés temporairement les corps des saints Pierre et Paul.*

Ce n'est pas ici le lieu de discuter de ce problème archéologique compliqué, mais il faut dire cependant, en résumé, que dans cet endroit – qui est appelé Platonia, *du mot grec* platoma *c'est-à-dire revêtu de marbre, par extension des caractéristiques du sépulcre double déjà évoqué – a dû être déposé au Ve siècle la dépouille de l'évêque Quirinus et autour de lui s'établir d'autres sépultures de personnages importants, peut-être eux aussi hongrois. Au XIIe siècle cependant, vers 1140, Innocent II opéra la translation des restes de Quirinus à Santa Maria in Trastevere. Parallèlement, la mémoire de la «galerie du puits» relative aux apôtres Pierre et Paul s'estompant en raison de l'éloignement progressif du lieu, on transféra dans la partie la plus noble et accessible de la Platonia cette* memoria apostolorum, *la mêlant et confondant en quelque sorte avec le culte de Quirinus. La question de l'existence – déjà notée dans l'Antiquité tardive – du sépulcre double fresqué et revêtu de marbre suscitera sans doute des études plus approfondies; mais ce qui nous intéresse ici, c'est qu'au commencement du XIIIe siècle on utilisa, pour l'affecter au culte, une construction irrégulière adossée à la Platonia, qui fut ornée d'une série de peintures des plus intéressantes.*

Cette bâtisse, étroite et très profonde, communique avec la Platonia par une fenêtre basse; une maçonnerie romane ferme les arcs qui ouvraient probablement le mur situé entre les deux locaux. Le sol de l'oratoire était plus élevé que l'actuel et se situait un peu au-dessous du niveau de la fenêtre : la question des accès reste à vérifier entièrement.

La voûte en berceau qui couvre le passage d'entrée est décorée de motifs géométriques et floraux avec des étoiles et des oiseaux, et avait peut-être un précédent (à l'époque paléochrétienne?) : un autre décor à motifs géométriques. La paroi qui s'ouvre à droite de l'entrée est répartie en deux zones par une frise à ruban plissé : en haut, le tympan abrite une Vierge trônant à l'Enfant, assistée par deux anges, et, sur les côtés, quatre médaillons avec des têtes de prophètes parmi lesquels (vu les inscriptions donnant leurs noms) Isaïe et Jérémie. Au-dessous, une Crucifixion dont ne subsiste que la moitié supérieure – la tête et le buste du Christ et deux anges se lamentant, ainsi que la tête de saint Jean l'Évangéliste – et, du côté gauche, un archange et un séraphin; plus à gauche encore, un saint évêque (probablement saint Quirinus) et un autre saint (saint Sébastien?). A droite, par contre, sous un graffito du XVIIe siècle, apparaît, à la rupture du passage d'accès – certainement élargi pour lui donner la même mesure que celui qui lui est opposé, dû aux Borghese – une tête de femme auréolée, peut-être une des Maries. Au-dessus du séraphin, est encastrée une pierre gothique, que l'écriture pourrait faire dater de l'époque d'Honorius III, avec la reproduction des vers de Damase : «Hic habitare prius sanctos cognoscere debes nomina quisque Petri Pauli pariterque requiris Discipulos Oriens misit quod sponte». *Les vers, connus par un recueil, se rapportent évidemment à la* memoria apostolorum : *toutefois la pierre ne semble pas avoir été placée à l'origine en son lieu actuel, mais devait se trouver dans l'église, d'où elle fut retirée en 1630.*

Sur le mur du fond, au-dessus d'une frise à motifs végétaux, les saints Pierre et Paul; dans cette zone se trouve une sorte de grand intrados ou voûte en berceau qui couvre le local et est décoré des mêmes motifs que la voûte d'entrée. On y voit le Rédempteur dans une gloire tenue par deux anges. Dans le tympan irrégulier constitué par l'angle de cette voûte, un Massacre des Saints Innocents, aujourd'hui pratiquement disparu, et une figure de sainte qui a été identifiée avec sainte Cécile. Dans le programme apparaît à l'évidence le fait que les saints Pierre et Paul ne tiennent pas la prééminence et aussi qu'ils figurent auprès de l'évêque Quirinus : preuve peut-être qu'au XIIIe *siècle les deux motifs de culte se trouvaient réunis du fait que la basilique contenait des reliques de l'un et des autres. D'autres figures de saints sont unies aux reliques conservées dans l'église ou dont les légendes étaient liées à eux (saint Sébastien, sainte Cécile) ; par contre on s'explique moins le choix d'un Massacre des Saints Innocents, représenté ici hors contexte.*

Si donc c'est du pape Honorius III lui-même ou du moins de son pontificat que relève effectivement l'exécution de ces fresques de l'oratoire, celles-ci, datées de façon précise, soulèvent un problème intéressant dans le cadre de la peinture romaine du début du XIIIe *siècle.*

D'une part, en effet, elles n'apparaissent pas du tout uniformes : dans certaines, un style nettement graphique prévaut, ainsi dans les têtes des prophètes et dans les médaillons, dans saint Paul également – fort dégradé – qui semblent les héritiers d'une tradition romaine dont l'origine pourrait être certains des médaillons de Sainte-Croix-de-Jérusalem, pour marquer ensuite les fragments de l'arc triomphal de Sainte-Françoise-Romaine et s'achever plus tard avec les prophètes dans les médaillons de l'oratoire Saint-Silvestre aux Quatre-Saints-Couronnés. L'autre partie, l'archange et le séraphin par exemple, relève d'un traitement chromatique plus vif avec des taches qui expriment de façon plus plastique les physionomies ; les ailes sont rendues par de grandes stries de couleurs contrastées. Enfin, dans la Vierge à l'Enfant, mais surtout dans la Crucifixion, le pinceau devient homogène et la couleur s'accompagne d'un trait puissant, apte à exprimer, dans le visage du Christ – représenté souffrant –, un pathétisme extrême et surprenant à une date aussi précoce. Toutefois l'ensemble des fresques est unifié par un trait filiforme, finition graphique réalisée avec du blanc de Saint-Jean, identique aussi bien dans les frises ondulées des « tapis » décoratifs que dans le traitement régulier des cheveux et de la barbe des prophètes, et surtout dans le rendu du drapé et de l'anatomie des anges et de la Vierge, saisis dans un mouvement très nerveux et abstrait.

La fermeté de la peinture et de la couleur n'est pas une tendance inconnue dans la peinture romaine de ces décennies, il semble pourtant que, plus souvent, on lui ait préféré la simplification du graphisme : un des peintres de Saint-Jean-à-la-Porte-Latine, par exemple, possède une capacité semblable, tant plastique que chromatique, même si elle lui paraît opposée ou du moins s'en différencie en raison de la tendance plus graphique des autres peintres qui travaillaient pourtant sur le même chantier et s'adonnaient davantage à des recherches linéaires. Par contre, on relève moins, soit dans les grands chantiers de Saint-Jean-à-la-Porte-Latine, soit dans d'autres chantiers de la Rome des vingt premières années du siècle, la manière, si marquée dans les fresques de la Platonia, que nous avons signalée : l'emploi d'un blanc nerveux et filiforme, qui a peut-être plus de liens avec la culture byzantine qu'avec la tradition locale romaine. La venue des mosaïstes vénitiens à Saint-Paul-hors-les-Murs, cette même année 1218 qui est celle de la consécration de l'autel de Saint-Sébastien, pourrait être une piste à suivre, mais non l'unique parce que le trait nerveux des fresquistes de la Platonia ne se retrouve pas dans le style sévère et monumental de la mosaïque de Saint-Paul et semble plus proche de la traduction libre et aérée des effets de luminosité en vogue dans la peinture de chevalet. Un trait semblable, distant dans l'espace mais non peut-être dans le temps, se retrouve dans les intéressants vestiges de fresques situés dans la crypte de Sant'Andrea in Pianoscarano à Viterbe (S.R.).

SAINT-THOMAS-IN-FORMIS (PORTAIL DE L'HÔPITAL DE). 29

Sur le Coelius près de l'arc de Dolabella, le portail et la petite église accrochés aux structures de l'aqueduc de Claude – d'où le nom « in Formis » – sont aujourd'hui les vestiges d'un ensemble monastique auquel était joint un hospice.

Au XIIe siècle, le couvent figure parmi les vingt abbayes de la Cité (Hülsen). En 1207, Innocent III la donne à l'ordre des Trinitaires (fondé en 1198) chargé du rachat et de l'échange des captifs des infidèles ; entre 1207 et 1213, son fondateur, saint Jean de Matha, y habite. En 1217, Honorius III en confirme la possession aux trinitaires, qui la garderont jusqu'en 1379, date à laquelle ils quittent la Cité ; en 1395, la propriété en est concédée au chapitre de Saint-Pierre, qui en restituera l'usage aux trinitaires en 1898.

Lors de la présence de saint Jean de Matha, probablement après 1210, eut lieu la construction de l'hospice et de son portail d'accès, œuvre signée sur la moulure de l'arc : + MAGISTER JACOBUS CUM FILIO SUO COSMATO FECIT OHC (hoc) OPUS. Les artisans sont les descendants de Laurent, les mêmes qui, en 1210, laisseront leurs noms sur l'arc triomphal du porche de Civita Castellana : Jacques est l'auteur du tympan couvert de mosaïque avec le Sauveur, exécuté quelques mois avant le portail de droite de la même cathédrale.

Le portail est l'unique élément subsistant de l'hospice, un long édifice à deux nefs dont les vestiges furent complètement détruits en 1925 pour faire place à la construction actuelle. Au grand arc en plein cintre (aujourd'hui partiellement obturé en vue d'y insérer une ouverture plus petite), se superpose un édicule en marbre flanqué de colonnettes, qui comporte un médaillon orné de mosaïques et la croix de marbre, symbole de l'ordre des Trinitaires. + SIGNUM ORDINIS SANCTAE TRINITATIS ET CAPTIVORUM (Armes de l'ordre de la Sainte Trinité et des captifs) comme l'indique l'inscription en mesaïque figurant sur la bordure du médaillon. L'image du Sauveur, que supportent deux esclaves enchaînés – l'un blanc à gauche, l'autre noir à droite – illustre de façon éloquente l'emblème, qui semble être tiré d'un sceau (Matthiae).

Le rapprochement avec le tympan de Civita Castellana a fait attribuer la mosaïque de l'hospice à Jacques (Matthiae), qui semble, de tous les mosaïstes, le plus intéressé par des thèmes figuratifs, et Claussen a repris son hypothèse. A l'inverse, Francesco Gandolfo voit dans les deux images des caractères stylistiques nettement discordants et pense que l'œuvre fut confiée à un mosaïste étranger à l'atelier. Des éléments nouveaux ont été mis en lumière par Claussen, qui, dans la structure des vêtements et dans le geste impérieux du Christ, fait remarquer une tendance au réalisme qui préfigure la sensibilité gothique. De tels éléments proviennent – et ici les analyses de Gandolfo et de Claussen concordent – d'un byzantinisme survenu à Rome par les chantiers du Vatican et d'Ostie, où furent réalisées de nouvelles mosaïques absidales (E.P.).

30 TROIS FONTAINES (ABBAYE DES). L'ABBAYE DES TROIS FON*taines (Tre Fontane) constitue une contradiction extraordinaire, peut-être même unique, dans l'architecture de la Rome du* XIIe *siècle. Au style des basiliques, de l'antique, au rapport étroit entre la papauté triomphante et la nouvelle parure des églises et de la Cité, s'oppose, aux Trois Fontaines, une esthétique différente et assez antithétique, dont les principes sont étrangers au milieu romain et qui – du moins initialement – semble tout à fait indifférente au monde qui l'entoure.*

Les circonstances et la signification de ce monument cistercien à Rome ont été relevées par Mme Romanini *(1982), qui a tracé une lecture très claire du monument. Nous en relèverons les points essentiels.*

En 1140, Innocent II donne aux moines cisterciens de saint Bernard de Clairvaux «hoc a se restauratum monasterium» : *il faut donc entendre que le don consiste en un ensemble conventuel déjà en cours de restauration par ordre du pontife.*

Aujourd'hui, comme le relève Mme Romanini, *la fondation des Trois Fontaines est la seule, parmi toutes celles de Cîteaux, qui eut lieu non par la volonté de Bernard de Clairvaux, mais bien contre elle et même en profond désaccord sur le lieu même de son implantation. Bernard, en effet, ne pouvait pas ne pas voir dans la Rome pontificale une* spelunca latronum; *et ne pouvait pas non plus ne pas désirer en tenir à distance les moines, ou du moins les garder éloignés du laxisme et de la corruption qu'il voyait déferler sur la Cité et dans les milieux même de la Cour pontificale.*

Par suite, la fondation romaine lui semblait comporter menaces et périls. Quand celle-ci eut lieu par la volonté expresse du pontife, la réaction de Bernard fut un rigorisme encore accru et quasi fanatique. Nous savons qu'il interdit quelque soulagement ou éloignement que ce soit aux moines en proie à la malaria en ce lieu insalubre des Acque Salvie, qu'il refusa tout transfert saisonnier dans des endroits moins malsains, dédaignant de leur donner la possibilité de se soigner et de s'occuper de leur santé. De même que l'exemple de la vie des moines devait, à ses yeux, se distinguer de celle du monde de façon immédiate par sa rigueur et son absolutisme, ainsi également le monument qui l'abritait devait montrer à l'évidence leur séparation de l'univers ambiant, et donc être radicalement différent des édifices laïcs en répondant aux besoins de la Règle.

Les cisterciens, par conséquent – toujours selon Mme Romanini *– utilisèrent à leur arrivée les constructions qu'ils trouvèrent déjà sur place, dans la zone des bâtiments conventuels et les soumirent à la rigueur géométrique et fonctionnelle requise par la Règle de Bernard : le «projet bernardin». L'ensemble monastique que nous voyons aujourd'hui s'ordonne selon le plan habituel : les édifices monastiques sont disposés autour des trois côtés d'un cloître, le quatrième s'étendant le long du flanc gauche de l'église. Celle-ci est à trois nefs divisées par des piliers rectangulaires : un transept saillant avec deux chapelles rectangulaires de chaque côté du chœur. Dans la façade s'ouvrent cinq fenêtres simples et une rose; d'autres fenêtres simples sont disposées en triangle sur les côtés du transept. Cependant, au cœur de cette orthodoxie évidente, absolue, et dans la régularité du plan, se révèlent certaines incohérences : des murs obliques et non parfaitement orthogonaux, ce que montrent à la fois le plan et le fait que tout soit rassemblé sur l'aile orientale du cloître. Ce qui surprend parce qu'en règle générale c'est par cette aile orientale que commencent les constructions cisterciennes. Il s'agirait donc en vérité des bâtiments plus anciens, donc les plus proches du «projet bernardin».*

*Mais – et ceci est le cas particulier des Trois Fontaines – l'aile orientale de l'ensemble monastique a justement été l'endroit où les ouvriers d'Innocent II avaient commencé la restauration des vieux bâtiments en ruine. Bien qu'à peine débuté, donc, le chantier romain avait déjà imprimé à l'ouvrage un caractère non conforme aux principes cisterciens et, en se substituant à la main-d'œuvre romaine, l'intervention des moines blancs avait imposé, à l'inverse, la fidélité à un projet absolument géométrique. Ainsi avaient-ils corrigé les murs préexistants en les régularisant et les uniformisant avec des «pièces» en brique dont la régularité tranche par rapport à l'*opus listatum *d'Innocent II et s'oppose visiblement à lui avec violence. La greffe des deux maçonneries différentes est spécialement sensible dans le chevet de l'église à la hauteur du mur Nord du transept; la paroi cistercienne rigoureuse, absolument nue, se poursuit dans la partie orientale du chœur et des chapelles, marquant ainsi l'emplacement et les limites de l'intervention bernardine initiale; mais les mêmes retouches apparaissent, par exemple, dans la salle capitulaire, qui est en réalité une salle carrée adaptée où les fenêtres triples de règle s'ouvrent en fait dans une des «pièces» en brique.*

La construction se poursuivit durant un temps assez long, ce qui permit un accommodement pro-

gressif, comme aussi une ouverture de la main-d'œuvre monastique aux modèles et aux habitudes qu'elle rencontra sur place. L'église reproduit avec une rigueur absolue le « petit modèle » du plan cistercien, mais quelques concessions aux habitudes locales se font déjà sentir dans la paroi d'ancrage de la nef, qui semble avoir des pierres angulaires de pépérin, et une petite corniche à la naissance des voûtes; dans la salle capitulaire, où les triplets donnant sur le cloître ont des chapiteaux dans lesquels l'esprit rationnel des moines bâtisseurs se mesure avec un modèle classique et s'en inspire tout en le géométrisant. Dans ses petits pilastres, l'autel témoigne de la même mentalité classicisante qui s'affiche avec évidence pour la première fois à Santa Maria in Cosmedin et que l'on retrouve dans l'autel de Santa Cecilia in Trastevere ou dans les fragments sculptés aux Quatre-Saints-Couronnés; de plus en plus, à mesure que l'on avance dans le temps et que l'on approche de la fin du siècle, l'influence des coutumes romaines apparaît de façon marquée dans la construction du porche aux chapiteaux ioniques, en tout point conformes au type romain des environs de 1200; la consécration d'Honorius III en 1221 achèvera, avant la nouvelle phase gothique, cette longue entreprise.

C'est à un moment qui doit coïncider avec cette conclusion de la construction de l'abbaye que remonte aussi la décoration de fresques sur l'arc d'entrée du monastère, ce qu'on appelle « l'arc de Charlemagne ». Dès le XVIIe siècle, ces peintures suscitèrent l'intérêt savant du cardinal Francesco Barberini et furent copiées pour lui par Eclissi.

La chronologie et le style des fresques sont restés assez controversés, étant donné aussi leur médiocre état de conservation – amélioré aujourd'hui par une restauration. Toutefois, après les interventions de Mme de Maffei et de Bertelli, il semble possible de préciser l'état de la question.

En premier lieu, il faut dire que, durant la campagne de restaurations, il apparut clairement que le tympan qui occupe la paroi opposée à l'entrée était peint sur une couche d'enduit qui se superpose à celles sur lesquelles, par contre, ont été réalisées les autres fresques. La date du tympan constitue de ce fait le terminus ante quem *– et celui-ci a justement été indiqué par Bertelli comme remontant aux environs de 1270. Mais examinons le groupe restant des peintures qui se trouvent sur les murs latéraux et sur la voûte du passage.*

Les fresques représentent ce qu'on appelle la légende d'Ansedonia : on y voit Charlemagne mettant le siège devant Ansedonia, son rêve, la prise d'Ansedonia, la donation des castra à Saint-Athanase; dans la représentation des châteaux de la Maremma, on devine un « manifeste » très clair de l'abbaye : elle confirmait ainsi la légitimité de ses possessions en ce lieu en tant que bien propre de l'abbaye cistercienne car les moines que l'on voit dans les scènes sont des moines blancs. Selon Mme de Maffei, la décision de réaliser ce cycle doit remonter au moment où les possessions de l'abbaye à la Maremma furent contestées – contestation qui dura longtemps et s'exprima à travers des bulles pontificales (en faveur de l'abbaye, celle d'Alexandre III en 1151) et des protestations – et durant lesquelles l'appartenance aux cisterciens semble avoir été mise en doute en faveur de ses premiers détenteurs : les bénédictins de Saint-Paul. Selon Mme de Maffei, il faudrait dater ces fresques de la période – entre 1152 et 1161 – durant laquelle les cisterciens craignirent de perdre leurs possessions de Maremma, aussi l'abbaye avait-elle une raison de revendiquer pour son ordre les propriétés historiques du lieu; mais il paraît franchement plus probable qu'à l'inverse l'exécution du cycle eut lieu par la suite, lorsque le bien fut reconquis de façon certaine, et, de ce fait, soit postérieure à la décision définitive d'Alexandre III en faveur des cisterciens, c'est-à-dire après 1161.

D'autre part, l'observation pénétrante de la même Mme de Maffei, selon laquelle le cycle serait une reprise évidente d'un parallèle enluminé, peut-être de quelque manuscrit en possession de l'abbaye et antérieur aux fresques dans le temps (l'archéologue cite des parchemins des Xe-XIe siècle), cette observation, donc, permettrait d'expliquer l'apparente étrangeté de style des fresques elles-mêmes : leur caractère évoque en effet des œuvres de l'époque d'Innocent III, l'église en mosaïque par exemple – fragment de la décoration disparue de l'abside de l'ancien Saint-Pierre, aujourd'hui au musée Barracco de Rome qui, par son linéarisme accentué et des visages aux yeux écarquillés, paraît fort proche des petites figures du cycle de Maremma.

Étrangement, la portion des fresques qui orne la voûte du passage n'a guère fait l'objet d'attention. Un médaillon central avec un Christ bénissant dont il ne reste que peu d'éléments; sur les côtés des surfaces rectangulaires avec des figures d'anges représentés avec la moitié de leur buste – eux aussi très abîmés – et avec les symboles des évangélistes; l'espace restant, réparti en surfaces géométriques, est parcouru par une ornementation serrée de petites fleurs sur un fond blanc crème avec, entre les fleurs, de petites figures d'animaux : oiseaux, cygnes, dragons, paons. L'originalité indéniable de ce décor et l'élégance surtout de certains animaux n'empêchent pas que les peintures soient plutôt lourdes dans le trait : celui-ci est plus délicat dans les figures d'animaux à peine dessinées et colorées de tons pastels, et devient trop marqué dans les anges aux yeux écarquillés et aux pommettes rouges, avec des cernes accusés et noirs pour indiquer les drapés. Il semble par suite que ce style pourrait être rapproché de certaines tendances plus provinciales de la peinture au début du XIIIe siècle, ce qui rend pertinente la suggestion de Bertelli, qui voudrait situer chronologiquement ces fresques en concomitance avec la troisième croisade, donc autour de 1190. Les observations de Gandolfo, quant à la similitude des parties décoratives de la voûte de l'arc et des deux ensembles peints de Subiaco (Sacro Speco, chapelle Saint-Grégoire) et d'Anagni (crypte), indiquent comme possible l'exécution du cycle cistercien dans une période comprise entre les dernières années du XIIe siècle et les vingt premières du XIIIe (S.R.).

NORD DU LATIUM

MONTEFIASCONE. SAINT-FLAVIEN

Église double, Saint-Flavien présente une modèle architectural tout à fait particulier, objet d'interprétations divergentes encore aujourd'hui. Ce qui est plus clair, c'est le temps où a été réalisé l'édifice : la date de 1032 donnée par l'inscription au revers de la façade et d'où était tirée la chronologie excessivement précoce du bâtiment (Rivoira) a été ensuite correctement déchiffrée comme 1302.

A partir de l'année 805, le Burgus S. Flaviani apparaît dans le Regeste de Farfa, et de nouveau la bulle de Léon IV mentionne l'existence de l'église au haut Moyen Age : *« Igitur confirmamus... ecclesiam Sanctae Mariae ubi corpus Beati Flaviani requiescit cum casale et burgo suo in circuitu et gyro ejus... »*. Outre le titulaire différent, la bulle nous apprend l'ancien emplacement de l'édifice au centre du bourg, alors qu'aujourd'hui il est excentrique par rapport à l'agglomération. En 1118 l'église – portant encore le titre de Sainte-Marie – figure dans le diplôme d'Henri V adressé à Bérard, abbé de Farfa. En 1187 le bourg, alors occupé par les impériaux, fut détruit par les guelfes de Viterbe. C'est à cette occasion que se décida le transfert définitif de l'agglomération dans la zone de la forteresse; il est probable que, comme le bourg, l'église fut endommagée, au point de rendre nécessaire sa reconstruction complète. En 1262 Urbain IV précéda à la solennelle consécration de l'autel de l'église supérieure : *« Anno Domini 1262 dominus Urbanus P.P. IV fieri fecit istud altare ad honorem Beatae Marie virginis (...) et manibus propris consecravit illud cum cardinalibus archiepiscopis et episcopis pluribus. II Id. Octob. tempore prioris Philippi»*. L'événement constitue le *terminus ante quem* pour la construction du bâtiment.

Dans la suite, d'autres travaux devinrent nécessaires : dans une lettre de 1301 Boniface VIII parle d'une *«fabrica vetustate consumpta et pro parte diruta»* et l'invite à recueillir de l'argent (*Registres de Boniface VIII*, III, 1921). La longue inscription en vers qui rapporte la date de 1302 (aujourd'hui au revers de la façade) – *«Annis millenis currentibus atque tricenis binis adjuctis»* – se rapporte aux deux travées ajoutées à l'église inférieure, à la zone correspondante dans l'église supérieur et à la façade qui fut terminée cette année-là par un certain Landus, architecte qui travailla gratuitement : *«ad quod mirandus fundandum subito Landus se dedit et gratis erigen sublimis»*. Les destructions et les effondrements rappelés dans l'inscription – *«hoc templum factum virtutibus de una aptum strage jacens bina veteri conflante ruina»* – semblent se rapporter au sac du bourg opéré par les Viterbiens et aussi aux dommages plus récents mentionnés dans la lettre de Boniface VIII.

Cette reconstitution historique se trouve vérifiée par la structure du bâtiment où l'on reconnaît deux campagnes de construction nettement distinctes, dont la seconde appartient déjà à l'époque gothique. Le noyau le plus ancien est roman, par contre, même si les éléments préexistants du haut Moyen Age et le fait d'être une basilique *ad corpus* en influencèrent le développement architectural. L'église est en effet occidentée, avec le chevet presque enterré dans la pente de la colline; la solution inverse, profiter de la dénivellation pour mettre en valeur le chevet et ménager l'espace pour la crypte, orientant ainsi l'église aurait été plus logique, mais elle ne fut pas adoptée sans doute pour ne pas toucher au tombeau du martyr qui donne son nom à l'église. On remarque aussi qu'à l'extérieur le couronnement de l'arrondi absidal est plat, fait totalement inhabituel qui laisse penser que peut-être cette partie n'a pas été terminée en suivant le projet originel. Le noyau le plus ancien de la construction, fait de blocs de tuf liés par de fines couches de mortier, suit un plan plutôt rare : la partie romane de Saint-Flavien avait été conçue comme un édifice de plan octogonal (des sondages effectués au cours des restaurations de 1938 ont retrouvé les traces d'un mur qui fermait l'octogone en façade) avec un sanctuaire à trois absides rayonnantes et au centre un espace rectangulaire qui le reliait visiblement à l'église supérieure. Dans cette dernière la partie romane de la construction (limitée aux murs extérieurs et aux trois premières travées à partir du sanctuaire) se développait selon un plan à trois nefs. Les remaniements manifestes et surtout la prolongation de l'édifice rendent difficile d'établir si cette partie de la construction doit être comprise comme une tribune (Raspi Serra, 1972) ou constituait l'étage supérieur d'une église double inspirée des chapelles palatines des pays allemands (Hermanin; Battisti 1953) (pl. 39). Question bien complexe aussi que celle des modèles suivis pour le plan : le lien avec l'ancienne cathédrale d'Arezzo (1026) – elle aussi octogonale et inspirée de Saint-Vital de Ravenne (Lavagnino 1933) – devient beaucoup plus problématique si l'on a repoussé au XIIe siècle tardif la datation de Saint-Flavien. Dans l'église inférieure, la structure à piliers polystiles et le système de voûtes au plan trapézoïdal et à nervures de section rectangulaire suggèrent un lien avec Sainte-Marie du Château à Tarquinia (pl. 72) et avec la cathédrale de Sovana (cf. *Toscane romane,* pl. 57) (Kingsley Porter; Neri Lusanna). Une telle comparaison manifeste en tout cas la plus grande complexité des solutions adoptées à Montefiascone, par exemple dans les piliers polystiles et les absides rayonnantes (pl. 39). Ce sont des éléments qui ont conduit à proposer (Battisti) un lien possible avec le déambulatoire de la cathédrale d'Aversa (fin du XIe siècle) où se trouvent aussi des voûtes trapézoïdales (Neri Lusanna) (cf. *Campanie romane,* pl. 112 et 113). Selon Mme Wagner Rieger (1957), la solution adoptée dans le chœur d'Aversa est un modèle, un élément normatif qui s'insère dans un contexte architectural où sont repris, à un stade désormais tardif, des modes de constructions lombards. Selon l'archéologue autrichienne, qui propose pour la construction une date approximative située vers le début du XIIIe siècle, Saint-Flavien représente un point final dans le développement de l'architecture romane au Latium du Nord, et elle considère le monument comme en étroit rapport avec la crypte du Saint-Sépulcre à Acquapendente. Une date avancée aux années 1160-1180 est par contre proposée par Neri Lusanna sur la base de relations possibles avec la région alsacienne connue ici grâce au pouvoir impérial qui s'y était fixé en ces années-là. Cependant la période immédiatement postérieure à la destruction du bourg (1187) reste encore le moment le plus favorable pour le commencement de la reconstruction de l'édifice (Raspi Serra 1972).

La sculpture architecturale de Saint-Flavien – surtout celle de l'église inférieure – constitue un chapitre important dans l'activité des artisans locaux à la fin du XIIe siècle. On pourrait classer les chapiteaux en deux groupes d'après le matériau et les thèmes décoratifs. Ceux qui se trouvent le long du périmètre interne de l'édifice sont en marbre; ils offrent surtout des motifs de feuillage d'inspiration classique, et dans la zone du sanctuaire c'est un répertoire figuratif avec des aigles héraldiques (pl. 41) et un ange annonciateur (pl. 44). Par contre les chapiteaux carrés situés sur l'anneau central sont en tuf gris; on y trouve surtout des entrelacs géométriques serrés, également présents sur les corniches couronnant les absides, répertoire décoratif qu'en son temps Geza de Francovich (1937) a rattaché à l'école «comasco-pavésane». Le tout est exécuté dans une taille nette et à deux dimensions que fait ressortir un éclairage rasant dans un puissant contraste d'ombre et de lumière. Toutefois les motifs figuratifs n'y manquent pas : un homme suspendu entre les mâchoires de deux lions face à face (pl. 42), des petites têtes et des petites figures qui passent la tête entre des feuilles stylisées (pl. 43). L'une d'elles nous invite d'un geste au silence et l'inscription qui l'accompagne n'est pas dépourvue d'une ironique moquerie : *«mirantes aulam vestram respicite barbam / aulae sum custos sculptus deludere stultos»* (vous qui regardez votre église, observez la barbe / je suis le gardien de cette église sculpté pour se moquer des sots).

Si l'influence lombarde – assimilée à présent par des équipes locales – est fortement marquée à Montefiascone, l'observation des chapiteaux dans leur ensemble révèle une parenté avec ceux de la cathédrale de Viterbe (Raspi Serra 1972) où par contre se manifeste au premier coup d'œil une inspiration antiquisante : on y retrouve les aigles héraldiques, la même stylisation des motifs de feuillage, ainsi que la forme des figures humaines qui se montrent sur les chapiteaux. L'aspect linéaire donné aux décors végétaux est mis en relation – toujours par Mme Raspi Serra (1972) – avec le décor de la tribune de Saint-Sixte de Viterbe, faisant ainsi rentrer cette importante réalisation dans le cadre d'une tradition de décoration locale.

Il faut enfin signaler une sculpture intéressante, aujourd'hui transformée en bénitier mais qui était sans doute un chapiteau à l'origine. Cette pièce de marbre est entièrement décorée de personnages à grande tête séparés par des colonnettes surmontées d'arcs, et les caractères stylistiques de ce fragment à part suggèrent une datation nettement plus ancienne que le reste de l'édifice.

SAINT-PIERRE A TUSCANIA

Témoin solitaire de la grandeur de Tuscania au Moyen Age, l'antique cathédrale se dresse sur l'acropole étrusque et romaine qui devint ensuite la citadelle des évêques de Tuscania (près de l'église s'élève encore leur palais) (pl. 47). Elle est aujourd'hui complètement isolée. L'agglomération qui lui fut un temps contiguë s'est réduite en dimensions et s'est déplacée vers le Nord.

La prospérité et l'importance de Tuscania au Moyen Age ne venaient pas seulement de ce qu'elle était le centre d'un grand diocèse mais aussi de sa situation sur la via Claudia au point d'intersection avec une route directe qui de Corneto, sur la côte, se rendait vers l'arrière-pays ombrien. Le transfert du siège épiscopal à Viterbe (1192), la prédominance de la via Cassia comme artère commerciale provoquèrent le déclin de la ville. Au XVIe siècle, Saint-Pierre perdit le titre de co-cathédrale, transféré temporairement à Santa Maria della Rosa, puis de façon définitive à San Giacomo; dès lors l'église ne fut plus le centre de la vie religieuse et civile de Tuscania. Les nombreuses restaurations au temps de la Renaissance et du Baroque, attestées par une inscription au revers de la façade, celles du XIXe siècle (inscription dans la nef centrale) et aussi les comptes rendus des visites pastorales témoignent de l'état d'abandon où se trouvait l'édifice.

Les très graves dommages causés par le tremblement de terre de 1971 ont été suivis d'une vaste campagne de restauration : si la reconstruction par anastylose a aujourd'hui reconstitué des parties importantes de l'architecture et du décor (la rose avait été jetée à terre par la secousse sismique, l'abside avait cédé), demeure irréparable la perte des fresques du cul-de-four absidal dont seuls sont restés des fragments qui avec la documentation photographique permettent encore d'en apprécier la qualité. De très sérieux dommages ont été aussi infligés aux autres peintures, surtout au cycle consacré à Jean-Baptiste, déjà en assez mauvais état et maintenant presque illisible.

Histoire

La grande notoriété de ce monument (il en existe même une réplique dans le parc de Forest Lawn à Hollywood) tient aussi à la date très précoce – première moitié du VIIIe siècle – à lui assignée en son temps par Rivoira (1908) sur la base d'un acte de vente de 739 où l'on parle d'un certain Rodpertus, maître comasque, considéré comme son premier architecte. Saint-Pierre devient ainsi comme le berceau du roman européen. Les nombreux éléments du haut Moyen Age réutilisés dans la décoration ont contribué à accréditer une datation exagérément avancée que l'on répète encore aujourd'hui parfois. La mise au point définitive de la question par Hans Thümmler (1938) a ramené l'histoire architecturale de Saint-Pierre au sein du roman de la maturité. La construction de l'église ne peut se raccrocher qu'à un seul repère chronologique, la date de 1093 fournie par l'inscription gravée sur la corniche du ciborium : « RICCARDUS PRAESUL TUSCANUS CENTUMCELLICUS ATQUE BLEDANUS / SIT RICCARDUS PARADISI SEDE PARATUS. AMEN. / EGO PETRUS PRESBYTER HOC OPUS FIERI IUSSI. / ANNO AB INCARNATIONE DOMINI MILLENO NONAGESIMO III ». C'est un *terminus ante quem* au moins pour la construction de la crypte et du sanctuaire. L'inscription rappelle aussi le rattachement au diocèse des centres de Bieda (Blera) et de Centocelle (Civitavecchia) survenu vers 1086 sous l'épiscopat de Riccardus (Gams), disparu probablement au moment précis où fut érigé le ciborium. C'est ce qui à nouveau découle du texte gravé – (*sit Riccardus Paradise sede paratus*) – où par ailleurs se trouve mentionné comme commanditaire le prêtre Petrus, fait absolument anormal pour l'autel majeur d'une cathédrale. La possibilité, envisagée par Mme Raspi Serra, que le ciborium soit une reconstitution du XIXe siècle – hypothèse à mon avis mal fondée – ne met cependant pas en doute la crédibilité de la date de 1093 transcrite par Turriozzi en 1778.

La discontinuité dans le plan de cette construction d'ordonnance basilicale, manifeste à un examen même superficiel, impose en tout premier lieu la mise au clair des étapes successives de la construction repérées par Thümmler : 1) crypte et sanctuaire; 2) nef moins la partie initiale; 3) les deux premières travées et les parties latérales de la façade; le panneau central de la façade; les deux premières phases se situeraient à la date du ciborium, tandis que la troisième et la quatrième sont respectivement placées par Noehles à la dernière décennie du XIIe siècle et à la fin de la première décennie du XIIIe siècle.

Le chevet, à l'Ouest, est fait d'une maçonnerie en blocs de tuf qui s'ordonnent plastiquement en deux registres de lésènes et d'arceaux (pl. 47). Un trait distinctif de cette abside est constitué par les frises horizontales exécutées en briques qui par leur dessin géométrique en zigzag ou par le motif plus simple à alvéoles rectangulaires allègent la maçonnerie compacte et donnent naissance à un jeu d'ombre et de lumière. Le même ouvrage de brique se présente de façon soignée sur les flancs de l'église (pl. 46). Un motif décoratif identique se retrouve dans des monuments du premier art roman : sur le clocher de l'abbaye de Pomposa (1063) (cf. *Émilie romane,* pl. 137 et pl. coul. p. 347) où l'ajout en brique – comme à Tuscania – s'insère dans l'entablement; dans l'absidiole de Saint-Michel à Nonantola (1100) où les alvéoles rectangulaires forment un bandeau régulier de couronnement (cf. *Émilie romane,* pl. coul. p. 279). Le décor en brique est encore utilisé sur le clocher de l'abbaye de Ferentillo (Val Nerina) (cf. *Ombrie romane,* pl. 59), à Ninfa et à Rome à l'extérieur du mur de fond du croisillon Nord de Sainte-Marie au Transtévère.

La partie occidentale de la construction se compose de la crypte-salle et du sanctuaire surélevé. A la première on accède par deux escaliers disposés presque symétriquement dans les nefs latérales. Le long de la descente du côte Nord on voit très bien la maçonnerie en *opus reticulatum*, fragment de l'édifice romain préexistant sur lequel repose l'église. De ce côté, la crypte est précédée d'un petit espace à deux nefs relié aussi à l'extérieur par un portail (pl. 52). Les chapiteaux figuratifs au relief quasi bi-dimensionnel ou caractérisés par une réduction des motifs végétaux à un pur signe géométrique, ou encore ornés d'un simple motif de feuillage (semblable à ceux du ciborium) semblent attribuables à la première campagne de construction. Il est possible que ce local ait servi de baptistère, bien qu'à l'heure actuelle il n'existe pas de preuves pour appuyer une telle hypothèse.

Les vingt-deux sveltes colonnes (un grand nombre remployées) soutenant les quarante-deux petites voûtes sans nervures subdivisent et multiplient l'espace de la crypte-salle à neuf nefs (pl. 51). Modèle qui de Tuscania se répandra dans le Latium du Nord. A Saint-Pierre l'axe médian part de l'abside et se termine dans une niche fresquée au-dessus de l'autel, engendrant ainsi une orientation opposée à celle de l'église supérieure et peut-être due à l'emplacement des reliques.

Son niveau passablement plus élevé et son système de grands arcs reçus par des piliers isolent le sanctuaire du reste de l'édifice, en créant une vaste travée carrée (pl. 53).

L'arc qui termine la dernière travée de la nef latérale de droite est fait de claveaux en coin qui lui donnent un profil inhabituel en dents d'engrenage. Selon certains archéologues (Raspi Serra), un tel détail de morphologie – «forme simplifiée de stalactite» (Brandi 1985) – aurait été emprunté à des sources islamiques.

Diverses anomalies se présentent dans le passage entre le sanctuaire et la nef. En plan saute aux yeux le désaxement entre les deux parties;

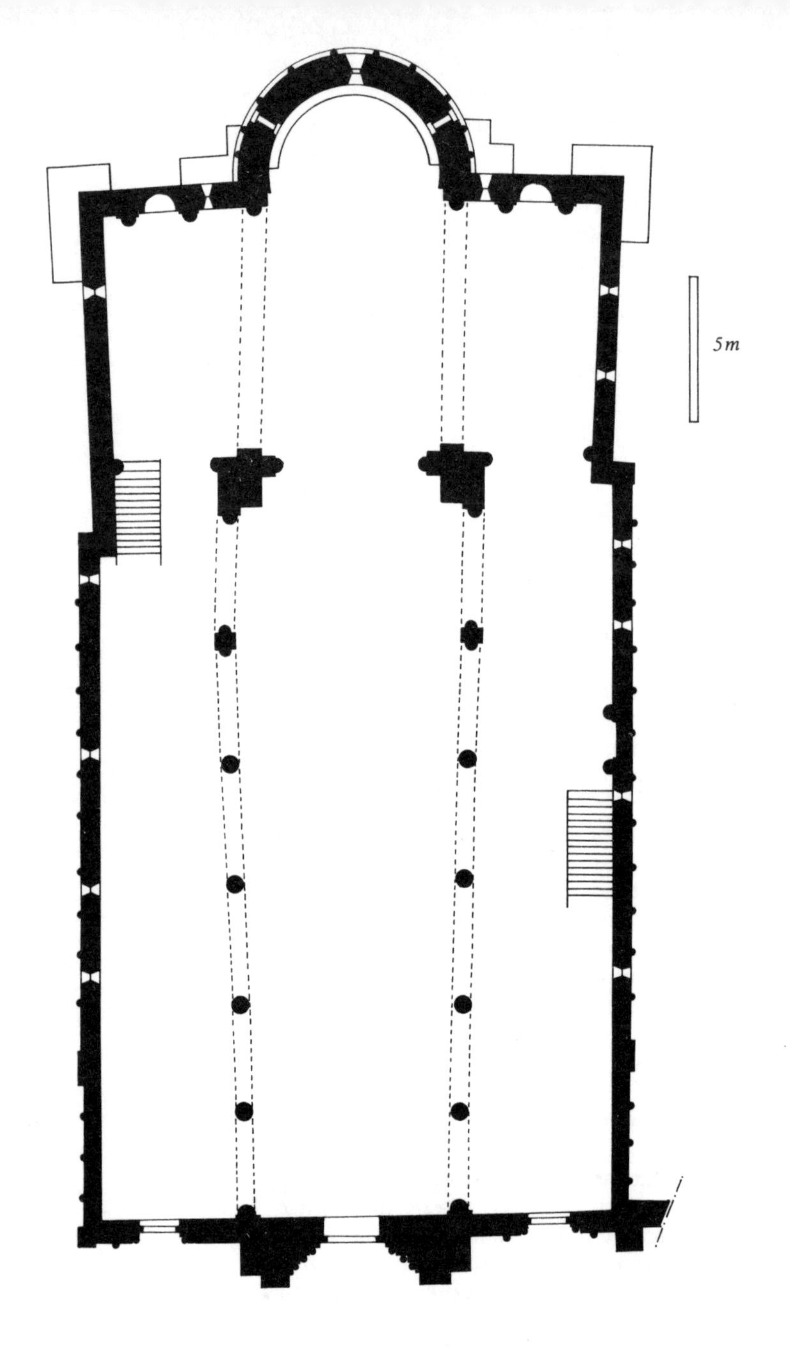

TUSCANIA
SAINT-PIERRE

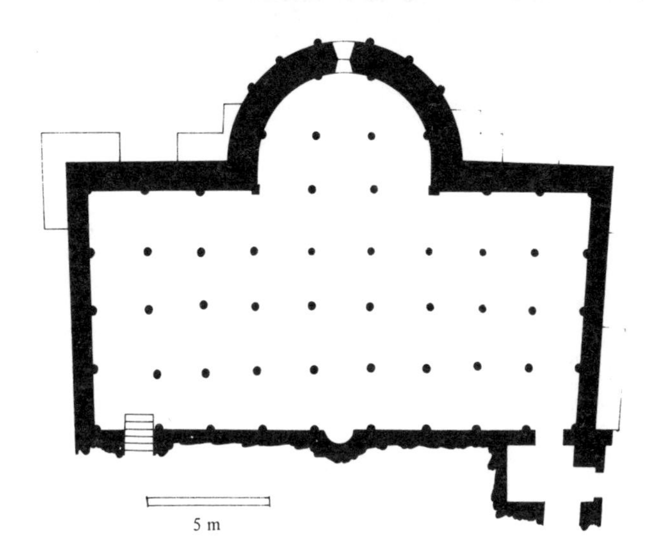

TUSCANIA
SAINT-PIERRE
crypte

de l'extérieur il devient évident que, contrairement à l'habitude, la zone du sanctuaire est d'une largeur inférieure à celle des nefs ; et à l'intérieur sont visibles dans la nef méridionale, à son raccordement avec le sanctuaire, les fondations de ce qu'aurait dû être le mur gouttereau selon le projet originel (Thümmler 1938). Celles-ci sont dans l'axe du mur extérieur de la dernière travée.

L'agrandissement en largeur de la nef centrale est – selon Thümmler – la clé de cette irrégularité de plan. Modification du projet qui s'est répercuté sur l'édifice tout entier, modifiant son tracé extérieur, et qui a peut-être donné naissance aux lignes divergentes des deux rangées de colonnes. L'archéologue relève entre autres une exécution différente et moins soignée de la maçonnerie. Il est possible que dans cette campagne soient intervenues des équipes moins expertes.

Pour les tenants de la datation préromane de Saint-Pierre, le corps de la nef serait au contraire la partie la plus ancienne de l'édifice.

Les flancs sont à l'extérieur scandés de lésènes et d'arceaux entre lesquels s'ouvrent des fenêtres à double ébrasement (pl. 46) ; sous l'égout du toit se trouve une double corniche aux modillons décalés. La maçonnerie du mur haut de la nef, en tuf elle aussi, est rythmée d'une série continue de demi-colonnes et d'arceaux, allégée dans la partie supérieure par le dispositif de briques en zigzag (plus irrégulier que celui de l'abside).

(suite à la page 179)

TABLE DES PLANCHES

40

41

43

44

46

TUSCANIA
SAN PIETRO

50

56

A l'intérieur, les grands arcs à double rouleau et voussoirs en forte saillie constituent le *leitmotiv* unificateur de la nef et de l'arc triomphal (pl. 53), créant la scansion rythmique régulière qui à Saint-Pierre transforme radicalement la signification spatiale de la structure basilicale et des colonnades. De nouveau Brandi (1985) parlant de cette indentation des arcades y a repéré un motif d'origine islamique. Dans la partie supérieure du mur haut, les rangées d'arcades aveugles alternant avec des fenêtres reprennent la disposition extérieure.

Après une première vision d'ensemble apparaissent d'autres éléments propres à mettre en évidence des modifications ultérieures du projet originel. En partant du sanctuaire, la première paire de supports est faite de piliers à demi-colonnes adossées et chapiteaux carrés, remplacées ensuite dans les deux suivantes par des colonnes aux chapiteaux de remploi ou ioniques-médiévaux comme ceux de l'arc triomphal.

La clôture de chœur forme un carré autour du sanctuaire. Dans sa cloison on retrouve de nombreux fragments remployés, étrusques (les reliefs aux dragons marins) et du haut Moyen Age. La chaire, adossée au pilier de l'arc triomphal au bord de l'emmarchement qui donne accès au sanctuaire, le ciborium, reculé dans l'abside et tout proche du trône épiscopal, manifestent un déplacement des meubles qui ne semble pas influencé par des modèles romains, mais reprend peut-être des modèles du haut Moyen Age. Les deux murets qui séparent la nef centrale des latérales résultent aussi d'exigences liturgiques : il est probable qu'ils servaient à séparer les fidèles selon le sexe (Campanari, Thümmler).

Le ciborium, porté par des colonnes et des chapiteaux en marbre mais doté d'une couverture en maçonnerie, n'a pas d'équivalent dans la tradition romaine. Nous nous trouverions à Saint-Pierre devant une «vulgaire reconstitution du dix-neuvième siècle» (Raspi Serra), mais étant donnée la présence de l'inscription dédicatoire et d'une autre à l'intérieur – «PETRUS PBR BLEDAN + / RAINERUS PBR URBIVETAN +» – il s'agirait d'une copie vraiment par trop fidèle ou d'une tentative de faux trop savante. La double *fenestella* de l'autel laisse à penser que celui-ci était *bisomo*, c'est-à-dire qu'il abritait les reliques de deux saints différents.

Après avoir décrit les péripéties des premières phases de la construction de Saint-Pierre, il convient de revenir au décor fresqué du sanctuaire et de la crypte : l'Ascension du Christ dans l'abside (pl. 54), les Actes des Apôtres sur le mur de droite du *sacrarium* (pl. 56), le cycle de Jean-Baptiste dans l'absidiole de gauche (pl. 55) et au mur qui la surmonte et enfin la Vierge à l'Enfant avec des saints sur l'autel de la crypte. Les trois séries distinctes de fresques du sanctuaire ont été unanimement considérées comme un élément important pour la reconstitution de la peinture romaine du XIe au XIIe siècle. Le cadre culturel et chronologique qui en a été proposé à diverses reprises est aujourd'hui encore loin d'être toujours le même, avec des datations qui vont de 1093 au milieu du XIIe siècle, et jusqu'au XIIIe siècle comme Toesca l'a suggéré en son temps.

L'Ascension du Christ peinte au cul-de-four absidal occupait la place d'honneur; là se dressait, gigantesque, la figure du Sauveur, le globe terrestre dans la main droite, entouré d'anges en plein vol, tandis que dans le bas, les apôtres aux attitudes enthousiastes assistaient à l'événement (pl. 54). Une frise avec des têtes en médaillon terminait la composition dans la partie inférieure. Au-dessus du cul-de-four se développait le thème apocalyptique : le médaillon avec le buste du Christ entre les sept chandeliers et les symboles des évangélistes était suivi des deux rangées symétriques des vieillards de l'Apocalypse, tandis que sur l'intrados de l'arc de jonction entre le mur terminal et l'abside proprement dite était peint l'Agneau avec le livre scellé entouré de chaque côté par trois anges en buste. Il s'agit d'une peinture caractérisée par un linéarisme puissant et nerveux, attribuable à un artiste appelé conventionnellement le Maître de l'Abside, auquel on attribue aussi le Christ entre les deux saints, aujourd'hui complètement illisible, peint dans l'absidiole de droite.

De la grande fresque il ne reste que des lambeaux : la figure centrale de la composition, le Christ et les anges (un seul reste partiellement visible), a disparu, l'écroulement du cul-de-four absidal a épargné les figures apocalyptiques du mur qui le surmontaient et dans le bas le groupe des apôtres (pl. 54) ainsi que les médaillons de la plinthe. A l'occasion de la restauration on a procédé au décollement de la figure de saint Pierre sur un trône, addition du XVe siècle placée au centre du cul-de-four dans l'axe du trône épiscopal. Ont réapparu tant la fenêtre centrale, bouchée et recouverte de la couche d'enduit, que des fragments des peintures romanes. Malheureusement ce qui devrait être la figure centrale de la composition est maintenant illisible, mais la tradition iconographique suggère à cet emplacement la présentation de la Vierge.

Parmi ce qui subsiste, il faut mentionner les architectures peintes qui encadraient la scène : les fausses colonnes en marbre et la grande couronne végétale qui fait le tour de l'abside.

Le thème iconographique, surtout dans les scènes apocalyptiques, semble puisé dans les mosaïques romaines de l'église des Saints Côme-et-Damien et de Sainte-Praxède, où est figurée la seconde venue du Christ, thème combiné ici à celui de l'Ascension qui, dans le cas de Tuscania, se réfère à des modèles romains (Schiller). Tout à fait anormal est le motif du globe terrestre attribué ici au Christ (Matthiae), peut-être pour souligner à travers sa propre puissance celle transmise à son premier vicaire.

Depuis les premières études, les fresques de l'abside ont reçu des datations soit très anciennes les situant aux débuts de la peinture romane en Italie centrale, soit au contraire presque au terme de cette période : on va ainsi de la dernière décennie du XIe siècle (Isermeyer 1938) à la première moitié du XIIIe (Toesca). Aujourd'hui Francesco Gandolfo maintient que les fresques de l'abside ont été exécutées au même moment que celles des Actes des Apôtres – vers 1093 (voir plus bas). Le panorama de la peinture romane devrait ainsi se situer dans le cadre contrasté de deux courants artistiques diversement orientés. Solution non exempte de difficulté.

L'histoire de Jean-Baptiste sur le mur terminal de la nef latérale de gauche, déjà en très mauvais état lorsqu'elle fut étudiée par Matthiae (1965), est aujourd'hui complètement illisible. Le décollement et le transfert sur des panneaux disposés selon la situation originelle n'ont pu remédier à l'écaillement de la surface peinte provoquée d'abord par l'humidité et ensuite par le tremblement de terre. Les deux anges assistants du Baptême du Christ (pl. 55) dans l'absidiole – parmi donc les scènes sur Jean-Baptiste – révèlent une peinture au dessin élégant dans les ovales des visages ou dans la construction solide des plans picturaux, qui présente une parenté avec celle du Maître de l'abside. Les remarques d'Isermeyer (1938) sur la disposition spatiale de l'histoire de Jean-Baptiste pourrait conduire à opter pour une datation plus tardive tant de ce cycle que des fresques de l'abside.

Les récits des Actes des Apôtres peints en deux registres superposés sur le mur de droite du sanctuaire ont par bonheur conservé une unité substantielle et restent encore aujourd'hui un texte entièrement lisible, même si la perte de la finition à sec et d'une partie de la surface peinte en amoindrissent l'effet d'ensemble. Le récit commence dans le haut à gauche par le premier miracle de saint Pierre et se développe en six épisodes : dans le haut 1) la guérison du paralytique (pl. 56) et l'entrée de saint Pierre et de saint Jean au Temple. 2) la délivrance de saint Pierre (fragmentaire), dont la dernière scène est illisible; le registre inférieur commence par 1) la rencontre entre saint Pierre et saint Paul (pl. 56), se poursuit par 2) la discussion entre saint Pierre et Simon le Magicien devant Néron, et se termine par 3) la chute de Simon le Magicien. Il est probable qu'à l'origine le cycle comprenait d'autres épisodes, parmi lesquels le martyre du saint. Le sujet renvoie à des prototypes romains et en particulier aux fresques de l'ancienne basilique Saint-Pierre et aux mosaïques de l'oratoire voisin de Jean VII : une telle reprise est particulièrement évidente dans la tour à treillis de la chute de Simon le Magicien ou l'attitude des deux apôtres dans la Rencontre. Romaine aussi la mise en scène. Les bordures cintrées (séparées par des fenêtres au registre supérieur, par des figures de saints au registre inférieur), les légendes dans le bas, la frise de rinceaux peinte à la pointe du pinceau sur le fond ocre, tout comme l'encadrement architectural des divers épisodes révèlent de façon incontestable que sont repris dans le déroulement du récit les procédés utilisés dans l'église inférieure de Saint-Clément. La gestuelle à forte charge émotive des peintures romaines et même de celles de l'église de l'Immaculée à Ceri fait place à Tuscania à un code formel plus compassé; on y constate un usage différent de la ligne qui à Tuscania naît d'un traitement formel de la plastique du drapé, tandis qu'à Rome étaient soulignées les silhouettes expressives des personnages.

Récemment, avec beaucoup de circonspection, Francesco Gandolfo a proposé à nouveau pour ces fresques la datation ancienne de 1093. Chronologie précoce qui rassemble dans un laps de temps serré les peintures de Tuscania et celles de Saint-Clément et de Ceri, considérant qu'elles sont dues à un même courant artistique certainement distribué en des ateliers distincts. L'écart stylistique entre Saint-Clément (qu'on peut dater d'entre 1080 et 1099) et Tuscania est indéniable. En partant de ce présupposé Matthiae datait les fresques de cette dernière du premier quart du XIIe siècle, avant 1123, époque à laquelle le décor de Sainte-Marie in Cosmedin impose à Rome un style radicalement différent. Datation qui a été attentivement reconsidérée, sachant que ce style figuratif antiquisant qui s'est complètement imposé sous le pontificat de Calliste II se trouve lié dans l'église romaine à des commanditaires du plus haut niveau. Géographiquement plus proche, l'autre terme de la comparaison, le cycle de Ceri, est lui aussi dépourvu de repères chronologiques objectifs. L'obturation de la la fenêtre centrale dans l'abside de Saint-Pierre pour faire place aux fresques n'est pas un élément probant, mais pourrait toutefois indiquer le passage d'un certain laps de temps entre l'achèvement de la construction et l'application des peintures.

Les fresques sur l'autel de la crypte se distinguent par leur style et leur qualité. Elles sont datées par Garrison (1957) de la fin du premier quart du XIIe siècle; Matthiae par contre les a mises en relation avec celles de l'abside, tout en notant l'utilisation de traits de style différents. La Vierge à l'Enfant, sur un trône à dossier et marchepied, est flanquée de deux anges et de deux saints avec un livre ouvert. Celui de droite est identifié comme saint Laurent, vêtu en diacre et avec sur le livre la citation de saint Paul 2 Co 9,9. La niche est encadrée d'une bordure à médaillons avec l'Agneau à la clé suivi de huit médaillons avec les apôtres : les deux premiers sont Paul (à gauche) et Pierre (à droite); les inscriptions permettent d'y reconnaître Jacques, André, Simon et Matthieu. Il convient d'identifier comme deux martyrs les personnages en pied qui portent effectivement des couronnes, lesquelles – observe Garrison – se superposent aux médaillons et pourraient ainsi indiquer un changement de programme iconographique. Il est possible qu'ait été prévue à l'origine la représentation des douze apôtres au complet.

Le caractère même de l'image, en particulier la bordure à médaillons, manifeste un horizon culturel différent de celui de l'église supérieure. Les médaillons de la crypte comparés à ceux figurant au bas du cul-de-four absidal incitent à exclure une même main et révèlent une technique picturale différente : dans la crypte le contour est plus découpé, sur un fond modulé avec plus de soin, les joues ne sont pas dessinées avec une tache rouge sur les pommettes.

L'importance du drapé est moindre et révèle dans l'agencement des bustes la connaissance d'une culture classique et hellénisante (Hueck 1969). Les fresques de la crypte peuvent ainsi se situer au terme d'un parcours pictural idéal où se révèle une culture toujours plus enracinée dans une tradition d'élégance antiquisante, ce qui suggère de faire descendre plus bas la datation proposée par Garrison.

Une nouvelle et nette coupure met à part la partie orientale de la construction (pl. 49). Il est possible qu'une telle reprise ait été rendue nécessaire par un tremblement de terre ou du moins par un affaissement de la structure antérieure (Raspi Serra). En sont la preuve les arcades aveugles qui aux extrémités des flancs et au registre inférieur de la façade scandent l'architecture de l'église, ainsi que, à l'intérieur, le décor sculpté différent du revers de la façade et des deux premiers entrecolonnements. Les arcs de plus petite ouverture ont des voussures retombant sur des consoles figuratives. Les chapiteaux d'inspiration classique et pourvus de tailloirs se distinguent par la taille franche des motifs de feuillage et par le profond ajourement au trépan, instrument largement utilisé aussi sur les chapiteaux qui décorent les flancs et la façade.

Les rapports avec la sculpture monumentale de la cathédrale de Viterbe (Raspi Serra) – mais peut-être les comparaisons devraient-elles s'étendre aux chapiteaux de la nef centrale de Sainte-Marie-Majeure – confirment la datation de cette partie de l'édifice au terme du XIIe siècle.

Thümmler (1938) a reconnu dans le système d'arceaux des panneaux latéraux de la façade la reprise de motifs pisans – présents aussi entre autres dans l'église voisine de Sainte-Marie-Majeure – témoignant d'un écart ultérieur par rapport au reste de la façade qu'il faut dater alors d'une époque encore plus tardive. Le fragment d'archivolte avec des chevrons, visible sur la droite de la zone centrale et surtout les bases externes du portail central, jamais utilisées, témoignent de sa gestation laborieuse. Selon Noehles ces dernières étaient destinées à recevoir des lions stylophores comme au portail central de Sainte-Marie-Majeure. En partant de cette hypothèse, le même auteur a suggéré que les deux portails latéraux à ressauts avec une archivolte à feuillage (pl. 48) sont peut-être liés à des événements historiques particuliers. L'aigle sculpté sur le tympan de gauche serait reconnu comme l'emblème héraldique de la maison souabe et de l'empereur Henri VI, ce qui fixerait cette phase de la construction à la dernière décennie du XIIe siècle à un moment où prévalait peut-être à Tuscania le parti gibelin des Aldobrandeschi. Parmi les éléments figuratifs présents dans cette zone de la façade on remarque les têtes de lion en marbre, remployées, et les deux petites têtes de monstre en «nenfro» (tuf gris particulier au Latium) sculptées près des oculus.

Les dernières péripéties de la façade de Saint-Pierre ont été mises au clair par Karl Noehles. La galerie naine, la rose flanquée de deux fenêtres doubles signalent l'entrée en scène d'ateliers différents. En son temps Pietro Toesca mettait en évidence un mode de construction qui renvoie à l'architecture et à la sculpture monumentale ombrienne de la deuxième moitié du XIIe siècle : les exemples, nombreux, sont empruntés à Saint-Rufin d'Assise (cf. *Ombrie romane*, pl. 136), à la cathédrale de Foligno (cf. *Ombrie romane*, pl. 105) et surtout à la façade de la cathédrale de Spolète achevée en 1207 (cf. *Ombrie romane*, pl. 65). A Saint-Pierre, la structure en forme de temple à piliers d'angle au registre supérieur, marquée par les pilastres et les colonnes à feuillage qui l'encadrent, renvoient directement aux formes du petit temple sur le Clitumne : construction de l'Antiquité tardive, source exemplaire d'inspiration pour les motifs classiques dans la région de Spolète, à une époque à cheval sur le XIIe et le XIIIe siècle. Regard tourné vers un passé de la Rome antique – c'est l'occasion de le souligner – qui débute au moment où Innocent III prend possession du duché de Spolète.

Avant d'aborder sérieusement l'étude du décor sculpté, il convient de définir les coordonnées iconographiques de la façade de Saint-Pierre. La rose, subdivisée en trois cercles concentriques matérialisés par la marqueterie cosmatesque en marbre se présente comme une image du Christ-Soleil (pl. 50). Le pivot en est en effet l'étoile à douze pointes, et c'est sur le même nombre qu'est basée la division du disque central à colonnettes et arcs, marquant l'équivalence entre la subdivision de l'année et le nombre des apôtres. Les symboles des évangélistes, sculptés en bas relief dans les angles du carré complètent l'évocation du Christ.

Autour de la fenêtre double de droite l'image démoniaque apparaît dans les deux figures du *vultus trifrons* (tête à trois visages) au début et à la fin des rinceaux habités d'êtres monstrueux (harpies et sirènes). Les deux têtes, celle du bas aux cheveux en forme de flammes, celle du haut cornue, font bien voir leur aspect démoniaque lié à l'ambiguïté de la représentation que l'on ne peut comprendre sans s'arrêter sur chacun des trois visages à tour de rôle. Trinité diabolique (Hoogewerff) et donc essence même de la séduction équivoque du Mal, qui justifie le large succès de cette iconographie pendant tout le Moyen Age.

L'Agnus Dei qui surmonte la fenêtre de gauche portée par un atlante, sans doute une pièce étrusque retravaillée, lui fait pendant symétriquement. Dans les médaillons alternant avec des mascarons (peut-être empruntés à l'orfèvrerie étrusque) deux archanges flanquent l'Agneau, et sont suivis plus bas de saints et de prophètes. De ce point de vue, le décor de la façade de Saint-Pierre à Tuscania est le résumé de ce symbolisme encyclopédique qui caractérise souvent le décor architectural des églises romanes. Les taureaux qui soutiennent l'ordonnance architecturale, les griffons d'angle qui terrassent le dragon – sculpture en ronde bosse en «nenfro» – contribuent par leur valeur de conjuration à rehausser l'élément symbolique et quasi totémique. Figures archaïques auxquelles puiseront les sculpteurs romans, donnant vie à un monde fantastique foisonnant; il fut exploré au début de ce siècle dans un secteur d'études qui, parti de l'iconographie et de l'histoire des images, a gagné le domaine fascinant mais incertain de la recherche des archétypes.

Les caractères ombriens manifestés dans la structure de la partie supérieure de la façade se rattachent selon Noehles à une série de correspondances formelles et stylistiques. Les reliefs autour de la fenêtre double de droite à Saint-Pierre sont comparés aux montants figuratifs de la cathédrale de Spolète : là aussi le visage triple se trouve à l'origine et au terme de rinceaux habités qui, dans le style présenté par des pièces antiques, constituent le modèle immédiat de la façade de Tuscania. Ici le sculpteur plus doué serait l'artiste de Spolète qui, sur le chemin de Tuscania, aurait laissé son œuvre propre à Lugnano in Teverina (Santa Maria Assunta). Un maître ombrien, mais de moindre envergure, serait reconnu comme l'auteur des symboles des évangélistes. Ce déroulement a toutefois comporté la rencontre avec les ateliers romains – par exemple dans le porche de Civita Castellana (1210) (pl. 80) – qui à Tuscania seraient intervenus dans le décor en mosaïque et sur les chapiteaux de la petite galerie.

Si la source ombrienne du décor de la façade de Saint-Pierre est désormais un fait établi, il faut peut-être considérer une telle ascendance dans le cadre plus vaste et moins défini du chantier, sachant que la division du travail se basait normalement sur des compétences techniques particulières. Il devient alors beaucoup plus difficile de repérer les différentes mains comme l'a proposé Noehles. La relation entre les marbriers romains et les sculpteurs ombriens supposée par Noehles ouvre un chapitre important pour la compréhension de la sculpture à Rome au début du XIIIe siècle : les éléments iconographiques servant de point de départ au savant allemand paraissent aujourd'hui moins probants, de même qu'est moins claire la frontière géographico-culturelle entre l'Ombrie méridionale et Rome, même à la lumière de la politique d'expansion d'Innocent III.

Le décevant portail à ressauts garnis de colonnettes ne se trouve guère à la hauteur du grandiose projet décoratif de la façade. Divers archéologues ont soutenu qu'il s'agissait d'une solution de fortune; peut-être qu'au tympan était prévu à l'origine un décor plus soigné que la marqueterie cosmatesque aujourd'hui en place (Noehles). La taille rude du décor sculpté de l'archivolte et des chapiteaux exclut qu'il s'agisse des mêmes ateliers que pour la partie haute de la façade, et l'on ne peut accepter la datation avancée proposée dans le passé. Peut-être faudrait-il regarder du côté des marbriers romains – par exemple Giovanni di Guitto auteur de la chaire de Santa Maria di Castello (1208) – sans oublier les sculpteurs qui continuèrent à travailler sur place même après la fermeture des chantiers de Saint-Pierre et de Sainte-Marie-Majeure.

DIMENSIONS DE SAINT-PIERRE A TUSCANIA

Longueur : 40 m 20.
Largeur : 20 m 15.
Largeur du transept : 19 m 50.
Diamètre de l'abside : 7 m.
Largeur de la nef centrale : 8 m 40 environ.
Largeur des nefs latérales : 5 m 80 environ.

SAINTE-MARIE-MAJEURE A TUSCANIA

Histoire

L'antique piève desservie par un collège de chanoines – ainsi est-elle mentionnée dans la bulle de Léon IV (IXe siècle) – fut pendant un temps le centre religieux de Tuscania et garda de fait le privilège des fonts baptismaux même lorsque Saint-Pierre devint cathédrale du diocèse.

L'édifice actuel est le résultat de deux campagnes de construction distinctes qui se sont succédé en un laps de temps relativement court : à la fin du XIe siècle s'éleva l'église à nef unique et transept à trois absides, précédée du clocher; dans la seconde moitié du XIIe siècle, on procéda à un agrandissement qui lui donna la structure basilicale actuelle. Cette deuxième campagne commença peut-être sous le pontificat d'Alexandre III (1159-1181) – pontife qui confirma à l'église le *jus fontis* (Raspi Serra) – ou bien en 1182, année où eut lieu une solennelle translation de reliques rappelée dans l'inscription placée sur l'autel de l'absidiole de gauche : «... ANNO I LUCII III PAPAE (élu le 1er septembre 1181) MENSE MARTII DIE IIII...». La reconsécration de l'édifice le 6 octobre 1206 marque par ailleurs le terme de cette campagne. La réalisation de la rose et de la partie supérieure de la façade se prolongera jusqu'au milieu du siècle. Le tremblement de terre de 1971 a provoqué l'écroulement de la partie supérieure du clocher au côté gauche de la façade, du toit du bras gauche du transept, et l'affaissement des corps de bâtiments ajoutés

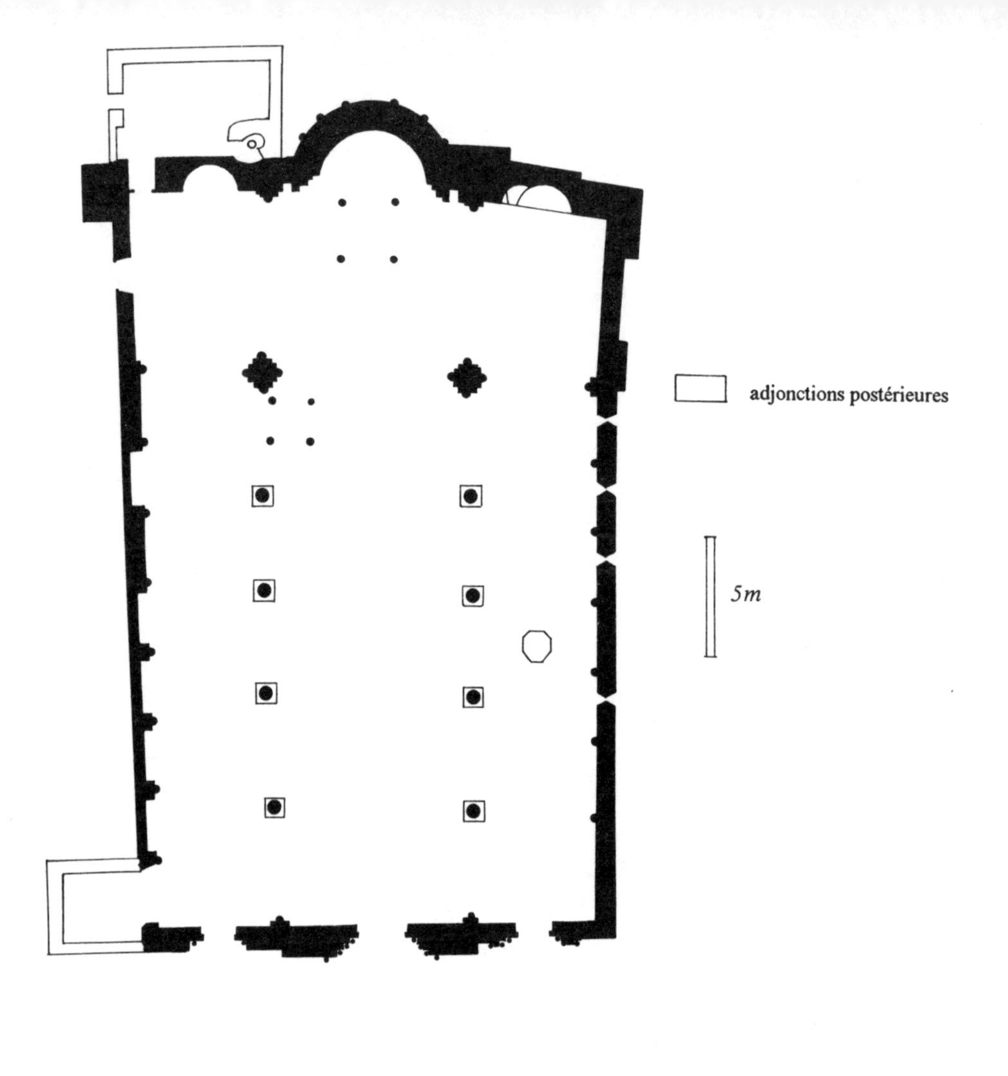

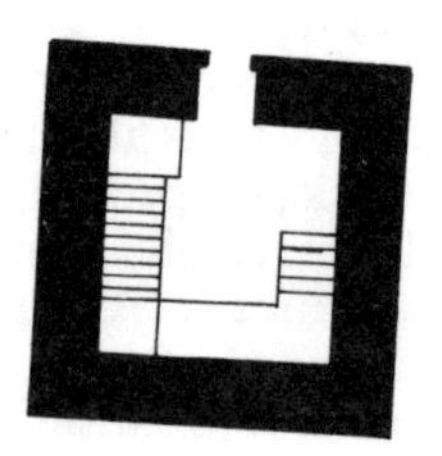

TUSCANIA
SAINTE-MARIE-MAJEURE

dans la zone absidale, dont on a décidé l'élimination partielle au cours des restaurations.

Visite

La juxtaposition presque sans coupure de ces deux campagnes de construction demande à titre préliminaire d'identifier ce qui reste aujourd'hui de la première construction romane : l'abside et le transept avec les absidioles latérales creusées dans l'épaisseur des murs terminaux. La nef unique (disparue) devait être plus courte, comme le suggère l'emplacement du campanile adossé à la façade postérieure. Le clocher, amputé de sa partie supérieure, offre des faces scandées de lésènes et de corniches sur arceaux; les fenêtres sont groupées par deux de part et d'autre de l'axe médian de chaque face, le local du rez-de-chaussée est couvert d'une voûte d'arêtes. Une structure tout à fait semblable se retrouve à l'abbaye Saint-Juste voisine (postérieure à Sainte-Marie Majeure selon Battisti) et dans les ruines de l'église de Vico Matrino (Capranica). L'abside, presque naine par rapport à la dimension du toit élevé par la suite, est elle aussi scandée de lésènes et couronnée d'une rangée d'arceaux (pl. 57). Motif qui se poursuit sur la corniche du transept. Au chevet, les modillons ornés de rosaces ou avec des chapiteaux de feuillage très schématisés au relief à peine marqué ont été rapprochés de ceux du clocher de Saint-Juste et au décor absidal de San Salvatore à Tarquinia.

La disposition de l'église au plan en T rappelle celle de certaines fondations bénédictines locales – Saint-Juste, plusieurs fois mentionnée, et Saint-Jacques à Tarquinia – inspirée à son tour de modèles toscans (Sainte-Marie de Conèo) : trait qui, comme le style de la sculpture monumentale, pourrait confirmer le lien avec le Val d'Elsa suggéré par Francovich et Mme Raspi Serra.

Le plan irrégulier de l'édifice actuel (rapport entre les nefs et le transept, désaxement des colonnades à l'intérieur) résulte donc de la superposition de la nouvelle construction à l'ancienne. Le désaccord entre les parties se manifeste avec évidence au transept, dans les proportions réduites du cul-de-four absidal, dans les arcs qui terminent les nefs latérales – reste probable du mur de clôture primitif – et dans les piliers polystyles qui auraient dû sans doute recevoir l'arc triomphal jamais construit. Les colonnes surmontées d'arcs à double rouleau mouluré dans la nef (pl. 60) – motif repris dans les demi-colonnes qui formant des arcades aveugles allègent les murs gouttereaux – confèrent un caractère spatial différent, encore souligné par la corniche à modillons sculptés qui se déploie au bas de la claire-voie (pl. 59). La référence à des modèles pisans se manifeste tant dans le traitement des murs gouttereaux que dans le motif de la fenêtre à losange présent dans le bras méridional du transept.

La sculpture monumentale de Sainte-Marie-Majeure se rattache à la deuxième campagne de construction, sauf celle du chevet à laquelle on a déjà fait allusion.

La répartition des chapiteaux semble répondre à un critère d'unité décorative : ceux de la nef (quatre de chaque côté) sont corinthiens ou composites, tous surmontés d'un tailloir. Il s'agit évidemment d'une réinterprétation de modèles classiques où s'insèrent avec parcimonie des motifs figuratifs (pl. 58). Le tuf gris impose pour ainsi dire une taille nette à angles vifs, aux violents effets d'ombre et de lumière. Ce type de chapiteau se retrouve également dans les nefs latérales, où son exécution est légèrement moins soignée. On y trouve en outre, parmi les dérivations du modèle corinthien, quelques chapiteaux aux feuilles renflées et en fort relief que marquent de profondes incisions au trépan; on peut les rapprocher de la partie basse de la façade de Saint-Pierre. Dans les chapiteaux coiffant les piliers composés et les pilastres à la croisée des nefs et du transept, les figurations tirées d'un répertoire roman courant prennent une résonance bien plus grande : lions, oiseaux (pl. 62) et (plus rarement) démons modèlent la surface du chapiteau, reliant la corniche à la structure par le motif décoratif. Le chapiteau porté par une console en forme de tête humaine avec un diable ou une diablesse (nef de droite, revers de la façade) éclaire le lien entre la sculpture des chapiteaux et celle de la façade. La console figurative peut être rapprochée de la harpie très détériorée à droite du portail principal. Des éléments fantastiques apparaissent aussi dans les formes soignées des modillons qui soutiennent la corniche de la nef : masques d'animaux, paires de têtes humaines, sirènes (pl. 59), griffons. Un discours à part se dégage du chapiteau en marbre de la nef latérale de droite : les petits personnages aux grosses têtes sont exécutés dans un modelé plus délicat qui fixe un moment de l'action (pl. 61). La présence des diacres et du personnage à encensoir au centre indiquent probablement qu'il s'agit du sacrement du baptême, associant ainsi le chapiteau aux fonts baptismaux tout proches.

L'œuvre des marbriers romains est totalement absente à Sainte-Marie-Majeure (mais le pavement originel a entièrement disparu); par contre l'ameublement liturgique présente par son type, sa disposition et la réutilisation de pièces du haut Moyen Age, une ordonnance semblable à celle de Saint-Pierre, également manifeste dans l'emplacement du ciborium repoussé nettement vers le cul-de-four de l'abside au centre de laquelle est placé le trône épiscopal entouré d'une banquette semi-circulaire. Pour le ciborium on a proposé une date plutôt tardive «au sein du gothique» (Raspi Serra), et donc contemporaine des fresques qui le décorent. Toutefois l'importance liturgique de cet élément et sa ressemblance avec celui de Saint-Pierre par sa forme et ses matériaux suggèrent une datation nettement antérieure. Toujours selon Mme Raspi Serra, il faut considérer comme des œuvres postromanes les fonts baptismaux et l'autel sous la chaire.

Cette dernière, en forme de caisson porté par des colonnes aux chapiteaux décorés de palmettes ou de feuillages, se compose de reliefs aux motifs de vannerie, certains en pierre, d'autres en stuc peint, et forme une œuvre où ont été rassemblés des matériaux médiévaux de remploi (pl. 63). L'aigle du lutrin d'angle, porté par une statuette de saint Jean l'Évangéliste en ronde bosse, est une pièce d'une qualité particulièrement remarquable, pour laquelle on a avancé le nom de Guido da Como (Toesca).

Le parement incohérent, la superposition d'assises disparates – manifestes lorsqu'on examine la maçonnerie – révèlent que la façade de Sainte-Marie Majeure (pl. 65) a été réalisée en plusieurs campagnes jamais complètement terminées. Semblables dans leur structure mais différents dans leur décor, les trois portails à retraits renvoient à des exemples toscans (Noehles). Au registre supérieur se situe la galerie naine terminée à ses deux extrémités par des griffons et surmontée de la rose avec les symboles des évangélistes, selon un système que le même archéologue, parlant de Saint-Pierre, a rapporté à des exemples ombriens. Le décor sculpté des portails ne permet pas non plus de repérer un atelier absolument unique. La disposition des plaques semble même indiquer la mise en place plutôt hâtive du matériel sculpté (Raspi Serra). Cette manière de faire est particulièrement visible dans le portail central marqué d'un profond ébrasement à cinq ressauts, flanqué d'une paire de lions stylophores avec des colonnes aux cannelures en spirale qui portent deux figures en ronde bosse : un lion et un fidèle (à gauche), une harpie ailée (à droite). Au tympan la place d'honneur est occupée par la Vierge à l'Enfant sur un trône (légèrement déplacée vers la droite), représentation liée au titulaire de l'église. Le haut-relief en marbre est traité en plis parallèles aux angles nets, la frontalité immobile de la représentation vient du regard fixe bloqué dans les globes oculaires proéminents des deux personnages et de l'aplatissement de la main bénissante du Christ. La convexité allongée des visages donne à Mme Raspi Serra l'idée d'un lien avec les sculptures de Binello et Rinaldo à Saint-Michel de Bevagna (fin du XIIe siècle), même si le drapé et la disposition spatiale de la représentation sont à Tuscania beaucoup plus embarrassés que dans l'exemple auquel on la compare. Le lien entre la figure de la Vierge et celles de saint Pierre (pl. 64) et de saint Paul (sur les piédroits du portail) perçu par Mme Raspi Serra ne semble guère contraignant; les drapés tubulaires, la distinction au trépan des différents tissus du vêtement de saint Pierre semblent indiquer ici la présence d'une autre main.

Le fond marqué de moulures circulaires sur lequel se répartissent les deux scènes du sacrifice d'Isaac (côté gauche du tympan) laisse penser qu'un autre emplacement était prévu pour cette plaque. La représentation dramatique et même très animée – on voit l'Ange qui retient l'épée d'Abraham – tire une force expressive de la frontalité figée des personnages. Le relief est associé à l'Agnus Dei voisin et au chapiteau où figure la Fuite en Égypte (à gauche de la porte); ce dernier, en raison de son meilleur état de conservation et du matériau employé, le marbre, se distingue par le traitement plus délicat des volumes, mais la position frontale des petits personnages, les globes oculaires saillants et la physionomie même de Joseph ne sont guère éloignés du style du relief représentant le Sacrifice d'Abraham. Les liens avec la sculpture ombrienne apparaissent plus clairement à l'examen des deux panneaux sculptés sur la partie inférieure des piédroits : celui de gauche revêtu d'un maillage régulier de pampres issus de la gueule de deux dragons au bas du relief; celui de droite avec un motif à nœuds moins réguliers qui se déploie à partir de la figure humaine dans la partie haute du panneau (situation qui pourrait suggérer un emplacement originel différent). On peut rapprocher le dessin élégant et régulier du montant de gauche des motifs décoratifs analogues qui flanquent le portail du transept de la cathédrale de Foligno (1201); œuvre dont Rodolfo et Binello furent les architectes.

Les tympans sculptés des deux portails latéraux peuvent aider à éclairer l'ensemble des sculptures de la façade. Sur celui de droite (pl. 67), la figure centrale s'étale dans sa frontalité, point de rencontre des volutes végétales issues des personnages couchés à ses côtés. Au tympan de gauche (pl. 66), les volutes sorties de la bouche de deux harpies symétriques aboutissent dans les mains de la sirène centrale. Le décor végétal du linteau et surtout les piédroits en «nenfro», où de nouveau le motif végétal se termine dans la gueule d'un masque (partie inférieure illisible), manifestent des schémas et des répertoires ornementaux étudiés par Noehles au portail de la cathédrale de Spolète. Il existe aussi un lien évident entre ces sculptures et le tympan de l'hôpital civil de Capranica (Guglielmi) où la petite figure féminine peut par son drapé et ses proportions suggérer un autre renvoi à la Vierge à l'Enfant du portail central de Sainte-Marie-Majeure. Ainsi se trouve dessiné le profil d'ateliers de culture ombrienne à l'œuvre à Tuscania et dans les régions avoisinantes à la fin du XIIe siècle, tableau qui se dégage de la reconstitution de Noehles, mais qui place leur entrée en scène dès le moment où était exécutée la partie inférieure de la façade de Sainte-Marie-Majeure. La galerie naine en est l'ultime étape, avant 1206, année de la consécration de l'église (Raspi Serra); les petits modillons sont de fait étroitement apparentés à ceux de la nef.

La rose, datée par Noehles du milieu du XIIIe siècle, reprend par contre le modèle offert par Saint-Pierre, à l'exception des symboles des évangélistes (très abîmés) sculptés en même temps que les autres œuvres de la façade, selon Mme Raspi Serra.

LA COLLÉGIALE DE SAINTE-MARIE DI CASTELLO A TARQUINIA (CORNETO)

Histoire

Les vicissitudes architecturales complexes de Sainte-Marie du Château, monument principal du roman de Corneto et insigne témoin de la croissance et du déclin de l'autonomie communale de la ville, exigent une clarification préliminaire des dates. Les nombreuses inscriptions dédicatoires étudiées en son temps par de Rossi vont nous y aider : en 1121 commencent les travaux (inscription au revers de la façade); en 1143 est exécuté le portail d'entrée (inscription sur le linteau); en 1168 est achevé le ciborium (inscription sur le linteau); en 1207 l'église est solennellement consacrée en présence d'Innocent III et de dix évêques (inscription au revers de la façade); en 1208 avec la mise en service de la chaire sont terminés les aménagements du sanctuaire (inscription sur la bordure inférieure de la chaire) et l'on doit tenir pour définitivement achevée la construction de l'édifice. A cette série de dates s'ajoute celle de 1435 : Corneto est alors érigée en siège épiscopal (elle avait jusque-là fait partie du diocèse de Tuscania et de Viterbe), mais au même moment la collégiale de Sainte-Marie du Château est rattachée à celle de Sainte-Marguerite; perdant ainsi la fonction de centre religieux de la ville, elle s'achemine vers une période de décadence et d'abandon.

(suiteà la page 213)

TABLE DES PLANCHES

TUSCANIA. SANTA MARIA

TARQUINIA. SANTA MARIA DI CASTELLO

TUSCANIA
SANTA MARIA

58

59

61

62

65

TARQUINIA

70

71

72

73

74

L'église s'élève sur un éperon à l'extrémité occidentale de la roche de Tarquinia, orientée ESE-ONO (pour simplifier nous parlerons de la façade Sud et de la zone absidale Nord). L'édifice est aujourd'hui complètement séparé de l'agglomération et l'on y accède en dépassant une série de fortifications de l'époque du cardinal Albornoz construites pour la défense de l'agglomération et non du «château». Une telle appellation se rattache en fait à la tradition, sans appui dans les documents, selon laquelle l'édifice fut construit sur les restes d'une forteresse de Mathilde, comtesse de Toscane. Il est incontestable que l'église réutilise dans sa construction, en particulier dans le flanc Est, des parties de l'enceinte. Cependant le toponyme ne viendrait pas du château des comtes de Toscane, mais du *Castrum Corgnetum :* cet éperon aurait ainsi été le noyau primitif de la Corneto médiévale. Hypothèse qui peut se trouver confirmée par l'intervention fréquente de l'autorité civile de Tarquinia dans la construction de la collégiale pour en bien marquer la fonction de monument-symbole de cette communauté.

Précédée d'un bref perron, la façade au couronnement horizontal est le résultat de remaniements beaucoup plus tardifs, manifestes dans les différences de maçonnerie des parties latérales du registre supérieur, et dans le clocher-mur ajouté au XVIIIe siècle (pl. 70). A l'origine l'église devait sans doute se présenter avec une façade à deux versants comme le suggère le profil du toit de la nef. En tout cas les parties originelles se trouvent dans les pilastres – qui lui donnent sa division tripartite –, dans la corniche d'arceaux qui se continue sur les flancs, les raccordant ainsi à la façade, et dans les quatre ouvertures formées par les portails et la grande fenêtre double aux incrustations cosmatesques (en partie disparue).

Le portail principal (1143) est une œuvre signée de Pietro di Ranuccio. On y lit : «RANUCII PETRUS LAPIDUM NON DOGMATE MERUS ISTUD OPUS FECIT OPTIME» (Pierre fils de Ranucius et au courant de l'art de la pierre a parfaitement réalisé cette œuvre), d'où l'on pourrait conclure que Pierre était aussi l'auteur de la façade (Claussen). L'inscription sur la fenêtre double au-dessus – «NICOLAUS RANUCII MAGISTER ROMANUS FECIT HOC» – en donne pour auteur son frère Nicolas, dont les fils et neveux continuèrent à fournir leur travail à la collégiale de Corneto.

Le portail, jadis encadré de trois cercles reliés par un bandeau et scandé de cinq disques sur l'archivolte, était peut-être complété par une mosaïque au tympan (Claussen). Les frêles colonnettes aux chapiteaux composites adossées aux piédroits, la moulure de section circulaire (*rollmoulding*) qui les prolonge, font de la solution adoptée ici à Tarquinia l'un des premiers exemples d'un modèle architectural voué au succès. Les incrustations de la grande fenêtre double s'harmonisent parfaitement au portail du point de vue décoratif, dans la solennelle ornementation de l'arc en plein cintre qui entoure les petites arcades de la fenêtre proprement dite. Les élégantes feuilles d'acanthe du chapiteau central, les caractères de l'inscription apparaissent cependant

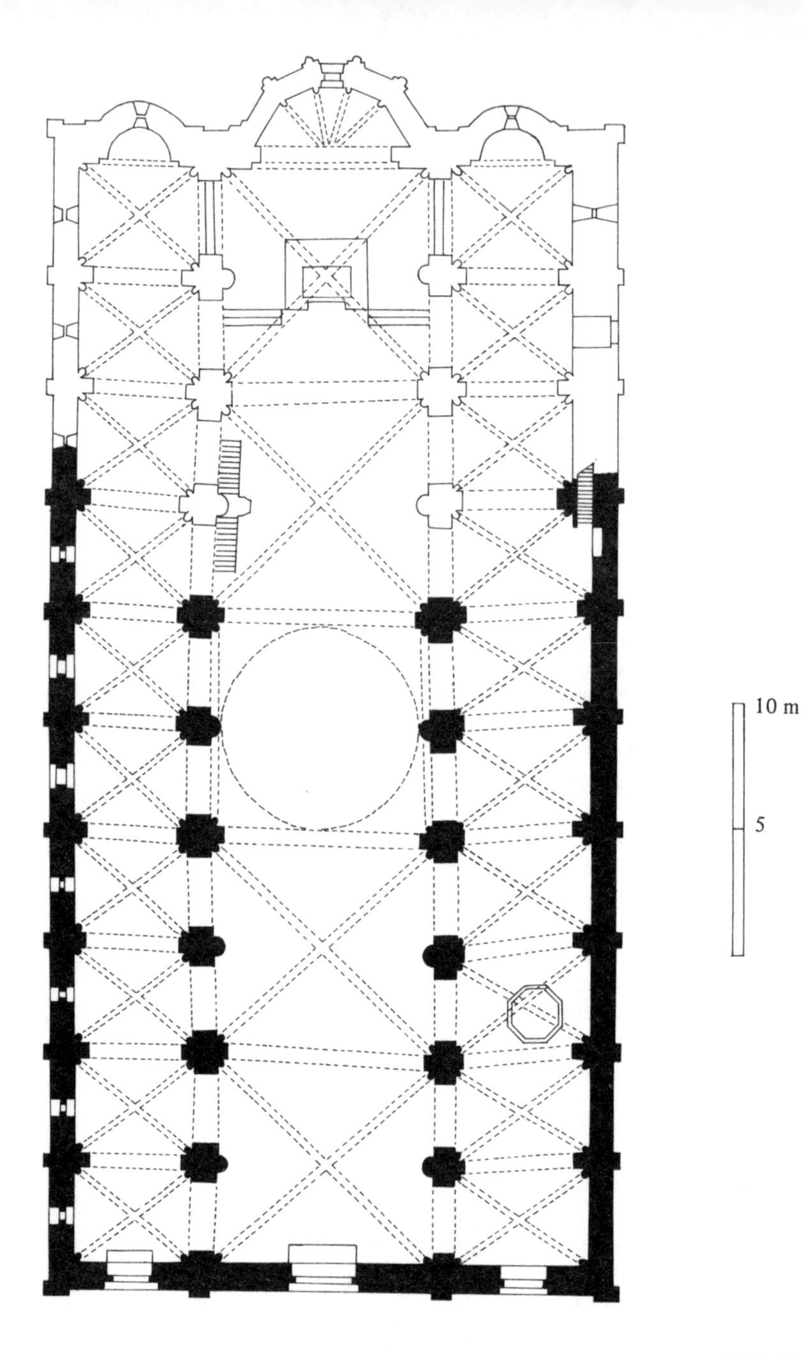

TARQUINIA
SAINTE-MARIE
DI CASTELLO

nettement distincts de leurs homologues sur la porte (Claussen). Dans l'axe de la colonnette centrale, la croix en *opus sectile* accompagnée de l'inscription «HOC SIGNUM CRUCIS ERIT IN CELO / CUM DOMINUS AD JUDICANDUM VENERIT» se présente comme un motif apocalyptique sous une forme complètement abstraite et aniconique (Claussen).

Les deux faces latérales sont uniformément scandées de pilastres dont l'écart correspond aux travées des nefs latérales. Il sont reliés par la corniche de couronnement qui reprend celle des panneaux latéraux de la façade. Les modillons en «nenfro» gris foncé forment un net contraste de couleur avec le parement en blocs de tuf des murs latéraux, auxquels une récente opération de nettoyage (1987) a donné une chaude couleur de miel. La sculpture des modillons aux masques humains, aux motifs végétaux ou dessins géométriques élémentaires, est de facture assez fruste, encore plus sensible dans le décor rudimentaire des métopes gravé dans la friable pierre tufière. Le corps avancé contre le mur oriental de l'édifice est probablement une substructure destinée à consolider le rocher.

Dominant la vallée du Marta se dressent les trois absides, dont la masse se trouve renforcée par l'altitude du rocher (pl. coul. p. 211). Les absidioles se présentent avec une fenêtre en forme d'archère et seulement une corniche de couronnement qui reprend les motifs vus sur les flancs; l'abside centrale est marquée dans sa partie inférieure par l'ouverture losangée surmontée d'une fenêtre simple; une série de lésènes reliées par l'habituel couronnement d'arceaux scandent l'arrondi.

Un plan de 1783 fait voir en cette partie de l'église une disposition notablement différente : les absides latérales sont creusées dans l'épaisseur des murs, l'abside centrale est de forme pentagonale. La maçonnerie et le raccord avec le reste de l'édifice laissent voir de manifestes discontinuités dans la construction qui ne sont cependant pas dues à un remaniement du XIXe siècle (Prete) mais remontent à une intervention beaucoup plus ancienne. Ce qui le prouve, c'est la redécouverte des fondations du chevet, qui se trouvent en avant des fondations actuelles et ont un périmètre nettement distinct. Des procédés de construction utilisés pour le chevet, en particulier les panneaux rectilignes qui relient les lésènes, créant ainsi un profil polygonal, Paola Rossi a déduit un lien avec l'abside de la cathédrale de Civita Castellana, construction qui elle-même prend exemple sur l'abbaye cistercienne de Santa Maria de Falleri. Il en résulte que les absides de Sainte-Marie du Château témoignent de la diffusion de solutions introduites par les cisterciens dans le Nord du Latium à la fin du XIIe siècle. Itinéraire partant de l'abbaye de Falleri pour aboutir à Tarquinia (Romanini, Rossi). Auparavant des archéologues autorisés (Hahn, Wagner Rieger) avaient envisagé un processus inverse – de Tarquinia vers Falleri – selon lequel au contraire les ateliers monastiques se seraient approprié des motifs tirés de l'architecture lombarde.

Intérieur

La rigueur cellulaire de l'espace basée sur le système alterné (aux cinq travées carrées de la nef centrale répondent les dix des nefs latérales) manifeste dès l'abord l'ascendance lombarde de Sainte-Marie du Château pour laquelle on a repéré entre autres comme modèle l'église de Rivolta d'Adda (Krautheimer, 1928). Dans le panorama du Latium roman, l'église fait preuve d'un extraordinaire attachement à des procédés lombards apparemment dégagés de toute attache locale : la solide structure à piliers et arcs à double rouleau, le système de couverture à voûtes en croisée d'ogives (toujours de section carrée dans le nefs latérales, sauf dans la dernière travée, les nervures de la nef centrale étant de section tantôt carrée tantôt circulaire) sembleraient confirmer cette première conclusion (pl. 72).

A y regarder de plus près et en reconsidérant les données chronologiques, l'architecture de la collégiale apparaît comme l'aboutissement d'un programme auquel ont été apportées d'assez nombreuses et assez importantes modifications. La plus significative se révèle à l'observation des demi-colonnes adossées aux piliers intermédiaires dans la nef centrale; celles-ci ne remplissent pas leur fonction de support et ne se raccordent pas au système de couvrement. On en a conclu que le projet avait subi une modification, au sujet de laquelle on a avancé diverses hypothèses (Toesca, Krautheimer, Pardi). Ce n'est pas seulement les voûtes en croisée d'ogives qui n'avaient pas été prévues dans le premier projet de construction, mais aussi la coupole : fait bien mis en évidence par la position à 45° des petits piliers d'angle dans la troisième travée (celle de la coupole) que l'on ne retrouve pas ensuite dans la partie supérieure. Une telle irrégularité architecturale avait amené Kingsley Porter à supposer une série d'écroulements suivis d'une vaste reconstruction des couvertures, hypothèse rénovée par Renzo Pardi qui a tenté de reconstituer le déroulement complexe de la construction : des preuves d'ordre archéologique rendent certaine la reconstruction tardive de la zone absidale et de la coupole.

Jusqu'au tremblement de terre du 26 mai 1819, sa vaste masse, supportée par une galerie d'arcades aveugles et sommée d'un lanternon (c'est ainsi qu'elle est représentée sur des dessins du XVIIIe siècle) devait constituer l'élément dominant de l'édifice. Seule en subsiste aujourd'hui la partie inférieure fortement restaurée, tandis que la couverture pyramidale n'a rien à voir avec la disposition originelle.

La coupole conférait à l'édifice une originalité absolue dans le paysage architectural du Latium. Si la rose qui s'ouvre dans le mur Ouest au-dessous, où rayonnent dix colonnettes avec un aigle au centre, peut évoquer celle de Saint-Pierre à Tuscania, le losange avec une très belle tête barbue décorant le mur d'en face (pl. 68) montre un lien étroit avec le motif analogue qui se trouve à Badia Berardenga (Sienne). La coupole de la cathédrale de Pise à base elliptique a dû servir de modèle à celle de Tarquinia (De Angelis d'Ossat) : l'emplacement attribué à cette coupole au milieu de la nef et non au-dessus de la zone du sanctuaire, implique l'expérimentation de modèles spatiaux analogues à ceux de Pise, où la structure basilicale se greffe sur un plan centré en reprenant, c'est bien connu, une implantation byzantine. A Tarquinia la coupole aujourd'hui disparue, la rose et l'oculus (pl. 68) qui lui fait face viennent mettre en évidence au milieu de la nef centrale l'intersection de l'axe longitudinal avec l'axe transversal, marquant comme un nouveau tournant décisif dans la construction en cours de la phase terminale des travaux. Les sculptures de la rose (très restaurée), celles de la corniche de départ de la coupole, par le réalisme plus accusé des souples motifs de feuillage, sont comparables au décor sculpté des portails de Saint-Pierre et de Sainte-Marie-Majeure à Tuscania, trait qui conduit aussi à situer l'exécution de la coupole à une période immédiatement antérieure à la consécration de l'église.

Le décor plastique des chapiteaux tous taillés dans du «nenfro», constitue un élément stylistique uniforme qui se rattache au premier modèle architectural de Santa Maria di Castello : le répertoire des images – entrelacs anguiformes et animaux monstrueux ou fantastiques (pl. 69) – est le plus souvent rattaché à la sculpture monumentale romane, et il faut attribuer ce travail non pas seulement à des équipes lombardes mais aussi à des éléments locaux qui se sont appropriés ces modèles; un tel fait se trouve démontré par la répercussion de telles réalisations dans la province du Latium (Nepi, crypte de la cathédrale). Entre ces chapiteaux, les différences stylistiques ne manquent pas : ceux de l'abside, en particulier, avec leur taille très nette des motifs de feuillage, pourraient bien constituer un groupe à part attribuable à une époque plus tardive, probablement à la fin du XIIe siècle.

L'ameublement liturgique du sanctuaire, on l'a dit en parlant de la façade, fut exécuté par le groupe familial qui travailla à Tarquinia pendant au moins trois générations. Toutefois les grands fonts pour le baptême par immersion placés dans la nef latérale de droite ne sont pas signés (pl. 74). Le dessin régulier, aux panneaux de marbre coloré bien encadrés, a même suggéré une datation très ancienne, antérieure à la construction romane. Pietro Toesca en a tout d'abord repéré l'appartenance cosmatesque, par comparaison avec le dessin très maîtrisé de l'ameublement de Sainte-Marie in Cosmedin (Herklotz).

Giovanni et Guitto (fils de Nicola) sont par contre les auteurs du ciborium (pl. 75) que, grâce à l'inscription figurant sur l'entablement, nous pouvons dater de 1168 (à remarquer une première version à l'envers de la signature, demeurée inachevée). Le baldaquin est aujourd'hui mutilé et appauvri par l'enlèvement des colonnes originelles en marbre vert antique (la spoliation est rapportée dans le mémoire de Pietro Falzacappa au XVIIIe siècle; cf. De Cesaris), mais à l'origine il devait être complété d'un édicule ajouré en tout semblable à celui de Saint-Laurent-hors-les-Murs. Les vicissitudes de l'abside – sa construction avant 1168, puis l'écroulement et la reconstruction (fin XIIe) – manifestent que le ciborium a dû être démonté et remonté. Les fouilles ouvertes à l'extrémité de l'abside permettent en effet d'observer les bases des lésènes sous le niveau du pavement cosmatesque qui dans son ensemble a donc dû être mis en place seulement après la reconstruction de l'abside. Le niveau du pavement de la nef majeure légèrement plus élevé que celui des nefs latérales, la disparition sous le pavement des bases des piliers montrent bien que la mosaïque fut ajoutée à une étape plus tardive des travaux (pl. 76). La marqueterie en marbre est aujourd'hui dans un état très fragmentaire; le dessin scandé de quinconces dans la bande centrale, les matériaux de remploi utilisés (nombreux sont les fragments d'inscriptions lapidaires que l'on retrouve dans le pavement) sont parfaitement accordés à la tradition décorative romaine.

La chaire, œuvre de Giovanni, fils de Guitto : «...HOC OPUS NITIDUM AURO ET MARMORE DIVERSO FIERI FECIT PER MANUS MAGISTRI IOHANNIS

GUITTONIS CIVIS ROMANI» fut ajoutée au terme des travaux, une année après la consécration de l'église. Elle se présente aujourd'hui dans des conditions extrêmement défectueuses en partie à cause de vols récents (Prete) : au cours des années 60 furent dérobés les masques léonins et d'autres éléments; les plaques de marbre situées au dos sont des adjonctions de la restauration. Situation lacuneuse encore accentuée par la disparition de la clôture de la *schola cantorum,* dont la limite coïncidait avec la différence de niveau encore visible sur le pavement. La chaire est de modèle romain, d'inspiration classique dans la taille du décor architectural et dans l'utilisation d'un relief de remploi encastré dans le lutrin. Le caractère des parties à proprement parler sculptées est différent : un sens géométrique précis se manifeste dans la netteté des plans des têtes léonines, dans l'archaïsme criant de l'atlante et des animaux sur les corbeaux figuratifs (pl. 73). Diversité imputable – selon Claussen – au manque de familiarité de Giovanni et de son équipe avec le répertoire figuratif.

Il en résulte à l'évidence que la construction de Sainte-Marie du Château s'est effectuée en trois campagnes : la première se limite à la période 1121 à 1143 environ. C'est alors que furent élevés les nefs latérales, le pourtour extérieur et la façade (Claussen estime avec raison que la fenêtre double est plus tardive que le portail et la date des environs de 1150); à l'intérieur, l'élévation atteignit la hauteur des grands arcs qui relient les piliers. En sont la preuve les demi-colonnes des piliers intermédiaires qui sont là pour montrer un premier projet terminé ensuite sous une forme différente. Étant donné que les chapiteaux de ces demi-colonnes sont en tout semblables aux autres dans l'église (à l'exception de ceux de l'abside), il faut conclure que l'ensemble du décor plastique a dû être réalisé au cours de cette première vingtaine d'années. C'est toujours dans la première campagne que se situe le décor plastique de l'extérieur qui, pour le thème et pour l'exécution, peut être comparé au décor de la façade de Saint-Martin ou à celui du clocher de Saint-Juste à Tuscania.

La deuxième campagne commença en 1143 (Krautheimer, 1928) et se termina en 1168. L'inscription sur le portail (1143) mentionne explicitement que l'église n'était pas encore terminée. On y lit l'invocation : «VIRGO TUAM PROLEM ROGITA DEPELLERE MOLEM» (Vierge, prie ton Fils de repousser la construction). La mise en place de l'autel majeur et du ciborium garantissent qu'en cette seconde période on avait prévu de voûter l'édifice. Bien que sans aucune preuve définie, Kingsley Porter estimait que les voûtes avaient été reconstruites après 1190. Dans cette dernière campagne de construction, nous pouvons aujourd'hui faire entrer avec certitude la reconstruction de l'abside et l'addition plus tardive de la coupole. Addition qui assurément entraîna une radicale transformation du mode de perception de l'espace, et qui représente un élément étranger à la logique de construction des deux premières campagnes; elle demeure cependant comme témoin du vaste éventail de relations économiques et culturelles de la Corneto médiévale en particulier avec Pise à qui Tarquinia était liée par un traité (De Angelis d'Ossat).

La présence de marbriers romains et notamment des descendants de Ranuccio nous renseigne sur le monopole exercé par ces équipes dans le domaine de l'ameublement du sanctuaire, non seulement sur le chantier de Sainte-Marie du Château, mais aussi en d'autres lieux du Latium septentrional : nous les retrouvons à Sutri et à Ponzano Romano. Pour cette raison il semble tout à fait probable qu'il faille attribuer les fonts baptismaux à ce même groupe d'artistes. Sur la fenêtre double (vers 1150) fait – pour la première fois – son apparition l'expression «magister romanus» accolée au nom de Nicola. Ce qui pourrait paraître une subtilité onomastique confirme au contraire – assure Cornelius Claussen – le lien intrinsèque entre Rome, le thème religieux et politique de la *renovatio* et l'art des Cosmates mentionné dans les documents du temps sous le nom d'*opus romanum ;* phénomène qui se manifeste et s'affirme de façon définitive au cours du XIIe siècle. La consécration solennelle de la collégiale de Corneto par Innocent III (20 mai 1207) – signe tangible affirmant l'autorité papale à l'égard de l'autonomie communale de Corneto – est un élément distinct mais dans le sens de ce même processus historique.

LA CATHÉDRALE SAINTE-MARIE-MAJEURE A CIVITA CASTELLANA

La cathédrale de Civitá Castellana se dresse au point le plus élevé du rocher occupé jadis par la ville falisque de Faleries, citadelle naturelle sur laquelle s'est ensuite à nouveau développée l'agglomération au Moyen Age. Le grand porche qui occupe la façade (pl. 80) a rendu célèbre l'édifice : architecture d'une élégance classique, claire manifestation de la romanité retrouvée (Toesca, Bertelli), qui dans l'histoire se trouve liée aux deux personnages clés de la politique italienne dans la première moitié du XIIIe siècle, Innocent III et Frédéric II de Souabe dont la rencontre y eut lieu en 1214. La comparaison entre le porche de Civitá et la Porte de Capoue (Battisti) n'est peut être pas fondée architecturalement mais saisit bien la portée «papale» de l'architecture de Civitá Castellana. Cependant ces considérations ne doivent pas reléguer dans l'ombre l'ensemble de la construction où sont manifestes des influences et des inspirations dues au chantier voisin (dans l'espace et dans le temps) du monastère cistercien de Sainte-Marie de Falleri.

Histoire

L'histoire architecturale de la cathédrale romane s'inscrit dans un cadre chronologique clair et bien délimité, grâce à la documentation

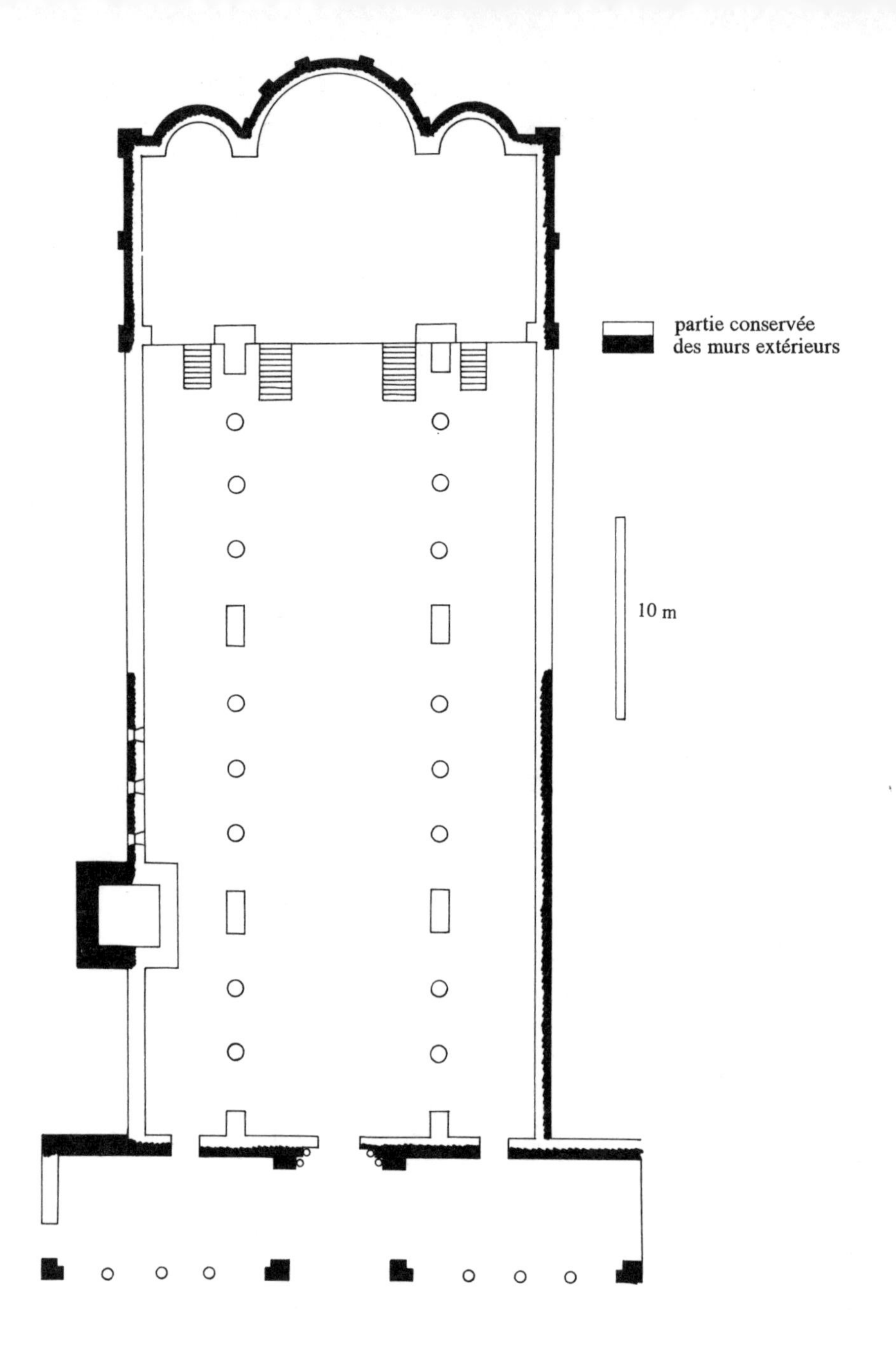

CIVITA CASTELLANA
cathédrale

historique et épigraphique, éclaircie dernièrement dans l'étude de Paola Rossi (1986) : la construction du nouvel édifice commença dans la neuvième décennie du XIIe siècle et fut achevée au terme de celui-ci, avec la réalisation des portails d'entrée. C'est d'un peu plus tard que date la construction du porche où on lit encore aujourd'hui les dates de 1210 et 1228, montrant les limites extrêmes pour les travaux de construction. Les fragments du haut Moyen Age encastrés dans l'atrium, mais aussi la mention de la translation des corps des saints Marcien et Jean (vers l'an mil) en provenance de Rignano Flaminio et retrouvés près de l'autel majeur en 1230, attestent que la cathédrale actuelle est implantée sur un édifice du haut Moyen Age. Cette dernière date indique aussi le commencement de la mise en service des aménagements du sanctuaire.

En 1179 la série des évêques de Civitá reprend avec Pierre. C'est le signe d'une réorganisation du diocèse impliqué dans les luttes schismatiques qui, les années précédentes, avaient agité la papauté (Rossi). En 1183 le prélat participa à la consécration d'un autel de Sainte-Marie de Falleri. Le portail de cette église – mis en place quelques années plus tard – porte la signature « + LAURENT / IUS CUM IACO / BO FILIO SUO / FECIT HOC OPUS ». Ce sont ceux-là mêmes qui ont laissé le souvenir de leur travail dans la solennelle inscription qui figure au portail majeur de la cathédrale : « + LAURENTIUS CUM IACOBO FILIO SUO MAGISTRI DOCTISSIMI ROMANI H' OPUS FECERUNT ». Le seul Jacobus, avec le commanditaire, est mentionné sur le portail de droite : « MA(gister) IACO + RAINERUS PETRI RODULFI FECIT FIERI + BUS M(e) FECIT ». La succession chronologique des inscriptions est évidente : sur la première, à Sainte-Marie de Falleri, le fils dépend de son père, sur la seconde ils sont tous les deux au même niveau et le titre de *« magister doctissimus »* est la marque de la renommée qu'ils ont acquise; enfin de la dernière on déduit la mort probable de Laurentius. En outre Rainerus, le commanditaire, est mentionné dans un document de 1195 d'où il résulte que c'était un noble ou un officier de Civitá Castellana (Claussen). On peut ainsi placer la date du portail entre 1190 et 1200 (Claussen) et estimer un peu plus tardive celle du portail latéral que Francesco Gandolfo juge contemporain de celui de Saint-Sabas (Rome), œuvre de Jacopo datée de 1205. Chronologie qui permet d'envisager la construction de l'édifice comme se développant de la crypte à la façade, dans une campagne architecturale liée à la période de plus grande autonomie administrative concédée à la cité par Célestin III. L'écart, également chronologique, entre la façade et le porche coïncide avec le désaccord entre les autorités municipales et Innocent III qui frappa la ville d'interdit. La construction du porche pourrait faire suite à la solution définitive de ce conflit (1199). Désormais Civitá Castellana est mentionnée comme *locus tutissimus* des États de l'Église (Raspi Serra).

Visite

A l'extérieur, l'église a conservé presque intacte sa physionomie romane, bien visible dans le sanctuaire triabsidé, dans le clocher qui se dresse sur le flanc gauche et dans l'architecture du porche. Mais une fois

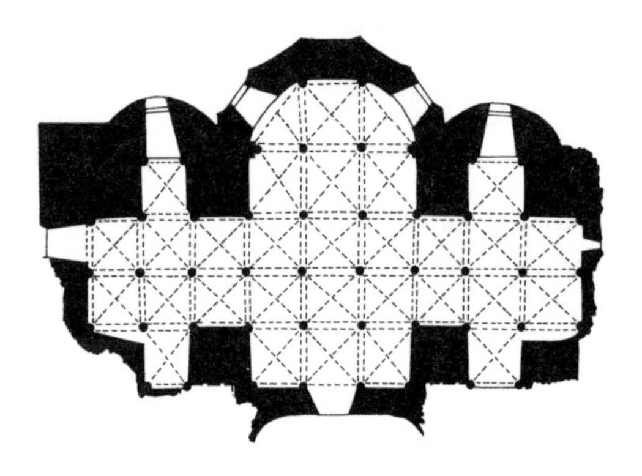

CIVITA CASTELLANA
cathédrale
crypte

franchie la porte d'entrée, l'espace à nef unique avec voûte en berceau est dominé par une coupole qui s'élève à la croisée du transept. C'est le résultat de la profonde transformation de l'édifice opérée en 1736 et 1740 par l'architecte Gaetano Fabrizi à la demande de l'évêque Francesco Maria Tenderini, opération qui a conféré à l'église un caractère spatial d'un classicisme conventionnel. C'est pourquoi il vaudra la peine de reconstituer la structure médiévale, sachant que le pourtour de la construction est demeuré inchangé, en se basant sur la description donnée dans la visite pastorale de 1738 et reproduite par Cardinali (1935) : le corps basilical était divisé en trois nefs scandées par deux rangées de douze supports avec alternance de piliers et de colonnes (voir plan). Sur l'espace longitudinal se greffait un transept perpendiculaire – la hauteur du toit était la même que celle de la nef – au sol plus élevé que celui de cette nef. L'ampleur des transformations effectuées dans cette partie de l'église rend partiellement indémontrable cette reconstitution. En tout cas, le transept perpendiculaire que l'on trouve encore aujourd'hui dans l'église Saint-Grégoire, sa contemporaine à Civita Castellana, confirme cette hypothèse de façon décisive.

Du pont Clementino, les trois absides qui se détachent du volume du transept sont nettement visibles. L'appareil en petits blocs de tuf, le décor plastique d'arceaux – entre lesquels s'insèrent des reliefs aux figurations végétales, zoomorphes et anthropomorphes –, des lésènes sur l'abside majeure et la seule arcature sur les deux absidioles sont un élément courant dans le paysage roman du Latium septentrional. Le profil extérieur de l'abside centrale est fait de panneaux rectilignes qui relient les lésènes; ce qui confère à cette abside un pourtour polygonal. Cette dernière particularité ajoutée aux rapports de volume avec le transept met en évidence le lien avec la zone absidale de Sainte-Marie de Falleri.

A l'intérieur, dans la crypte les piliers supportant le sanctuaire situé au dessus et l'escalier en fer à cheval sont la trace la plus claire laissée par les transformations du XVIIIe siècle. A l'origine on accédait à cette crypte par deux escaliers situés à l'extrémité des nefs latérales (la partie terminale de celui de droite est encore visible). Le plan d'un seul tenant se divise en neuf petites nefs, les voûtes d'arêtes retombant sur vingt-six colonnes donnent un aspect particulier à cet espace qui semble inspiré de la crypte de Saint-Pierre à Tuscania et est à rapprocher de celles des cathédrales de Nepi et de Sutri. La crypte de la cathédrale de Civitâ a peut-être servi de modèle à celle de Sainte-Marie des Grâces à Magliano Sabina.

Ayant survécu par hasard aux démolitions du XVIIIe siècle – la communauté de Civitâ n'ayant pas voulu se charger des dépenses de sa démolition (Rossi) –, le clocher fut toutefois sérieusement endommagé par cette opération. Les deux derniers étages datent d'une récente reconstruction (1960). La structure se compose de fenêtres doubles à pilier central et de deux corniches en dents d'engrenage qui, aux étages supérieurs, se compliquent par l'insertion d'une rangée de modillons. Cette série d'éléments manifeste un lien avec le clocher romain de Saint-Laurent-hors-les-Murs (1187-1196). Paola Rossi suggère donc pour celui de Civitâ une datation de la fin du XIIe siècle, certainement antérieure au début des travaux du porche.

Le très riche pavement de marbre reste l'unique élément qui subsiste de la nef romane : une bande composée de dix-sept ronds entourés d'un ruban et flanquée de vastes carrés mène au sanctuaire. Le dessin, dans les motifs géométriques et la disposition générale, se trouve conforme aux autres œuvres connues de la famille Laurentius à l'œuvre à Civitâ pendant au moins quatre générations – et peut être comparé à celui de la crypte d'Anagni (Glass). Le parcours processionnel scandé par le dessin du pavement n'est pas interrompu ici par le motif carré avec un quinconce qui dans de nombreuses églises romaines se trouve dans la première moitié de la nef (Glass).

Aujourd'hui le témoin le plus significatif de la clôture du sanctuaire est constitué par deux grandes plaques actuellement disposées dans un local attenant à l'église : elles sont supportées par un bahut avec des lions et des sphinx et encadrées par une bordure architecturale faite de pilastres, de colonnettes torses et d'un entablement; un dessin géométrique de carrés en porphyre bordé de mosaïque constitue les chancels eux-mêmes (pl. 79). Sous la bordure de la plaque gauche une inscription en indique les auteurs : «DRUD' ET LUCAS CIVES ROMANI MAGRI DOCTISSIMI HOC OPUS FECERUNT». Lucas est l'arrière-petit-fils de Laurentius (auteur du portail majeur) et le dernier de cette famille à laisser une œuvre dans la cathédrale. Selon Claussen, son rôle consista à mettre en place l'incrustation de marbre et la mosaïque. Drudus de Trivio fut quant à lui – toujours selon l'archéologue allemand – l'auteur des figures en ronde bosse qui se rattachent cette fois à la sculpture romaine du début du XIIIe siècle dominée par la famille des Vassalletto. La présence de la dernière génération de la famille des Laurentius et la nouvelle de la redécouverte des reliques des saints Marcien et Jean (1230) donnent un fondement à la datation tardive de la clôture du sanctuaire et du pavement considérés comme la dernière étape de la décoration de l'édifice (Claussen).

Dans la partie historique, on a déjà signalé le bref intervalle de temps qui sépare la construction de la façade et celle du porche. La possibilité que ces deux parties aient été conçues séparément (Hutton) a été récemment prise à nouveau en considération par Claussen. La saillie de l'arcade centrale du porche masque la rose au centre de la façade et rend difficilement visible le portail principal. Il faut donc se représenter une première façade où régnaient la rose et le portail central, harmonisés entre eux précisément grâce à ce motif repris sur le tympan (Claussen).

Le portail à ressauts avec colonnettes est flanqué de deux robustes pilastres en marbre et gardé par deux lions stylophores et par l'aigle (acéphale) à son sommet (pl. 81); ce dernier motif se retrouve dans d'autres monuments romains, par exemple au porche de l'église des saints Jean et Paul. Le dessin géométrique des têtes, la stylisation des crinières et de la toison sur les pattes confèrent une forte allure statique aux deux lions considérés (Gandolfo 1980) comme le modèle de ceux réalisés par Jacobus à Saint-Barthélemy dans l'Ile. Nous sommes à l'aube de ce réalisme d'inspiration antique qui marque la sculpture romaine du XIIIe siècle, domaine qui sera nettement l'apanage de la famille des Vassalletto. Une petite figure humaine très abîmée se trouve dans la gueule de la sculpture de droite : il s'agit peut-être du lion qui donne la vie, symbole du Christ dans les bestiaires.

Le caractère très savant et solennel des deux auteurs, Laurentius et Jacobus, se manifeste dans la bordure de marbre qui entoure la porte elle-même : dans les piédroits en marbre blanc est encastrée la triple marqueterie de marbre selon un dessin rigoureux composé de rectangles et de petits ronds qui rappelle la disposition des motifs du pavement (Glass). La grande bordure en marbre réinterprète les modèles antiques, qu'elle traduit en une géométrie élégante et vifs coloris grâce à des marbres précieux : matériaux qui pour les marbriers étaient l'essence même de leur titre de «*cives romani*».

Signé par le seul Jacques – «JACOBUS ME FECIT» –, le portail de droite se présente avec un décor de marbre beaucoup plus limité : une marqueterie formée de deux bandeaux se déroule le long des piédroits et du tympan, en l'absence totale du développement architectural qui caractérise le portail principal. Sur le tympan revêtu de mosaïque apparaît l'image en buste du Christ bénissant, le livre dans la main gauche, auréolé du nimbe crucifère. Image d'un graphisme très marqué qui renvoie à la peinture romaine de la deuxième moitié du XIIe siècle (Gandolfo) et qui selon Matthiae pourrait aussi s'inspirer des icônes du Sauveur présentes au Latium septentrional. Il faut exclure le lien étroit avec la mosaïque plus tardive de Saint-Thomas in Formis (Rome) attribuée par Matthiae à la même main; il paraît tout aussi difficile de justifier la dépendance de ce tympan figuratif des mosaïstes ayant travaillé à l'abside de Saint-Pierre à Rome (Claussen). La mosaïque avec le Christ bénissant reste cependant l'un des premiers exemples où cette technique joue un rôle important dans une œuvre réalisée par des marbriers. Une telle façon de faire s'est déjà rencontrée dans les scènes représentées sur l'entablement du porche détruit du Latran et a été reprise dans les cloîtres plus tardifs de Saint-Paul-hors-les-Murs et du Latran. L'importance que prend en quelques années une telle technique dans l'atelier de Laurentius se manifeste avec évidence sur le porche de Cività, même si l'on n'y fait pas usage de motifs figuratifs.

A la différence des précédentes interventions dues à la famille de Laurentius dans cette cathédrale, le porche s'impose comme un élément architectural, une note dominante de la façade à laquelle il confère une ligne horizontale allongée et classique (pl. 80). Les auteurs en sont «...JACOBUS CIVIS ROMANUS CUM COSMA FILIO SUO CARISSIMO...» mais le responsable du projet architectural a dû être le seul Jacobus (Claussen).

Le narthex précédant la façade est un élément caractéristique de l'architecture ecclésiastique de la Rome médiévale. La possibilité d'un lien de dépendance avec le porche de la basilique du Latran (Herklotz) *« omnium ecclesiarum mater »* ressort de la forme adoptée qui devient ainsi l'affirmation du lien étroit avec Rome. Par rapport à de précédentes réalisations romaines au XIIe siècle, se manifeste à Civitá un classicisme très marqué, note commune aux architectures romaines du début du XIIIe siècle. La façade divisée en quatre entrecolonnements de chaque côté, scandés de trois colonnes aux chapiteaux ioniques (du Moyen Age) avec figures, est terminée sur les côtés par des piliers – où à la place des chapiteaux se trouve un bandeau de mosaïque – et atteint sa plus grande hauteur au milieu avec le grand arc triomphal. L'architrave est divisée en trois bandes horizontales séparées par des moulures en marbre : l'inscription en tesselles de mosaïque se déroulait sur la bande inférieure et est aujourd'hui réduite à un petit nombre de fragments, mais on en lit encore le premier mot – «INTRANTES» (sur le pilier gauche) – et une série de lettres éparses dont il est impossible de reconstituer le sens. S'est conservée intacte la frise de marbre avec des ronds et des rectangles entourés de l'habituel motif à ruban; au-dessus fait saillie la corniche soutenue par des modillons et sculptée de motifs végétaux. Au centre l'architrave devient le couronnement horizontal de l'arcade flanquée de pilastres, décorés eux aussi d'une marqueterie de marbre et coiffés d'élégants chapiteaux corinthiens. Structure qui devient ainsi un arc triomphal classique, note dominante de l'atrium. Les proportions et le classicisme de la forme y ont même fait discerner un prototype possible pour la façade de la chapelle des Pazzi due à Brunelleschi (Bertelli). L'insertion de l'arc triomphal au milieu du narthex n'a pas de précédents dans l'architecture romaine du Moyen Age, mais se retrouve à l'autre extrémité des États pontificaux, au porche de la cathédrale de Terracina. On a fait allusion à la signification politique que cet arc pourrait avoir. Une signification plus assurée se dégage de l'inscription en tesselles d'or sur fond d'azur qui se déploie sur toute la bordure de l'arc : «GLORIA IN EXCELSIS ET IN TERRA PAX HOMINIBUS BONAE VOLUNTATIS LAUDAMUS TE BENEDICIMUS TE GLORIFICAMUS TE GRATIAS AGIMUS» (Luc 2,14) annonce de la rédemption qui accompagne le relief avec l'Agneau flanqué de deux griffons, tandis que les symboles des évangélistes (pl. 78) sont encastrés dans les quatre piliers soutenant le porche. La même invocation «Gloria...» se déroule autour du cul-de-four absidal de Saint-Clément à Rome et – remarque Claussen – d'un point de vue formel et iconographique l'entrée de Civitá Castellana est tout à fait semblable aux arcs triomphaux qui précèdent l'abside. L'arcade monumentale célèbre donc avant tout un triomphe chrétien, véritable «introibo» à la maison du Seigneur.

(suite à la page 257)

TABLE DES PLANCHES

D O M
AD EPISCOPATVM CIVITATIS CASTELLANA
ET HORTANA EVECTVS

78

79

80

81

CASTEL SANT'ELIA ▶

83

85

86

90

91

DO MV
CERTA
MEN
CER
TAVI
CVRSV
CONSV
INTRATISMEPRIMVRESPICIATIS·OMIBVSARDVACLAMIDAT

93
PALOMBARA SABINA

PP III
INNOCENTIVS EPS SERVVS SERVORV DI DILECTIS
PRIORI ET FRIB IVXTA
SPECV BEATI BENEDICTI REGLARE VITA SERVANTIBVS
INTER HOLOCAVSTA
VIRTVTV NVLLV MAGIS EST MEDVLLATV
ALTISSIMO DE PINGVEDINE
CARITATIS. HOC IGIT ATTENDENTES
CAVSA DEVOTIONIS ACCESSISSEM AD LOCV
BEATVS BENEDICT SVE CONVERSIONIS PRIMORDIO CONSECRAVIT
INSTITVTIONE IPIVS LAVDABILITER DNO FAMVLANTES
SPIRITVALIS OBSERVANTIE DISCIPLINA TORPERET. APOSTOLICV VOBIS SVBSIDIV
NECESSITATIB PVIDERE. SEX LIBRAS VSVALIS MONETE VOBIS ET SVCCESSORIB VRIS DE
CAMERA BEATI PETRI SINGVLIS ANNIS
VOBIS ESSENT VTILITER ASSIGNATE. STATVENTES VT EA
SVEVISTIS RCIPERE DE MONASTERIO SVBLACEN
MINIME NEGARENTVR
VRIS AD NRAM PRESENTIA DESTINASTIS HVMILITER IMPLORANTES
SEX LIBRAS
ASSENSV IA DICTAS SEX LIBRAS VOBIS ET SVCCESSORIB VRIS
ANNIS DE ANNVO CENSV CASTRI PORTIANI
PRIVILEGIO CONFIRMAM. NVLLI ERGO OMNINO HOMINV LICEAT HANC PAGINA NRE

99

TERRA·IN·QVA·STAMVS
SANCTA·EST
GREGORIVS·P·P·IX

IOI

103

104

FR
FRA
CISCV

La paternité des symboles des évangélistes sur la façade est encore l'objet de discussion. Le décor fait de rinceaux et d'une tête à trois visages sculptés à l'intrados de l'entablement (premier entrecolonnement à gauche de l'arcade, d'autres sculptures de la même main figurant à l'emplacement symétrique) – détail peu visible et pour cela souvent ignoré – est considéré par Noehles, sur la base de ressemblances stylistiques et iconographiques, comme un élément suffisant à attester la présence de sculpteurs venus du chantier de la cathédrale de Spolète. Cet archéologue estimait aussi que les pièces exécutées à Rome avaient été ensuite transportées à Cività Castellana où des artistes ombriens se seraient chargés de les mettre en place. La présence dans la ville de la famille de Laurent pendant plusieurs générations et l'utilisation de la technique de la mosaïque rendent cette hypothèse tout à fait insoutenable. En tout cas la possibilité que la sculpture de marbre ait été exécutée par des artistes spolétains a été soutenue par Mme Raspi Serra pour qui le poli des bas-reliefs rappelle les sculptures du portail de Saint-Julien à Spolète. On peut croire que les sculptures des symboles des évangélistes sont l'œuvre d'équipes ombriennes et étaient destinées dans un premier projet de façade à en flanquer la rose; ce serait seulement par la suite qu'elles auraient été encastrées dans les piliers du porche. Dans l'ange de saint Matthieu (pl. 78), la section nette à la partie inférieure du relief semble favoriser cette hypothèse. Pour Claussen, il faut par contre attribuer à des sculpteurs ombriens, peut-être pérugins, les seuls griffons de la partie supérieure du porche, tandis que les symboles des évangélistes seraient l'œuvre de Jacques. Les fragments d'inscription en mosaïque lisibles sur les piliers qui flanquent l'entrée principale du porche – «...E(i)LIUS LAU(re)NTII» et «...XXVIII» (à interpréter comme *Jacobus filius Laurentii* et MCCXXVIII) – appuieraient une telle attribution. La date et la signature qui s'y trouvent permettent seulement de fixer l'extrême limite chronologique jusqu'à laquelle ont pu s'étendre les travaux du porche.

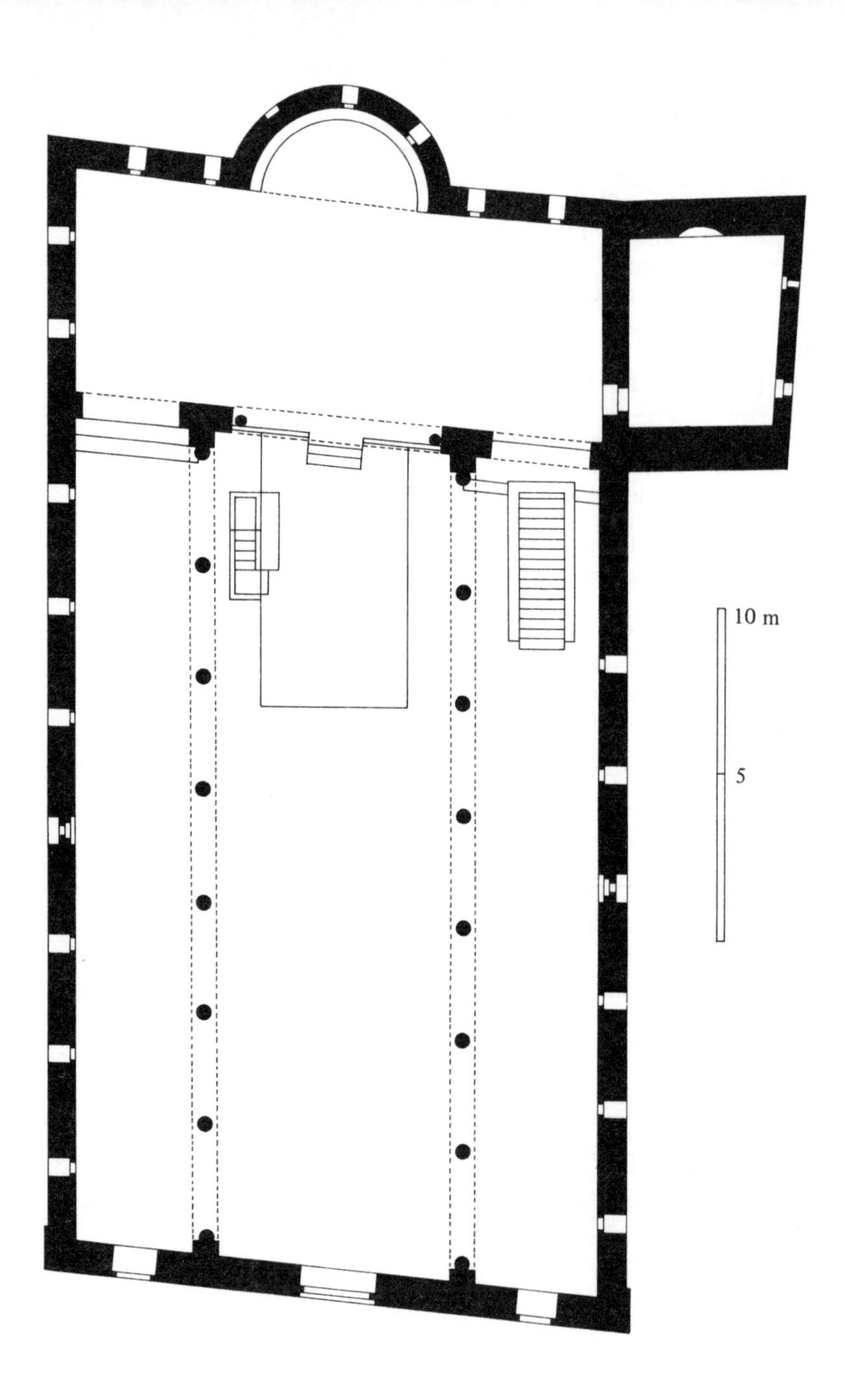

CASTEL SANT'ELIA

CASTEL SANT'ELIA. SAINT-ANASTASE

L'ensemble monastique de la vallée Suppentonia, aux origines légendaires – il s'élèverait sur les ruines d'un temple de Diane – et monastère bénédictin peut-être dès le VIe siècle, se rangea sous la règle de Cluny au Xe siècle, du temps d'Albéric, tyran de Rome : à cette époque il était sous le patronage de saint Élie, remplacé dans la suite par saint Anastase. Les nombreux éléments de remploi utilisés dans l'édifice roman semblent confirmer ces renseignements sur la longue histoire du lieu et du centre religieux. Cependant l'église que nous voyons aujourd'hui (pl. 82) est un édifice roman à trois nefs éclairé par des fenêtres simples et séparées par des colonnes presque toutes coiffées de chapiteaux de remploi, à l'exception des deux au revers de la façade qui, eux, datent du Moyen Age : sur celui de droite on voit une sorte de procession de nombreux personnages qui se tiennent par la main. Un grand pavement cosmatesque dans un état de conservation substantiellement bon s'étend sur une grande partie de la superficie de la basilique (pl. 88 et 89). Le sanctuaire, où l'on accède en passant sous un arc triomphal reçu par des colonnes antiques plus petites en granit, est surélevé par quelques marches au-dessus d'une crypte divisée en deux locaux de forme un peu irrégulière, l'un absidé et couvert de voûtes portées par deux colonnes, l'autre une sorte de chambre manifestement soumise à des transformations plus tardives : nous nous trouvons probablement devant le noyau antique du lieu de culte, non transformé en une crypte romane «classique». Le sanctuaire et le transept sont pourvus de trois autels, celui du milieu est surmonté d'un ciborium certainement contemporain de la construction romane. A la même époque remonte la chaire, dans laquelle ont été encastrées des plaques à entrelacs du haut Moyen Age.

Après les restaurations du XXe siècle, la maçonnerie de l'intérieur se révèle assez refaite; mais à l'extérieur il semble que soit substantiellement intact l'élément décoratif, qui compte des corniches en dents d'engrenage et des modillons en marbre, et que Poeschke met en relation étroite avec celui de Saint-Chrysogone; sur l'abside centrale il est fait de demi-colonnes et d'arceaux «à la lombarde» (pl. 83) auxquels a été réservé non pas, comme d'habitude, la partie la plus élevée du mur mais la plus basse, presque comme une plinthe. Selon Hoegger – mais son opinion demeure isolée –, ce détail permettrait de supposer deux campagnes de construction au moins pour cette partie de l'édifice. D'autres arceaux se trouvent en façade sous les rampants, ainsi qu'une frise horizontale à mi-hauteur. Au registre inférieur s'ouvrent trois portails au tympan en plein cintre, pourvus d'un décor plastique soigné réutilisant aussi des éléments du haut Moyen Age. Le portail de gauche n'offre actuellement qu'une sorte de couronnement qui suit à peu près l'arrondi du tympan : c'est à l'évidence une partie d'un ciborium (VIIIe-IXe siècle) avec de petits restes de porphyre et de serpentine verte (pl. 85).

Au portail central (pl. 87) on a utilisé comme piédroits extérieurs d'autres fragments du haut Moyen Age à entrelacs, tandis que les montants intérieurs, la voussure du tympan et le linteau présentent des sculptures exécutées spécialement pour la nouvelle construction : motifs à entrelacs (héritage du haut Moyen Age) mêlés à de de petites figures d'animaux, rinceaux et, sur le linteau, une suite intéressante avec un lion, un cerf, un aigle, et encore un cerf et un lion. Au portail de droite (pl. 86) enfin, le linteau porte une frise «continue» avec un lion et un visage humain de la bouche desquels sortent des rinceaux avec du raisin et des pampres. Le traitement plastique se montre tout à fait étranger aux effets de volume ou aux orientations classiques : c'est une facture de graveur à tendance bidimensionnelle, bien attestée en Toscane méridionale et de saveur archaïsante même dans le choix des traits de physionomie – le chapiteau à personnages que nous avons déjà signalé à l'intérieur semble très voisin de ces reliefs au point de laisser supposer que le même atelier a procédé à l'organisation de la plastique à l'intérieur et à son insertion au milieu d'éléments de remploi et d'éléments modernes, ainsi qu'au décor de l'extérieur.

La basilique Saint-Anastase est avant tout célèbre par le grand cycle de fresques conservé jusqu'à aujourd'hui, bien qu'incomplet et en assez mauvais état, dans l'abside et le transept. On en trouvera l'étude au chapitre sur la peinture, p. 362.

Les problèmes que pose ce cycle se retrouvent au niveau de l'ensemble monumental de la basilique et de ses annexes.

Réfléchissons sur les données de chacun de ces problèmes. L'architecture, exemple des techniques dites lombardes (transept non saillant, décor de lésènes et d'arceaux) mais aussi d'attention à l'antique par le biais du procédé habituel de réutilisation d'éléments récupérés, se rattache bien (Hoegger, Poeschke) à certains prototypes de l'architecture lombarde (Sant'Abbondio à Côme (cf. *Lombardie romane*, pl. 57), campanile de Pomposa (cf. *Émilie romane*, pl. 137)) et à des réalisations romaines (Saint-Chrysogone), la plaçant ainsi dans une intéressante situation d'intermédiaire que son propre emplacement géographique rend légitime d'admettre. En outre la datation des termes de comparaison invoqués (1063 environ pour Côme et Pomposa, au cours de l'année 1129 pour Saint-Chrysogone) offre une place chronologique extrêmement plausible. La basilique apparaît cependant en deçà des modèles du classicisme romain «triomphant» et donc antérieure à l'église supérieure de Saint-Chrysogone ou à Sainte-Marie au Transtévère; pour Toesca l'édifice se situait encore au XIe siècle, et les arguments de Poeschke, basés pratiquement sur la comparaison des corniches en dents d'engrenage avec celles de Saint-Chrysogone, me paraissent un peu insuffisants assurément pour dater toute une basilique et ses fresques.

Les données historiques sur l'église que nous connaissons coïncident, bien que lacunaires, avec ces indications et sont peut-être moins faibles qu'il n'y paraît à première vue. Dans la chapelle Saint-Michel située un peu plus haut que la basilique au bord de la falaise, entièrement reconstruite à la fin du XIXe siècle sur les fondations d'un établissement probablement contemporain de la basilique Saint-Anastase (les bénédictins avaient fondé plusieurs monastères dans un rayon de quelques kilomètres), on conserve en effet une pierre qui mentionne le nom d'un certain abbé Bovo : IN NOMINE DOMINI EGO BOVO ABBAS RENOVAVI HOC ALTARE AD HONOREM SANCTAE TRINITATIS ET OMNIUM BEATORUM SPIRITORUM ORDINUM ET BEATI GREGORII PAPAE TEMPORE DOMINI HONORII II PAPAE INDICTIONE III. Étant donné que le pontificat d'Honorius II dura de 1124 à 1130, on en déduit que la réfection et sans doute la reconsécration de l'autel ont eu lieu en ces années-là. Le nom même, Bovo, se retrouve ensuite dans une seconde inscription, celle-là placée dans la basilique Saint-Anastase, au début de l'escalier qui mène à la crypte : LUX IMMENSA DOMINUS LUMEN DE(?) LUMINE FULGENS BOVONI FAMULO SIS PROTECTOR AUXILIUM. Par ailleurs un fragment d'inscription encastré dans le pavement («CIT DO BO... COMITI SA..., IZO..COMA) a été lui aussi interprété comme une référence à Bovo, «FECIT DOMINUS BOVO». Il s'agit donc d'un abbé Bovo qui, sous le pontificat d'Honorius II, administra sans doute tant la basilique Saint-Anastase, que les autres établissements bénédictins des alentours, à peu près comme à Subiaco, où il n'y a qu'un seul abbé pour le Sacro Speco et Sainte-Scholastique. Il est certainement très risqué de lui attribuer sans plus, à partir de ces faibles vestiges, tout l'ensemble architectural et décoratif complexe de la basilique. Gandolfo, par exemple, qui lui aussi penche pour une date ancienne des fresques, note comment les fenêtres de l'abside ont été bouchées pour exécuter les fresques et pense donc à un intervalle entre la construction et la décoration de l'église. Nous savons cependant que ce fait n'est jamais décisif pour établir une succession d'événements : et nous nous rappelons le cas toujours invoqué de Monreale où les mosaïques ont été réalisées en bouchant les fenêtres tout juste terminées. Il faut peut-être encore dire que cet abbé Bovo – si l'on en croit le témoignage des inscriptions lapidaires – semble parsemer la basilique de son propre nom d'une façon qui rappelle un autre cas analogue, celui d'Alfano à Sainte-Marie in Cosmedin; et en attendant des indices plus sûrs, celui qu'offre la série des inscriptions doit rester présent à la mémoire et il faut envisager sérieusement la possibilité de situer au moins la réalisation du cycle à une date qui tourne autour de la première ou de la seconde décennie du XIIe siècle.

BIBLIOGRAPHIE

Montefiascone. Saint-Flavien

- Rivoira 1908, p. 259-274.
- E. Lavagnino, *Osservazioni sulla pianta del San Flaviano di Montefiascone,* in *Miscellanea di Storia dell'Arte in onore di I.B. Supino,* Florence 1933, p. 41-47.
- P. Cao, *La chiesa lombarda di S. Flaviano a Montefiascone,* Viterbe 1938.
- T.G. Ricca, Mercurio Antonelli, *S. Flaviano e S. Maria di Montedoro in Montefiascone,* Rome 1938.
- E. Battisti, *Monumenti romanici nel viterbese. Il S. Flaviano di Montefiascone,* «Rivista d'arte» 28 (1953), p. 93-113.
- Wagner Rieger, II, 1957, p. 215-216.
- B.M. Apollonj Ghetti, *Antica architettura sacra nella Tuscia,* «Fede e Arte», 7 (1959), p. 290-293.
- Raspi Serra 1972, p. 75-89.
- E. Neri Lusanna, *La chiesa di San Flaviano in Montefiascone nei suoi rapporti col Romanico lombardo ed europeo,* in *Il Romanico,* atti del convegno [Varenna 1973], Milan 1973, p. 277-297.

Tuscania. Saint-Pierre

- Francovich 1937, p. 79-81.
- C.A. Isermayer, *Die mittelalterlichen Malereien der Kirche S. Pietro in Tuscania,* «Kunstgeschichtliches Jahrbuch der Bibliotheca Hertziana», 2 (1938), p. 290-210.
- H. Thümmler, *Die Kirche S. Pietro in Tuscania,* «Kunstgeschichtliches Jahrbuch der Bibliotheca Hertziana», 2 (1938), p. 265-288.
- Garrison, III, 1957-58, p. 195-198.
- Wagner Rieger 1957, II, p. 214.
- B.M. Apollnj Ghetti, *Antica architettura sacra nella Tuscia, «Fede e Arte»,* 7 (1959), p. 306-309.
- K. Noheles, *Die Fassade von San Pietro in Tuscania, «Römisches Jahrbuch für Kunstgeschichte»,* 9-10 (1961-62), p. 13-72.
- Matthiae 1966, p. 30-35.
- I. Hueck, *Der Maler der Apostelnszenen im Atrium von Alt-St. Peter,* «Mitteilungen des Kunsthistorischen Institutes in Florenz», 14 (1969), p. 115-144.
- Glass 1980, p. 137-138.
- G. Brandi, *Disegno dell'architettura italiana,* Turin 1985, p. 5-8.
- Kraft 1987, p. 70-76.
- Matthiae-Gandolfo 1988, p. 252, 256-258, 262, 307, 360.

Sainte-Marie-Majeure

- Serafini 1927, p. 85-87.
- Francovich 1937, p. 79-81, 110, fig. 67.

Tarquinia. Sainte-Marie du Château

- G.B. de Rossi, *Del cosidetto Opus Alexan-*

drinum dei Marmorari Romanini in S. Maria di Castello, Tarquinia, «Bollettino di Archeologia Cristiana», S. II 6 (1875), p. 85-131.
• E. Stevenson, *Chiesa di Santa Maria di Castello a Corneto,* in *Mostra della Città di Roma alla Esposizione di Torino nell'anno MDCCCLXXXIV,* Rome 1884, p. 176-177.
• A. Kingsley Porter, *S. Maria di Castello in Corneto,* «Arte e Storia» 31 (1912), p. 138-151, 169-179.
• R. Krautheimer, *Lombardische Hallenkirche im 12. Jahrhundert,* «Jahrbuch für Kunstwissenschaft», 21 (1928), p. 176-191.
• Hahn 1957, p. 180, n. 533.
• Wagner Rieger 1957, I, p. 50-51, II, p. 32-36.
• B.M. Apollonj Ghetti, *Antica architettura sacra nella Tuscia,* «Fede e Arte», 7 (1959), p. 300-301.
• R. Rardi, *Nuovi rilievi della chiesa di S. Maria di Castello in Tarquinia,* «Palladio», 9 (1959), 1-2, p. 79-93.
• G. de Angelis d'Ossat, *La distrutta «cupola di Castello» a Tarquinia,* «Palladio», 29 (1969), 1-4, p. 119-135.
• Raspi Serra 1972, p. 22-30, 40, 44-53, 64-66, 95-96, nn. 45, 65, 66, 69, 74, 85-91, 116, 117, 141, 148, 150, 257, 258, 270, 280.
• R. Pardi, *La chiesa di S. Maria di Castello in Tarquinia dalla fondazione alla consacrazione,* «Bollettino della Società Tarquiniese di Arte e Storia», 4 (1975), p. 10-30.
• Glass 1980, p. 133-135.
• G.M. Aldanesi, *Ancora sulla chiesa collegiata di S. Maria di Castello,* «Bollettino della Società Tarquiniese di Arte e Storia», 5 (1976), p. 58-67.
• Herklotz 1985, p. 156.
• P. Rossi, *Civita Castellana e le chiese medievali del suo territorio,* Rome 1986, p. 18-25, 68-74.
• Claussen 1987, p. 36-38, 41-45, 48-53.
• R. Prete, *La chiesa di Santa Maria di Castello, la sua storia e i suoi restauri,* «Bollettino della Società Tarquiniese di Arte e Storia», 16 (1987), p. 5-37.
• L. Balduini, *Notizie su alcuni arredi della chiesa di S. Maria in Castello in Corneto,* «Bollettino della Società Tarquiniese di Arte e Storia», 17 (1988), p. 43-62.
• C. de Cesaris, *Santa Maria di Castello cattedrale di Corneto,* «Bollettino della Società Tarquiniese di Arte e Storia», 17 (1988), p. 5-42.
• Raspi Serra 1972, p. 20-22, n. 54.

Civita Castellana. Sainte-Marie-Majeure

• Serafini 1927, p. 105-106.
• A. Cardinali, *Cenni storici della Chiesa Cattedrale di Civita Castellana,* Rome 1935.
• E. Battisti, *Monumenti romanici nel Virtebese. Le cripte a sud dei Cimini,* «Palladio», 3 (1953), p. 67-80.
• Hahn 1957, p. 179-180.
• Wagner Rieger 1957, II, p. 32-36.
• B.M. Apollonj Ghetti, *Antica architettura sacra nella Tuscia,* «Fede e Arter», 7 (1959), p. 296.
• C. Bertelli, *La cappella dei Pazzi e Civita Castellana,* «Paragone» 77 (1956), p. 57-64.
• E. Battisti, *Simbolo e classicismo,* in *Rinascimento e Barocco,* Turin 1960, p. 22-23.
• Matthiae 1966, p. 156.
• Matthiae 1967, p. 387.
• Raspi Serra 1972, p. 60, 102-104, nn. 144, 281, 285, 286.
• Glass 1980, p. 63-64.
• L. Cimarra, *Artefici e committenti nelle iscrizioni cosmatesche di Civita Castellana,* «Biblioteca e Società», 5 (1983), 3-4, p. 37-40.
• P. Rossi, *Civita Castellana e le chiese medievali del suo territorio,* Rome 1986, p. 15-27.
• L. D'Angelo, *La cattedrale cosmatesca di Civita Castellana,* «Lunario Romano» 16 (1987), p. 83-94.
• Claussen 1987, p. 67-71, 82-91, 100-101.
• Kraft 1987, p. 50-53.
• Matthiae-Gandolfo 1988, p. 304.
• Priester 1990, p. 181.

Castel Sant'Elia. Saint-Anastase

• G. Tomassetti, *Della campagna romana* «Archivio della Società romana di Storia Patria», 5 (1882), p. 608-612.
• Garrison, III, 1957, p. 5-17.
• Y. Batard, *Les fresques de Castel Sant'Elia et le «Jugement dernier» de la Pinacothèque Vaticane* «Cahiers de civilisation médiévale», 1 (1958), p. 171-178.
• B.M. Apollonj Ghetti, *Antica architettura sacra nella Tuscia,* «Fede e Arte», 7 (1959), p. 312-313.
• Matthiae 1966, p. 35-38.
• K. Berg, *Notes on the dates of some early Giant Bibles,* «Acta ad archaeologiam et artium historiam pertinentia», p. 167-176.
• O. Hiort, *The frescœs of Castel Sant'Elia– A Problem of stylistic Attribution,* «Hafnia», (1970), p. 7-33.
• J. Raspi Serra, éd., *Corpus della scultura altomedievale – VIII, Le diocesi dell'Alto Lazio,* Spolète 1974, p. 142-149.
• P. Hoegger, *Die Fresken in der ehemaligen Abteikirche S. Elia bei Nepi,* Stuttgart 1975.
• Glass 1980, p. 61-62.
• Kraft 1987, p. 81-85.
• Poeschke 1988, p. 1-28.
• Matthiae-Gandolfo 1988, p. 257-258.

NOTES SUR

QUELQUES ÉDIFICES ROMANS DU NORD DU LATIUM

1 *ACQUAPENDENTE. LA CRYPTE DE L'ÉGLISE DU SAINT-*Sépulcre. Le territoire d'Acquapendente est une zone frontière entre le Latium, la Toscane et l'Ombrie, jadis objet de litige entre l'empire et la papauté, et jusqu'en 1649 appartenant au diocèse d'Orvieto. C'est seulement alors que, avec la destruction de Castro, la ville devint siège épiscopal.

Les premiers renseignements écrits remontent au XIe siècle, époque à laquelle on parle expressément d'une église dédiée au Saint-Sépulcre, consacrée en 1149 par les soins d'Eugène III. Une bulle de 1144 rappelle la présence des bénédictins que remplacèrent en 1262 les chanoines réguliers augustins. La présence des templiers – souvent mentionnée – ne semble pas par contre appuyée par les sources (Lise; Vismara). De profondes transformations et des adjonctions furent apportées à l'édifice médiéval à partir de 1649, lorsque l'église devint cathédrale. L'ensemble a été gravement endommagé pendant la dernière guerre : le bombardement de juin 1944 frappa un convoi allemand chargé de munitions stationné à côté de l'édifice. Les explosions provoquèrent l'écroulement de la nef latérale de gauche, menacèrent l'équilibre de tout le corps longitudinal du bâtiment mais épargnèrent la crypte. Les restaurations qui ont eu lieu à la fin des années 40 ont révélé les structures médiévales présentes dans le corps même de la nef, mettant en évidence entre autres une série d'irrégularités dans la structure que masquaient les interventions baroques : dans la nef la colonnade de gauche se composait de quatre piliers mais celle de droite de trois, et il n'y avait pas de parallélisme entre les deux rangées, signe d'une progression discontinue de la construction.

Point central de la crypte, la chapelle du Saint-Sépulcre se trouve à un niveau inférieur et est légèrement désaxée par rapport au sanctuaire. On en déduit que c'est la partie la plus ancienne de l'édifice, mentionné de fait à partir du XIe siècle sous ce titre particulier.

L'implantation originelle d'un seul tenant avec neuf petites nefs semble à première vue en tout semblable à la crypte du Latium septentrional. Cependant les deux bras n'ont que trois travées tandis que la profondeur du sanctuaire est double, marquant ainsi nettement l'axe médian (les deux chapelles latérales sont des additions postérieures). L'ordonnance complexe de l'espace, soulignée par les piliers polystiles adossés aux murs gouttereaux et par la technique des voûtes à nervures, a été interprétée de diverses manières : développement de modèles élaborés à Saint-Flavien de Montefiascone (Raspi-Serra 1972) ou bien indice d'éléments gothicisants et transalpins (Salvatori 1976) marquant une coupure géographique et chronologique avec le milieu du Latium. En tout cas les chapiteaux en pépérin présentent le répertoire végétal et figuré de la crypte de Nepi (Raspi-Serra 1972) mais sont surtout comparables à ceux de l'église inférieure de Saint-Flavien, tant dans le décor animal que dans le décor végétal présent sur les tailloirs, ce qui suggère un lien avec la sculpture architecturale que l'on trouve maintes fois dans le Latium septentrional au cours de la deuxième moitié du XIIe siècle. Une telle date est en contradiction avec la mention de la consécration en 1149, laissant pour le moment l'analyse stylistique sans le support de références documentaires solides (E.P.).

BASSANO IN TEVERINA. SAINTE-MARIE-DES-LUMIÈRES. L'ÉGLISE 2 *se trouve presque à l'extrémité du bourg fortifié et est datée d'entre le XIe et le XIIe siècle (Raspi-Serra, 1974). La construction, de plan basilical, est scandée par deux rangées de colonnes reliées par des arcs et couverte d'une charpente apparente. Les deux dernières colonnes de la partie du chœur remontent par contre à une phase ultérieure de construction.*

Un intérêt spécial s'attache aux chapiteaux en pépérin à terminaison en volutes. Ils sont ornés de décor végétal et animal, avec des motifs d'entrelacs inspirés du répertoire du haut Moyen Age. Il s'agit d'une persistance que l'on retrouve également à Saint-Eusèbe de Ronciglione, dans les chapiteaux de Sainte-Marie et du Saint-Sauveur de Vasanello et, sur la rive opposée du Tibre, dans les environs d'Amelia, à Saint-Siméon de Porchiano (XIe siècle : cf. Bertelli, 1985) (E.P.).

3 *BOLSENA. SAINTE-CHRISTINE. EXEMPLE PARMI TANT D'AU-*tres d'un monument qui comporte de notables et indiscutables restes de l'époque romane, objet de bien peu d'attention, la collégiale s'élève sur un ensemble de catacombes complexe, lié naturellement au culte et à la sépulture de sainte Christine. Selon la tradition (Dottarelli, 1928), l'église aurait été édifiée par la comtesse Mathilde de Canossa qui, dans les premières années du pontificat de Grégoire VII, aurait restauré un oratoire creusé près des catacombes abandonnées et fait construire l'église à ses côtés en utilisant du matériel de remploi. Elle aurait aussi recouvré les reliques de la sainte dans l'île Martana, et le même pontife Grégoire les aurait placées dans un sarcophage en 1077.

Au XIIIe siècle, l'édifice a certainement subi une réfection au cours de laquelle l'abside et les absidioles furent refaites. Il conserve cependant son plan originel à trois nefs divisées par des colonnes : certaines sont de remploi, intégrées à du matériau neuf et toutes présentent un galbe marqué. Elles sont reliées par des arcs plutôt étroits, à double rouleau, et coiffées de chapiteaux à tailloir, presque tous sculptés. Au début de la nef de gauche est inséré le clocher. Le plan de l'église apparaît tout à fait semblable à celui commun à la région de l'Ombrie méridionale et aussi de la basse Toscane, ce qui confirme l'unité de ces territoires qui relèvent aujourd'hui d'administrations diverses; il en découle une datation de la fin du XIe siècle qui semble plausible, même si l'on garde à l'esprit les données traditionnelles sur la fondation de l'église. Il faut noter que, bien que sculptés à l'origine, les chapiteaux – spécialement certains du côté gauche – n'ont conservé que quelques fragments de leur décor, lambeaux d'entrelacs, pattes ou ailes d'animaux, qui relèvent bien de la période indiquée.

Un autre reste évident de l'église romane est la corniche sculptée de ce qu'on appelle «la porte de la comtesse Mathilde», aujourd'hui située dans la petite nef de gauche. Il s'agit de deux piédroits décorés de rinceaux et de petites roses, sortant des gueules de deux petits lézards (à gauche) et d'un griffon (à droite) : les faces internes ont par contre des rinceaux de vigne avec de minuscules visages humains et de petits animaux. Au sommet des piédroits, deux panneaux avec les symboles du Lion et du Taureau; enfin un linteau à l'iconographie très dense. Au centre apparaît l'Agneau dans une auréole, à droite l'Adoration des mages, à gauche un groupe de saintes parmi lesquelles figure probablement – assise sur un siège – sainte Christine.

L'aspect actuel de la porte est, à l'évidence, le résultat d'une recomposition, vraisemblablement réalisée au XVe siècle. Les deux panneaux avec le Lion et le Taureau proviennent d'un autre ensemble – il manque les deux autres symboles des évangélistes – et pourraient avoir été remployés parce que les dimensions de la porte actuelle sont plus grandes que celles de l'original : cela se vérifie également dans le cas du linteau, qui est plus étroit que la largeur de la porte. Des différences se font aussi sentir dans le style : les piédroits ont un relief à bordure quelque peu tranchante, à arêtes vives, tandis que les figures du linteau et les deux symboles d'évangélistes sont plutôt arrondis, avec des yeux acérés et des visages cylindriques. Toesca (1927) rapprochait le portail de Bolsena de la porte d'Ardea (1191) et de Saint-Étienne-des-Abyssins à Rome, cette dernière référence paraissant plus justifiée que la première. Même en distinguant les morceaux divers de la corniche, l'œuvre peut fort bien être retenue parmi les réalisations des courants artistiques diffusés en Ombrie, Abruzzes, Latium et, en partie, basse Toscane, à une date qui n'est peut-être pas celle de la porte d'Ardea, mais qui est de peu postérieure à celle indiquée pour l'ensemble architectural (S.R.).

CAPRANICA. LE PORTAIL DE L'HÔPITAL CIVIL. IL PROVIENT DE 4 *l'église Saint-Jean-l'Évangéliste, dont il fut retiré entre 1815 et 1842, pour être réutilisé dans la façade de l'hôpital.*

Le portail à double rentrant est enclos entre les demi-colonnes couronnées de lions, surmontées d'un fronton dont le tympan est ceint d'une lésène de section circulaire (roll moulding). *Les colonnettes latérales sont interrompues par des nœuds sculptés avec un élégant dessin de tresses d'osier – élément qui se retrouve, par exemple, dans le portail central de Sainte-Marie-Majeure à Tuscania et qui permet de donner un premier encadrement à cette pièce.*

Les lions (celui de droite a été en partie refait) et surtout le bas-relief sculpté sur les quatre dalles de marbre du tympan confèrent à l'œuvre une importance spéciale pour aider à reconstituer l'histoire de la sculpture romane du haut Latium. La composition est organisée autour d'un motif de vignes qui partent de gueules monstrueuses visibles dans la partie supérieure, dans l'angle inférieur gauche et quasi symétriquement du côté opposé, et dans les rinceaux qui encadrent les diverses figures. Animaux et êtres monstrueux sont distribués sur trois registres superposés : en haut deux cerfs, au centre des oiseaux qui picorent du raisin, des lions avec des rinceaux qui jaillissent de leur gueule et une figure de femme assise, peut-être image de l'Église (Guglielmi) ; en bas court une diablesse à tête d'oiseau dont la chevelure se déploie dans l'espace (figure de très grande force expressive) ; suivent un rapace, un cynocéphale, deux oiseaux entourant symétriquement des têtes humaines (une masculine et une féminine), de nouveau un lion qui semble menacé par un rapace. La distribution même de ces êtres, du cerf au démon, rend d'autant plus plausible l'interprétation de Carla Guglielmi, qui reconnaît dans ce relief une thématique centrée sur l'opposition entre les forces du bien et celles du mal.

Le lien avec le portail gauche de Sainte-Marie-Majeure à Tuscania est évident, qu'il s'agisse de la taille ou des détails iconographiques – les harpies par exemple – et donnent force à ce qui fut suggéré en son temps par Toesca, puis argumenté par Mme Guglielmi : la parenté très étroite entre ces artisans et le sculpteurs de la façade de Sainte-Marie-Majeure à Tuscania.

Sur la même place Saint-François, du côté opposé, dans la façade de l'église de ce nom, reste la corniche extérieure de la rose : la représentation du zodiaque en bas-relief semble une version simplifiée de modèles de Tuscania; aujourd'hui, elle apparaît difficilement lisible en raison de la destruction des symboles causée par la friabilité du tuf.

Il faut signaler à l'intérieur de l'église néoclassique de Sainte-Marie une œuvre de Vespignani, le tableau du Sauveur dérivé et peut-être inspiré du même modèle que l'analogue peint de Sutri (E.P.).

5 *CERI. L'IMMACULÉE. LA DÉCOUVERTE D'UN CYCLE DE FRES*ques dans l'église de l'Immaculée Conception à Ceri a constitué, il y a peu d'années, l'un des événements qui démentent que l'on puisse douter de la possibilité d'un accroissement de nos connaissances dans une région pourtant très étudiée, comme celle de Rome et de ses alentours, et dans une période difficile comme l'est la médiévale.

L'église de l'Immaculée est une construction très remaniée, dont les maçonneries romanes sont spécialement visibles dans la partie absidale, au décor lombard de lésènes et d'arceaux. Elle a trois nefs, un transept, une abside, un petit porche sur colonnes qui relie l'église à la maison des chanoines. La structure originelle n'avait probablement prévu qu'une seule nef, comme on peut le déduire du fait que le remarquable pavement cosmatesque s'étend aujourd'hui dans la seule nef centrale et que la partie absidale, qui apparaît nettement surélevée, conserve une portion de mur – la plus ancienne – de la même largeur que cette nef centrale. Selon Cadei, auteur de l'étude la plus étendue sur le sujet, ceci était encore prouvé par la décoration de fresques, qui se voyait supprimée à l'endroit où le bas-côté droit se joint à la nef centrale. La mise au jour de toutes les fresques, à la suite de l'article de Cadei, a confirmé son hypothèse : aujourd'hui, il est évident que les arcs de passage de la nef centrale à celle de droite causent une rupture de l'enduit fresqué. La transformation en trois nefs doit probablement dater d'une époque postérieure, peut-être celle où l'église reçut les reliques du pape saint Félix, qui furent déposées dans une chapelle située à droite de la nef, contre les fresques, ce qui provoqua évidemment des transformations du lieu de culte et de tout le monument.

Les essais de nettoyage qui, en 1974-75, révélèrent l'existence de fresques, s'étendirent sur plusieurs campagnes de restauration, jusqu'à la mise au jour, sur tout le mur droit de la nef, ainsi que sur une partie du revers de la façade et de la paroi absidale, d'une très riche série de peintures, en bon état de conservation dans l'ensemble. Le cycle est disposé sur trois registres, séparés par des bandes comportant des inscriptions relatives aux scènes et des motifs décoratifs. En partant du haut et de gauche à droite, se succèdent des scènes de l'Ancien Testament, de la création au sacrifice d'Isaac (1er registre), de la bénédiction d'Isaac au passage de la mer Rouge (2e registre); dans le registre inférieur, se mêlent par contre des figures de saints, des scènes de martyre situées, comme l'indique l'inscription, à Patras en Achaïe (il s'agit probablement d'une crucifixion de saint André) et un saint Sylvestre avec le dragon. Plus bas encore, dans les parties de mur qui descendent jusqu'à terre, quelques panneaux avec des scènes réalistes ou des figures fantastiques : la cuisson du porc, des démons, une chimère. Sur le revers de la façade, des fragments d'un Jugement dernier et, sur le mur de l'abside, des arrière-plans architecturaux et un saint Georges terrassant le dragon.

L'appartenance des fresques de Ceri à la peinture romaine du XIIe siècle ne peut être mise en doute : il suffit d'observer les éléments des décors, qui évoquent aussitôt le prototype – plus riche et complexe, plus antiquisant aussi – de Saint-Clément, ou certains fragments comme celui du passage de la mer Rouge dans lequel la façon d'indiquer l'eau et les poissons rappelle à l'évidence les fresques de Saint-Clément. Par rapport à ce grand modèle, le rendu des physionomies et des drapés est plus simplifié; l'emploi de stries, plus minutieuses en quelques endroits, brossées rapidement avec des traits foncés en d'autres, remplace les versions plus unifiées des fresques de Saint-Clément et, tout au plus, évoque le maître du chœur de San Pietro à Tuscania, autre grand «cas» non daté de la peinture romane. Le dessin des visages est libre et fluide (cf. les têtes des saints dans la partie basse) et fait penser à la «ligne» Sainte-Pudentienne – Magliano Romano (fresques de la grotte des Anges); quant à la cuisson du porc, passage inattendu de la vie courante à l'intérieur d'un cycle des plus traditionnels, elle pourrait être rapprochée des travaux des mois peu connus du sanctuaire de Vallepietra, exécutés vraisemblablement au deuxième quart du siècle (S.R.).

6 CIVITA CASTELLANA. SAINT-GRÉGOIRE. SITUÉE A UNE FAIBLE DIS*tance de la cathédrale, l'église Saint-Grégoire s'appa-*

rente à celle-ci par une étroite correspondance de style, celui d'une architecture qui s'explique par la présence dans le diocèse des cisterciens de Sainte-Marie de Falleri. La perte d'importance de l'édifice lui a épargné les transformations radicales qui ont eu lieu dans la cathédrale : aujourd'hui, il reste donc un témoignage important pour l'étude de l'architecture dans la période médiévale à cheval entre le XIIe *et le* XIIIe *siècle. Les restaurations de 1956 sont intervenues lourdement sur les maçonneries en remplaçant les tufs désagrégés et en éliminant les enduits qui les couvraient, ce qui apparaît avec évidence dans la façade et les parois de la claire-voie; la structure reste cependant encore clairement déchiffrable.*

Les recherches d'archives menées par Paola Rossi (1986) ont permis de retrouver les documents concernant cette église à partir de 1295-98, mais, en se basant sur son style, sa construction doit remonter à au moins un siècle plus haut.

La façade à double rampant, couronnée d'arceaux, indique dès l'abord la division en trois nefs, séparées par des supports de section cylindrique et carrée, avec des plaques formant impostes, reliées par des arcs en plein cintre; la nef, couverte d'une charpente apparente, se greffe, par l'intermédiaire d'un arc très élevé, au transept plus large et notablement plus haut, qui domine l'édifice; au revers de celui-ci, dans lequel se trouve la partie du mur la mieux conservée se déploient les trois absides, la plus grande, pentagonale, scandée de lésènes prenant appui sur des pilastres et comportant en son centre un oculus quadrilobé. La dépendance à l'égard de l'abside de la cathédrale est évidente, l'oculus quadrilobé étant une réplique de l'abbaye de Falleri. Le clocher, situé dans l'ultime travée du bas-côté droit, ne correspond pas exactement à celle-ci, mais paraît légèrement désaxé par rapport au plan de l'édifice. Ses fondations – selon la proposition de Paola Rossi – constituent donc la partie la plus ancienne de l'église et s'inspirent probablement du premier campanile de Saint-Sixte à Viterbe, et peuvent être datées des environs du milieu du XIIe *siècle. Par contre, le reste de la construction, eu égard à la structure du plan et à la forme du transept (proche aussi de celui de la cathédrale de Viterbe), est également lié chronologiquement aux étapes de construction de la cathédrale et de l'abbaye cistercienne voisine (E.P.).*

7 *FABRICA DI ROMA. L'ABBATIALE SAINTE-MARIE DE FAL*leri. A partir de 1786, l'abbaye se retrouve sur le territoire de Fabrica, mais son histoire est étroitement liée à celle de Civita Castellana dont elle n'est qu'à quelques kilomètres. L'église et le monastère s'élèvent en effet à l'intérieur de l'enceinte fortifiée de *Falerii Novi*, endroit où les Romains transférèrent l'agglomération falisque (241 av. J.-C.). A partir du VIIIe siècle, les habitants retournèrent au lieu d'établissement primitif, plus facile à défendre, et en 1033 on mentionne un seul évêque pour les deux villes, signe que *Falerii Novi* était désormais complètement abandonnée.

Sur l'origine de l'ensemble monastique ont été avancées deux hypothèses différentes : on y a reconnu un établissement bénédictin passé ensuite aux cisterciens (Hahn; Wagner Rieger), ou bien une fondation cistercienne directe (Fraccaro de Longhi; Raspi Serra). Cette seconde solution est aujourd'hui la plus communément admise, grâce à une analyse différente de l'implantation de l'église et sur la base d'une lecture plus exacte des documents. En particulier l'unique texte attestant la présence des bénédictins à Falleri – le bénédictin Calliste II (1119-1124) proviendrait de ce monastère – a été prouvé sans fondement (Rossi, 1986).

L'arrivée des cisterciens à Falleri est traditionnellement située au milieu du XIIe siècle et en effet ce nom figure dans des documents remontant à 1145, 1153 et 1155, mais on n'y fait jamais mention de l'ordre qui l'occupait. Seul 1179 constitue un *terminus ante quem :* c'est alors qu'Alexandre III reconnaît aux cisterciens de Falleri des biens et des droits. Dans la septième ou au plus tard la huitième décennie du XIIe siècle commença la construction, achevée vers 1190 (Rossi). La consécration de deux autels au transept (1183 et 1186, dates fournies par des inscriptions aujourd'hui disparues) rattache à ces années l'achèvement de cette partie de l'église qui dut être terminée dans la dernière décennie du siècle, lorsque «LAURENTI/US CUM IACO/BO FILIO SUO (...)» – ainsi est conçue l'inscription sur le montant – s'est attaqué à l'entrée principale, antérieure de quelques années seulement au portail majeur de la cathédrale de Civita Castellana, œuvre signée des mêmes Laurent et Jacques.

Les statuts de 1194 nous apprennent que Falleri était fille de Pontigny par l'intermédiaire de Saint-Sulpice, dont elle tentera de se détacher en 1217. En 1260 le monastère romain de Saint-Sébastien sur la Voie Appienne est à son tour compté au nombre des filles de Falleri. On peut dire que l'histoire de l'abbaye se termine au milieu du XIVe siècle, car en 1359 elle est rattachée au monastère de Saint-Laurent-hors-les-Murs; puis en 1392 elle est donnée à l'hôpital du Saint-Esprit à Sassia. Au XVIe siècle enfin la Chambre Apostolique en attribue les biens aux Farnèse (1539), mais il s'agit alors d'un domaine agricole. La visite apostolique de 1571 atteste l'état de ruine où se trouvaient le monastère et l'église : «*monasterium (...) est fere destructum (...) Ecclesia ipsa spurcissima reperta fuit (...) indiget reparatione (...)*» (cf. Rossi).

Aujourd'hui la situation n'est guère différente. Le monastère en partie détruit, en partie transformé (il abrite même une ferme) n'est pas facile à reconstituer; son emplacement au flanc de l'église reprend le modèle architectural de l'ordre de saint Bernard, l'église n'a plus de toit, la partie supérieure de la façade s'est écroulée et en conséquence a disparu tout le mobilier liturgique. Il s'agit d'un édifice à trois nefs avec un système alterné de piliers cruciformes plus gros séparés par des piliers (première moitié de la nef) et des colonnes (deuxième moitié). Dans le transept en saillie s'ouvrent cinq chapelles absidées. Le périmètre extérieur de la plus grande est de forme polygonale avec des lésènes aux arêtes, les absidioles par contre sont semi-circulaires et couronnées de la corniche d'arceaux. Le tout est construit en petits blocs de tuf avec des garnitures de pépérin et de marbre. Sur le plan ressortent les transformations introduites en cours d'ouvrage, confirmant que l'édifice s'est développé de l'abside vers la façade. La chapelle centrale est moins large que la nef où, dans la partie orientale, les piliers cruciformes alternent avec des colonnes de remploi, remplacées ensuite (moitié occidentale) par des piliers carrés. Les cinq chapelles du transept sont l'élément le plus controversé de l'édifice : on les a considérées comme ayant fait partie d'une première construction bénédictine (Hahn, Wagner Rieger), mais le modèle bourguignon prévoyait des chapelles de profondeur décroissante et non une chapelle majeure flanquée de chapelles mineures d'égale dimension. La référence à la disposition absidale de l'abbaye cistercienne de Flaran dans le Gers (Fraccaro De Longhi, Raspi Serra), à laquelle s'ajoute celle de Bellaigue en Auvergne (Romanini) où se retrouve les mêmes solutions, paraît plus convaincante. Et même – étant donné la date de fondation de Flaran, commencée après 1180 – la relation pourrait être l'inverse (Romanini). La marche des constructions a été étudiée attentivement par Paola Rossi (1986) qui a repéré dans celles des absides puis du transept le moment le plus fort de l'élaboration du style bourguignon-cistercien, avec renvoi à des modèles d'au-delà des Alpes (Fontenay) dans le projet de voûte en berceau avec doubleaux (Wagner Rieger) mais aussi au proche chantier des Trois Fontaines dans la disposition géométrique des fenêtres. Campagne terminée, on l'a dit, au milieu des années 80 avec la consécration des autels à la suite de l'achèvement du transept, rendant ainsi – selon la pratique de l'ordre – l'église utilisable le plus tôt possible. Dans le corps longitudinal de l'édifice où était prévu une couverture en berceau jamais réalisée, on observe un relâchement de l'activité architecturale qui trouve son épilogue dans l'entrée en scène des équipes cosmatesques, auxquelles on attribue les fenêtres des nefs et celles ouvertes en perçant le mur dans la partie inférieure de l'abside, peut être aussi le couronnement d'arceaux et, naturellement, le portail principal confié à un certain «QINTAVALL» (inscription sur le montant de droite).

L'entrée en marbre à triple ressaut cantonné de colonnettes est surmonté d'une archivolte en plein cintre et d'un arc surbaissé qui se trouve au-dessus du linteau de la porte elle-même.

On n'y trouve plus certaines caractéristiques propres aux marbriers romains : le décor sculpté est réduit aux seuls chapiteaux composites, la marqueterie polychrome en marbre est totalement absente. Les artisans ont dû naturellement se conformer à l'esthétique rigoureuse et austère prônée par saint Bernard, mettant ainsi au point – à travers la mise en évidence des éléments structurels – un type de portail qui présente à l'avance des éléments du premier gothique (Claussen), fait qui de façon symptomatique se produit dans une construction cistercienne.

A Falleri nous voyons le chantier-école bernardin – étudié par Mme Romanini dans le cas exemplaire des Trois Fontaines – introduire des schémas formels radicalement nouveaux, imposer de rigoureux procédés de construction auxquels devront se soumettre les équipes locales, faisant ainsi entrer les formes cisterciennes et bourguignonnes dans le milieu local. Nous les retrouvons à Civita Castellana, dans la cathédrale et à Saint-Grégoire, mais aussi dans la structure absidale de Sainte-Marie du Château à Tarquinia (Rossi) (E.P.).

8 MONTEFIASCONE. SAINT-ANDRÉ.

L'ÉGLISE EST MENTIONNÉE DANS *la bulle de Léon IV (852) sous le nom de Sant'Andrea in Campo. Mais l'édifice, sous son aspect actuel, semble contemporain de Saint-Sébastien. La datation de 1032, soutenue par Rivoira, semble se baser sur la lecture erronée de l'épigraphe de dédicace de Saint-Flavien.*

La construction s'appuie sur la muraille de la ville et l'abside en dévie le cours. L'intérieur, à une seule abside, est divisé en trois nefs par deux colonnades avec des arcs à double rouleau. Les deux piliers proches du sanctuaire sont le résultat d'une intervention plus tardive, comme aussi les remaniements opérés à l'évidence dans la maçonnerie des murs en bloc de tuf.

Les quatre chapiteaux à couronne en pépérin, répartis dans les deux rangées de colonnes, constituent un intéressant témoignage de l'œuvre des artisans locaux : ceux de la colonnade de gauche semblent plus archaïsants avec leur taille à angles vifs, dans les têtes d'angle entre les motifs de feuillage (premier chapiteau), dans les dragons en haut relief (deuxième). Plus délicate, au contraire, apparaît la sculpture des chapiteaux de la rangée de droite où le premier révèle, dans la reprise du type composite, des accents antiquisants marqués, et où, dans le second, les deux dragons enlacés sont exécutés avec des recherches de naturalisme. En dépit de la différence de leur style, on doit penser que ces deux groupes de chapiteaux ont été exécutés en même temps, peut-être par deux ateliers distincts qui, de toute façon, semblent dominer dans le chantier de Saint-Flavien : en particulier les deux chapiteaux de gauche ont été mis en relation avec ceux de la zone absidale de l'église supérieure de Saint-Flavien, ce qui laisse supposer une datation de la fin du XIIe siècle.

La possibilité d'une relation avec les chapiteaux de Sainte-Marie à Vasanello (Raspi-Serra, 1972) et la datation haute qui en découlerait, pourraient constituer une indication intéressante pour le groupe de gauche, mais semblent par contre inacceptable pour les chapiteaux de la colonnade de droite (E.P.).

9 *NAZZANO. SANT'ANTIMO. L'ÉGLISE EST MENTIONNÉE EN* 1028 dans une donation à l'abbaye de Farfa, mais l'aspect actuel de la construction – en partie remaniée et restaurée – n'est toutefois pas antérieur au XIIe siècle. La structure basilicale à une seule abside est divisée en trois nefs par deux rangées de colonnes reliées par des arcs; au milieu se trouvent deux piliers que Tomassetti estimait être des structures de renfort englobant les colonnes antiques, mais que plus récemment Mme Voss (1985) a considéré comme originelles, et apparentées à des solutions architecturales adoptées à Rome à partir de la fin du XIe siècle, présentes également dans la proche abbaye Saint-André in Flumine à Ponzano. Le lien avec l'architecture romaine se révèle aussi dans la finition du mur de brique aux joints tirés à la pointe et dans les caractéristiques corniches en dents d'engrenage visibles à l'extérieur. La façade est précédée d'un porche à trois ouvertures, couvert d'un toit, à l'intérieur duquel sont insérés aujourd'hui des contreforts. La couverture est à charpente apparente.

Le mobilier liturgique de l'intérieur s'inspire lui aussi de modèles romains; les chapiteaux ioniques paraissent au moins retaillés; la partie centrale de la nef principale est fermée par une clôture de chœur à l'intérieur de laquelle est conservée en assez bon état le pavement cosmatesque. La clôture est faite de simples plaques de marbre avec de petits piliers; l'ambon est lui aussi dépourvu de toute incrustation, et l'escalier à frise végétale classique est une pièce de remploi. L'ambon est semblable à celui de Saint-Laurent-hors-les-Murs, plus ancien, le décor tout simple de la clôture consiste dans la seule cannelure des petits piliers que nous avons vue sur l'exemple plus ancien de Sainte-Marie in Cosmedin mais aussi aux Trois Fontaines, à Sainte-Cécile, aux Quatre Saints Couronnés. Dans le sanctuaire surélevé de deux marches, on peut voir ce qui reste d'originel de l'autel majeur, c'est-à-dire les deux petits piliers latéraux, tandis que le devant d'autel est l'œuvre des restaurateurs.

L'église n'a jamais été étudiée à fond : dans les notices que lui ont consacrées Tomassetti et Toesca, ils sont d'accord sur une datation au XIIe siècle; aux alentours du milieu de celui-ci (Voss 1985), ce qui paraît confirmé par le décor de la *Schola cantorum* (E.P.).

10 NEPI. CATHÉDRALE DE L'ASSOMPTION DE NOTRE-DAME. LA *cathédrale de Nepi est précédée aujourd'hui par un porche de style médiéval, alors qu'à l'intérieur le plan basilical se présente sous une forme néoclassique, due aux dommages causés par les troupes françaises en 1798 et à la reconstruction qui suivit, réalisée à partir de 1831. Les dates essentielles de l'histoire de l'édifice sont transcrites sur deux pierres : la première rappelle le début des travaux au temps d'Eugène III (1145-1153), la seconde leur achèvement en 1180. La consécration n'eut lieu qu'en 1260. Dans la paroi gauche du porche est encore fixée uns inscription importante, remontant à l'époque d'Anaclet II et datée de juillet 1131, où est rappelée l'alliance solennelle entre les* «milites» *et les* «consules» *– les deux classes entre lesquelles se divisait la société urbaine – menaçant des sanctions les plus sévères celui qui oserait la transgresser : d'abord la risée avec la cavalcade à l'envers –* «in asella retrorsum sedeat et caudam in manu teneat» *– puis la mort –* «item turpissima sustineat mortem, ut Galelonem qui suos tradidit socios» *– ce qui fait référence à Ganelon, le traître de Roncevaux (Rajna, Sella).*

La crypte est le témoin le plus représentatif de la construction romane, dont on peut toutefois retrouver également des traces dans la corniche à dents d'engrenage (qui sépare la partie inférieure du clocher de celle ajoutée plus tardivement) et dans les trois fenêtres à double voussure et à retraits ouvertes dans le mur de la façade (visibles des combles). La décoration en brique du clocher et le décor sculpté des fenêtres sont des éléments bien fragmentaires mais suggestifs. A signaler dans le porche la présence de deux chapiteaux en tout point semblables à ceux de la crypte, mais de dimension plus réduite, peut-être provenant du décor du sanctuaire.

La crypte ad oratorio *à trois absides et neuf petites nefs séparées par des colonnes soutenant les petites voûtes d'arêtes, constitue à l'inverse un élément distinctif de l'architecture locale et est datée, en s'appuyant sur l'inscription déjà citée, des années qui ont immédiatement suivi 1145.*

*La crypte de Nepi revêt une importance particulière du fait de la décoration sculptée des chapiteaux en pépérin (très restaurés) qui présentent un répertoire de formes diverses : simples, accompagnés d'autres à volutes, à feuilles d'acanthe, de feuillages avec des protomes de béliers aux angles, et des têtes humaines schématiques sur les côtés, une orchestration plus complexe des motifs animaux avec des entrelacs anguiformes et des transformations continues d'êtres monstrueux. Dans ce second répertoire, communément appelé lombard, on trouve d'évidentes ressemblances avec les chapiteaux de Santa Maria di Castello à Tarquinia, au point que l'on puisse établir un lien étroit entre ces deux chantiers (Battisti, 1953; Raspi-Serra, 1972). A Nepi, les modèles de Tarquinia sont réalisés de façon plus incisive et témoignent d'une meilleure compréhension des modèles classiques – ce qui apparaît à l'évidence dans les éléments végétaux – et d'une maturité stylistique qui – comme le propose M*me *Raspi-Serra – suggère une dépendance des cryptes de Sutri et d'Acquapendente à l'égard du modèle de Nepi. Datant de la moitié du* XIIe *siècle, les* *chapiteaux de la crypte de Nepi constituent une étape importante dans la formation d'une tradition locale de sculpture dont l'aboutissement se trouve à Viterbe vers la fin du siècle et le début du suivant (E.P.).*

11 *NEPI. SAINTE-MARIE-DES-GRÂCES ET SAINT-BLAISE.*

Deux églises jumelles et accouplées sont ce qui reste de l'ensemble monastique dédié à sainte Marie et à saint Blaise, sur lequel nous sommes documentés à partir du xᵉ siècle et qui dépendaient du couvent des moniales de San Ciriaco in Via Lata à Rome. Aucun des textes retrouvés ne donne des dates ou des faits de nature à en indiquer le temps de construction, mais les deux édifices peuvent être datés du XIIᵉ siècle.

L'église Sainte-Marie-des-Grâces (à gauche) a été entièrement transformée à l'intérieur, mais le portail d'entrée à demi-colonnes et archivolte à ébrasement et chapiteaux à petites figures d'angle (bien que fort usés), le décor des parements muraux confirment cette datation approximative.

Bien plus intéressante est l'église Saint-Blaise (à droite). On y accède par un portail composé de pièces hétérogènes : on a recreusé la plate-bande d'un sarcophage antique orné d'amours vendangeants, tandis que les piédroits à rinceaux, sculptés eux aussi dans du matériel de remploi, semblent remonter à une époque postérieure à celle de la construction de l'église. A l'intérieur, le plan originel est clairement lisible, en dépit de l'état précaire du toit à charpente apparente qui menace ruine : il s'agit d'une construction à nef unique (la chapelle qui s'ouvre sur la droite est une adjonction ultérieure) avec une crypte à trois nefs et voûtes d'arêtes soutenues par des colonnettes de remploi. Cette crypte est reliée à l'église par un escalier qui s'ouvrait dans la nef un peu avant le sanctuaire, légèrement surélevé. À l'origine, une telle jonction avait lieu grâce à deux entrées symétriques, mais aujourd'hui l'escalier de gauche est comblé. La structure reprend ainsi en réduction un type architectural répandu dans la région durant tout le XIIᵉ siècle.

A la fin du siècle dernier, dans la partie inférieure de l'abside – dont le cul-de-four s'est écroulé – on a retrouvé des fragments de fresques, découverte qui fut signalée par Luigi Cavazzi (1908), reprise aussitôt par Van Marle et Garrison. De ces décors subsistent une sainte avec un rouleau, sur le côté gauche, et deux saints sur le côté opposé; à l'extrémité se dresse une colonne peinte qui devait encadrer l'abside tout entière. Le premier des deux saints (à gauche) est un diacre, peut-être saint Laurent (Gandolfo), tandis que son compagnon, vêtu d'une coule de moine, a été tenu pour saint Gilles (Premoli) ou saint Benoît (Gandolfo), cette dernière identification pouvant s'appuyer peut-être sur le fait qu'il s'agissait d'une maison de moniales bénédictines.

Le lien de ces fresques avec l'église voisine Saint-Anastase à Castel Sant'Elia est évident (Premoli), en particulier avec la théorie d'anges qui, dans l'abbatiale, est disposée dans la partie inférieure de l'abside. A Saint-Blaise, la manière est peut-être plus sommaire, par exemple dans l'exécution des mains, mais on y retrouve le même empâtement chromatique marqué – aplati seulement en raison du mauvais état de conservation des peintures – au point que la relation entre les deux cycles paraît indubitable, renforçant ainsi l'insertion de la construction entière de l'église à cette date.

Sur le mur gauche de la crypte est peinte la Vierge à l'Enfant entre deux saintes, fresque difficilement lisible en raison de la couche cristalline qui en blanchit la surface. Le jeu des lignes par lesquelles est rendu le drapé suggère une datation oscillant entre la fin du XIIᵉ et le début du XIIIᵉ siècle.

Il faut signaler, pour conclure, l'église Sainte-Croix, proche de l'ancien hospice de Nepi. L'édifice est en très mauvais état, mais le plan de l'abside, construite en petits blocs de tuf avec des demi-colonnes et un couronnement d'arceaux, reprend à l'évidence des solutions assez proches de celles des autres constructions romanes de la ville (E.P.).

12 NORCHIA (VETRALLA). SAINT-PIERRE.

SUR UN ÉPERON RO*cheux étroit dominant la vallée du Biedano se dressent les ruines de l'église, dans une zone entièrement inhabitée, entourée seulement de la grande nécropole étrusque de l'antique Orcla. Avec le château, c'est tout ce qui reste de la « civitas » mentionnée dans la bulle de Léon IV (852), réduite ensuite à un « castrum ». On mentionne le bourg comme étant dans un état d'abandon total au temps d'Adrien IV (1154-1159) :* « Hic (...) desertum quoque Orcle castrum, quod erat spelunca latronum, pro pace et securitate terre populavit et muro ac turribus non sine multis expensis munivit » *(L.P. II 396; cité par Rossi-Egidi). Le pontife le pourvut donc d'une fortification, ouvrage qu'il faut reconnaître dans les restes des structures défensives du château. Le repeuplement du village attesté par le* Liber Pontificalis *coïncide très probablement avec la construction de l'église (Rossi-Egidi; Battisti 1953; Salvatori 1976) commencée par conséquent au milieu du XIIᵉ siècle et dédiée à saint Pierre (Paolucci 1907; Rossi-Egidi). Le toponyme de San Vivenzio mentionné par d'autres archéologues (Battisti 1953; Raspi Serra 1972) vient de l'hagiographie de saint Viventius, saint évêque de Blera mort – selon la biographie locale – dans une grotte de Norchia, mais il est sans lien avec l'église en question. En 1435, Orcla fut détruite sur l'ordre d'Eugène IV. Du bâtiment construit en blocs de tuf réguliers demeurent les ruines, dominées par le chevet à trois absides auquel se greffe le mur latéral de droite et sous lequel on peut encore voir la crypte, elle aussi à trois absides; les voûtes sont tombées, mais on peut en reconstituer le* *plan d'un seul tenant scandé de six petites nefs voûtées aux supports faits de colonnes de tuf et de pépérin à section octogonale. Les chapiteaux en pépérin (disparus mais connus par les photographies publiées dans les études de Rossi-Egidi et Battisti) peuvent pour leur stylisation de motifs végétaux être comparés à ceux de la cathédrale de Sutri (Battisti). Cette crypte était reliée à l'église par deux escaliers qui partaient du fond des deux petites nefs extrêmes.*

Le sanctuaire était divisé longitudinalement par deux grands arcs dont on voit encore le départ et sur lesquels prenait appui la couverture en charpente apparente : cette solution rappelle le sanctuaire de Saint-Pierre à Tuscania et de Saint-Jean in Zoccoli à Viterbe. La différence de largeur entre le sanctuaire et la nef a suggéré à Battisti la possibilité d'un lien avec l'architecture sicilienne de la deuxième moitié du XIIe siècle.

La scansion de l'abside marquée horizontalement par un cordon et par les demi-colonnes montant jusqu'au couronnement d'arceaux (visible sur les photos publiées par Rossi-Egidi) ainsi que la structure de la crypte, comparable à celle de Sutri certainement terminée avant 1170 – très proche en ce qui concerne l'abside – sont des caractères communs à l'architecture locale et en confirment la datation au milieu du XIIe siècle (E.P.).

13 *ORTE. SAINT-SYLVESTRE. SIÈGE AUJOURD'HUI DU MUSÉE* diocésain local, l'église, exécrée et laissée dans un état de total abandon, a subi une restauration complète à la fin des années 50. Au cours de cette intervention, on détruisit le local paroissial adossé au flanc gauche de l'édifice et l'appareil en blocs de tuf fut libéré des enduits plus tardifs.

Il s'agit d'une église à nef unique (l'abside est aujourd'hui murée) dont les murs externes sont scandés par des demi-colonnes munies de chapiteaux reliés au faîte par des arceaux. La couverture est en charpente apparente et, dans la façade, au-dessus d'un portail plus tardif, s'ouvrent trois fenêtres simples. La saillie sensible des demi-colonnes se retrouve à Saint-Pierre de Magliano Sabina et au Saint-Sauveur de Vasanello, de même qu'est commun à cette dernière église le décor à alvéoles et zigzags en brique visible dans le couronnement des murs gouttereaux – version plus modeste de l'appareil en brique de Saint-Pierre de Tuscania. Pour la datation de cette église d'Orte, on doit tenir présent à l'esprit le document indiquant que sa consécration eut lieu en 1090 (Serafini).

Dans le passé, l'édifice subit d'importantes transformations – il fut peut-être utilisé comme habitation – ce dont témoignent les grands arcs qui traversent la paroi gauche et qui furent obturés par la suite.

Le clocher est plus tardif : par son type, il se situe dans la tradition romaine d'un XIIe siècle avancé. Le campanile, réalisé en brique, surgit, isolé, à gauche de l'église et se développe sur quatre étages : les deux premiers sont ouverts de baies doubles à pilier central – sur eux se superposent les suivants, à baies triples à colonnes; la scansion horizontale est marquée par des corniches à dents d'engrenage dont le développement convergent est disposé à l'imposte des arcs à double voussure et marque la séparation des étages (E.P.).

14 PONZANO ROMANO. SANT'ANDREA IN FLUMINE. LA FONDA*tion fort ancienne de ce monastère est rapportée par le* Chronicon *de Benoît, moine de Saint-Sylvestre de Soratte. Si nous nous en tenons à son récit, la naissance de ce couvent et de celui de Soratte remonterait au VIe siècle, et serait due à l'intervention de Galla, fille de Simmaque; durant les deux siècles suivants, les péripéties de ce deux maisons sont liées aux noms des rois francs Pépin, Carloman et Charlemagne; puis survient une importante campagne de reconstruction entreprise par l'abbé Léon soutenu par Albéric II. L'église Saint-André, achevée vers la moitié du XIIe siècle, est bâtie durant une période particulièrement prospère pour le monastère, période qui a dû commencer après l'an mil – on sait qu'alors celui-ci a des transactions importantes avec l'abbaye de Farfa – et qui, à travers des fortunes diverses, parvint à son apogée à la fin du XIIIe siècle, au temps de Nicolas IV qui, outre de nombreux privilèges, accorda au monastère la protection pontificale. L'institution monastique semble cependant en crise à la fin du XIVe siècle et, durant le siècle suivant (1443), la maison perd son autonomie et devient une dépendance du monastère de Saint-Paul-hors-les-Murs, avant d'être agrégée à celui des Trois-Fontaines (1548) et placée sous l'autorité d'un abbé commendataire. A la fin du XVIIe siècle, le couvent est complètement en ruine et le dépouillement de l'église commence : des plaques de mosaïque et des colonnes sont remployées dans la transformation du rocher de Ponzano en palais abbatial (1688), d'autres colonnes sont emportées au XIXe siècle et réutilisées dans l'église de Saint-Sébastien, dans une chapelle du cimetière et dans un oratoire marial situé sur la place de la localité.*

Les interventions qui, en 1958 (cf. Ceschi, 1962), firent suite à des siècles d'incurie et au véritable saccage de l'église, ne peuvent être tenues pour un chapitre heureux de l'histoire de la restauration. Les ouvrages indispensables de consolidation et de reprise furent accompagnés d'interventions arbitraires qui entraînèrent de graves dommages dans l'architecture : les colonnes manquantes (mais encore récupérables) furent remplacées par des fûts cylindriques en ciment et en brique « dignes de la succursale d'une caisse d'épargne des années 60 » (Claussen, 1987), l'absidiole gauche fut reconstruite sur la base de maigres vestiges, la réfection du toit fut accompagnée de la suppression de portions notables des corniches à modillons et dents d'engrenage; à l'intérieur, les revêtements cosmatesques des autels du jubé furent démontés et réutilisés dans le pavement. Les campagnes de restauration plus récentes (1982, 1983, 1991) ne semblent pas s'en être tenues à une conception plus prudente et respectueuse de leur tâche :

le nettoyage de la paroi externe du côté gauche a entraîné la disparition de finitions originelles sous un enduit de mortier grisâtre; à l'intérieur, la décoration de marbre a pris une blancheur par trop exagérée.

Sant'Andrea in Flumine surgit à 1 km de Ponzano sur le tracé de la Via Tiberina, à proximité du Tibre, en un lieu où existait un port jusqu'à la fin de l'époque romaine. En effet, la navigation fluviale conférait une importance particulière au monastère pour la liaison des deux rives et l'approvisionnement en vivres de Rome.

L'abside de l'église est tournée approximativement vers le Sud, dans l'axe de la tour érigée comme organe de défense peut-être sous Albéric II, mais qui fut reconstruite au début du XIIIe *siècle, comme l'indique une pierre :* «... Anno Domini MCCXIX Ego F. Divolia Abbas fieri jussit *(sic)* Anno autem Domini MDCXIX Petrus card. Aldobrandinus S.R.E. Camerarius et abbas refeci mandavit» *(cf. Voss, 1985). Le plan, basilical à trois nefs et trois absides, apparaît aujourd'hui irrégulier et anormal en raison de l'écroulement des quatre premières travées de la nef de droite et de l'adjonction d'une construction ultérieure sur la façade. La diversité des matériaux employés saute aux yeux de l'observateur le plus superficiel (Voss, 1985); toutes les bases des murs gouttereaux sont réalisées en blocs réguliers de calcaire, que l'on trouve aussi dans la première moitié du mur latéral gauche; les autres parties sont en brique et les murs de la claire-voie en* opus listatum. *Il s'agit d'éléments hétérogènes que l'on ne peut attribuer à des campagnes de construction différentes et séparées dans le temps. Au contraire, le plan de l'édifice et ses caractères formels mettent en évidence une unité profonde dans la conception d'ensemble. A l'intérieur, les deux rangées de colonnes, reliées par des arcs, sont interrompues par un pilier central; à l'extérieur, le décor de corniches à dents d'engrenage est enrichi par l'insertion de céramiques vernissées. Tout cela renvoie à l'architecture romaine : notamment l'interruption des deux files de colonnes par un pilier se retrouve dans les églises de Saint-Clément et des Quatre-Saints-Couronnés et, dans la région, dans l'église proche et presque contemporaine de Sant'Antimo à Nazzano. Par contre, la tête en terre cuite inscrite dans la corniche du bas-côté gauche est probablement un élément qui n'appartenait pas à la construction et qui y fut inséré à une époque ultérieure (Rossi, 1986).*

Le lien avec le mouvement culturel romain est souligné par les mobiliers en marbre conservés à Saint-André : le pavement en opus sectile, *le ciborium avec la* fenestella confessionis *et la clôture de chœur, à laquelle s'adjoignait, à une époque, la* schola cantorum *flanquée de deux ambons (Claussen, 1987). Le pavement, bordé de rechampissages rectangulaires, est ordonné autour du passage central où alternent disques et carrés : au début apparaît un grand carré avec des losanges, suivi de la partie où s'élevait, durant une période, la* schola cantorum *(entre le jubé et le sanctuaire) qui porte un dessin cruciforme; la composition en losanges se retrouve dans les dalles du sanctuaire où l'on peut lire les noms des donateurs :* «Rusticus et Maria conjuge sua fecit per redemptione anime sue». *Le ciborium a une couverture octogonale soutenue par deux rangées de colonnettes et coiffées par une sorte de lanterne, également de forme octogonale et très semblable à celle de Saint-Laurent-hors-les-Murs (1148). Sous l'autel, la* fenestella confessionis, *cintrée, avec une moulure élégamment ornée de rosettes en marbre blanc, se détache sur le fond rouge des panneaux de porphyre qui l'entourent.*

Le ciborium et l'ensemble du mobilier en marbre – réalisé au terme de la construction de l'église – ont été datés par Cornelius Claussen (1987) des alentours de 1160. Cette datation peut se déduire de l'inscription située à droite de la fenestella confessionis, *qui nous a transmis le nom de ses auteurs :* «Nicolaus cum suis filiis Ioannes et Guittone fecerunt hoc opus». *Il s'agit du même Nicolas, fils de Ranuccius, qui a réalisé la fenêtre double de la façade de Santa Maria del Castello à Tarquinia (environ 1150) et de ses fils Jean et Guy qui ont élevé le ciborium de cette même église, daté de 1168. Le fait que les trois ont signé ensemble l'œuvre pourrait faire entendre que le mobilier de Ponzano est postérieur à la façade de Tarquinia, où n'apparaît que le nom de Nicolas, mais toutefois il serait antérieur au ciborium (1168) où, par contre, sont nommés Jean et Guy. La datation proposée par Claussen semble correcte; il faut toutefois rappeler que le ciborium de Sutri, signé lui aussi par* «Nicolaus et filius ejus» *est daté de 1170.*

La nef centrale de Saint-André est divisée en son milieu par une arcade sur laquelle prend appui un jubé. Là, en effet, se donnait la bénédiction avant la lecture de l'évangile : c'était un élément habituel dans les églises médiévales, qui a été systématiquement détruit en soumission au décret du concile de Trente. Celui de Ponzano est certainement postérieur à la construction romane et, si l'on en juge par les traces de fresques visibles sur la paroi de droite, datable du début du XIIIe *siècle (Voss, 1985). Son insertion fut sans doute cause de la démolition de la* schola cantorum. *Ce jubé entraîne une division nette de l'espace, ce qui, dans le cas d'une église monastique n'a pas de sens. En fixer la construction à la fin du* XIIIe *siècle lorsque Saint-André devint paroisse et qu'il fut nécessaire de créer alors un espace pour les laïcs séparé de celui des moines, semble une hypothèse des plus fondées (Voss, 1985) (E.P.).*

15

*RIGNANO FLAMINIO. SAINTS ABBONDIUS ET ABBONDAN*tius. L'église de Rignano Flaminio se trouve aujourd'hui dans les pires conditions de conservation, minée qu'elle est par une humidité qui a endommagé et blanchi les cycles de fresques qui la décorent. L'édifice à nef unique et abside unique également, de plan assez irrégulier, existait probablement déjà au haut Moyen Age, mais devait menacer ruine quand Otton III en transporta les reliques à Rome, à Saint-Barthélemy-en-l'Ile.

Du début du XIIe siècle peut dater la maçonnerie en briques régulières, visible spécialement dans le clocher : postérieurs, par contre, sans doute du XIVe siècle, sont les arcs en ogive transversaux qui scandent la nef.

Sur l'arc de l'abside, on peut voir un petit cycle de fresques représentant le Christ dans un médaillon surmonté par un autre médaillon avec l'Agneau; sur les côtés, les symboles des quatre évangélistes, des chérubins et des archanges; au-dessous, les vieillards de l'Apocalypse. Les fresques ont été considérées comme réalisées après le milieu du XIIe siècle par Matthiae (1966) alors que Trimarchi les considère comme du deuxième quart de ce siècle, reculant donc la chronologie et la mettant en rapport avec les grands cycles de mosaïques romaines, Saint-Clément et Santa Maria in Trastevere. Toutefois on ne trouve pas de dépendance formelle à leur égard : beaucoup plus étroite par contre est celle avec le maître de l'abside de Saint-Pierre à Tuscania et, par d'autres aspects, spécialement les plus liés au style de Saint-Clément, même avec le maître des récits apostoliques de Tuscania. Les fresques de Rignano sont beaucoup plus grossières et plus dures, mais le mode d'indication des plis et des drapés, rendus par des lignes colorées et des rechampissages blancs formant contraste, présente une affinité profonde avec celle du maître nerveux de Tuscania; à l'inverse d'autres morceaux, les figures des archanges ont une platitude de forme qui fait penser à divers autres exemples, spécialement au cycle de Castel Sant'Elia.

De la sorte, nous rattachons les fresques de Rignano à deux piliers de la peinture romane du Latium, tous deux cependant de chronologie incertaine; mais tandis que la référence à Castel Sant'Elia reste, en quelque sorte, en arrière-fond, résultante d'un héritage qui commence à s'effacer et qui constitue la part la plus archaïque du langage de nos peintres, le lien avec les maîtres de Tuscania, qui constitue l'élément novateur de cette manière, devient chronologiquement beaucoup plus contraignant. La date du cycle de Rignano ne pourra donc que suivre celle du maître de l'abside et du peintre des récits apostoliques de Saint-Pierre de Tuscania; et si ceux-ci peuvent être considérés comme remontant aux alentours de la deuxième ou de la troisième décennie du XIIe siècle, le deuxième quart du XIIe siècle, selon la proposition de Trimarchi (1980) avalisée par Gandolfo (1988), pourrait constituer aussi la chronologie la plus crédible pour les fresques de Rignano (S.R.).

16 RONCIGLIONE. SAINT-EUSÈBE.

L'ÉGLISE SE TROUVE A TROIS *kilomètres de Ronciglione à une faible distance de la Nationale des Monts Cimini, isolée et déjà en état d'abandon malgré les restaurations qui en ont enlevé les enduits et le décor en faux marbre des colonnes, et établi un nouvel autel sur le cipe funéraire d'un certain Sulpicius Clemens.*

La construction romane, qui comportait un clocher (écroulé en 1940), s'est développée à partir d'une petite chapelle de plan quadrangulaire qui, comme l'indique une inscription (CIL, IX, 1, 3203), *était la tombe qu'avait fait édifier Flavius Eusebius au* IVe *siècle dans sa propriété. La chapelle où l'on peut voir cette tombe devint d'abord le lieu de culte de saint Eusèbe et, pour finir, la chapelle majeure de l'église qui fut confiée aux chanoines de Sutri.*

Les murs de la tombe romaine sont construits en petits blocs de tuf liés par d'épaisses couches de mortier et pris dans d'autres murs d'une technique de construction différente – blocs carrés (toujours en tuf) posés sur une mince couche de mortier rayée à la truelle – qui se joignent et se superposent à ceux qui sont évidemment plus anciens. Cette construction préexistante a défini la largeur de la nef centrale, scandée par des colonnes légèrement galbées (formées de blocs de tuf) et des demi-colonnes reliées par des arcs prenant appui sur des chapiteaux en tuf décorés d'entrelacs. Ceux qui entourent la chapelle du sanctuaire sont plus soignés : sur la droite, est gravé en bas relief un volatile tandis que, sur la gauche, apparaît un dragon. Les caractères stylistiques des chapiteaux et de l'architecture elle-même font trouver trop précoce la datation du VIIIe *siècle (Nestori, 1976). Par contre, on peut accepter la possibilité d'une interruption la construction du mur dominant l'arc triomphal – qui, en effet, n'est pas ancré dans la claire-voie et obture partiellement une fenêtre – une telle opération semblant être un changement introduit en cours d'ouvrage; on pensa d'abord englober la chapelle dans la perspective de la partie terminale de la nef (Nestori) et seulement ensuite à en faire la chapelle majeure. Dans les nefs latérales, le développement irrégulier révèle des interventions en vue de restaurer les murs gouttereaux (toujours en blocs de tuf) et la fermeture ultérieure de la dernière travée avec des cloisons : celle de gauche pour faire une sacristie; celle de droite pour exclure du périmètre la zone où le toit s'écroulait, là où est encore visible une niche avec des traces de fresque, élément ultime de la nef latérale; les irrégularités du plan des nefs latérales sont particulièrement sensibles dans le développement asymétrique des bras. Le portail résulte d'une réfection plus tardive, tandis qu'à l'inverse les parois de la claire-voie, dans laquelle s'ouvrent des fenêtres simples, sont bien conservées. La couverture est à charpente apparente.*

Le type basilical à colonnes peu élancées soutenant des arcs pesants ainsi que la décoration d'entrelacs des chapiteaux – comparés à ceux de Sainte-Marie-des-Lumières à Bassano in Teverina et au portail de Castel Sant'Elia (Raspi-Serra, 1972) – justifient la datation plutôt haute dans le temps suggérée par cette archéologue.

A l'intérieur, on peut voir des fresques. A peine entré, à gauche, est figuré l'arbre de Jessé, mutilé dans la partie basse (où se trouvait Jessé couché). On voit se développer des branches avec les figures d'Abraham, de la Vierge, du Christ et la Colombe du Saint-Esprit comme un axe central d'où partent des rameaux latéraux avec les autres ancêtres du Christ portant des rouleaux. Ces petits personnages sont caractérisés par la texture nerveuse et linéaire des drapés, que l'on retrouve utilisés, mais avec moins de soin, dans la Dernière Cène (paroi de droite du sanctuaire), dans la figure très abîmée placée dans le registre inférieur (peut-être un Lavement des pieds, Nestori) et dans la théorie fragmentaire de saintes (ou de vierges sages, Nestori) encore visible sur la dernière travée de la petite nef de droite. Les peintures de l'arc triomphal – le buste du Sauveur bénissant dans un médaillon (à la grecque) flanqué des saints Pierre et Paul et de deux autres, peut-être identifiables avec Jean-Baptiste (à gauche) et Eusèbe (à droite) –, en raison de leur mauvais état de conservation et de la moindre compétence technique dont elles témoignent, ont été rapprochées (Nestori) des fresques de Rignano Flaminio (peut-être du deuxième quart du XIIe *siècle). Les éléments décoratifs dérivés de la peinture des catacombes romaines – les deux paons sur fond blanc, au-dessus de l'arbre de Jessé, ou la frise avec des chèvre-pieds, des motifs végétaux et disques en forme de lune dans l'arc triomphal – font penser que les fresques, bien que cependant avec des différences de qualité et peut-être avec des interruptions, doivent être attribuées à des ateliers très proches, liés à des modèles de Rome et du Latium de la deuxième moitié du* XIIe *siècle.*

*Dans le village de Ronciglione, l'église Saint-Sébastien présente à l'évidence des formes architecturales romanes dans son plan basilical scandé par de grands arcs à double rouleau. Les chapiteaux à décor de feuilles confirment la datation tardive (*XIIIe *siècle) donnée par des guides locaux (E.P.).*

17 *SORIANO NEL CIMINO. SAINT-GEORGES. LE PETIT ÉDIFICE* bâti en blocs de pépérin s'élève, isolé, à 1 km environ de l'agglomération. L'édifice, à nef unique terminée par une seule abside, est couvert d'une charpente apparente. Le chevet est scandé par des demi-colonnes et une corniche à arceaux (en partie refaite); trois corniches horizontales, sculptées en bas relief, en parcourent le demi-cylindre. La façade elle-même est presque entièrement décorée de bas-reliefs : à côté de la fenêtre double centrale à chapiteau à béquille, lui-même finement sculpté, apparaissent deux anges flanqués des symboles des évangélistes – à gauche l'ange de Matthieu (peut-être, à une époque, accompagné du lion de Marc), à droite se trouvent encore l'aigle et le taureau (Jean et Luc). La voussure du portail est décorée d'une frise à rinceaux et palmettes; à ses côtés, on peut voir deux reliefs, l'un avec le Sauveur bénissant (à droite), l'autre avec un saint (à gauche), tandis que deux lions couchés sont sculptés dans deux blocs de pierre placés de chaque côté au pied de la porte. Au registre inférieur, toujours en bas relief, sont représentées trois scènes illustrant l'activité de l'artisan : la taille, l'ébauchage (à gauche) et la réalisation d'un relief à entrelacs (à droite).

Sur le côté gauche, s'élève la base carrée d'un campanile auquel on a ajouté au XVIIIe siècle un petit clocher-mur. Les restaurations de 1937 ont éliminé les adjonctions de la fin de l'âge baroque et ramené l'édifice à son état actuel.

Les thèmes sculptés de la façade pourraient suggérer que leurs auteurs, travaillant dans des carrières locales, nourrissaient une dévotion spéciale pour la chapelle. Toutefois nous manquons de quelque document que ce soit pour étayer cette hypothèse, et surtout pour dater de façon sûre l'édifice et ses reliefs. Il faut donc se baser exclusivement sur l'analyse stylistique. Pour Geza de Francovich (1937), les reliefs « se rattachent à l'évidence à l'école de Côme et de Pavie », mais l'archéologue propose une datation plutôt tardive : le commencement du XIIIe siècle, reprise également par Battisti (1952) qui relie ces sculptures à la décoration de l'abside de Saint-Sixte à Viterbe. Les éléments de Pavie signalés en son temps par Francovich s'insèrent dans un contexte plus large si on les rapproche des reliefs du portail de l'abbatiale de Castel Sant'Elia (Raspi-Serra, 1972), que l'on peut sûrement dater de la fin du XIe siècle. Toutefois les motifs de feuillage présents dans l'abside et les scènes de travail des tailleurs de pierre de la façade semblent plus élaborés et peut-être plus tardifs par rapport à Castel Sant'Elia. Ces dernières scènes font penser à des tableaux réalistes comme, en peinture, les travaux des mois de Vallepietra ou la cuisson du porc de l'Immaculée de Ceri (E.P.).

18 SUTRI. CATHÉDRALE DE L'ASSOMPTION DE NOTRE-DAME. LA *cathédrale de Sutri se présente aujourd'hui sous la forme d'un baroque tardif dû aux transformations qu'elle a subies au milieu du* XVIIIe *siècle et à d'autres, de la fin du siècle dernier. De la construction romane, il reste la crypte qui, avec le tableau du Sauveur, constitue un témoignage important de la construction médiévale.*

Fondée en 908, peut-être sur des restes romains (Spagnesi), la cathédrale devait être profondément transformée aux alentours de la moitié du XIIe *siècle : la visite pastorale de 1671 et Ughelli rappellent l'existence, près de l'autel majeur, d'un ciborium sur lequel on pouvait lire :* « Hoc opus fecit Nicolaus et filius ejus anno incar. MCLXX. Factum est hoc opus a ven. viro Adalberto Epis. ». *La date de 1170 constitue donc le terme des travaux. Nicolaus a été identifié par Giovannoni (1908) avec Nicolò d'Angelo, mais maintenant on préfère le tenir pour l'un des deux artisans descendant de Ranuccio –* « Nicolaus cum suis filiis Ioannes et Guittone » *– qui signèrent ainsi le ciborium de Sant'Andrea in Flumine à Ponzano Romano et qui laissèrent leurs noms –* « Iohannes et Guitto » *– sur celui de Santa Maria di Castello à Tarquinia, daté de 1168 (Raspi-Serra, Claussen). Les chapiteaux, colonnettes et autres éléments disparates murés dans l'entrée principale du palais communal, sont ce qui reste du ciborium détruit (Raspi-Serra). Les vestiges du pavement cosmatesque qui occupent le sol de la nef centrale remontent peut-être aux premières années du* XIIIe *siècle (Glass), époque à laquelle renvoie le document de la consécration de la cathédrale par Innocent III (1206, Nispi Landi).*

La crypte ad oratorio, *à huit petites nefs et une abside polylobée centrale, se complique dans son plan par des niches qui en marquent tout le périmètre. L'ensemble – interrompu par quatre piliers destinés à soutenir le sanctuaire supérieur de style baroque tardif et à voûtes en partie refaites – est soutenu par des colonnes de remploi à chapiteaux médiévaux en pépérin, caractérisés par un motif de feuillage exécuté avec une taille particulièrement incisive qui en simplifie le dessin : Battisti (1953) les compare aux chapiteaux de la nef de Saint-Pierre à Norchia. Sur l'un d'eux (en marbre) on peut lire l'inscription :* «Gr(u)muhaldu(s) / prb accola». *Le mur absidal externe (visible des locaux joints à l'église) est décoré d'un motif à robustes demi-colonnes reposant sur un socle élevé qui se trouve également à Saint-Pierre; le parement mural est réalisé en blocs équarris en tuf.*

Par rapport aux cryptes du Latium septentrional (Saint-Pierre de Tuscania, cathédrales de Nepi et de Civita Castellana, Saint-François de Vetralla, Saint-Pierre de Norchia), celle de Sutri se distingue par le type de son plan, avec les niches dans ses murs, élément qui renvoie à des exemples de l'Antiquité tardive et que l'on retrouve aussi à la cathédrale de Spire (Raspi-Serra, 1972), mais qui semble plutôt constituer un développement du plan de la crypte ad oratorio.

Placé dans la deuxième chapelle de gauche, le tableau du Sauveur récemment restauré (1980) a été l'objet d'une étude importante de Volbach (1940) qui en a démontré la dépendance à l'égard de l'image du Sauveur dite Acheropita *(«non faite de main d'homme» ou image authentique du Sauveur) du* Sancta Sanctorum *au Latran. A Sutri (et dans le Latium) fut repris un culte romain, dans lequel se mêlent dévotion religieuse et aspiration théocratique de la papauté (E.P.).*

19 *TARQUINIA (CORNETO). SAINT-JACQUES. ORIENTÉE AU*

Nord-Est, A 50°, l'église s'élève à la lisière Nord de la roche de Tarquinia et surplombe la vallée de la Marta, dans un quartier de la ville beaucoup plus peuplé au Moyen Age. L'église est précédée d'un petit cimetière construit à la fin du XVIIIe siècle, et à cette occasion elle fut pourvue d'une façade néoclassique. Pour le reste, en dépit de son état d'abandon, on n'y trouve pas de transformations importantes de l'édifice primitif, même si à l'origine un ensemble monastique devait flanquer l'église.

La construction à nef unique, avec transept, coupole surhaussée (la surélévation des murs latéraux en a réduit la hauteur apparente) et trois absides (les deux plus petites sont creusées dans l'épaisseur du mur), se présente comme un des monuments les plus significatifs et les plus complexes de tout le Latium du Nord, par ses liens avec l'architecture arabo-normande et l'étroite parenté de plan avec des fondations bénédictines toscanes du XIe siècle.

L'extrême rigueur géométrique est un caractère marquant de l'église construite en blocs de tuf, avec un recours restreint à la bichromie du «nenfro» : à l'extérieur, les murs latéraux sont scandés de pilastres correspondant aux séparations des travées; dans le bras droit du transept, on voit nettement une porte d'accès murée; l'abside est totalement dépourvue de décor plastique. A l'intérieur, la recherche de rigueur formelle est renforcée par la scansion des voûtes d'arêtes cupuliformes au moyen de nervures de section carrée qui ne se greffent pas sur les arcs mais sont en porte à faux ou supportées par des raccords tronconiques (base de la voûte d'arêtes).

L'espace se trouve plus restreint à cause d'une opération irréfléchie des restaurateurs qui a relevé le sol de presque 50 cm. La deuxième travée est légèrement plus basse que la première. A la croisée du transept, au-dessus d'une corniche bicolore, est posée la coupole elliptique raccordée aux côtés par quatre niches profondes en forme de trompes.

Le premier document relatif à l'église remonte à 1244, année où elle est comptée parmi les dépendances du monastère bénédictin de Saint-Julien à Tuscania. Il s'agit d'un texte certainement postérieur à sa construction – avancée en 1095 (Kingsley Porter) ou retardée jusqu'à la deuxième moitié du XIIe siècle (Apollonj Ghetti) – mais qui suggère une piste précieuse pour la recherche de coordonnées de base. On a en effet remarqué que le plan à nef unique avec transept peut se comparer soit à celui des fondations clunisiennes de Sainte-Marie in Conéo (Colle di Val d'Elsa) et de sa voisine Sainte-Marie (ou Saint-Robanus) de l'Alberese, soit à celui des fondations basiliennes plus lointaines en Calabre (Raspi Serra). Quant à la coupole elliptique sur trompes, elle représente un élément distinctif qui renvoie à des solutions formelles largement répandues en Italie et dans le Sud de la France. Il s'agit d'un ensemble d'éléments qui trouvent un parallèle dans l'histoire de Corneto, en contact étroit avec Pise et Gênes, villes où les Normands interviennent dans les événements politiques au milieu du XIe siècle. Pour la datation, on penche aujourd'hui pour les premières décennies du XIIe siècle (Raspi Serra) (E.P.).

TARQUINIA. SAN MARTINO. ORIENTÉ DE 50° AU NORD-EST 20

(pour simplifier nous considérerons que l'abside est tournée vers l'Est), l'édifice est construit en blocs de tuf de Tarquinia, couleur miel, auxquels le temps a donné une patine grise. Des effets de dichromie – plus marqués à l'origine – sont obtenus par l'insertion de blocs de «nenfro».

Aux côtés de l'église se sont adossés dans la suite deux édifices, et de ce fait seuls demeurent aujourd'hui visibles la façade et le chevet.

A l'origine la façade était à rampants interrompus avec dans le haut un oculus qui éclairait la nef centrale. Dans la partie supérieure, on distingue nettement le point de jonction entre les éléments originels et les adjonctions postérieures qui lui donnent aujourd'hui un développement horizontal imprévu. La partie inférieure est scandée d'une alternance de pilastres et de lésènes raccordés dans le haut par une corniche séparant les registres; celle-ci est appuyée sur des arceaux aveugles à modillons en « nenfro » décorés de masques bovins ou plus rarement d'éléments végétaux et géométriques. Au milieu, l'entrée est surmontée de deux arcs concentriques (celui du haut en cintre surhaussé) scandés chromatiquement par l'alternance de claveaux en « nenfro » gris foncé. Les chapiteaux à droite et à gauche portent un décor lointainement classique, et sur celui de droite on peut encore voir un animal monstrueux sculpté en haut relief.

Le mur Est se signale par des rampants asymétriques (le faîte ne coïncide pas avec la bissectrice de l'église) et par la présence de deux absides seulement (la troisième a été démolie) aux culs-de-four arrondis en blocs de tuf. Celle de droite est couronnée d'un simple bandeau mouluré; dans l'abside centrale le même motif réunit des arceaux à modillons à peine saillants. A l'intérieur de chacun des arcs, une fois sur deux se trouve un motif qui semble dériver des coquilles fermant les niches classiques. Une fenêtre ébrasée s'ouvre dans chacune des absides.

L'intérieur, de plan basilical et en légère pente ascendante, se termine par la zone du sanctuaire un peu surélevée (mais les deux marches sont modernes) et par les absides de la nef latérale de gauche et de la nef centrale; l'église est divisée en trois nefs par deux rangées de trois supports circulaires en « nenfro » gris (la dernière paire est due aux restaurations), auxquels correspondent au revers de la façade des pilastres à chapiteaux. Ces derniers présentent un décor géométrique tandis que les chapiteaux à couronne de la première paire de supports sont ornés de motifs végétaux et animaux; la seconde paire, par contre, se caractérise par le développement organique du motif de feuillage pour en mettre en valeur la forme. L'église était couverte d'une charpente apparente encore visible du grenier du presbytère, mais maintenant masquée par le faux plafond. A l'origine, la nef centrale devait être éclairée par les ouvertures qui se trouvaient dans la claire-voie; tandis que dans les nefs latérales sont encore bien visibles de chaque côté les deux premières fenêtres ébrasées auxquelles d'autres devaient faire suite.

Bien que soit mentionnée dans un document de 1051 «platea juxta Ecclesiam quae vocatur Sancti Martini», *on doute cependant que l'édifice actuel puisse être antérieur au milieu du* XIe *siècle. Dans l'architecture de Saint-Martin on n'admet d'éléments hétérogènes que dans les parties attribuables aux nombreux remaniements qui ont modifié l'édifice. Mme Raspi-Serra discerne dans le décor de la partie inférieure de la façade et dans le portail, des accents pisans manifestes; en outre les culs-de-four absidaux à la silhouette rehaussée renvoient à des éléments islamiques, et ont certainement un parallèle à Tarquinia dans la coupole de Saint-Jacques. A l'inverse on ne peut manquer de remarquer que la partie supérieure de la façade se conforme à des modèles répandus dans le Nord du Latium, et la structure interne à supports cylindriques peut se comparer à l'église de Badia ad Isola. Les chapiteaux sont peut-être grossiers mais non archaïques; le décor plastique des modillons en façade et des niches sous les arceaux aveugles au chevet trouve un parallèle dans le décor des flancs de Sainte-Marie du Château. Cette dernière (commencée en 1121) et l'église Saint-Jacques semblent offrir les coordonnées chronologiques entre lesquelles on peut placer la construction de Saint-Martin, qui se situerait donc – comme l'a suggéré Mme Raspi Serra – aux premières décennies du* XIIe *siècle (E.P.).*

21

TARQUINIA. SAINT-SAUVEUR. A FAIBLE DISTANCE DE Saint-Jacques, l'église se dresse elle aussi dans un quartier maintenant quasi désert, mais qui au Moyen Age était beaucoup plus peuplé. L'édifice endommagé pendant la dernière guerre – une bombe a frappé la partie haute de la façade –, sert aujourd'hui d'entrepôt. Jadis y était conservé l'icône du Sauveur, aujourd'hui dans la cathédrale : tableau à compter parmi les versions les plus anciennes de cette image liée à la dévotion et à la politique (cf. Volbach, 1940).

La petite construction en blocs de tuf à nef unique est couverte d'une charpente apparente; aux murs sont bien visibles le départ des arcs de soutien des voûtes, mais il n'est pas certain qu'elles aient jamais été exécutées (Apollonj Ghetti, 1959).

Au milieu de la façade, l'archivolte à caissons et moulure en boudin du portail est portée par des corbeaux en «nenfro» au décor en zigzag. Sur le flanc s'ouvrent deux fenêtres, une alternance de pilastres et de lésènes suggère la division intérieure en trois travées. Le chevet est scandé de lésènes et d'arceaux retombant sur des modillons en «nenfro» au décor géometrique, et orné d'enfoncements en losange d'influence pisane. Il s'agit d'éléments décoratifs qui se retrouvent dans d'autres églises romanes de Tarquinia et qui conduisent Mme Raspi Serra à proposer (1972) une datation dans la première moitié du XIIe siècle (E.P.).

22

TUSCANIA (AUX ENVIRONS DE). ABBAYE SAINT-JUSTE. LES *ruines de l'abbaye s'élèvent sur la rive droite d'une rivière, la Marta, au Sud de Tuscania en direction de Tarquinia; le complexe se trouvait donc dans une position clé par rapport au trafic qui jadis empruntait le cours d'eau reliant le port de Tarquinia à l'intérieur des terres. On atteint aujourd'hui Saint-Juste en prenant la route qui de l'agglomération conduit à l'église de la Madonna dell'Olivo.*

On a des renseignements sur l'abbaye à partir de 962 (dans un document de Farfa on mentionne l'abbé de Saint-Juste); en 1146 le monastère bénédictin fut confié aux cisterciens de l'abbaye de Fontevivo. En 1217 il dépend de Casamari, en 1236 du monastère romain des Trois Fontaines. En 1464, la commu-

nauté devait avoir été dissoute : l'ensemble fut en effet soumis à la juridiction de l'évêque.

Si les bâtiments conventuels sont désormais à l'état de ruines, l'église et le campanile construits en blocs de tuf sont encore reconnaissables, malgré la détérioration et l'utilisation étrangère qui, entre autres, en rendent la visite particulièrement difficile. La crypte d'un seul tenant reste la partie la mieux conservée : l'espace est scandé de colonnes de remploi coiffées de chapiteaux médiévaux au décor linéaire élémentaire (à comparer à ceux de la crypte de Saint-Pierre) qui servent de support aux voûtes d'arêtes sans nervures. Au-dessus des chapiteaux, on trouve des encastrements de brique. L'église est sans toit et mutilée dans sa partie supérieure.

Dotée d'une seule nef, elle était probablement couverte en charpente apparente, car sur les murs on ne trouve pas trace de pilastres de consolidation susceptibles de recevoir la retombée des voûtes. Un grand arc aujourd'hui muré donnait accès au transept, jadis couvert de voûte, à trois absides et éclairé de fenêtres en retrait percées dans l'arrondi. L'absidiole de droite a complètement disparu, l'abside centrale est profondément modifiée. A l'origine, les trois absides étaient précédées d'une travée voûtée en berceau et se présentaient comme des chapelles triconques pourvues d'un cul-de-four et de deux niches creusées dans les murs latéraux. Le seul élément de la façade qui nous reste est le portail en saillie qui s'ébrase en quatre ressauts jadis cantonnés de colonnettes (aujourd'hui disparues) dont seuls subsistent les élégants chapiteaux à petits crochets d'angle visiblement plus tardifs.

À gauche, touchant presque l'église (à laquelle il est relié par un passage voûté) se dresse sur un haut soubassement la lourde masse du clocher. L'extérieur se signale par la couleur différente des arêtes exécutées en « nenfro » et par son ordonnance de lésènes et de corniches marquant les étages; celles-ci sont supportées par des arceaux aux modillons sculptés de masques humains et bovins ou de motifs végétaux : éléments qui renvoient à un répertoire décoratif présent aussi à Tuscania comme à Tarquinia. A l'intérieur, au rez-de-chaussée, se trouve un local carré couvert d'une voûte d'arêtes sans nervures, l'escalier d'accès à l'étage supérieur est pris dans l'épaisseur du mur.

Le plan particulier de l'église Saint-Juste a suggéré des rapprochements intéressants avec les deux fondations bénédictines du XIe siècle : la Badia di Farneta à Foiano della Ghiana et Saint-Sauveur au mont Amiata (Raspi Serra; Scartoni). L'absence des nervures sous les voûtes d'arêtes (tant dans l'église qu'au rez-de-chaussée du clocher) revêt une importance spéciale lorsqu'il s'agit de proposer une datation plutôt ancienne; il en est de même pour l'utilisation de voûtes en berceau en vue de conférer une plus grande profondeur aux absides, ce dernier élément étant directement d'inspiration clunisienne (Raspi Serra). L'église avec sa crypte d'un seul tenant a toujours été considérée comme un exemple précoce d'un langage architectural roman introduit dans un milieu local par des fondations monastiques au milieu du XIe siècle, filiation encore confirmée par l'ordonnance plastique et architecturale du clocher, où cependant le décor sculpté révèle la présence de tailleurs locaux.

Le portail, par contre, remonte à une autre campagne de construction, à situer au moment de la prise de possession de Saint-Juste par les cisterciens de Fontevivo (1146). Une inscription figurant jadis sur le portail (Mariotti 1927) livrait le nom du moine Raynerius, commanditaire de l'ouvrage au temps de l'abbé Albéric, enfermant ainsi la datation entre 1146 et 1148 (Battisti 1951) (E.P.).

23 *VALLERANO, LA PIÈVE. LA PIÈVE SE DRESSE A FAIBLE* distance de Vallerano, sur la route de Canepina, le long d'un sentier champêtre qui jadis constituait l'unique voie d'accès à l'agglomération. La construction est abandonnée et le toit est partiellement écroulé. Il s'agit d'un édifice à nef unique soudé à angle droit à un autre tout à fait semblable. Les travaux de restauration opérés en plusieurs fois sur la structure sont manifestes, cependant l'analyse des maçonneries effectuée par Paola Rossi (1986) a établi que la construction la plus ancienne est celle tournée vers l'Est et datable du milieu du XIIe siècle. Le chevet est caractérisé par une maçonnerie en blocs de tuf aux contours bien marqués et par un couronnement d'arceaux sous lesquels sont inscrits des reliefs (aujourd'hui presque indéchiffrables), motif que l'on retrouve fréquemment dans d'autres constructions romanes locales : l'abside de Sainte-Marie-Majeure à Tuscania, Saint-Martin et Sainte-Marie du Château à Tarquinia. Le corps ajouté est plus tardif et se distingue par la maçonnerie de tuf plus uniforme – en blocs liés par de fines couches de mortier – tandis que le parti décoratif de l'abside est le même.

À l'intérieur de la construction la plus ancienne, est représentée à la fresque dans l'abside l'image du Sauveur entre saint Pierre et saint Paul, eux-mêmes flanqués de deux diacres, à identifier probablement comme Laurent et Étienne. La partie inférieure de la fresque, en mauvais état et en partie repeinte, est couverte d'une couche d'enduit qui masque le bas du personnage.

Paola Rossi (1982), qui a publié une étude sur cette peinture, a reconnu dans le caractère linéaire des drapés, dans les procédés employés pour dessiner les visages et aussi dans la couronne végétale qui borde l'image, la marque d'une étroite dépendance par rapport à l'Ascension de l'abside de Saint-Pierre à Tuscania. Le lien iconographique de la théophanie de Vallerano avec le cycle de Castel Sant'Elia, la datation des maçonneries au milieu du XIIe siècle, sont des éléments qui confirment celle de l'Ascension de Tuscania au deuxième quart du même siècle (E.P.).

24 VASANELLO (BASSANELLO). SAINT-SAUVEUR. L'ÉGLISE SE *trouve en bordure de l'agglomération. Le haut clocher est tout proche de la façade à fronton, presque dans* *l'axe de l'entrée principale. La construction en blocs de tuf répond à un plan basilical à trois nefs séparées par deux rangées de quatre colonnes reliées par des arcs. Le chœur, légèrement surélevé, comporte trois absides. Les murs extérieurs sont scandés verticalement par des demi-colonnes terminées par une version simplifiée de chapiteaux. Insérée dans la corniche à arceaux, on retrouve la décoration à alvéoles rectangulaires réalisées en brique. Tous ces éléments suggèrent un lien étroit avec l'église Saint-Sylvestre d'Orte, consacrée en 1090. A l'intérieur de l'édifice, l'épitaphe de* «quidam vir venerabilis Dominico Archipresbiter in castro Vassanello (...) cujus corpus positum est in sartaphago (sic) novo ante ecclesia Salvatoris Domini nostri» *et datée* «anno (millesimo) tricesimo octabo (...) temporibus domini Benedicto summi pontifici *(Benoît IX, 1032-45)* regnante Conrado imperatore romanorum *(Conrad II, 1027-39)» (cf. Ferrua) a été considérée parfois comme le* terminus ante quem *de l'édification de l'église. La présence d'un cippe d'autel du haut Moyen Age daté d'entre la deuxième moitié du* VII*e et le début du* VIII*e siècle (Raspi-Serra, 1974) pourrait se référer à un édifice préexistant. Les chapiteaux en pépérin à terminaison en volutes – bien qu'entièrement privés de décor – peuvent être rapprochés de ceux de Sainte-Marie-des-Lumières à Bassano in Teverina.*

La construction du clocher date du début du XII*e siècle (Sanguinetti, 1952), elle est donc certainement plus tardive. Son type (développement sur six étages avec corniche marquant chacun d'eux) s'inspire de modèles romains, tels ceux de Santa Maria in Cosmedin et de Santa Maria in Trastevere. Le matériau en est divers : la brique est remplacée par un calcaire, allégé d'alvéoles losangées réalisées par des insertions de briques. Dans la base du clocher est placé un relief funéraire romain datant de la République.*

L'aspect actuel de l'église et du clocher est fortement marqué par les restaurations entreprises dans les années 40 ; à cette époque, on démolit tout ce qui n'appartenait pas à la construction médiévale, on isola le sanctuaire et on réédifia à neuf l'absidiole gauche; enfin on supprima la liaison entre la façade et le clocher (cf. Caraffa). Après la dernière guerre, on assura la consolidation du clocher en ouvrant de nouveau les baies qui avaient été obturées, mais on reconstruisit totalement le dernier étage et une partie de la corniche en brique.

Sainte-Marie. *L'église s'élève sur les bords d'une entaille dans la roche qui faisait partie, à une époque, du système de protection de la cité; il semble donc probable que le clocher, adossé à la façade, ait constitué à l'origine une tour de défense. Sa maçonnerie a été notablement remaniée et présente une alternance de blocs de tuf et d'une sorte d'*opus incertum *réalisé en petits blocs de calcaire; dans la partie supérieure, on relève des traces de voussures en brique : peut-être des fenêtres triples s'ouvraient-elles là.*

L'église, construite en blocs de tuf, présente un plan basilical à trois nefs séparées par des rangées de colonnes reliées par des arcs. Le chœur, surélevé, domine la crypte, qui tire parti de la forte déclivité du terrain dans la zone absidale. A l'extérieur, les trois absides font saillie, la centrale étant scandée par des demi-colonnes.

Le porche qui précède la façade est constitué de deux travées seulement : le voûtement, supporté par des arcs surbaissés (cachés, seulement visibles de l'intérieur) renvoie à des types romains que l'on trouve aussi dans la région, sous une forme plus élaborée, dans la localité voisine Lugnano in Teverina. Ces éléments montrent à l'évidence la chronologie plus tardive de cette partie de l'édifice, que l'on peut situer dans un XII*e siècle avancé.*

L'intervalle chronologique qui le sépare de l'église – il faut penser cette dernière du début du XII*e siècle (cf. Raspi-Serra, 1972 et 1974) – apparaît évident à l'intérieur, dans la série de chapiteaux en pépérin dont certains présentent des motifs simples de feuillage, d'autres des figures d'animaux : plus encore qu'à la tradition dite «comasco-lombarde» (Raspi-Serra, 1974), ces chapiteaux, en raison de l'absence d'entrelacs et de la juxtaposition dans l'ordonnance des figures, semblent témoigner de la persistance d'un répertoire monumental du haut Moyen Age particulièrement forte en cette région (cf. Saint-Eusèbe de Ronciglione et Bassano in Teverina) (E.P.).*

VETRALLA. SAINT-FRANÇOIS (JADIS SAINTE-MARIE). 25

L'église a pu être identifiée de façon certaine avec la «Massam Calianum» mentionnée dans la bulle de Léon IV (852); dans les siècles suivants, en effet, revient le toponyme de «Sancta Maria de Cajano». Entre 1067 et 1080, Gislebertus, évêque de Tuscania, consacre les autels avec leurs reliques, cérémonie qui est renouvelée en 1126 par l'évêque Pierre. En 1187, Vetralla fut attaquée et détruite par Viterbe; au temps de Clément III (1187-1191) remonte la consécration solennelle de l'autel majeur de Sainte-Marie, dans lequel furent placées de nombreuses reliques (réapparues durant les travaux du XVIIe siècle). Il est plausible que cet épisode marque le début d'une réfection radicale de l'édifice, qui prit fin au début du XIIIe siècle. La visite et les dons faits par Innocent III en 1207 pourraient peut-être indiquer l'achèvement des travaux dans l'église (Battisti, 1953) qui, entre-temps, avaient été confiée aux cisterciens de Saint-Martin au Cimino.

La dédicace actuelle à saint François remonte aux premières années du XVe siècle, quand Innocent VII (1404-1406) concéda l'édifice aux mineurs conventuels. En 1612, le franciscain Bonaventure Onofri mit en chantier une transformation radicale de l'église, qui nous est connue par d'anciennes photographies (Paolucci) : la crypte fut fermée et transformée en ossuaire; dans l'abside on installa un grand autel et un orgue; on ouvrit trois grandes fenêtres dans la façade. A partir de la fin du siècle dernier, eurent lieu diverses campagnes de restauration : la crypte fut réouverte en 1894; entre 1905 et 1914 on retira les autels baroques et l'on modifia l'aspect de la façade en s'inspirant de celle de Sainte-Marie-Neuve à Viterbe; le clocher, les absides latérales et la sacristie furent enfin restaurées en 1970.

La datation de la construction de la fin du XIIe siècle se base sur les liens étroits dont témoigne cet édifice avec l'architecture et le décor sculpté des églises de Saint-Laurent et de Sainte-Marie-la-Neuve de Viterbe. La crypte elle-même *ad oratorio* reprend un type architectural répandu dans cette région à partir du milieu du XIIe siècle : l'espace, à triple abside, est divisé en six petites nefs scandées par des colonnes de remploi ou en tuf avec des chapiteaux à feuillage; les voûtes sont à croisées d'ogives. La crypte n'est pas située dans l'axe de l'édifice et présente des irrégularités évidentes dans son implantation, dues probablement à des constructions préexistantes que l'on a réadaptées dans la nouvelle construction. Le chapiteau à dauphins placé près de l'entrée de droite est une copie plus modeste (dans ses dimensions comme dans sa facture) d'un type que l'on retrouve dans la nef : cela prouve que les deux parties de l'édifice sont contemporaines.

Sur l'une des petites voûtes de la nef centrale de la crypte, une fresque comporte un grand médaillon avec le buste du Sauveur entouré de cercles avec les symboles des évangélistes. Un tel décor devait s'étendre à toute la voûte de la crypte : sur les nervures des autres petites voûtes, on retrouve des motifs ornementaux de genre varié : rosettes, méandres, rameaux. La cristallisation saline en rend la lecture difficile. On dirait, en tout état de cause, que ces fresques sont l'œuvre de la main qui, sur l'intrados de l'arc triomphal de l'église, a brossé un décor à rinceaux habités avec des figures monstrueuses et fantastiques (le minotaure par exemple) qui sembleraient avoir été réalisées à la fin de la construction de l'édifice, c'est-à-dire au début du XIIIe siècle.

L'église elle-même est construite en blocs de tuf qui, dans la zone absidale, constituent aussi le matériau des lésènes, reliées à la corniche à arceaux; cette dernière marque aussi le sommet du mur de la claire-voie et de celui des nefs latérales où, entre les arceaux, est insérée une décoration géométrique en tuf, en tout point semblable aux zigzags en brique que l'on trouve à Saint-Pierre de Tuscania. Le plan basilical est divisé en trois nefs par des rangées de colonnes légèrement galbées reliées par des arcs à double rouleau : le chœur, scandé par des arcs plus amples, est séparé de la nef par des piliers quadrilobés sur lesquels repose l'arc triomphal. La couverture est en charpente apparente.

Les chapiteaux figuratifs en pépérin reprennent de façon manifeste ceux de Sainte-Marie-la-Neuve et de la cathédrale de Viterbe : on y retrouve le thème des dauphins affrontés et les variations sur les motifs de feuillage y prédominent, très semblables à ce que l'on voit à Sainte-Marie-la-Neuve. Le rapport avec les chapiteaux de Viterbe est donc très étroit, mais, à Vetralla, l'exécution est moins soignée et plus enlevée, le modèle classique moins présent et simplifié, moyennant l'élimination de l'abaque.

Le pavement de marbre de la nef centrale a été beaucoup remanié, probablement au cours des restaurations du début du siècle pendant lesquelles une bonne partie des tesselles de marbre auraient été remplacées (Glass, 1980). Le dessin est caractérisé par des rectangles disposés longitudinalement suivis – en avançant vers le chœur – par un grand losange dans lequel est inséré un quinconce, puis, à un niveau légèrement plus élevé, dans une partie incluse à l'époque dans l'enceinte de la *schola cantorum* (disparue), on retrouve la composition habituelle de rectangles, mais disposés cette fois en lignes transversales. Selon Dorothy Glass, le dessin pourrait remonter tant au XIIe qu'au XIIIe siècle. Mais, vu l'histoire de l'église, la datation au début du XIIIe siècle semble la plus probable.

Dans la façade, le portail à double retrait est bordé par des colonnettes interrompues par des anneaux et surmontées par un tympan avec un décor végétal en bas relief. La confrontation avec celui de l'hôpital civil de Capranica (Apollonj Ghetti, 1959) se limite à des éléments typologiques que l'on trouve aussi dans les portails de Sainte-Marie-Majeure à Tuscania et paraît tout à fait inconsistante en ce qui concerne les reliefs (Watterson, 1977; Guglielmi, 1983); car le tympan de Vetralla présente une partition en carrés de feuillage (registre inférieur) et un développement ordonné de rinceaux strictement lié au goût et à la technique des équipes qui exécutèrent les chapiteaux de la nef (Watterson, 1977).

À une faible distance de Saint-François, l'église Saint-Pierre, près de la porte du même nom, doit être comprise parmi les églises romanes de Vetralla. Cela ressort de la structure du sanctuaire à triple abside à l'origine, avec des demi-colonnes et couronnée par une frise en zigzag (tout à fait semblable à la structure de l'abside de Sainte-Marie-Nouvelle à Viterbe) et un appareillage en grands blocs de tuf lié par une mince couche de mortier. L'intérieur, à nef unique, ne présente plus trace de la construction médiévale (E.P.).

26 VITERBE. SANT'ANDREA IN PIANOSCARANO. L'ANCIENNE

piève mentionnée dans la bulle de Léon IV (852) connut une période particulièrement active aux alentours de la moitié du XIIe siècle lorsque, en 1148, elle fut cédée – en même temps que toute la zone immédiatement environnante – à la commune de Viterbe par l'abbaye de Farfa. A cette époque doit remonter, dans l'ensemble, la partie du chœur à triple abside, le plan de la crypte et une partie des murs goutterеaux : mais il est nécessaire de se rappeler qu'en 1702 toute l'église subit une restauration radicale qui a dénaturé profondément son architecture et a dû s'exercer de façon marquée jusque dans la crypte, qui semble pourtant l'endroit le mieux conservé de l'ensemble. Celle-ci est ad oratorio *avec trois absides et quatre petites nefs ; et si, comme cela semblerait plausible, son plan remonte au milieu du* XIIe *siècle, il faut sûrement supposer qu'elle fut l'objet, au siècle suivant, d'une deuxième campagne, à laquelle se réfèrent les voûtes à croisée d'ogives et les chapiteaux à crochet dont l'appartenance cistercienne ne peut être mise en doute (*Wagner-Rieger*). Il faut toutefois user d'une grande prudence au sujet de ces voûtes, qui pourraient constituer la partie refaite de la façon la plus radicale s'il est vrai que, comme le dit Scriattoli, « la crypte était ruinée depuis environ un siècle ».*

De très grand intérêt sont les bribes de fresques conservées sur les murs et dans les absides, qui, à l'époque, durent constituer un cycle assez ample et qui sont réduites aujourd'hui à quelques fragments récemment restaurés par la Surintendance. Dans le cul-de-four central, on aperçoit l'Agneau encadré de deux carrés entrecroisés avec les symboles des évangélistes, parmi lesquels l'aigle est encore bien reconnaissable. Dans l'abside de gauche, le buste du Sauveur devait, à l'origine, être flanqué de figures de saints ou de prophètes – on devine encore un visage auréolé sur la gauche. Sur le mur du fond, un gros morceau, divisé en deux registres, a été conservé : en bas, la Vierge assise sur un âne, partie d'une Fuite en Égypte, tandis qu'au-dessus on voit un homme, le bras levé, et près de lui d'autres personnages plus fragmentaires. L'inscription qui court à la base de la scène indique « BALTHASAR MELCHIOR *GASPAR » et permet de l'identifier comme celle de l'apparition de l'étoile aux mages. Dans la travée suivante, sur un cartouche, on lit « SCA* ELISABET*A » et une inscription qui donne le nom du commanditaire : « M...ALDA (?)* HOC OPUS FIERI FECIT *». D'autres minuscules fragments réapparaissent sur les autres parois (la partie terminale du bras d'une croix avec une main liée par des cordes ; un personnage acéphale assis sur un trône) qui pourraient appartenir à des scènes de martyre.*

Datées dans l'ensemble du XIIIe *siècle par Scriattoli, les fresques de Pianoscarano peuvent peut-être donner lieu à une chronologie plus précise. Le trait fort compact et noir contrastant avec des coups de pinceau blancs qui, par des traits géométriques en zigzag ou en tourbillons traduisant détails anatomiques ou drapés, rentrent aisément dans le mouvement pictural qui, durant les années du pontificat d'Honorius III, a été profondément marqué par les chantiers de mosaïque de Saint-Paul-hors-les-Murs, rénovés par l'arrivée d'équipes vénitiennes. En ce sens, les fresques de Sant'Andrea présentent beaucoup d'affinités avec d'autres de Rome, telles que celles de la Platonia de Saint-Sébastien-hors-les-Murs, comme aussi celles de l'arc des Trois-Fontaines dont elles partagent aussi le goût marqué pour le graphisme ; selon toute vraisemblance, on peut les cadrer dans la deuxième période de l'édification de la crypte, après la réfection qui rénova supports et voûtes tout en conservant murs gouttereaux et absides (*S.R.*).*

VITERBE. SANT'ANGELO IN SPATA ET LES CHAPITEAUX 27

de l'église détruite des Saints-Boniface-et-Étienne. L'aspect que présentait au Moyen Age l'église érigée comme collégiale avant 1092 dans l'antique piève du Burgo Biterbo ne peut être aujourd'hui reconstitué qu'en esprit. La pierre placée sur le pilier de droite dans le sanctuaire rappelle la consécration de l'église romane, faite par Eugène III le 8 mai 1145 : « *Anno ab Incarnatione Domini nostri Jesu Christi millesimo CXLV indictione VIII Eugenius venerabilis papa III ad honorem beati Michelis archangeli una cum episcopis archiepiscopis et cardinalibus hanc dedicavit ecclesiam VIII idus masi* (sic) » (cf. Carosi, 1986). A la même étape de construction se référait peut-être une épigraphe transcrite par Bussi, qui se trouvait près de la chapelle de Saint-Isidore et sur laquelle on lisait : « ME AMBROSIUS SCULPSIT – PETRUS ABBAS SCULPSERE IUSSIT – MARMOREQUE VIVO – TEMPLUM FUNDAVIT AB IMO (...) ». Dans le courant des siècles, l'église subit de profondes transformations : à l'origine la façade avec le clocher était précédée d'un porche, démoli lors de l'agrandissement de la place qui devint au XIIIe siècle le centre de la cité de Viterbe. En 1549, le clocher s'écroula en même temps que la façade, qui fut reconstruite dans la décennie suivante. L'intérieur fut complètement modifié en 1746. De la structure ancienne, il reste le mur gouttereau en grands blocs de tuf dans lequel ne s'ouvre aucune fenêtre ; à l'organisation antique appartient probablement le sol de l'église montant vers l'autel. Le chapiteau à feuillage placé sous la table de l'autel et deux autres aujourd'hui dans la cour du palais des Prieurs (Scriattoli, p. 97, fig. 81) pourraient faire partie de la décoration subsistant de l'édifice médiéval.

Sur la place voisine de l'Erbe (androne del civico n° 4), ont été conservés deux grands chapiteaux en tuf découverts en 1891 durant les excavations causées par la reconstruction de l'édifice actuel. Avec deux autres chapiteaux et un buste de saint Étienne (aujourd'hui disparu, mais cf. Scriattoli, p. 277, fig. 401) c'est ce qui reste de l'église dédiée aux Saints-Boniface-et-Étienne qui s'élevait dans cette zone et sur laquelle nous sommes documentés à partir de 1082 ; en 1655, le bâtiment fut détruit par un tremblement de terre. Les deux chapiteaux mentionnés sont caractéristiques avec le bandeau en couronne comportant des figurations en bas relief : sur celui de gauche sont étendus deux personnages avec un rouleau, suivis de deux lions couchés ; sur celui de droite, on voit un évêque à la tête couronnée, la main sur la bouche. Le modelé des profils est arrondi, les plans amples. Les ressemblances des visages font attribuer ces deux pièces à la même main.

Les affinités entre ces chapiteaux et ceux de San Giovanni in Zoccoli (Scriattoli), le rapprochement avec les figures sculptées de l'autel de San Giovenale à Orvieto (1170 ; Watterson,

1977) suggèrent une datation entre la fin du XIIe et le début du XIIIe siècle, datation qui a des appuis historiques : la destruction de Ferento (1172) et la translation des reliques et du titre de Saint-Boniface à l'église de Viterbe, l'élévation de l'église au titre de priorale (1208) et la consécration qui s'ensuivit par Honorius III (9 décembre 1219) fournissent en effet un cadre chronologique convaincant (E.P.).

28 VITERBE. SAN CARLO A PIANOSCARANO (JADIS SAINT-NICOLAS *Degli Scolari). L'église est mentionnée pour la première fois dans un document de 1152, où on la dit dépendre de l'abbaye de Farfa. Scriattoli a rapporté une épitaphe (aujourd'hui disparue) qui portait la date de 1179. Par la suite, en 1636, l'église fut confiée à la Compagnie de Saint-Charles (d'où son nouveau nom) qui y installa un hospice pour pauvres âgés. A ces années remonte la plus notable altération de la structure, c'est-à-dire le rehaussement de plusieurs mètres du niveau du sol de la nef, ménageant ainsi un local dans la partie inférieure de l'église. Aujourd'hui la perception de l'espace interne est encore bouleversée par des cloisons établies ultérieurement qui masquent complètement le chœur et par des constructions qui, à l'extérieur, se sont adossées à l'abside.*

L'église présente une façade tripartite et est terminée par un petit clocher-mur; la corniche de la partie centrale est ornée d'un motif géométrique en pépérin, qui se retrouve à la tribune de Sainte-Marie-Nouvelle. Un motif décoratif en tout point semblable se superpose aux arceaux de l'abside. L'intérieur, basilical, à trois nefs, est divisé par deux rangées de piliers cylindriques reliés par des arcs à double rouleau. Le chœur est scandé par des arcs de diamètre plus ample, solution commune aux coutumes architecturales locales et qui se retrouve à San Giovanni in Zoccoli. Les piliers cylindriques et les chapiteaux à couronne (sans aucun décor) se voient également tant dans la zone absidale de Saint-Sixte qu'à San Giovanni in Zoccoli, ce qui laisse supposer une datation du début du XIIIe siècle (E.P.).

29 *VITERBE. SAN GIOVANNI IN ZOCCOLI. L'ÉGLISE, DANS SON* état actuel, présente des traces très évidentes des restaurations qui firent suite aux bombardements de 1944, lesquels avaient spécialement endommagé la zone absidale : alors (1947) on décida entre autres de démolir la collégiale du XVIIe siècle, construite le long du flanc droit de l'église. Parmi les restaurations du passé, il faut signaler celle de 1880 dirigée par Giovan Battista Cavalcaselle : il s'employa à reconstruire le ciborium, la clôture du chœur (détruit par la suite) et les corniches du portail principal caractérisées par leurs reliefs étoilés, en prenant pour base des fragments anciens, cherchant à concilier ainsi les pratiques de réfection et les premières exigences de restauration.

L'édifice se présente avec un plan basilical à trois nefs et couverture en charpente. Les deux rangées de piliers cylindriques, à chapiteaux décorés de couronnes à décor végétal stylisé, sont reliées par des arcs à double rouleau dont l'ampleur augmente dans le chœur à triple abside. L'utilisation de piliers cylindriques et de chapiteaux à couronne a été mise en relation avec la zone absidale de Saint-Sixte (fin XIIe siècle) et se retrouve en version simplifiée à San Carlo de Pianoscarano. Ces éléments contrastent avec la datation du XIe siècle fondée sur un document cité par Bussi et l'existence d'une cloche qui portait la date de 1037, laquelle fut fondue au XVIIe siècle. Les archéologues contemporains s'accordent pour reconnaître dans l'utilisation de piliers cylindriques et de chapiteaux à couronne un nouvel élément stylistique – prélude à l'âge gothique – qui permet de dater l'église du début du XIIIe siècle (Thümmler; Wagner Rieger) et de la retarder peut-être à la troisième ou quatrième décennie de ce siècle (Battisti, 1952). Cette datation est aussi confirmée par la présence dans la façade d'une rose au décor cosmatesque, simplification du modèle de Saint-Pierre de Tuscania (Raspi-Serra, 1972) que l'on situe également au commencement du XIIIe siècle (E.P.).

30 VITERBE. CATHÉDRALE SAINT-LAURENT. LA CONSOLIDATION *des biens temporels du pape eut pour effet en 1192, sous Célestin III, l'élévation de Viterbe à la dignité de siège épiscopal au détriment de Tuscania sa voisine; dès lors la ville fut le centre du* Patrimonium sancti Petri, *ainsi que boulevard papal contre les velléités autonomistes de la commune de Rome.*

La vieille piève (IXe siècle), devenue collégiale, fut alors complètement reconstruite au cours d'une campagne architecturale sans doute achevée à la fin de la première décennie du XIIIe siècle. Une datation légèrement plus ancienne a été proposée par Rossi *(1986) qui fait, lui, coïncider la date du transfert du siège épiscopal avec l'achèvement substantiel des travaux.*

L'édifice actuel nous est parvenu après de nombreuses transformations : 1251, l'église se trouve en mauvais état; 1369, première des multiples restaurations du toit, reconstruction du clocher et peut-être agrandissement de la nef latérale de droite; 1490, projet de reconstruction complète de l'église, suivi seulement d'opérations limitées; 1538, sur un dessin d'Antonio da Sangallo le Jeune, on projette l'allongement de l'abside, idée réalisée seulement en 1560 et qui comporta la destruction de l'abside romane; 1568-1570, reconstruction de la façade sur l'ordre du cardinal Gambara, en épargnant deux roses de la précédente (l'une se trouve sur la face antérieure du bâtiment à droite de l'église, l'autre à l'extérieur du palais épiscopal); 1681, mise en place dans la nef centrale d'un faux plafond (masquant ainsi la charpente); 1876, restauration radicale du pavement cosmatesque (fragments originaux aux alentours du sanctuaire) et nettoyage des chapiteaux, ainsi que sondages dans le sous-sol; 1916, restauration de l'absidiole de gauche dans le transept; en mai 1944, une bombe toucha le toit de l'église; 1948-1954, les interventions nécessaires après les graves dommages dus à la guerre tentèrent de retrouver la structure romane originelle, entre autres reconstruction de l'abside sur les anciennes fondations en prenant comme modèle l'absidiole Sud, éliminant ainsi l'adjonction de la Renaissance *(à laquelle on accède maintenant par une petite porte).*

Visite. *Aujourd'hui l'implantation architecturale remontant à la fondation du début du* XIIIe *siècle ne se révèle qu'après avoir franchi le portail d'entrée : les trois nefs de la basilique avec deux solennelles rangées de dix colonnes reliées par des arcs à double rouleau au-dessus desquels s'étend une longue corniche (sans doute une addition du* XVe *siècle tardif) se greffent, par l'intermédiaire de piliers composés surmontés d'un arc triomphal, sur le transept non saillant à trois absides (il ne dépasse pas le mur gouttereau des nefs latérales). L'abside Sud conserve à l'extérieur la couronne d'arceaux où s'inscrit un décor aux motifs végétaux et zoomorphes en bas relief, d'une facture qui se retrouve au Saint-Sauveur de Tarquinia ou sur l'abside de Sainte-Marie-Majeure à Tuscania. Cet élément conduit* Rossi *à proposer (1986) une datation vers le milieu du* XIIe *siècle pour cette partie de l'édifice.*

Le plan de Saint-Laurent renvoie au bâtiment de l'abbé Didier au Mont-Cassin (Wagner Rieger) ou aux fondations romaines du XIIe *siècle (Raspi Serra); le solennel déploiement des colonnades et la structure du transept pourraient s'être inspirés de Sainte-Marie au Transtévère (Watterson). Le lien étroit qu'avaient avec* Rome *les premiers évêques de Viterbe (Giovanni Lombardo, 1192-1199, également cardinal titulaire de Saint-Clément, Raniero, 1199-1222, chapelain d'Innocent III), l'affirmation décidée de romanité inhérente au nouveau siège épiscopal (Thümmler) peuvent expliquer l'adoption d'un modèle spatial sans précédents dans le milieu local.*

Pour reconstituer l'aspect originel de cette cathédrale de Viterbe, il faut mentionner ensuite l'existence du pavement cosmatesque et d'une schola cantorum *dont la destruction est mentionnée dans un document de 1490 : «Il fut décidé que l'on enlèverait ce chœur tel qu'il est placé au milieu de l'église Saint-Laurent (...) de façon à dégager l'église».*

L'extraordinaire série de chapiteaux (douze de chaque côté) en pépérin extrait des carrières de la Palanzana et du Cimino constitue aujourd'hui le témoin le plus marquant de la construction romane, fournissant un élément fondamental pour reconstituer l'évolution stylistique de la sculpture architecturale à Viterbe et dans le Latium septentrional. Le caractère classique des types (corinthiens, composites, figuratifs à dauphins), la régularité du module et la présence de tailloir, d'astragale et de fleur sur le tailloir apparaissent au premier coup d'œil comme l'élément le plus remarquable. Une observation attentive révèle aussi la présence de motifs animaux (par exemple les aigles au revers de la façade), de sphinx et d'autres êtres monstrueux dont l'abondance décorative contrebalance l'inspiration classique.

Les chapiteaux, dans la plupart des cas se trouvent accouplés des deux côtés de la nef dans une progression qui semble privilégier l'apparition de types décoratifs plus complexes à mesure que l'on approche du sanctuaire (Watterson). S'y révèlent en outre des différences de qualité : une exécution plus soignée, une plus grande rigueur de composition caractérise selon Mme Watterson, les derniers chapiteaux de la colonnade de gauche, parmi lesquels se distinguent, par leur agencement classique, les chapiteaux composites et ceux décorés de dauphins. La répétition du même type sur les deux côtés de la nef manifeste sans aucun doute la présence de plusieurs mains, dont la facture est caractérisée soit par un passage plus délicat des ombres à la lumière, soit au contraire par un trait plus net et une exécution sans doute plus rapide. Une telle différence est claire sur la paire de chapiteaux à dauphins. Deux traitements d'un même modèle qu'il est sans doute hasardeux d'attribuer à deux groupes différents de sculpteurs (Watterson), mais que l'on peut plus prudemment imputer aux différences de qualité qui se font jour inévitablement dans un même atelier. Il suffit d'ailleurs de s'avancer vers le sanctuaire et de regarder la paire de chapiteaux avec les sphinx; dans ce cas aussi se manifeste la même différence de taille. Sur les chapiteaux corinthiens très classicisants, la fleur d'abaque de règle est remplacée par une bizarre petite figure humaine. Ailleurs quatre personnages d'angle scandent architecturalement le chapiteau de feuillage.

L'opposition entre un groupe d'artisans plus classicisants (peut-être romains) d'une habileté supérieure, et d'autres sculpteurs plus attachés à la tradition locale, auxquels ils s'imposent – telle est la séduisante hypothèse de Mme Watterson – doit peut-être laisser place à un tableau moins catégorique : dans la cathédrale de Viterbe, tant dans l'architecture que dans la sculpture, on a recherché des modèles classiques, les copiant parfois de façon manifeste. Processus en harmonie avec la pratique courante dans les ateliers des marbriers romains, habitués à retravailler et à imiter les pièces récupérées. Il faut en conclure que – peut-être à la demande explicite des commanditaires – sur le chantier de Saint-Laurent les sculpteurs locaux s'emparèrent d'un répertoire de formes antiquisantes qui jusque-là avait été le monopole des ateliers romains. Héritage qui se répercuta aussitôt dans le diocèse : selon Mme Raspi Serra, le sculpteur le plus doué du groupe nous a laissé son œuvre personnelle dans les chapiteaux du revers de la façade de Saint-Pierre à Tuscania. A l'église Sainte-Marie-la-Neuve voisine et à Saint-François de Vetralla, la série des sculptures est reprise intégralement. On doit cependant remarquer un ralentissement de cet engouement pour le modèle romain, qui fut probablement la source d'inspiration de toute la cathédrale de Viterbe (E.P.).

31

VITERBE. SANTA MARIA DELLA CELLA (LE CLOCHER de). L'église était une dépendance de l'abbaye de Farfa à Viterbe; elle est mentionnée dans le *Registre de Farfa* à partir du VIIIe siècle. Dans la confirmation des biens de l'abbaye par Otton Ier (967), on rappelle entre autres la *«cellam Sancte Marie infra castrum Veterbense».* La situation de l'édifice sur un éperon rocheux qui domine la vallée du Faul correspond en effet à une zone fortifiée, noyau de la cité, dans laquelle s'établirent par la suite la cathédrale et le palais papal. L'église et le couvent, peut-être endommagés lors du tremblement de terre du 9 septembre 1349 (Apollonj Ghetti, 1959), furent démolis en 1479 (Scriattoli, 1915). Aujourd'hui il en subsiste le clocher à deux étages construit en blocs de tuf : dans le premier s'ouvre une baie simple, dans le second des baies doubles avec voussure en cintre surhaussé sont couronnées par une frise de briques en arêtes de poisson. Il est possible qu'à l'origine le clocher ait été plus élevé.

La documentation la plus ancienne relative à l'édifice a fourni une base pour la datation de ce clocher au haut Moyen Age (Serafini, 1927); il s'agit d'un des monuments les plus anciens de la Viterbe médiévale, mais les rapprochements entre ce campanile et le cloître de Sainte-Marie-la-Neuve et le clocher plus ancien de Saint-Sixte – très semblable quant à son type – font pencher pour une datation plus tardive (Apollonj Ghetti) qui le placerait sans doute dans un XIe siècle avancé (E.P.).

32 VITERBE. SAINTE-MARIE-LA-NEUVE. LE 13 DÉCEMBRE 1080 LE *prêtre Biterbus, son frère Leo, Sassa leur mère et Carabona, femme de Leo, firent une donation substantielle pour fonder la collégiale Sainte-Marie à laquelle devait être rattaché un hospice pour les pèlerins. L'acte de naissance de cette église, à nous transmis par un parchemin, fut peu après transcrit sur un cippe placé aujourd'hui dans la nef latérale de droite :* «Anno Domini MLXXX indictione III, *au temps du pape Grégoire VII, l'empereur Henri assiégeant Rome...» (cf. Carosi 1986). La lutte entre le pape et l'empereur ressort de l'*incipit *de l'inscription et la fondation même de l'église destinée à un groupe de chanoines s'intègre à la réforme ecclésiastique entreprise par Grégoire VII. A cette époque remonte peut-être la crypte annulaire qui a pour supports deux grands piliers (modèle différent de celui des autres cryptes de Viterbe) et le cloître construit au flanc gauche de l'église : sa structure a subi une intervention arbitraire de «remise en l'état primitif» (1969-1970) mais les baies multiples aux chapiteaux à béquille, aux colonnes fortement galbées et aux archivoltes en brique témoignent de sa grande ancienneté.*

L'église dans ses formes actuelles doit par contre être datée d'entre la fin du XIIe siècle et les débuts du XIIIe. Le 15 juillet 1181, Alexandre III concède de nouveaux privilèges à l'église et confirme la règle augustinienne des chanoines. Les donations d'Innocent III en 1207 peuvent faire penser qu'alors la construction avait été menée à son terme. L'édifice a subi de nombreux remaniements parmi lesquels on mentionne la réfection de la charpente à la fin du XVe siècle, les transformations substantielles des voûtes et de l'éclairage en façade effectuées entre 1822 et 1825. Entre 1907 et 1914, la Société pour la conservation des monuments, sous la supervision d'Antonio Muñoz, entreprit une vaste campagne de restauration en vue de rendre à l'église l'aspect médiéval originel. On procéda à la suppression des faux plafonds du XIXe siècle, on boucha les oculus et les portes latérales plus tardives en façade, on rouvrit la porte de la fin du XIIIe siècle au flanc gauche de l'édifice ; on dégagea la chapelle absidale de droite et on reconstruisit entièrement celle de gauche, on enleva les enduits et on refit les pavements. Au cours de cette opération, on retrouva sous l'abside la crypte annulaire. La construction en blocs de pépérin a donc été modifiée : au chevet demeure le décor d'arceaux en modillons sculptés au-dessus duquel se trouve une frise géométrique elle aussi en pépérin. Dans la façade est encastrée une tête classique au-dessus du portail que flanquent des demi-colonnes avec chapiteaux. A l'intérieur, le plan basilical est divisé par des rangées de colonnes reliées par des arcs à double rouleau. Les chapiteaux en pépérin sont sculptés de motifs figuratifs manifestement inspirés de ceux de la cathédrale voisine. Lien encore confirmé par la disposition donnée aux diverses figurations, qui est en tout semblable dans les deux églises : par exemple tant à Saint-Laurent qu'à Sainte-Marie-la-Neuve les aigles se trouvent au revers de la façade. Il ne semble donc pas hasardeux d'affirmer que les chapiteaux de Sainte-Marie-la-Neuve ont été réalisés par l'atelier qui travaillait à la cathédrale dans un laps de temps limité (Watterson, 1977).

Il faut signaler dans l'église la représentation du Sauveur : la légende veut que cette peinture ait été retrouvée par hasard dans un champ par quelques laboureurs (dont la confrérie avait son siège dans cette église) en 1283. Le tableau se situe dans la tradition religieuse de Rome *et du* Latium *qu'a étudiée Volbach (1940) (E.P.).*

33 *VITERBE. SAINT-SIXTE. LES DOMMAGES SUBIS PAR* l'église de Saint-Sixte durant la dernière guerre furent très importants car la nef fut touchée par une bombe. Les restaurations qui suivirent (1948-1950) entraînèrent la reconstruction de la façade et d'une bonne partie de cette nef, qui fut alors couverte d'une charpente apparente (le plafond précédent à croisées remontait aux premières décennies du XVIe siècle) et l'on procéda à la restitution par anastylose des voûtes du chœur. Par contre, la quatrième nef, qui avait été ajoutée ultérieurement le long du flanc droit de l'église, ne fut pas rebâtie.

L'édifice médiéval était le résultat de deux campagnes nettement distinctes : durant la première fut édifiée une église de plan basilical à trois nefs séparées par des colonnades reliées par des arcs à double rouleau; à ce premier édifice était joint, sur le côté, un clocher, aujourd'hui partiellement englobé dans le chœur. Durant la campagne suivante, on amplifia le sanctuaire jusqu'aux murailles de la cité; appuyée sur la crypte, vint s'ajouter une nouvelle construction à l'élan vertical marqué, souligné par des piliers cylindriques qui soutiennent des voûtes en berceau; un escalier raide la relie à la nef. Le passage de la nef au chœur crée ainsi un effet de contraste, un rapport «hors d'échelle» peut-être non voulu, mais d'un grand effet théâtral.

Les premiers renseignements que nous possédions sur l'édifice remontent au XIe siècle. En 1068, il est dirigé par un groupe de chanoines (Signorelli, 1907); par la suite, Pascal II (1099-1118) concède à Saint-Sixte le privilège du *jus fontis,* qui ne sera exercé qu'à partir de 1133, date qui pourrait marquer l'achèvement de la première campagne (Battisti, 1952), donc plus tôt que la datation au temps d'Eugène III (1145-1150) donnée par Rivoira (1908).

De la structure basilicale de cette première église, relèvent aujourd'hui – comme on l'a dit – la nef et le clocher. Les colonnes, dressées sur des bases, ont un galbe très prononcé et, parmi elles, il faut signaler celles qui achèvent les rangées : à gauche, ce sont quatre colonnes enroulées en spirale, à droite quatre colonnes assemblées, particularités qui, selon Krönig (1938), ne sauraient être antérieures au XIIe siècle. Les chapiteaux, ornés de feuillages d'inspiration classique, avec quelques rares figures animales, annoncent le développement de la sculpture monumentale locale. L'édifice s'achevait sur une abside unique qui s'élevait au revers de l'arc triomphal actuel.

La crypte, très remaniée, pourrait être le reste d'une construction encore plus ancienne dont les éléments furent réutilisés dans le nouvel édifice (Bentivoglio, 1979).

Du clocher, construit en blocs de tuf, restent aujourd'hui deux étages séparés par des corniches sculptées d'un décor d'oves. Les baies triples sont scandées par des colonnettes aux chapiteaux à béquille. Le matériau, le type et la décoration ne suivent pas des modèles romains, mais, à l'inverse, présentent un lien étroit avec, dans la région, Santa Maria della Cella et surtout l'église détruite de Sainte-Bruna à Gallese (Raspi Serra, 1972; Rossi, 1986). Dans le clocher de Saint-Sixte, comme dans celui de Sainte-Bruna, apparaît une statue-colonne qui renvoie à des solutions adoptées à la cathédrale de Piacenza aux environs du milieu du XIIe siècle (cf. Rossi), mais qui s'explique peut-être mieux par l'adoption de formes «lombardes» par des maçons locaux. La datation reculée du clocher proposée par Bentivoglio (VIIIe-IXe siècle) ne semble pas acceptable : elle s'appuie sur une certaine similitude de construction avec la maçonnerie de la crypte.

La structure du chœur, dont l'abside centrale est scandée extérieurement par des panneaux reliés par des demi-colonnes adossées à des pilastres – due à une influence probable de Santa Maria di Falleri (Rossi) – et le système des voûtes en berceau qui s'épaulent – pour lequel on a suggéré une référence à Saint-Philibert de Tournus (Krönig, 1938; Raspi-Serra, 1972) – mettent en évidence l'importation de solutions tirées de l'architecture bourguignonne, d'une conception tour à fait nouvelle, qui fut introduite dans cette région par la main-d'œuvre cistercienne. A cheval entre le XIIe et le XIIIe siècle, telle serait la datation du chœur de Saint-Sixte qui préfigure déjà les prémices de l'âge gothique (E.P.).

34

VITORCHIANO. SAINT-PIERRE. L'ÉGLISE SAINT-PIERRE SE *trouve dans le faubourg qui s'est développé hors de l'enceinte de la ville. L'édifice, construit en blocs de tuf, à une seule nef et abside, est aujourd'hui totalement dépourvu de toit et dans un état d'entier abandon. Le portail de la façade est composé de rinceaux médiévaux qui n'appartiennent pas à l'édifice et, selon une tradition locale, il proviendrait de la ville de Ferento, détruite par les habitants de Viterbe en 1172.*

Le décor des piédroits a pour base un motif de rinceaux qui comportent toujours des figures d'hommes et de monstres aux extrémités des reliefs. Une autre représentation anthropomorphe (très usée) apparaît sur le chapiteau de gauche, tandis que celui de droite présente un motif de feuillage d'ascendance classique.

Le développement ample et régulier des rinceaux, le relief accusé avec lequel sont réalisées les feuilles d'acanthe – reprise de formules classicisantes (Raspi-Serra, 1972) – joints aux motifs figuratifs qui sont utilisés ici, constituent un élément commun aux tendances du mouvement culturel local et suggère une datation vers la fin du XIIe siècle (E.P.).

EST DE ROME

PALOMBARA SABINA. SAINT-JEAN IN ARGENTELLA

L'abbaye de Saint-Jean in Argentella pose un problème d'architecture qui n'a encore été aucunement étudié ni clarifié. L'édifice à trois nefs et trois absides, avec des arcades lisses en plein cintre et des fenêtres simples, pourvu d'une crypte et précédé d'une sorte de narthex à trois travées, présente une série d'éléments irréguliers et anormaux, bien visibles même en plan. La séparation des nefs est confiée à quatre colonnes de remploi de chaque côté et à des piliers qui délimitent la zone du sanctuaire (pl. 94), et à l'extrême opposé la première travée où s'insère le clocher. La zone du sanctuaire est fortement asymétrique, et se trouve en biais par rapport à l'orientation des nefs comme pour respecter des structures préexistantes; le local à deux étages situé au départ de la nef latérale de gauche doit être lié à l'existence du clocher : d'autre éléments sont dus à des additions plus tardives (cf. le mur qui divise en son milieu la nef latérale de droite, ou le local gothique au départ de cette dernière, et surtout la construction qui actuellement masque la façade).

La disposition actuelle de l'église, qui avait d'ailleurs des origines plus anciennes et dont l'existence comme abbaye bénédictine est attestée de façon sûre au xe siècle (documents de 998-999), garde des traces d'une implantation du haut Moyen Age, mais remonte probablement dans son ensemble à l'époque romane; peut-être à la première moitié du xiie siècle, selon un modèle qui par bien des côtés – surtout l'emploi de supports alternés, utilisés cependant de façon anormale

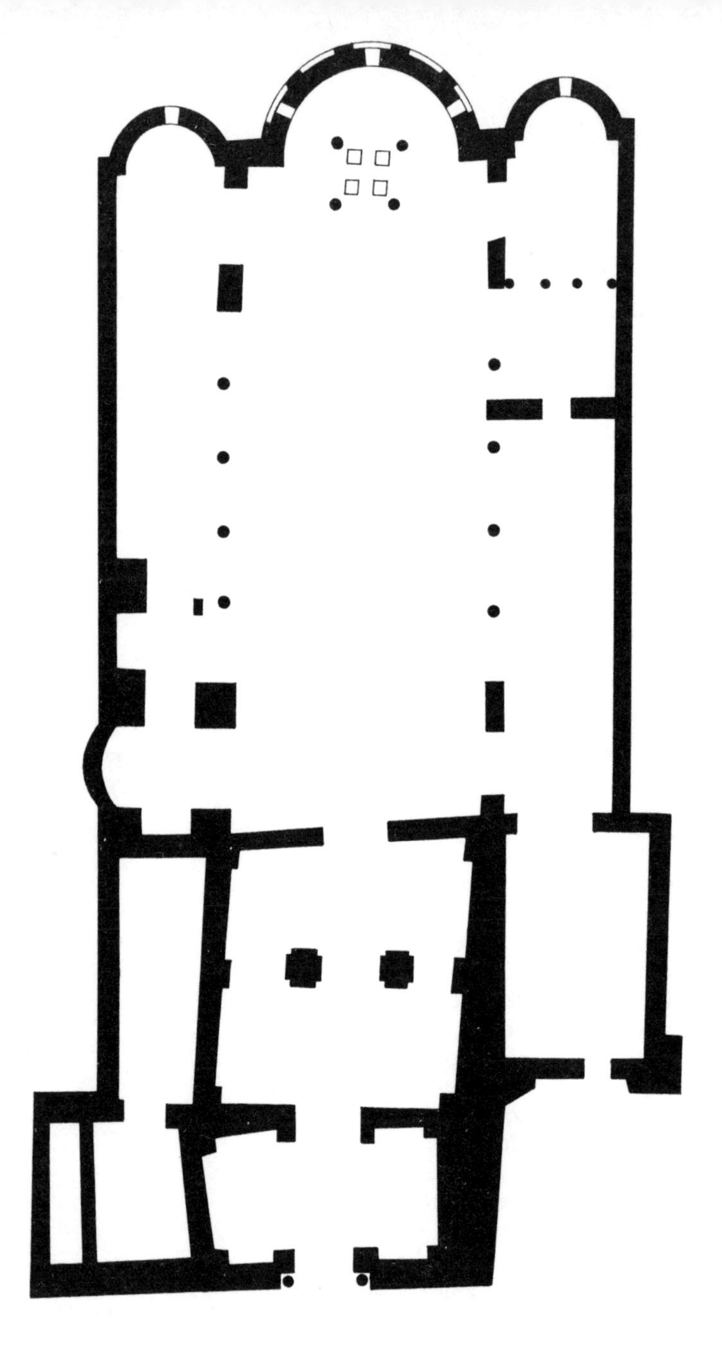

PALOMBARA SABINA
SAINT-JEAN IN ARGENTELLA

semble-t-il – rappelle le groupe de fondations romaines du tout début du XIIe siècle, comme les Quatre Saints couronnés et Sainte-Marie in Cosmedin. De l'état florissant de l'abbaye en ces années nous avons aussi par ailleurs des témoignages écrits : c'est de 1111 que date la donation à l'abbaye bénédictine de nombreux terrains et de trois églises qui s'y trouvent par le comte de Palombara, Octavien.

Toesca avait de bonne heure remarqué les éléments dits «lombards» de la construction : non seulement ou non pas tellement les supports alternés, mais le sanctuaire délimité par une arcade et marqué comme un espace à part, avec les trois absides qui à l'extérieur sont séparées par des pilastres peu épais servant de contreforts à l'arcade intérieure (pl. 95). L'abside centrale, contrairement aux absidioles, est scandée de lésènes reliées par des arceaux (pl. coul. p. 245). Les matériaux sont eux aussi particuliers : des pierres irrégulières de tuf jaune alternant avec des pierres plus petites, et des assises régulières de pierre calcaire sur les flancs. Des briques disposées en dents d'engrenage et des petits modillons en marbre se déploient sur le fronton du mur terminal de la nef et aussi sur les flancs et sur les absides.

Au XIIe siècle remonte la *pergula* (colonnade avec entablement) sculptée qui isole la partie terminale de la nef latérale droite en tant que chapelle dédiée à la Vierge (pl. 93). Exemple d'un remarquable métier au sein de la sculpture d'orientation classiciste – qui au Latium et particulièrement en Sabine présente d'autres exemples parmi lesquels on mentionne un fragment remployé à la façade de Sainte-Victoire à Monteleone Sabino –, d'autant plus intéressant qu'il est daté de 1170 par l'inscription qui se déroule sur l'architrave : *Suscipe sancta parens gloriosa mater et virgo munus quod tibi Girardus clericus offert ob suorum criminum parentumque remissionem quod constat patratum centuriis opere claro anno centeno septuagesimo atque milleno.*

Mais ce qui fait davantage la célébrité de l'abbaye, c'est peut-être le décor fresqué de la façade, englobée malheureusement aujourd'hui dans la surélévation mais encore visible de l'intérieur. Il s'agissait d'une grande Adoration de la Croix avec des chœurs d'anges disposés entre les fenêtres : bien que la surface peinte soit détériorée, les fragments qui subsistent laissent voir la grande qualité des fresques. Celles-ci ont reçu des datations bien diverses : du début du XIVe siècle d'après Engking (1974), à l'époque carolingienne (IXe siècle) selon Bertelli (1983) qui les rapproche de l'école de Reims et les considère comme une enclave franque aux portes de Rome. Il s'agit cependant de propositions inacceptables : plus récemment Gandolfo les a, lui, correctement rattachées au milieu pictural du Latium vers 1200, comme étant proches du cycle de Sainte-Marie in Monte Dominici à Marcellina où les anges de l'arc triomphal présentent une parenté indéniable avec ceux de Palombara, spécialement dans l'emploi d'un trait récapitulatif et rapide qui marque les anatomies et les mouvements. Nous pourrions ajouter un autre élément de comparaison, de moindre qualité cependant, à savoir les anges en adoration sur le ciborium du temps d'Honorius dans l'église des saints Boniface et Alexis à Rome (1218); dans leur ensemble les fresques de Saint-Jean in Argentella sont un précieux exemple d'un courant pictural fortement hellénistique dont l'existence doit être considérée avec attention lorsqu'on trace l'évolution de la peinture romaine aux alentours du XIIIe siècle.

SUBIACO. SACRO SPECO ET SAINTE-SCHOLASTIQUE

L'ensemble des monastères bénédictins près de Subiaco constitue l'un des plus imposants monuments religieux et artistiques de l'Italie centrale; et sa naissance est en rapport direct avec le lieu où le récit hagiographique place la période érémitique de Benoît et de ses compagnons les plus proches. A peine sorti de Subiaco, on rencontre à faible distance l'un de l'autre les deux monastères : le premier, Sainte-Scholastique et, plus haut dans la montée, le Sacro Speco (la Sainte Grotte). Bien qu'occupant des lieux distincts, ils ont toujours été placés sous l'autorité d'un seul abbé, et la coutume s'en est conservée jusqu'à aujourd'hui. L'établissement originel est celui du Sacro Speco (pl. 96), élevé à l'endroit où se trouvent les grottes dans lesquelles, croit-on, saint Benoît se serait retiré pour mener la vie érémitique; mais architecturalement parlant, le groupe de Sainte-Scholastique est plus ancien (pl. 101 et 102); il a cependant été si restauré au cours des étapes successives de la vie du monastère qu'aujourd'hui ont disparu ou sont presque entièrement masquées les caractéristiques architecturales les plus anciennes, exception faite pour le cloître datable de la fin du XIIe siècle ou des débuts du XIIIe.

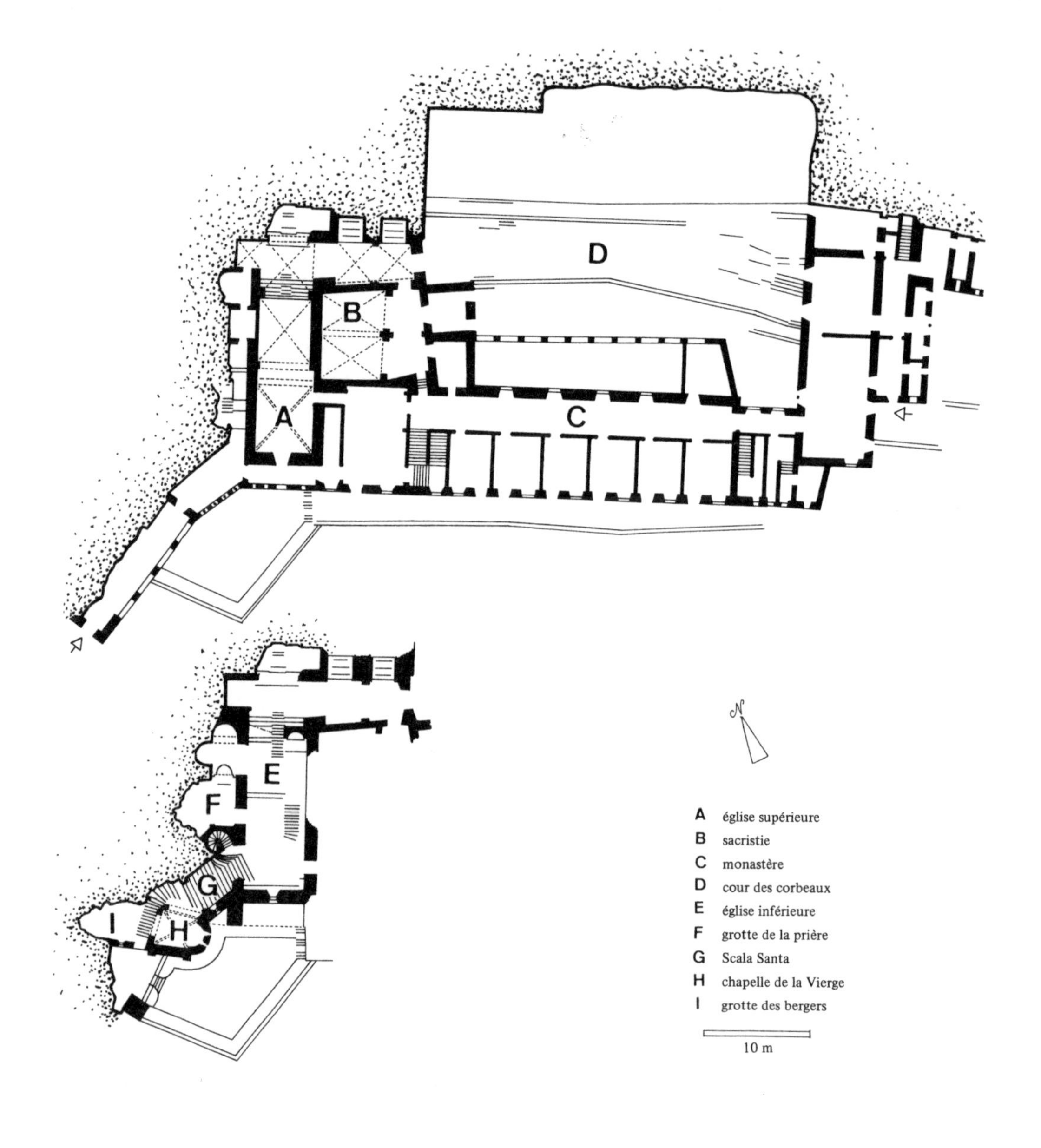

SUBIACO
SACRO SPECO

L'ensemble du Sacro Speco est formé de deux grottes qui se présentent au flanc du Mont Taleo. Dans la plus haute saint Benoît passa trois ans en prière (et pour cette raison la grotte a pris le nom de Grotte de la prière); dans celle du bas, venaient le trouver ses visiteurs – d'où son nom de Grotte des bergers. Selon la reconstitution de M. Righetti, cet élément «naturel» est resté pratiquement inchangé pendant sept siècles depuis le moment où Benoît et les siens l'ont abandonné (497) jusqu'au début du XIIIe siècle. Des interventions limitées – fresques du haut Moyen Age dans la Grotte des bergers; établissement d'un escalier, la Scala Santa, pour permettre un passage plus facile entre les deux grottes – ne modifient pas cet état de fait; il n'y eut donc aucune entreprise architecturale ayant pour objet le lieu de culte.

C'est seulement avec Innocent III que cela se produisit. La fresque (pl. 97) qui représente le pontife remettant une bulle à un moine bénédictin, l'abbé Romain, agenouillé à côté de lui et doté d'un nimbe carré parce qu'encore vivant, fait écho à un événement qui a réellement eu lieu : en 1202 Innocent promulgua une bulle en faveur du petit nombre de moines qui s'y étaient réfugiés, vivant dans les locaux rupestres décrits plus haut, et s'occupa de la réorganisation de l'ordre, acte qui cadre parfaitement avec la politique de réforme de la vie religieuse monastique propre à l'action de ce pontife.

Au cours de l'année 1216, celle de la mort des deux personnages représentés, Innocent et Romain, on barra donc par une façade l'accès au sanctuaire à partir de la grotte des bergers; le tracé de la Scala Santa détermina pratiquement le développement de l'ensemble architectural, car aux grottes s'ajouta toute la partie appelée salles de saint Grégoire – escalier, atrium, chapelle – ainsi que l'actuelle chapelle de la Sainte Vierge et enfin une petite chapelle avec deux absidioles grâce à laquelle fut pourvue d'un nouvel accès la Grotte de la prière.

Il s'agit, on le voit, d'un type de construction tout à fait particulier, soit par rapport aux édifices religieux habituels, soit encore comparé aux sanctuaires rupestres plus classiques, où les constructions se logent – pensons à la Trinité de Vallepietra – à l'intérieur de l'élément naturel choisi.

L'analyse de Mme Righetti a mis en lumière la caractéristique fondamentale de cette anomalie et quelles en sont les racines historiques. Innocent III, le pape des croisades, a peut-être été influencé sur ce point par des modèles religieux non occidentaux mais orientaux. Là où en Occident prévaut la relation : lieu de culte / sépulture, ou lieu de culte / lieu du martyre, en Orient – du fait que la Terre Sainte est avant tout le théâtre de la vie du Christ – prévaut la tendance à célébrer par les édifices religieux des moments de la vie ou de la Passion du Christ, ou de la vie et de la mort de la Vierge, dont on solennise le souvenir : c'est ainsi que sont nées les églises de l'Annonciation, de la Visitation, de la Nativité, du Tombeau de la Vierge, etc. C'est précisément dans l'église du tombeau de la Vierge située dans la vallée du Cédron que

Mme Righetti trouve les plus grandes ressemblances avec le Sacro Speco de Subiaco : l'église de Palestine a été remaniée à l'époque des croisades par les bénédictins selon une structure à deux niveaux reliés entre eux par un escalier qui descend vers la salle rupestre, flanqué d'autres petites pièces pour le culte ou les sépultures. Si cette solution architecturale offre une saveur orientale, ce n'est cependant pas la seule marque que l'action d'Innocent III imprime au Sacro Speco. Ce n'est pas par hasard que, à un moment où le pontife se préoccupait d'exercer un contrôle centralisé sur les ordres religieux et où le siège pontifical constituait l'unique rempart possible pour le monastère soumis aux vexations de la petite noblesse locale, c'est un marbrier romain qui construit la porte d'entrée au Sacro Speco : celle-ci sert encore aujourd'hui d'entrée au sanctuaire, mais elle a vraisemblablement été démontée et déplacée, et a été sauvée un peu comme une pièce de remploi dans les transformations successives du monument. Au linteau de la porte, aujourd'hui très appauvri dans son décor de mosaïque, on lit deux inscriptions : SIT PAX INTRANTI, SIT GRATIA DIGNA PRECANTI, et au-dessous LAURENTIUS CUM IACOBO FILIO SUO FECIT HOC OPUS. L'art des marbriers qui, avec Innocent III, devint plus que jamais l'art de la Rome solennelle et officielle, de la Rome romaine, imprime ainsi sa marque jusqu'en un lieu demeuré jusque-là peu touché par la propagande pontificale, lieu qui dans quelques années constituera un avant-poste papal fondamental dans la lutte contre les Souabes.

Un témoin direct de l'intérêt porté par Innocent III au Sacro Speco nous est offert, on l'a vu, par la fresque – encore visible aujourd'hui bien que piquetée – où le pontife nous est montré en train de concéder la bulle à l'abbé Romain (pl. 97). Un autre pontife, Grégoire IX (1227-1241), est l'instigateur de l'autre ensemble fresqué, la chapelle Saint-Grégoire (pl. 99), dont on peut dater les peintures de la fin de la troisième décennie du siècle.

Les dimensions de la pièce sont très petites mais les sujets des peintures sont variés et originaux. Le mur avec la niche centrale présente une crucifixion avec la Vierge, saint Jean, Stephaton et Longin (pl. 100); dans la niche le Pantocrator, saint Paul et saint Pierre ainsi que FR. ROMANUS agenouillé à ses pieds; un peu à l'écart, un saint Onuphre. Sur le mur de droite, l'archange Michel et, dans la niche au-dessus de la fenêtre, un ange qui bénit un FR. ODDO, peut-être un moine vénérable mort en 1198. Sur le mur de gauche enfin, la scène de la consécration de la chapelle par l'évêque Hugolin (pl. 98). Une longue inscription peinte (PONTIFICIS SUMMI FUIT ANNO PICTA SECUNDO – HAEC DOMUS – HIC PRIMO QUO SUMMO FUIT HONORE MANSERAT / ET VITAM CELESTEM DUXERAT IDEM – PERQUE DUOS MENSES SANCTOS MACERAVERAT ARTUS / IULIUS EST UNUS AUGUSTUS FERVIDUS ALTER / QUALIS CUM PAULO RABTUS T(RA)NS(LATUS AD COELUM) IAM NON IPSE SED IAM XPS VIVE(BAT IN IPSO) PRO QUO DEV(OT)A FIET HIC HORATIO) rapporte – selon l'interprétation la plus probable – que la peinture fut exécutée la seconde année du pontificat de Grégoire (1228), parce que lui-même au cours de la première année avait passé deux mois au Sacro Speco, s'adonnant à des pratiques d'ascèse et de pénitence telles que le Christ lui-même paraissait habiter en lui. La forte accentuation donnée par l'inscription à tout le petit cycle de fresques se trouve confirmé, à notre avis, par l'autre peinture, placée cette fois juste à la sortie de la chapelle, où saint

Grégoire le Grand est figuré à côté d'un Job pénitent et couvert de plaies (pl. 99) : l'association des noms des deux pontifes et le lien avec la figure de l'Ancien Testament ne peut s'expliquer par le fait que Grégoire le Grand soit l'auteur du commentaire des *Moralia in Job*. Il reste à expliquer à cette lumière la présence du personnage de Longin, auquel on ne donne pas toujours autant d'éclat (elle fait peut-être allusion à la conversion des gentils); le saint Onuphre peut par contre entrer dans le cadre de la période ascétique et quasi érémitique vécue par Grégoire au monastère bénédictin, et en tout cas c'est un saint toujours représenté sur les fresques du Sacro Speco jusqu'au début du XVe siècle. Il y a enfin sur le mur d'entrée la célèbre figure de saint François représenté sans auréole (pl. coul. p. 256) : c'est donc à une époque antérieure à sa canonisation (1228), époque qui coïncide avec la datation que nous avons indiqué pour les autres fresques de la petite chapelle. Bianchi a montré comment la présence de ce «portrait» était due aussi aux liens assez étroits que Grégoire IX avait avec François; liens évoqués dans la *Vita prima* et dans la *Vita secunda* du saint. Le cycle reflète donc deux aspects d'un même moment historique : il confirme le lien étroit et officiel du monastère avec le pontife romain, poursuivant ainsi un chemin qui avait été tracé par Innocent III; et en sens inverse il rappelle une expérience personnelle et intime, que Grégoire devait à son séjour au monastère et qui, par son aspect de solitude et de pénitence, se reliait aux antécédents érémitiques de l'établissement monastique de Subiaco.

Histoire de Sainte-Scholastique

Il ne reste à Sainte-Scholastique que bien peu de chose des fondements de l'église et des bâtiments conventuels dont l'existence est attestée de façon sûre au IXe siècle; en 980 eut lieu une consécration de l'église, on ne sait si elle correspond à des travaux de restructuration. Par contre c'est certainement du XIe siècle que date la construction du clocher; la plaque encastrée dans la façade de l'église situe l'événement à l'époque du gouvernement de l'abbé Humbert (1052-1053). Le clocher actuel (pl. 101) est probablement le résultat d'au moins trois campagnes distinctes : l'une, préromane et peut-être très ancienne, limitée à l'implantation et à la souche; puis celle du XIe siècle et ensuite, probablement à la fin du XIIIe siècle et contemporaine de la reconstruction de l'église, celle qui concerne les deux derniers étages, plus élaborés et plus riches que les étages médians. On a retrouvé des fresques du XIIe siècle à l'intrados de l'arcade du clocher : elles représentent l'Agnus Dei, les quatre évangélistes et leurs symboles zoomorphes (pl. 103 et 104).

Plus tard, et probablement pendant les années de gouvernement de l'abbé Romain (une inscription est encastrée dans le cloître gothique, HOC OPUS ORNAVIT SUMPTIBUS ABBAS EST DICTUS ROMANIS) que nous avons déjà rencontré comme commanditaire du chantier du Sacro Speco, débuta une entreprise plus vaste. On fit venir de Rome l'un des maîtres marbriers les plus prestigieux, Jacques, et on lui confia la charge de réaliser le second cloître abbatial (pl. 102) (le premier, plus ancien, a été entièrement refait au XVIe siècle). Jacques ne termina qu'une des galeries, celle du Sud ; les trois autres furent l'œuvre de son fils Côme et de ses petit-fils Luc et Jacques, sous le gouvernement de l'abbé Landus et probablement vers 1240. La galerie du cloître que Jacques a signé d'un MAGISTER IACOBUS ROMANUS FECIT HOC OPUS donne sur la cour par des arcades en plein cintre séparées par des piliers. Claussen (1987) en a noté la simplicité, plus proche d'autres exemples de cloîtres romains comme celui de Saint-Laurent-hors-les-Murs (1191-1198 environ) que de ceux plus tardifs et plus complexes de Saint-Paul et de Saint-Jean. Autre particularité : l'absence de tout trait caractéristique de l'œuvre des marbriers, surtout de l'incrustation en mosaïque ; en compensation, la sculpture décorative est beaucoup plus abondante que d'habitude, car sur les colonnettes paraissent de petites têtes semi-monstrueuses dans le style du roman « international » que Jacques a peut-être tenté d'imiter ici.

BIBLIOGRAPHIE

Palombara Sabina. Saint-Jean in Argentella
• E. Monti, *La chiesa di S. Giovanni in Argentella presso Palombara Sabina,* « Nuovo Bollettino di archeologia cristiana », 4 (1898), p. 122-136.
• Toesca 1927, p. 612.
• R. Enking, *Cenni storici sull'abbazia benedettina di S. Giovanni in Argentella,* Palombara Sabina 1974.
• Bertelli 1983, p. 82, 87, 88.
• Matthiae-Gandolfo 1988, p. 281.

Subiaco
• G. Egidi, S. Giovannoni, F. Hermanin, *I monasteri benedettini di Subiaco,* Rome 1904.
• A. Bianchi, *Una proposta per l'inquadramento storico degli affreschi della cappella di S. Gregorio al S. Speco di Subiaco,* in *Federico* II *e l'arte del Duecento italiano,* atti della III settimana di studi di storia dell'arte medievale dell'università di Roma, Galatina 1980, vol. II, p. 5-14.
• M. Righetti Tosti Croce, *Il Sacro Speco di Subiaco e l'architettura dei Crociati in Terra Santa,* in *Il Medio Oriente e l'Occidente nell'arte del* XIII *secolo,* atti del XXIV congresso internazionale di storia dell'arte (C.I.H.A.), Bologne 1982, p. 129-135.
• *I monasteri benedettini di Subiaco,* Milan 1982.
• Claussen 1987, p. 77-79.

NOTES SUR
QUELQUES ÉDIFICES ROMANS DE L'EST DE ROME

1 *ANTRODOCO. SANTA MARIA. LE DOCUMENT RAPPORTANT QUE* la consécration de l'église Santa Maria eut lieu en 1051 donne un repère chronologique pour la phase de restructuration de l'édifice, dont la fondation remonte probablement au haut Moyen Age et utilisa des restes classiques : nombreux sont, en effet, les morceaux de remploi insérés dans la maçonnerie de la nouvelle construction. Celle-ci est à trois nefs, divisées sur la gauche, par un pilier et trois colonnes, sur la droite par une paroi percée de deux arcs et d'une porte : il s'agit à l'évidence de résultats de réaménagements ultérieurs. Le clocher lui-même, vraisemblablement contemporain ou réalisé peu de temps après, est entièrement reconstruit à partir des troisième et quatrième étages, mais, dans les deux inférieurs, il comporte un parement mural et une décoration d'arcatures et de lésènes semblable à celle de l'abside et des flancs de l'église. La façade, à pignon, est aujourd'hui munie d'un portail du XIIIe siècle qui n'appartient pas à l'église et dont la provenance est inconnue; l'architrave d'un autre portail, sur le flanc cette fois, est constituée par un morceau de remploi du haut Moyen Age.

L'abside, dans laquelle s'ouvrent trois petites baies simples, est bordée de blocs de couleur contrastée disposés à la façon d'une voussure; dans le cul-de-four, se déploient les fresques du XVe siècle qui en ont remplacé d'autres plus anciennes, ruinées ou perdues, dont elles ont peut-être respecté fidèlement l'iconographie – mais sur les murs du dessous, à l'inverse, a survécu un ensemble de fresques d'un grand intérêt, même s'il est à présent fragmentaire.

L'abside est encadrée par un système de frises qui, en bas, s'achèvent par des colonnes à moitié torses et strigillées, et par une bande de motifs végétaux avec feuilles et fleurs unis par un ruban qui se déploie en spirale. Les murs de l'abside sont scandés par des fenêtres. Aux deux extrémités, on peut voir des figures de prophètes portant des cartouches; d'autres se trouvent vers le centre. Plus bas, dans de grands médaillons entourés et accompagnés d'autres frises, apparaissent des saints dont on voit la moitié des bustes; encore en dessous, dans une zone cette fois libre et à fond clair, une grande figure de taureau et, autour, des poissons, des oiseaux, des frondaisons : choix iconographique tout à fait particulier qui, par certains côtés, rappelle d'autres paysages marins (Saint-Clément, Ceri), mais qui est cependant vraiment original et devrait inciter à rechercher ses significations possibles.

L'appartenance des fresques d'Antrodoco au foyer culturel dont le centre était situé à Rome à la fin du XIe et au début du XIIe siècle semble indiscutable : une récente datation de la deuxième moitié du XIe siècle a en fait retiré ce cycle de la chronologie tardive qu'on lui attribuait à tort. Même si elles offrent certains caractères dus à leur exécution par des ateliers locaux, les fresques se situent aisément dans la ligne de peinture qui, à partir des fresques de Sainte-Pudentienne, se poursuit par le chantier de Castel Sant'Elia; mais c'est peut-être avec le maître de l'abside de Tuscania que l'on peut relever les correspondances les plus précises, qui vont jusqu'à la reprise fidèle des types de drapés et de l'entrelacs linéaire caractéristique, qui se trouve employé ici dans une transcription moins brillante et moins vigoureuse (S.R.).

2 COTTANELLO. SAN CATALDO. UNE SOLUTION SOUVENT ADOP*tée en Italie méridionale pour les sanctuaires rupestres – dans le flanc d'une montagne se niche un édifice architecturalement simple – se retrouve également en Sabine à San Cataldo, près de Cottanello. Soutenu par de grands arcs, l'édifice fait face à la vallée de son flanc gauche et comporte un petit campanile. L'intérieur est constitué par un vestibule et une chapelle à voûte en croisée d'ogives. Sur le mur du fond, une fresque (mise au jour lors de l'explosion d'une mine survenue en 1944) représente le Sauveur trônant avec la croix, et à ses côtés les douze apôtres. Sous cette rangée de personnages, à gauche, est figuré le combat de deux animaux, que surmonte un élément étrange et*

malheureusement lacunaire, peut-être une architecture. A côté, un personnage montre le Christ de la main, peut-être s'agit-il du donateur ; ensuite une série de saintes.

La fresque a un style très grossier, avec des figures alignées en rangs monotones, des drapés striés avec force et des traits de visage appuyés. Elle n'est que partiellement proche des tendances picturales qui avaient cours à Rome et aux alentours de cette ville ; avec justesse, Mme Mortari (1985) soulignait sa parenté avec la Vierge de Cossito, maintenant au musée de la cathédrale de Rieti, ouvrage présentant des éléments romains et abruzzains de la première moitié du XIIe siècle. Une datation du début de ce siècle paraît des plus probables.

3 *FIANELLO. SANTA MARIA ASSUNTA. L'ÉGLISE SEMBLE AVOIR* été découverte dans les premières années de notre siècle, quand les photos historiques GFN reproduisirent la décoration de fresques du XVe siècle, encore complète, alors qu'aujourd'hui elle a totalement disparu. L'édifice, auquel se référait probablement un passage du *Registre de Farfa* de 1063, semble le résultat d'un agglomérat de constructions et de phases non encore clarifié. Il s'agit en fait d'une église à une seule nef, avec abside et crypte, à laquelle, à l'Est, du côté droit, est adossée, à un niveau plus élevé, une seconde nef plus courte prenant appui sur une structure peut-être destinée à constituer un ossuaire communiquant avec la crypte. Il s'agit d'une bâtisse sans cohérence avec la nef voisine fusionnée avec celle-ci de façon très anormale ; sans doute la nef gauche est-elle plus tardive, vraisemblablement du XVe siècle, et a-t-on cherché à homogénéifier l'édifice composé ainsi bien irrégulièrement, et peut-être à cette occasion couvert l'ensemble d'un toit à charpente apparente.

Le décor externe de l'abside – corniche sur modillons – et la crypte sont les parties que l'on peut, avec le plus de sécurité, dater du XIIe siècle. La crypte, spécialement, *ad oratorio*, avec trois nefs divisées par six colonnes et des voûtes d'arêtes, rappelle des exemples analogues de l'Ombrie méridionale et de la Sabine même, à commencer par Santa Maria in Vescovio. Les fûts des colonnes les plus proches de l'entrée sont des remplois, tandis que les chapiteaux – avec des feuillages à peine ébauchés – sont l'œuvre d'ateliers locaux.

4 FILACCIANO. SAINT-GILLES. ON DOIT A MADAME ILARIA TOESCA *la découverte, à Filacciano, des fresques de Saint-Gilles, petite église à une nef et une abside ; il n'est pas facile de définir la chronologie d'un édifice aussi simple, mais on peut observer que la maçonnerie est faite de petits blocs à peine équarris, qu'à l'extérieur apparaît une corniche à dents d'engrenage et que, dans l'abside, il y avait une fenêtre simple, obturée par la suite pour permettre l'établissement de la fresque. Il est possible qu'il se soit passé un laps de temps important entre la construction et la peinture.*

*Les fresques les plus anciennes – sur les murs latéraux, on voit des panneaux datant de la seconde moitié du XIIIe siècle et sur le revers du mur de façade un Jugement dernier du XIVe – sont concentrées dans la zone de l'abside et sur le mur de celle-ci. Sur ce dernier, apparaît un médaillon avec le Pantocrator entre les symboles des évangélistes, très fragmentaires toutefois ; dans l'abside, par contre, se déploie une décoration plus complexe, disposée sur deux registres. La partie inférieure montre une Vierge à l'Enfant entre les saintes Agathe et Lucie et les saints Jacques et André ; à côté également un saint Gilles (symétriquement par rapport à lui, devait se trouver un saint Valentin dont il ne reste aujourd'hui que le nom inscrit) et, sous une petite fenêtre, un moine agenouillé que Mme Toesca a identifié à juste titre avec saint François (à côté on lit les lettres ...*SCUS *et l'on voit les stigmates sur ses pieds). Dans le cul-de-four, est représenté le Sauveur entre les saints Étienne, Paul, Pierre et Jean l'Évangéliste. Dans le bandeau qui sépare les deux registres, l'inscription indique les noms des donateurs :* BENEDICTUS JOHIS MAROCCE *CUM UXORE SUA BERTA* FIERI FECERUNT HOC OPUS. *Il faut encore ajouter que, sur le mur de droite, un panneau avec sainte Marguerite est l'œuvre de l'atelier qui a réalisé la plus grande partie des fresques.*

Mme Toesca a mis en évidence le faisceau d'éléments qui caractérisent l'œuvre de cet atelier. Sous une apparence un tantinet archaïsante, émergent en fait des références précises au mouvement culturel des premières décennies du XIIIe siècle, selon une chronologie qui se voit confirmée par la présence de saint François (canonisé en 1228) ; ce qui revient à dire qu'on trouve une référence au chantier de la crypte d'Anagni – selon Mme Toesca, en particulier au groupe appelé « ornemaniste », mais peut-être également est-il possible d'y percevoir une consonance avec le troisième maître – avec une connaissance des œuvres des Saints-Jean-et-Paul à Spolète. Cela signifie que l'ensemble de Filacciano est marqué par le style de l'après-Monreale, à une date que l'on peut supposer située vers la quatrième ou la cinquième décennie du XIIIe siècle. Le maître de Filacciano est un peintre de grande qualité, plus archaïque dans certains fragments, tels les figures des saintes, au dessin lumineux et rapide qui, complété par des contrastes de couleurs et des rehauts en blanc, apparaît comme le protagoniste de ce style pictural (S.R.).

5 *FILETTINO. SAINT-NICOLAS. L'ÉGLISE SAINT-NICOLAS, SI*tuée au milieu d'une zone de sépulture, n'est guère qu'un oratoire. Dans la pauvreté architecturale – une sorte de couloir voûté en berceau et scandé par quatre arcades transversales qui reposent sur des demi-piliers adossés au mur – les fresques qui couvrent toute la voûte et la partie haute des parois surprennent par leur niveau d'élaboration et leur grande qualité formelle.

Au centre de la voûte, sur une surface rectangulaire, sont peints trois grands médaillons dans lesquels sont représentés trois archanges parmi une décoration touffue de motifs géométriques et végétaux. Plus bas, sur les deux versants de la voûte et sur les murs, la file des douze apôtres, six de chaque côté, menés par un ange qui sonne de la trompette. Les apôtres sont tous tournés vers la paroi du fond où ne se trouve plus de fresque aujourd'hui, mais où, à l'époque, devait sûrement figurer le Christ Juge.

Andberg et Mme Liverani – qui, après de nombreuses décennies durant lesquelles ces fresques étaient restées pratiquement ignorées, ont étudié simultanément ce cycle de peintures – sont parvenus à des conclusions très voisines. Les fresques ont été peintes, selon eux, en lien étroit avec le chantier de la crypte de la cathédrale d'Anagni et, en particulier, avec le groupe de peintres que Toesca nomme le «maître ornemaniste». Par la suite, d'autres parentés ont pu exister : avec le maître de la Pentecôte à l'abbaye Saint-Nil de Grottaferrata, avec les fresques de Sainte-Marie à Rongolise, avec le maître de l'oratoire de Saint-Silvestre aux Quatre-Saints-Couronnés, ce qui veut dire que le maître de Filettino travailla lorsque se diffusait un style dont on trouve les racines dans les mosaïques de la cathédrale de Monreale. Ces dernières provoquèrent en effet une vaste évolution dans la peinture italienne, surtout en Italie méridionale et centrale. Pour ce motif et en raison de la haute qualité de ce petit cycle de peintures, on n'en peut fixer la date précise après la moitié du XIIIe siècle, comme le propose Mme Liverani, mais il convient au mieux de l'inclure dans la troisième décennie de ce siècle : cela revient à l'inscrire dans la période durant laquelle la bulle de Grégoire IX confirme les liens existant déjà avec le diocèse d'Anagni (1227) (S.R.).

6 MAGLIANO SABINA. SAINT-PIERRE. L'ÉGLISE, ENTIÈREMENT

construite en blocs de tuf, se dresse sur un haut podium et est précédée par un escalier moderne. Après les années 30, l'édifice entier a été soumis à une restauration complète qui a marqué profondément la façade et incité à reconstruire la partie terminale des bas-côtés et la section supérieure de la claire-voie.

La façade à deux rampants est scandée par des demi-colonnes reliées par des arceaux supportant la corniche à modillons et dents d'engrenage que l'on retrouve également sur les côtés. L'intérieur, basilical, est divisé en trois nefs par des colonnes de remploi en granit et en marbre reliées par des arcs en plein cintre : par contre les chapiteaux sont médiévaux, à l'exception de ceux de la première travée. La largeur réduite des nefs latérales donne à l'ensemble une impression de développement longitudinal marqué. A une certaine époque, l'église était éclairée par des fenêtres simples disposées de chaque côté de la claire-voie et par cinq fenêtres, également simples, qui s'ouvraient au centre des entrecolonnements dans les deux bas-côtés. La couverture est à charpente apparente.

Le décor à modillons et dents d'engrenage est un motif romain spécifique répété tout le long de la vallée du Tibre (Nazzano, Ponzano) ; les demi-colonnes, sur la façade et le long des murs gouttereaux se retrouvent à Saint-Sylvestre d'Orte et au Saint-Sauveur de Vasanello. Il s'agit d'une solution ornementale qui laisse supposer un lien avec l'architecture de la rive opposée du Tibre. La datation de Saint-Pierre devrait toutefois être assez tardive, postérieure au XIIe *siècle (Montagni, Pessa) : les deux archéologues soulignent en effet que l'édifice n'est pas mentionné dans le* Registre de Farfa *et s'élève dans une zone extérieure au noyau d'habitation le plus ancien.*

L'église de Sainte-Marie-des-Grâces *est située, à l'inverse, au centre de l'antique* fundus manlianus. *L'édifice, maintenant en limite de Magliano, a été complètement transformé; il s'y trouve cependant une crypte avec des colonnes en tuf antérieures au* XIIIe *siècle (D'Achille), qu'on peut rapprocher de celles de la région de Viterbe, en particulier de celles de la cathédrale proche de Civita Castellana (E.P.).*

7 MARCELLINA. SAINTE-MARIE IN MONTE DOMINICI. L'ÉGLISE

Sainte-Marie est un petit édifice (environ 22 m de long sur 6 m 50 de large) : une seule nef, un petit transept, qu'il est difficile de retrouver aujourd'hui car elle a subi, au cours du XVIe siècle, un renversement d'orientation qui a provoqué la destruction de l'abside primitive et l'installation d'une entrée dans le mur oriental : en entrant, le visiteur se trouve ainsi dans un espace étroit, qui constitue le transept originel, et s'avance ensuite dans la nef en laissant derrière lui les fresques de l'arc triomphal, en sorte qu'il lit à l'envers le cycle de l'Ancien et du Nouveau Testament qui orne les parois.

L'édifice est à juste titre connu des archéologues surtout en raison de ce cycle fragmentaire de fresques qui constituent une étape importante dans le groupe appelé ombrio-romain; mais il n'est pas négligeable non plus d'un point de vue purement architectural parce qu'une partie de l'ensemble des structures est constituée par un bâtiment-chapelle, peut-être sensiblement plus ancien que l'église elle-même et très grossier, sur lequel, sans doute entre le XIe et le XIIe siècle, s'est implantée l'église elle-même, précédée d'un petit narthex orné d'une fenêtre simple. Le clocher est encastré dans la nef (comme c'est souvent le cas, et le dernier n'en est pas Saint-Jean-à-la-Porte-Latine), en sorte qu'on en voit seulement trois étages : le premier avec une baie simple, le second avec des baies triples (toutes obturées lors de travaux récents, par raison de sécurité), le dernier refait récemment. Le toit à deux versants de l'église est dû lui aussi à une restauration moderne; l'entrée originelle, prise aujourd'hui dans les locaux de la sacristie, se trouvait sur le mur gauche et est marquée par un portail aux piédroits de marbre sculptés de rinceaux avec des feuilles et des roses largement espacées; en dépit de la difficulté d'une datation précise, on peut sûrement situer l'œuvre dans le cours du XIIe siècle.

Très négligé aujourd'hui et apparemment grossier et peu considéré, l'ensemble de Santa Maria in Dominici était, à l'époque médiévale, un lieu d'importance notable en tant qu'abbaye bénédictine ayant de vastes possessions dans la région et exerçant une juridiction sur treize églises alentour. Citée pour la première fois dans une bulle d'Anastase IV en 1153, l'abbaye devait être déjà florissante depuis un certain temps puisque, cette année-là, le pape prend sous la protection de Rome le monastère, ses biens et les églises qui en dépendent.

L'histoire de l'abbaye fut probablement longtemps marquée par le problème de son indépendance par rapport aux seigneurs du lieu, les Marcellini ou de Marcellinis : on ne peut exclure que la bulle d'Anastase IV ait été, en fait, une riposte du pouvoir pontifical à des abus et prétentions de cette famille dans ses démêlés avec l'abbaye. Cependant, même après le document pontifical, la vie du monastère ne fut pas pacifique et, durant une longue période de controverses, à une époque imprécise mais avant 1203, elle passa sous la juridiction de la basilique de Saint-Paul-hors-les-Murs : une bulle d'Innocent III, cette année-là, confirme en effet l'appartenance à l'abbaye romaine du « bourg de Marcellina... du puits du Mont Favale et du pays de San Polo... du monastère de Santa Maria in Monte Dominici avec ses églises et possessions », et cette dépendance se voit confirmée dans d'autres bulles d'Honorius III (1218) et de Grégoire IX (1236).

Il est cependant difficile de tirer de ces éléments, pourtant intéressants, quelque conclusion pour la datation des fresques, Alors qu'en fait le plan complexe de l'édifice, y compris le narthex à deux étages, le clocher et les piédroits du portail peuvent être assignés à une période comprise entre la fin du XIe et la première moitié du XIIe siècle, l'initiative de fresquer entièrement l'église pourrait remonter aussi bien à une période de floraison et d'indépendance de l'abbaye qu'au moment où celle-ci passa sous l'influence de Saint-Paul-hors-les-Murs, comme marque du nouvel élan apporté par les bénédictins d'Ostie. Matthiae, qui a publié les fresques et en a relevé certains aspects, surtout iconographiques, suggère une datation assez large : la moitié du XIIIe siècle. Il rattache également le cycle au groupe dit ombrio-romain – parmi celui-ci, mais essentiellement d'un point de vue spécifiquement iconographique, les fresques de Marcellina semblent assez proches de celles de Saint-Jean-à-la-Porte-Latine dont la datation, nous l'avons vu, est solidement liée à 1190, année de la consécration de l'église.

Plus complexe en fait est la question du style des fresques, parce que l'appartenance au groupe ombrio-romain, si elle est indubitable sur le plan de l'iconographie, ne peut concerner celle du style ; ou, pour mieux dire, le groupe ombrio-romain, certes, parvient à avoir des points stylistiques communs et utilise des formules, des schèmes, des modèles capables d'influencer également les peintures du point de vue formel, mais il est composé d'œuvres disparates, dues à des ateliers les plus divers, d'extraction et de composition variées. Par suite, il n'est pas facile de les homologuer et de les serrer dans un cadre chronologique rigide.

Même si elles ne sont que fragmentaires, les fresques du mur gauche (nous parlons maintenant comme venant de l'entrée originelle, sans suivre par conséquent l'orientation actuelle de l'église) bien que fragmentaires s'étendent sur toute la hauteur de la paroi. Au registre supérieur, on voit l'expulsion du Paradis terrestre avec une grande figure de chérubin à côté de l'Éden. Après une grande partie manquante, le sacrifice de Caïn et d'Abel et le meurtre de ce dernier (on distingue quelques lettres d'une inscription : CE(?)NE ... UCIDAT .. A, expliquant la scène). En correspondance avec ces deux fragments, au registre inférieur apparaissent – sous l'expulsion – le songe de Jacob et la lutte de celui-ci avec l'ange, et – sous la scène de Caïn et Abel – Benjamin et ses frères accueillis par Joseph. Sur le mur de droite, sous un motif de grecques, l'Annonciation, un fragment des scènes de la Nativité, de l'Annonce aux bergers et de la marche des mages ; une Adoration des mages, Jésus au milieu des docteurs, une pêche miraculeuse, où Matthiae préfère voir une prédication de Jésus, et la guérison de l'aveugle-né. Sur l'arc triomphal, l'expulsion des anges rebelles, et, sur la paroi originelle du transept, la vie de saint Pierre (dispute de saint Pierre avec Simon le Magicien et chute de ce dernier) ; enfin, sur la face opposée de l'arc, le Christ dans un médaillon entre des anges et des prophètes. Le décor ornemental est plutôt riche, avec des bandeaux de grecques géométriques, des frises de feuilles de palmiers et des bandeaux végétaux sur les intrados. Assez différenciée, la manière de cet atelier admet au moins deux styles différents : plus cursifs, les peintres de la nef ; beaucoup plus raffinés, ceux de l'arc triomphal où, au moins, l'expulsion des anges rebelles dénote un dessin élégant dont Gandolfo a noté avec justesse des flexions hellénisantes, situant leur auteur dans le mouvement culturel hellénisant qui, vers la fin du XIIe et le début du XIIIe siècle, produisit ses œuvres maîtresses dans le cycle de Palombara Sabina, peut-être aux Saints-Boniface-et-Alexis de Rome et certainement à Marcellina.

8 MONTELEONE. SAINTE-VICTOIRE. IL S'AGIT DE L'UN DES ÉDIFICES

les plus intéressants de toute la Sabine, résultat de plusieurs phases de construction et témoin de la riche vie culturelle que connut cette région.

Actuellement, l'église montre une façade très élaborée, présentant beaucoup de sculptures et de morceaux de remploi, un atrium fermé par une deuxième façade munie d'un seul portail d'entrée, par lequel on accède à l'église en descendant quelques marches, et l'église elle-même. Celle-ci est divisée en trois nefs comportant des piliers sur la gauche et trois colonnes remployées sur la droite. Le chœur, complété par une abside voûtée en croisée d'ogives, donne entrée sur la droite à la chapelle et à la catacombe de sainte Victoire, noyaux antiques de l'établissement du culte ad corpus.

En dépit d'éléments que l'on peut déduire de l'observation et de ceux obtenus pendant les campagnes de restauration menées par la Surintendance (Premoli 1972), la distinction des phases de construction n'est pas encore exempte d'incertitude. Pour ce qui nous intéresse, le moment fondamental doit être celui durant lequel – au milieu du XIIe *siècle –, l'église ayant été annexée en 1154 au diocèse de Rieti, l'évêque de ce lieu, Dodon, réalisa une campagne de restructuration radicale, dont témoignent aujourd'hui encore la pierre insérée dans le mur à l'entrée de la catacombe* («Ego Dodo reatinae ecclesiae humilis episcopus consecravi hoc altare ad honorem beatae Mariae Virginis et S. Nicolae et S. Christophori et S. Leonardi et S. Blasii in quo recondidi reliquias Sebastiani Fabiani S. Paulini Proti Iacintii Primi Feliciani Laurentii Anno Domini MCLV Indictione IIII XIII Kalendis Iunii temporibus Adriani IIII Papae» : *il s'agit par conséquent de la consécration de l'autel en 1156), et une autre placée dans le pilier à droite de l'arc triomphal* («Anno Domini MCLXXI mense octobris ego Dodo reatinae ecclesiae episcopus dedicavi ecclesiam sanctae Victoriae virginis cum tribus episcopis videlicet Anselmo Filginatensi episcopo et Berardo Furconensi episcopo et Benedicto Marsio episcopo in VIII dedicationis Michaelis Archangeli et omnia anno pro remissione peccatorum II annos in VIII dedicationis sancti Michaeli ponimus» : *l'église fut consacrée solennellement en 1171). Notons que les deux pierres désignent vraisemblablement la période pendant laquelle, selon l'usage, après l'insertion des reliques dans l'autel choisi, commença et s'acheva la restructuration de l'édifice : quinze années de travaux.*

Quelle était l'église ainsi préparée ? Dans le plan, certainement très voisine de l'actuelle, exception faite de la voûte de l'abside à croisée d'ogives, qui est le fruit d'une intervention réalisée au XIIIe *siècle. Même si elle est peut être liée à des raisons antiques de culte et de sépultures (en témoigne* ab antiquo *la tombe de l'évêque Pierre de Foronovo, du* VIIIe *siècle), la structure elle-même de la double façade et de l'atrium compris entre elles ne remonte pas à ces années; toutefois on observe ce qui suit : sur la petite façade interne on rencontre deux couches de décoration fresquée. La plus ancienne, réduite à quelques fragments, montre des figures auréolées, l'une d'elles les bras tendus et une autre avec un manteau vert. On note aussi une corniche à bandes colorées qui suit le développement du fronton encadrant la porte d'entrée. Sur une couche très exiguë, une autre, dont les corniches peintes me semblent contredire le développement de la précédente : un Christ dans un médaillon et, à côté, des figures de saints parmi lesquels, indiqués par quelques lettres encore lisibles, une sainte Victoire. Sur le mur de droite, formant un angle avec les fresques, mais avec une interruption de l'enduit qui ne permet pas de les mettre en relation certaine avec l'une des couches, on voit des fragments de ce qui devrait être un Jugement dernier : des défunts nus surgissent des tombes et d'autres sont précipités dans l'enfer par des diables qui les tourmentent, dans un style proche de la première couche de la paroi voisine. Si on ne peut en déduire que la façade de l'église pouvait être fresquée à une époque antérieure à Dodon, il est probable – vu le style des fragments peints, transparent et assez semblable à la ligne Sainte-Pudentienne – Magliano – Castel Sant'Elia, attestée dans la région par exemple dans les fresques de la grotte de Saint-Michel au Mont Tancia – qu'elles datent de la fin du* XIe *ou du début du* XIIe *siècle. Par la suite, eut lieu une nouvelle campagne de fresques, qui, cette fois, porte les marques d'un « linéarisme alourdi, presque acéré, dans la déformation outrée des contours, dans la dureté des drapés et dans la fixité stéréotypée et immobile des visages, des nez allongés et des yeux ronds et inexpressifs » (Gandolfo 1988). Que cette nouvelle phase soit survenue en concomitance avec l'intervention de Dodon est chose possible, bien que non appuyée sur des textes parce que le style des fresques pourrait les faire paraître d'une date également située vers la fin du siècle ou le début du* XIIIe.

L'ornementation sculptée de la façade de l'église et les sculptures réunies à l'intérieur posent d'autres problèmes. On assiste en premier lieu à une intense réutilisation de pièces classiques (épigraphes, plaques, n'importe où dans le chœur, dans le pavement et dans les maçonneries externes) et du haut Moyen Age, spécialement dans la zone du sanctuaire, explicable en raison des préexistences classiques dans cette partie et peut-être de restes d'assises de l'édifice qui fut bouleversé à l'époque romane. A celle de Dodon, par contre, remonte certainement le ciborium de l'autel majeur – probablement soumis à des nettoyages radicaux à une époque qu'on ne peut déterminer : il a quatre colonnes avec des chapiteaux en partie inachevés et une frise de rinceaux sur l'architrave frontale. Au fond du bas-côté droit, il y a un autre autel avec deux petits piliers, l'un à cannelures, l'autre avec une inscription : «C. co haec fieri jussit pro redemptione animae suae» : *Mme Ferri la juge contemporaine de l'intervention de Dodon (notons cependant que l'écriture de l'épigraphe pourrait la faire penser plus tardive) ; de la même période que le ciborium de l'autel et donc du troisième quart du* XIIe *siècle, pourraient dater les fragments déposés dans l'atrium, des blocs de marbre, arcades, petits piliers, qui, selon Mme* Ferri *(1985), faisaient partie de l'autel consacré en 1156 et démembré par la suite.*

Mais la partie la plus somptueusement décorée de sculptures est la façade. Celle-ci, terminée par une rangée d'arceaux, avec une petite rose plutôt asymétrique, un portail surmonté d'un fronton, porte les restes de campagnes d'ornementation postérieures à la première : en particulier, les deux niches aux cintres brisés que Mme Ferri pense du XIIIe *siècle, mais qui sont à l'évidence le résultat d'un style bien différent et curieux. A l'intérieur de l'église, en effet, la corniche de l'autel de la Vierge porte un décor sculpté qui, à première vue, pourrait paraître médiéval, mais qui, une fois lue la date (1486), apparaît comme un ouvrage inhabituel, archaïsant, peut-être même une copie. Les frises ornées de roues, les petits oiseaux des niches de la façade, qui s'inspirent de modèles du haut Moyen Age, sont de la même main; le remploi, dans la niche de droite, d'éléments de frise, ceux-ci véritablement romans, proches de l'iconostase de San Giovanni in Argentella, achève le cercle de ce curieux phénomène d'imitation.*

Une fois les deux niches à coquilles ramenées à leur date véritable, le XVe *siècle finissant, on peut en venir à ce qui constitue les plus belles pièces du décor de la façade, c'est-à-dire aux piédroits du portail, à grands rinceaux et figures animales, pièces de sculpture classicisantes que Mme Ferri a mis en rapport avec d'autres exemples de Rieti et de Terni de la deuxième moitié du* XIIe *siècle et du début du* XIIIe*. Cependant ces rapprochements, adoptés pour justifier la datation du portail de Monteleone aux années de Dodon, ne font qu'accentuer les différences de qualité de Sainte-Victoire et les nuances de style tout aussi diverses qui peuvent également faire songer à une influence byzantinisante, telle qu'elle se fit jour autour du passage du* XIIe *au* XIIIe *siècle, spécialement en Toscane. Reste donc à démontrer la pertinence de l'attribution de la façade entière à l'intervention de l'évêque de Rieti, au milieu du* XIIe *siècle. Il faudra prendre en considération la possibilité de ne pas rattacher trop étroitement tout ce qui, dans l'église de Sainte-Victoire, apparaît en général comme « roman » à l'époque d'une intervention qui, quoique d'une grande importance, pourrait fort bien n'avoir pas été la seule à concevoir la façade comme un élément mélangeant des remplois classiques et des sculptures nouvelles (S.R.).*

9 *MONTE TANCIA. GROTTE DE SAINT-MICHEL-ARCHANGE.* LA

grotte dédiée à saint Michel Archange, sur le Mont Tancia, constitue un des nombreux sanctuaires rupestres consacrés à l'Archange selon une habitude de culte attestée par de multiples exemples à partir de celui, très fameux, du Mont Gargan. Dans sa première salle, contiguë à l'entrée, la grotte de Rieti, dont l'existence est attestée à partir du VIIIe siècle, conserve un ciborium supporté par des colonnes à petits chapiteaux à caulicoles et peints. Il est recouvert d'une double série de fresques : une première couche peinte affleure, en effet, dans les zones où la couche suivante, plus récente, est tombée, montrant des bribes d'une peinture intéressante que le repeint plus tardif et grossier a recopiée en en respectant l'iconographie. Sur la face du ciborium apparaît l'Agnus Dei dans un médaillon, flanqué de deux figures : l'une offre un rouleau, l'autre un objet semblable à un couvre-chef ou à une tiare; sur la petite voûte, le Christ est entouré par les symboles des évangélistes. Sur le côté, sont placées trois figures debout, auréolées; la peinture la plus ancienne, là où le repeint est tombé, montre comment, à l'origine, une des figures était agenouillée.

M. Righetti, en publiant le ciborium et les fresques, les a datés avec justesse du XIe siècle, époque à laquelle le sanctuaire fut l'objet de contestations entre l'évêque de Rieti et l'abbaye de Farfa et pendant laquelle l'autel fut restauré, puis détruit, puis de nouveau relevé par Bernard, abbé de Farfa à partir de 1049. Les références admises par les fresques – la couche du dessous – confirment cette orientation chronologique. Même si leur degré de qualité diffère, la peinture par taches et les traits des visages (yeux saillants, pommettes rouges) peuvent être confrontés à certains monuments importants de la peinture de Rome et du Latium du premier âge roman, c'est-à-dire avec les fresques de Sainte-Pudentienne, celles de l'oratoire de Saint-Gabriel sur la Voie Appienne et celles de la grotte des Anges à Magliano Romano (S.R.).

ORVINIO. ÉGLISE ABBATIALE DE SANTA MARIA DEL PIANO. 10

Église et couvent s'élèvent au pied d'Orvinio, sur le plateau qui s'étend vers l'Est en direction de Pozzaglia. La tradition locale (rapportée par Fiocca 1911) en fait remonter la fondation directement à l'époque de Charlemagne. Les références à l'église d'Orvinio durant le XIe *siècle, repérées par Di Geso dans deux documents du* Registre de Farfa *(1015 et 1026) ne sont pas acceptables en raison du caractère général du toponyme (Montagni-Pessa) et on ne trouve aucune mention de Santa Maria del Piano dans la confirmation des biens de l'abbaye de Farfa signée par Henri V (1118). On doit en conclure que l'église d'Orvinio n'était pas placée sous l'autorité de Farfa ou qu'elle fut construite à une date postérieure à celle des documents cités (Montagni-Pessa). Di Geso (1959) signale qu'au* XIIe *siècle un conflit opposa Santa Maria del Piano aux évêques de Sabine et confirma l'autonomie recouvrée de la communauté monastique. En 1345, l'église est dirigée par un abbé qui exerce sa juridiction sur les villages voisins, mais dépend de l'évêque de Sabine.*

En 1596, le couvent n'est habité que par un seul frère ermite : peu d'années après, signe de la dispersion définitive de la communauté monastique, la propriété de l'abbaye est concédée aux Borghese (Di Geso). L'abandon progressif de la construction, qui passe au nouveau diocèse de Poggio Mirteto (après 1841), puis au domaine de l'État, trouve son épilogue dans l'écroulement de la façade (février 1953). La restauration du clocher et celle des maçonneries de l'église suivirent et s'achevèrent en 1957 sous la conduite de Giovanni Di Geso : de telles interventions se sont révélées efficaces pour le clocher, tandis que l'église continuait à être la proie des ronces et des voleurs qui, profitant de l'isolement du lieu, dérobèrent la petite rose tout entière (1979) et une partie du décor sculpté encore en place au moment de la restauration.

Aujourd'hui, par suite, l'ensemble claustral est complètement délabré et il est difficile de distinguer le noyau ancien des ajouts plus tardifs. L'article de Lorenzo Fiocca (1911) reste un témoignage important sur l'état du monument au début du siècle. Même privée de couverture, l'église est encore clairement déchiffrable : il s'agit d'un édifice à nef unique sur lequel est greffé le transept, ce qui engendre un plan en T. La nef, éclairée par des ouvertures simples, avait à l'origine un toit à charpente – on n'y trouve pas, en effet, de trace de piliers pour supporter les voûtes – tandis que les bras du transept étaient couverts de voûtes d'arêtes (selon Fiocca). De grands arcs à double voussure séparaient le sanctuaire de la nef et des croisillons du transept; il subsiste encore celui qui en isole le bras droit. Les arcs reposaient sur des demi-colonnes fortement galbées surmontées de chapiteaux. Ceux qui se trouvent dans le transept, pourraient provenir d'une construction plus ancienne. L'abside semi-circulaire et surélevée est aujourd'hui en partie cachée par une cloison, montée durant le XVIIIe siècle : il en est question dans la visite pastorale de 1781 : «In postica altaris regione, quae olim chori loco erat, nunc erecto muro sacrarius extat». *Des essais de fouilles, conduites en 1957 par Di Geso, ont mis au jour les fondations d'absidioles qui s'ouvraient sur le transept, montrant ainsi que l'édifice était le résultat d'au moins deux phases de construction.*

La façade, elle aussi, est un palimpseste : la non-pertinence du portail renaissant est évidente, de même que la réduction en hauteur opérée dans la façade : en effet, la corniche de la petite rose se superpose à celle du fronton, résultat d'une réfection plus tardive. Le décor sculpté remonte à deux phases distinctes : la frise de rinceaux qui entoure la fenêtre centrale, le relief avec une scène de chasse à la base de celle-ci et l'autre avec un cavalier à sa droite (les deux sculptures ont aujourd'hui disparu) peuvent être datées approximativement de la fin du XIe ou du début du XIIe siècle et pourraient avoir été placées postérieurement dans cette partie de la façade (Montagni-Pessa).

Les chapiteaux de la corniche à arceaux, les deux modillons en forme d'aigle qui supportent le fronton de la fenêtre et la rose perdue sont plus tardifs, de la fin XIIe ou début XIIIe siècle. De même les protomes de béliers qui flanquent la fenêtre (aujourd'hui, il ne reste que la partie insérée dans la façade) faisaient partie de ce groupe. On a dit que ces fragments remonteraient au XIIe siècle, mais l'inscription gravée sur l'une des deux premières métopes de la corniche aux arceaux – « ANNO DNI NRI I(e)SU / CHRISTI MILL DUC XVIIII PBR » « BARTOLOM(eu)S HOC OPUS / FIERI FE(c)IT » – avec la date de 1219 pourrait se référer à l'achèvement de la façade et, par suite, retarder l'exécution de ce groupe de sculptures.

Le clocher, d'environ 20 m de hauteur, est entièrement construit en calcaire et englobe des pièces de remploi romain (frise d'architecture et inscriptions), restes probables d'un lieu de culte plus ancien sur lequel est fondée l'abbatiale. La tour s'allège, sur ses quatre étages, en raison d'une amplification des ouvertures qui passent de la fenêtre simple du premier étage, aux doubles du second et aux triples des troisième et quatrième. Les baies sont scandées par des colonnettes aux chapiteaux à béquille, certains d'entre eux sont décorés en bas relief. L'entrée au niveau inférieur est un remaniement plus tardif (Di Geso). A l'origine, on accédait à la tour au premier étage par une galerie reliée au couvent. L'intérieur est complètement vide, mais contenait une structure en bois dont il ne reste aujourd'hui que les trous dans lesquels s'inséraient les poutres.

Le clocher de la cathédrale d'Anagni constitue le point de comparaison le plus intéressant et confirme la datation du XIIe siècle (Montagni-Pessa) (E.P.).

11

RIETI. CATHÉDRALE. LA CATHÉDRALE DE RIETI A presque entièrement perdu l'aspect qu'elle avait au Moyen Age après que, en y ajoutant un porche, en élevant à l'intérieur une série de chapelles latérales et en renouvelant entièrement le décor, les phases de reconstruction des XVe et XVIIe siècles en aient changé les données essentielles. La phase de construction romane commença en 1109, sous le pontificat de Pascal II, avec une reconstruction radicale de l'édifice paléochrétien alors en ruine; elle commença par la crypte, qui fut consacrée par l'évêque Dodon en 1157, et se poursuivit ensuite avec une extrême lenteur, en sorte que la consécration finale fut célébrée seulement en 1225 par Honorius III. Il s'agissait d'une grande église à trois nefs, divisée par deux séries de colonnes de remploi; la crypte, conservée encore aujourd'hui, est *ad oratorio* avec neuf nefs de trois travées chacune, une seule abside, des voûtes d'arêtes supportées par seize colonnes de remploi avec des chapiteaux médiévaux (à caulicoles, à feuilles, de type composite d'imitation classique, ou géométriques rappelant encore le haut Moyen Age) aujourd'hui trop nettoyés. L'autel, qui semble d'origine, est une table portée par deux colonnes aux chapiteaux grossiers et sous laquelle une cavité du pavement porte encore les noms des martyrs dont les reliques sont conservées en ce lieu.

Le fragment le mieux conservé de la construction médiévale est en réalité la partie inférieure de la façade, sauvegardée sous le porche postérieur, et surtout le portail du milieu, décoré de rinceaux sur les piédroits et l'architrave, et flanqué de deux lions sur les côtés. La sculpture du portail de Rieti regorge de qualités : elle a été confrontée à des œuvres abruzzaines de la fin du XIIe ou du début du XIIIe siècle (Fiocca), tandis que Lavagnino en remarquait l'appartenance romaine possible, spécialement marquée par un fort classicisme. Des jugements contrastés ont été exprimés plus récemment par Mme Ferri (1985) – qui le confronte judicieusement au portail de Sainte-Victoire à Monteleone Sabino, mais semble la penser de l'époque de Dodon, ne dépassant donc pas 1170 – et par Mme Mortari (1985) qui parle au contraire du début du XIIIe siècle et établit des comparaisons avec des exemples des Abruzzes (Santa Maria à Bominaco, San Bartolomeo à Carpineto della Nora) qui témoignent de racines classicisantes semblables. C'est la proposition la plus convaincante. Celle de Mme Ferri, qui veut retenir l'époque de Dodon, tant pour le portail de Monteleone que pour celui de Rieti, est par contre peu crédible et, si l'on cherche à rapprocher la chronologie des rares événement connus de l'histoire de la cathédrale, la date de la consécration par Honorius III (1225) constitue une référence beaucoup plus plausible que celle de l'époque de Dodon.

Par ailleurs, n'apparaît pas davantage justifiée la recherche d'un atelier étranger comme auteur d'ouvrages qui n'ont rien d'étonnant alors en Sabine et remontent à des décennies durant lesquelles l'activité promotionnelle et artistique *in loco* fut intense et de nature à justifier grandement la production régionale d'œuvres de qualité. L'affinité qui se rencontre entre la production de la Sabine et celle limitrophe, d'Ombrie et des Abruzzes, ne doit pas surprendre : il est évident qu'il existait des communications entre des territoires voisins – tandis que semble plus ardue la tentative de démontrer des rapports entre ces œuvres et celles, romaines, plus ou moins contemporaines. Celles-ci conservèrent longtemps des modes de taille que l'on dirait encore hérités du haut Moyen Age et qui, de plus, rares et pratiquement indatables, ne fournissent pas un panorama ordonné pour des confrontations certaines avec les productions de Rieti. Il vaut mieux, par conséquent, reconnaître aux chantiers sabins une autonomie d'expression qui pousse ses racines dans le fonds classique local et partage sa culture propre avec une large zone de production qui enjambe les frontières administratives actuelles et s'étend du Latium à une partie des Abruzzes et de l'Ombrie.

Il est cependant possible que les traces de la production artistique de la cathédrale du XIIe siècle n'aient pas entièrement disparu : dans le jardin d'un palais de Rieti, le palais Cappelletti, en effet, on conserve certains restes de l'ancien ciborium de la cathédrale – quatre chapiteaux et quatre bases – redécouvertes précieuses dont nous sommes redevables (1980) à Luisa Mortari. Les bases sont fragmentaires, mais les chapiteaux sont bien conservés : sur le premier, on voit des figures d'hommes entre des branches d'arbres, sur le deuxième quatre anges en prière, sur le troisième des aigles tandis que le quatrième est seulement orné de feuillages et de motifs décoratifs. La tendance fortement classique de cet atelier est indubitable et s'exprime dans la reprise des types composites, sujets pourtant à de nombreuses variations. La même Mme Mortari soutenait qu'il était difficile de trouver des correspondants appropriés au chapiteau des aigles – mais un motif analogue orne un chapiteau de la façade de Santa Maria del Piano à Orvinio – ou, au plus original des quatre, celui à la figure humaine au milieu d'arbres : pour celui-ci, en effet, il s'agit d'un travail extrêmement original et indépendant, dont la mentalité classicisante est très éloignée de celle habituellement en cours à Rome et dans la région environnante et surtout étrangère, à ma connaissance, aux ateliers de marbriers. Toutefois, il vient à l'esprit le souvenir d'autres classicismes, venus par d'autres voies et dépendant davantage de l'univers paléochrétien des sarcophages : le sculpteur pourrait avoir vu lui-même quelques ouvrages de sculpture provençale et en avoir imité les procédés dans les physionomies et les anatomies (S.R.).

12

TIVOLI. SAINT-SYLVESTRE. NOUS NE POSSÉDONS AUCUN *document sur l'histoire de l'église Saint-Sylvestre. L'observation de ses structures, même si celles-ci ont été assez transformées, donne à penser que la phase de construction qui nous intéresse doit se situer dans le cours du* XIIe *siècle, par conséquent plus ou moins parallèlement aux vastes entreprises d'architecture et de décoration qui eurent lieu dans diverses églises de la cité, en particulier dans celle de Saint-Pierre. Par rapport à sa structure médiévale, l'église actuelle a été privée de ses nefs latérales; elle présente une façade à deux rampants; la base du fronton, comme du reste le sommet des murs de ses côtés et de l'abside, sont ornés d'une des corniches habituelles à une seule frise à dents d'engrenage et de modillons de marbre.*

Dans l'abside et sur les parois latérales du chœur, un cycle de fresques d'un intérêt exceptionnel se trouve encore conservé, dans de bonnes conditions dans l'ensemble si l'on excepte la superposition de quelques panneaux du XVe *siècle qui la sectionnent dans la zone inférieure.*

*Sur le cul-de-four apparaît le Sauveur debout dans un ciel à nuages étagés (selon le modèle des Saints-Côme-et-Damien et de Castel Sant'Elia) avec, à ses côtés, saint Pierre – à qui le Christ tend un rouleau avec la Loi (*DOMINUS LEGEN DAT*) – et saint Paul; au-dessous, un bandeau avec l'Agneau et les douze agneaux. Plus bas encore, la Vierge à l'Enfant trônant flanquée de saint Jean-Baptiste et de saint Jean l'Évangéliste et de douze prophètes : David, Salomon, Jonas, Daniel, Osée, Ézéchiel, Isaïe, Habacuc, Jérémie, Abdias, Aggée, Malachie, chacun avec un cartouche contenant un verset extrait du livre de l'Écriture lui correspondant.*

Le registre inférieur montre enfin quatre scènes extraites de la Légende de saint Sylvestre *ou* Légende de Constantin : *la préparation du bain de sang, le baptême de Constantin, la dispute de saint Sylvestre avec les rabbins et saint Sylvestre apprivoisant le dragon. Des peintures complètent l'ensemble dans l'axe de l'abside : au centre, un médaillon avec le buste du Christ entouré des symboles des quatre évangélistes et des vingt-quatre vieillards de l'Apocalypse; dans les angles, au-dessous, l'Ascension du prophète Élie, en train de jeter son manteau à Élisée, et, de l'autre côté, la rencontre d'Abraham et de Melchisédech; plus bas encore, des figures de saints très abîmées.*

L'ensemble des fresques de saint Sylvestre est d'un intérêt primordial, du point de vue tant iconographique que strictement stylistique. De la description très brève des thèmes ressort clairement l'intention de celui qui l'a programmé (inconnu de nous) de réunir des thèmes traditionnels fortement enracinés dans la peinture monumentale romaine (la Traditio Legis*) à d'autres qui fournissent un arrière-plan riche de signification, donnant, pour ainsi dire, sens à tout l'ensemble (les vingt-quatre vieillards de l'Apocalypse) et à d'autres encore qui sous-tendent et symbolisent des rapports avec les circonstances du temps (les scènes de Sylvestre et de Constantin). L'actualisation de la Loi du Christ, en somme, placée dans sa perspective eschatologique passe à travers des événements historiques qui deviennent à leur tour figures d'autres événements plus actuels. Le sens des Légendes de Sylvestre et Constantin est évidemment très ecclésiologique : certains archéologues, parmi lesquels Matthiae lui-même, ont voulu y voir une allusion aux événements de 1157, date à laquelle les troupes de Frédéric Barberousse occupèrent Tivoli, avant que celle-ci ne soit reconquise par l'Église. Plus récemment cependant, avec plus de précision et de vraisemblance, Demus, mais surtout Lanz, ont rapproché le choix iconographique des fresques non des années du milieu du* XIIe *siècle, mais de celles des grands pontificats de la fin de ce siècle et du début du suivant : Innocent III et Honorius III. La prise de position politique contenue dans les fresques ne serait, en somme, que celle de la violente réaction pontificale contre Barberousse, et donc celle de l'affirmation de la* plenitudo potestatis *de la papauté vis-à-vis de l'empereur, mais aussi la déclaration plus calme et plus assurée de la primauté romaine, soutenue avec une telle autorité par Innocent III. Paravicini Bagliani, en recensant l'étude de Lanz, a noté en effet que le choix des scènes constantiniennes dans le programme de Tivoli ne se réfère pas au théocratique* Constitutum Constantini, *mais à l'*Actum Silvestri, *plus modéré; on en déduirait à juste titre une attestation d'autant plus ferme et plus paisible de la part du pontife qui serait alors Innocent lui-même ou son successeur Honorius. Il faut noter en outre que le programme des fresques de Tivoli use de thèmes iconographiques qui connurent une vogue notable durant toute la première moitié du* XIIIe *siècle. D'autres séries de saint Sylvestre et Constantin se trouvent à l'oratoire de Saint-Sylvestre aux Quatre-Saints-Couronnés à Rome et constituent une violente riposte à la politique d'oppression de Frédéric II; de même, les figures d'Élie et de Melchisédech (Innocent III parle du pontife comme* «Vicarius Christi, qui est Rex regum, Dominus dominantium, sacerdos in aeternum secundum ordinem Melchisedech» *) ont fait florès, ainsi par exemple dans la crypte d'Anagni (voir chapitre sur la peinture, p. 353).*

La datation de Matthiae, entre 1157 et 1170 environ, prive le cycle de Tivoli de ses références formelles les plus importantes : c'est-à-dire l'influence qui s'exerça à partir des chantiers de Monreale et qui rejoignit rapidement le Latium où elle produisit des œuvres de grande qualité. Pensons à la mosaïque de la Pentecôte à l'abbaye Saint-Nil de Grottaferrata, à la Vierge plus controversée de San Bartolomeo all'Isola; et surtout aux problèmes liés à l'exécution des fresques de la crypte d'Anagni, au moins en ce qui concerne les deux premiers ateliers, celui du maître dit «des Translations» et celui du maître «ornemaniste», tous deux imprégnés de l'influence de Monreale. Le cycle de Saint-Sylvestre constitue un préalable nécessaire essentiel à la réalisation d'Anagni et le maître qui en fut l'auteur représente une des personnalités les plus intéressantes de la peinture de l'Italie centrale. Il atteint à une qualité telle qu'elle autorise à le penser déjà de la fin du XIIe *siècle, plutôt que du pontificat d'Honorius, comme le voulait Lanz, c'est-à-dire des années 1210 ou 1220. Le même Lanz a distingué également les parties attribuables au maître principal et celles dues à des aides, qui auraient été sans doute au nombre de deux; mais, si elles sont objectivement discernables en tel ou tel fragment, les différences ne comportent pas une diversité réelle de conception et doivent être considérées comme le résultat d'une subdivision normale du travail à l'intérieur d'un atelier, d'autant plus compréhensible ici que l'entreprise avait de vastes proportions.*

Toute la ville de Tivoli est riche en vestiges romans et en monuments caractéristiques de cette époque. L'église Saint-Pierre, par exemple, bombardée pendant la guerre et restaurée depuis, était sans doute paléochrétienne au départ, mais elle subit une réfection radicale dans le cours du XIIe *siècle. Le plan est basilical, à trois nefs divisées par des colonnes en cipolin avec des chapiteaux ioniques, sans transept et avec une abside semi-circulaire; le sanctuaire est surélevé en raison de la présence d'une crypte qui reprend le plan de ce dernier et comporte un conduit rectangulaire en direction de la* fenestella confessionis *de l'église supérieure; une grosse colonne supporte la voûte semi-annulaire. Dans la nef, un grand panneau cosmatesque à losanges a été épargné par le temps, reste d'un pavement plus vaste; enfin une visite pastorale de 1581 atteste qu'il existait un porche voûté, soutenu par des colonnes et couvert peut-être de fresques. L'église possédait une décoration peinte dans la partie absidale – nous le savons grâce aux descriptions de Nicodemi et de Crocchiante (1726). Ce dernier rappelle que toutes les parois de l'église étaient peintes, mais dans de très mauvaises conditions de conservation. Tandis que, dans l'abside, on pouvait voir les saints Pierre et Paul, les douze agneaux et la Jérusalem céleste, dans la crypte il y avait d'autres fresques, aujourd'hui très repeintes : le Sauveur entre saint Jean l'Évangéliste et saint Pierre, les symboles des évangélistes et d'autres saints. Valle les datait de la fin du* XIe *ou du début du* XIIe *siècle, mais il est important de noter la forte appartenance romaine des thèmes iconographiques, spécialement dans l'abside supérieure, où la* Traditio Legis *renvoie à l'abside de l'ancien Saint-Pierre, de Saint-Jean-de-Latran ou aux Saints-Côme-et-Damien, ainsi que, naturellement, au proche Saint-Sylvestre.*

D'autres réalisations romanes analogues ont dû avoir lieu dans d'autres églises de la cité : Saint-Michel – dont subsiste encore le clocher – et Sainte-Marie-Majeure, refaite sous Eugène III (1145-1153) et semblable à Saint-Pierre, avec trois nefs séparées par vingt piliers et ornées d'un pavement cosmatesque. Il faut encore rappeler les vestiges romans de Saint-André et le relief avec des fleurs et des oiseaux de Saint-Getulius, mais surtout, évidemment, la cathédrale. Fondée au IV*e*-V*e* *siècle, elle fut reconstruite entre la fin du* XI*e* *et le début du* XII*e* *siècle et, surtout dans la partie absidale, de nouvelles structures surent profiter de maçonneries romaines. L'église romane avait trois nefs – séparées par des piliers renfermant des colonnes de remploi – avec un sanctuaire surélevé et un autel majeur à ciborium pyramidal porté par quatre colonnes; le pavement était cosmatesque, il y avait une iconostase, une clôture de chœur et deux ambons cosmatesques, ainsi qu'une chaire de marbre tenue pour antique par Del* Re *au* XVII*e* *siècle. La reconstruction de 1635 détruisit ces structures et le décor, dont furent dispersés les fragments cosmatesques conservés jusque-là. Quelques fragments de maçonnerie médiévale furent sauvegardés et réutilisés : si l'on observe bien la façade qui regarde la Piazza Tani, on y voit des briques avec traits de truelle dans les joints selon la technique employée dans cette région après le milieu du* IX*e* *et durant le* XII*e* *siècle. La description de Zappi au* XVI*e* *siècle évoque, ici également, une abondante décoration picturale, tant sur les murs que dans l'abside, et de cette dernière nous connaissons même le sujet : un Couronnement de la Vierge.*

*Au demeurant, si l'on voulait avoir une confirmation du très haut niveau de qualité atteint par Tivoli au Moyen Age, et spécialement pendant les siècles dont nous traitons, il suffirait de signaler deux œuvres, cette fois non liées directement aux monuments, mais relevant du mobilier : le triptyque du Sauveur, réplique de l'*Acheropita *romain, extraordinaire peinture sur bois à fond d'or, datable des premières décennies du* XII*e* *siècle, et la Déposition de croix, groupe en bois monumental, qui doit remonter par contre au début du* XIII*e*. *Ces deux œuvres, les plus éminentes, objets, la première surtout, d'une vénération religieuse qui, dans une certaine mesure, a empêché d'en avoir une connaissance vraiment approfondie – la seconde, un chef-d'œuvre, d'un genre dans lequel confluent des valeurs artistiques, religieuses, dévotionnelles, bien que non theâtrales – toutes deux, donc, semblent encadrer à ses deux extrémités un siècle essentiel tant dans l'histoire de Tivoli que dans celle de Rome (S.R.).*

13 *VALLEPIETRA. SANCTUAIRE DE LA TRÈS SAINTE TRINITÉ.*

Le sanctuaire, dont parlent des documents de donation dès 1079 et 1112, est situé près du village de Vallepietra, sur le Mont Autore, dans une sorte de grande abside rocheuse naturelle et se trouve inclus dans une grotte adaptée pour cela et partagée en deux moitiés dans le sens de la largeur. La partie antérieure est à son tour divisée en deux, cette fois en hauteur : à l'étage supérieur, qui constitue le sanctuaire proprement dit, on trouve quelques fresques intéressantes. Sur la paroi Sud, dans une niche, une Sainte Trinité représentée comme trois Personnes identiques : par son thème, la fresque est la plus importante du sanctuaire et peut-être pour cela même, la plus maltraitée par des repeints, au point qu'il est difficile d'en évaluer la qualité aujourd'hui. Il s'agit d'une œuvre proche des fresques de la crypte d'Anagni que, selon toute probabilité, l'on peut dater des premières décennies du XIIIe siècle. Elle se trouve non loin d'un panneau avec deux saints, saint Julien et saint Dominique, situé sur la paroi opposée.

Nettement plus intéressantes sont les scènes initiales de l'Enfance du Christ qui devaient se dérouler sans doute tout autour de l'édifice, mais dont n'est conservée que la partie ornant la paroi occidentale : Annonciation, Nativité et Annonce aux bergers, Adoration des mages, Présentation au temple. Les scènes sont surmontées d'une frise à rinceaux avec des petits oiseaux et sont séparées par des colonnettes torses et strigillées peintes. Au-dessous des scènes, un fragment de travaux des mois avec un homme qui tue le cochon (IANUARIUS); puis un homme en pied, avec un récipient (peut-être un Verseau), et une marmite sur un feu avec les lettres BRU, certainement donc le mois de février.

Les fresques ne sont pas de peu d'intérêt dans le panorama de la peinture du Latium durant la première moitié du XIIe siècle. Leur côté enlevé, avec une manière caractéristique de traiter les lignes du visage ou les pommettes des joues, permet de les rapprocher surtout des fresques de la grotte des Anges de Magliano Romano : leur appartenance au mouvement classicisant du XIIe siècle romain est aussi sensible dans l'utilisation d'éléments décoratifs tels que la frise à rinceaux et les oiseaux, qui représentent une variation sur les possibilités infinies des répertoires que l'on trouve surtout à Saint-Clément, Santa Maria in Cosmedin et à l'Immaculée de Ceri; c'est à ce dernier ensemble de fresques que fait penser enfin le cycle des mois fragmentaire dans lequel la scène de l'abattage du cochon rappelle celle, analogue, de la cuisson du porc à Ceri (S.R.).

VESCOVIO : SAINTE-MARIE. L'ANTIQUE CATHÉDRALE DE LA 14

Sabine a une origine très ancienne, que l'on veut faire remonter directement à saint Pierre. L'édifice actuel montre clairement des traces de très nombreuses réfections, restaurations, remaniements qui en rendent la lecture difficile, mais, à grands traits, on peut la décrire ainsi.

Le plan est en croix latine, avec une seule nef et une abside semi-circulaire; sous le chœur, s'étend la crypte ad oratorio *avec un déambulatoire semi-annulaire; la* fenestella confessionis *de l'autel majeur de l'église met en communication avec l'autel de la crypte.*

Une partie de ce plan remonte probablement au haut Moyen Age (VIIIe-IXe siècle), mais, au XIIe, l'église fut restructurée, surélevée, gratifiée d'un clocher et accrue de la crypte déjà décrite, dont le couloir semi-annulaire est peut-être un reste carolingien. Ce sont de maigres vestiges quand on pense à l'importance que le diocèse sabin eut certainement, à l'abri de sa très puissante voisine romaine. Cependant, justement dans l'ensemble : autel majeur / crypte, on retrouve une trace certaine de l'influence romaine. Dans la crypte, des fragments d'un décor en fresques se trouvent encore dans les parties proches de l'autel, avec des rideaux et des motifs décoratifs sur fond blanc et des figures d'animaux. Au-dessus de l'autel, sur les côtés de l'ouverture, deux figures de saints, probablement saint Jean-Baptiste et saint Jean l'Évangéliste, désignent la partie supérieure : ils sont peints très sommairement et font preuve de rigidité et de linéarisme au point de faire penser à un peintre très décadent et attardé ou à l'inverse très précoce. Plus tardive, peut-être, ou simplement mieux conservée et plus complexe, apparaît la fresque de l'autel de l'église : une Vierge à l'Enfant trônant, des anges et des saints. Très détériorés dans la surface peinte, ces sujets conservent çà et là, dans les physionomies des saints, une couleur plus empâtée et déjà des rehauts formels blancs sur la préparation qui font penser à un XIIe siècle avancé.

SUD DU LATIUM

LA CATHÉDRALE SAINT-CÉSAIRE A TERRACINA

Histoire

La cathédrale de Terracina s'élève sur le Forum Émilien et est fondée sur le podium d'un temple romain dédié à Rome ou à Auguste (Lugli). Les renseignements les plus anciens sur l'église remontent au IXe siècle, époque à laquelle dans le *Liber Pontificalis* on fait mention d'une importante donation due à Léon IV (847-885), peut-être à l'occasion de la consécration de l'édifice. C'est au temps d'Héraclius (VIIe siècle) que doit remonter l'inscription grecque gravée sur la colonne à gauche de l'arc d'entrée du porche, mais celle en latin qui la flanque doit être plus tardive (VIIIe siècle); on y lit : *« mundificatus est forus iste tempore Domini Georgii, Consul et Dux »*.

A l'époque romane, l'histoire de la cathédrale est liée au monastère du Mont-Cassin. Le 24 novembre 1074, l'église est consacrée par son évêque, le bénédictin Ambroise de Milan, qui trois ans auparavant avait présidé la consécration de l'abbatiale cassinaise. Dans la suite l'église de Terracina avec ses biens est concédée à titre personnel à Didier, abbé du Mont-Cassin, qui la conservera jusqu'à son élection comme pape (Victor III, 1086-1087). En 1088 c'est précisément dans l'église Saint-Césaire que se déroule le conclave où sera élu son successeur immédiat, le moine clunisien Otton de Châtillon qui prendra le nom d'Urbain II (1088-1099).

La première église romane fut donc achevée en 1074. Le campanile, le porche et le mobilier en marbre qui aujourd'hui encore lui confèrent sa note distinctive pour l'architecture et le décor remontent par contre à la fin de l'époque romane (pl. 105). Les années à cheval sur le XIIe siècle et le XIIIe bien avancé, où l'autonomie des villes soutenue par la papauté s'affirma contre le pouvoir féodal des Frangipane, représentent le laps de temps où furent réalisés ces ouvrages. On peut considérer les dates de 1245 et 1257 comme la limite extrême de la construction médiévale : la première se lit sur la base du chandelier du cierge pascal (pl. 110), la seconde est tirée d'une chronique où l'on rapporte un rassemblement au son des cloches – l'étage campanaire, et donc le campanile tout entier, devait alors être terminé.

Visite

L'année 1074 est ainsi le terme de la construction de l'église romane, qui était fondée sur l'édifice antérieur du haut Moyen Age. Le haut soubassement du temple romain limita l'extension du plan : l'église en occupa toute la longueur mais seulement une partie de la largeur. Sur la base rehaussée fut mise en place une construction de plan basilical à trois nefs et trois absides avec sanctuaire surélevé. La possibilité que l'édifice se soit élargi sur cinq nefs – suggéré par les chapelles latérales qui le flanquent aujourd'hui – est exclue par Elena di Gioia (1982) sur la base de l'analyse des maçonneries de ces chapelles, postérieures à celles de la construction romane.

Aujourd'hui l'intérieur se trouve transformé à la suite des restaurations architecturales entreprises au début du XVIIIe siècle. On peut cependant reconstituer le plan originel en se basant sur des preuves fournies par l'archéologie et les documents. La visite pastorale de 1580, retrouvée par Elena di Gioia, nous renseigne sur l'état de l'église avant ces importantes interventions : la couverture était en charpente apparente et la nef centrale ornée de fresques déjà très abîmées – *« Habet in parietibus figuras pictas quae ob vetustatem ad praesens non discernuntur »*. Huit colonnes de granit reliées par des arcs formaient les rangées qui séparaient les nefs. Il n'en reste actuellement que six de chaque côté. La première et la dernière ont été enlevées pour mettre en place les grands arcs de double amplitude qui constituent aujourd'hui la première et la dernière travée de la nef. Les chapiteaux étaient différents de ceux d'aujourd'hui, dont le stuc recouvre la sculpture originelle, malheureusement bûchée comme le montrent quelques sondages encore visibles dans la nef latérale de gauche. Le sanctuaire a été surélevé peut-être dès le haut Moyen Age pour permettre d'abriter les nombreuses reliques conservées dans les trois autels principaux, tous dotés de *fenestellae confessionis*. La visite pastorale citée plus haut mentionne ensuite l'abside majeure «*antiquis picturis ornata, cum fenestris versus occidentem*» ; aujourd'hui la remplace le chœur carré plus ample, tandis que les deux absides latérales creusées dans l'épaisseur du mur n'ont pas subi d'autres transformations.

Le plan ainsi reconstitué a été mis en relation avec les fondations cassinaises dans la Terra di Lavoro et en particulier avec l'église de Sant Angelo in Formis (Di Gioia).

La masse du clocher enserre sur la gauche la façade dont il surmonte le porche (pl. 105), mais à l'origine il s'élevait à l'écart de l'église à laquelle il était peut-être relié par un passage aérien qui donnait accès au premier étage du clocher (Di Gioia). C'est seulement plus tard que le rez-de-chaussée fut englobé dans le porche. La partie basse qui forme passage est en gros blocs de pierre dessinant les grands arcs brisés, et prend appui sur le bord du podium et sur l'escalier. Les étages supérieurs utilisent une technique différente où prévaut l'emploi d'un parement de brique; la surface du mur est animée d'arcatures aveugles avec colonnettes et arcs entrecroisés. Sur l'axe médian de la face principale s'ouvre une fenêtre double par étage; celle-ci s'élargit en une fenêtre triple au dernier étage. Le traitement rythmé et coloré des surfaces architecturales – manifeste dans les arcs entrecroisés, empruntés à l'art campanien – est souligné par les incrustations de maioliques vernissées : celles d'aujourd'hui sont malheureusement des pièces de remplacement distribuées de façon arbitraire pendant les restaurations de 1926, tandis que les originaux ont été dispersés. Dans sa forme actuelle avec son toit à quatre versants, le clocher a été comparé à des modèles romains, mais il n'est pas tout à fait sûr qu'il corresponde au projet originel. Serafini y aurait retrouvé en son temps les traces de trompes pour permettre le passage du plan carré au plan octogonal. Une donation du XIVe siècle destinée à compléter le campanile «à la façon de Gaète» (Di Gioia) rend fort probable que la couverture actuelle à quatre versants ait été adoptée comme solution provisoire, mais qu'à l'origine ait été prévu un dernier étage, peut-être très semblable à l'étage campanaire du clocher de Saint-Érasme à Gaète.

Aujourd'hui encore la comparaison, suggérée en son temps par Serafini, avec le campanile de Gaète, œuvre de Nicolà d'Angelo (1148-1174) reste le point de repère pour situer historiquement le clocher de la cathédrale de Terracina. En particulier le passage qui existe à travers la partie basse s'écarte des modèles romains et renvoie à des coordonnées culturelles et géographiques dont le centre est nettement déporté vers le Sud; la tour s'inspire directement du modèle de Gaète, même si certains détails de forme et de maçonnerie des voûtes du rez-de-chaussée – à comparer aux voûtes d'arêtes bombées des nefs latérales de Fossanova (dernier quart du XIIe siècle) – suggèrent l'intervention d'ateliers locaux formés sur le chantier cistercien voisin (Di Gioia). On peut donc situer le commencement de la construction du campanile à la fin du XIIe siècle, et il fut terminé, on l'a dit, au milieu du XIIIe siècle. Le porche rappelle des modèles repris eux-mêmes de l'architecture romaine : les arcs surbaissés au-dessus de l'entablement se retrouvent par exemple dans l'église Saint-Georges au Vélabre, les chapiteaux ioniques sont aussi présents à Saint-Laurent-hors-les-Murs, à l'abbaye des Trois Fontaines et dans la cathédrale de Civita Castellana, où reparaît aussi le grand arc qui interrompt l'entablement en son milieu.

La bâtisse prend appui sur l'escalier du temple romain qui se poursuit à l'intérieur par cinq marches. Après la fin du XVIe siècle, on entreprit de rétablir le niveau du forum à celui, plus bas, du pavement romain; de ce fait l'escalier est aujourd'hui un peu plus long. Mais les transformations apportées par les restaurations de 1926 ont été bien plus conséquentes; les photographies d'époque antérieure montrent au-dessus de l'entablement une série d'arcs brisés; il s'ensuit que les arcs surbaissés actuels sont une reconstruction destinée à retrouver l'état ancien; de même le grand arc central, scandé de caissons pour y loger la mosaïque a été rétabli selon le même processus. Durant de telles interventions, on élimina arbitrairement la couverture voûtée du porche en la remplaçant par une couverture à charpente apparente.

Si au premier coup d'œil le modèle de l'architecture romaine semble prédominant, à y regarder de plus près apparaissent des éléments étrangers à cette tradition. Les bases des colonnes sont toutes ornées de figures qui représentent, puisées dans le répertoire figuratif des sculpteurs campaniens, le bestiaire médiéval développé qui se retrouve sur la chaire. On y trouve sculptés des singes avec des instruments de musique (première colonne de gauche), des boucs et des lévriers (seconde colonne), des brebis et des lions couchés (troisième) (pl. 109) et d'autres animaux, non identifiables aujourd'hui à cause de l'usure du temps. Il faut toutefois signaler l'opinion divergente de Claussen qui voit dans ces sculptures la main d'un marbrier romain. La frise en mosaïque qui jadis se déroulait tout le long de l'architrave – il n'en reste aujourd'hui que la moitié de droite, mais sur la partie gauche du porche on voit très bien le renfoncement destiné à recevoir le mortier et les tesselles – n'est pas un élément étranger à la tradition romaine : il en existait une sur la façade de la basilique du Latran, et sous une forme réduite elle se retrouve à Sainte-Cécile au Transtévère et à Saint-Laurent-hors-les-Murs. La technique adoptée pour la mosaïque de Terracina est cependant différente de la technique romaine. Ici des tesselles tout à fait minuscules semblables à de l'*opus vermiculatum*, en avoisinent de très grandes encastrées dans une pâte de verre, afin d'obtenir des effets de contraste chromatique.

Il est probable que dans la partie gauche de la frise figuraient des scènes tirées de la *Passio* de saint Césaire et des représentations des autres martyrs de Terracina dont les reliques sont rassemblées dans la cathédrale. Le long de l'entablement, on lit en effet les inscriptions suivantes gravées dans le marbre : «PALATIUM TRAI IMPR (Traiani imperatoris) VALES SILVINIAN EPS (...) (terra)CINA LEONTIUS S. CESARIUS S. CES (...) LEONI».

Au contraire, les figurations de la frise située du côté droit sont presque intactes. Malgré cela, leur signification demeure obscure, en dépit des essais de déchiffrement (Lipinsky 1929, Di Gioia 1982). De gauche à droite on y voit un monstre, un aigle aux ailes déployées, un couple de cerfs disposés symétriquement de part et d'autre d'un palmier (pl. 106), un petit palmier, deux volatiles affrontés des deux côtés d'une cage où en est enfermé un troisième, trois démons, deux taureaux affrontés avec entre eux une église (pl. 107), deux cavaliers qui se battent de chaque côté d'une croix (au-dessus sont gravés dans le marbre les mots «GUTIFRED EGIDI MILES»), un navire à rames au-dessus duquel apparaît l'inscription «PETRUS PBRI» (pl. 108), et enfin un couple de griffons suivis d'oiseaux affrontés, les uns et les autres encadrant un canthare. Il semble toutefois vraisemblable que dans les scènes guerrières on fasse allusion aux événements des croisades, peut-être en lien avec un épisode légendaire dont Terracina elle-même fut le théâtre et avec la chute de Jérusalem (1187) (Lipinsky 1929; Claussen).

Le mélange d'éléments romains et campaniens mais aussi de provenance plus lointaine se manifeste clairement chez les équipes qui travaillaient au porche dans la troisième ou quatrième décennie du XIIIe siècle. Ces éléments hétérogènes se retrouvent aussi dans le mobilier liturgique. On a dit que l'aménagement du sanctuaire surélevé avec trois autels remonte à la consécration de 1074. Les deux ciboriums latéraux de plan carré avec entablement et couverture octogonale se rattachent aux modèles romains. A l'origine, à l'emplacement du baldaquin du XVIIIe siècle qui surmonte l'autel majeur devait s'en trouver un troisième semblable par la forme aux deux plus petits mais de plus grandes dimensions. Le pavement de marbre est bien conservé dans la nef depuis l'entrée jusqu'à la hauteur de la chaire, tandis qu'au sol du sanctuaire les remaniements sont manifestes. Le dessin est marqué de ronds en porphyre et en granit entre des bandes qui forment un axe longitudinal et en même temps se raccordent à des disques disposés des deux côtés, ce qui élargit la mosaïque et crée un dessin continu. Il s'agit d'une formule géométrique, nourrie d'apports byzantins, qui ne se retrouve pas dans les églises romaines et a fait penser à l'intervention de marbriers campaniens.

Des traits nettement méridionaux se retrouvent aussi dans la chaire située du côté gauche de la nef, œuvre qui à l'origine devait être accompagnée de l'ambon pour la lecture de l'épître, placé symétriquement. Ce dernier a été détruit mais les plaques qui en restent, encastrées dans le pavement derrière l'autel majeur au sanctuaire ou engagées dans les murs du chœur (pl. 111), présentent la même technique que celle adoptée par les mosaïstes de la frise du porche; ils doivent donc en être les auteurs (Carotti, in Bertaux 1978). L'œuvre de ces artisans dans le Latium méridional offre des points de comparaison avec l'ambon et le trône épiscopal de la cathédrale de Fondi et avec le devant d'autel de la chapelle Saint-Bruno dans la cathédrale de Segni, ce qui marque l'enracinement dans la tradition locale particulière (Pasti 1982).

La chaire qui subsiste offre en son modèle et en son décor une physionomie très précise qui échappe au monde roman mais que l'on va toutefois décrire en raison de l'importance de la pièce. Le caisson rectangulaire est posé sur cinq colonnes de granit aux bases sculptées de figures. Les deux colonnes de devant sont portées par des lions, celle de derrière par des brebis, les quatre animaux sont taillés dans un seul bloc de pierre qui englobe la base proprement dite, selon un procédé adopté aussi au porche. On remarque cependant une nette différence de qualité entre les lions, sur le devant, et les brebis par-derrière, sculptées de façon sommaire. La même différence se retrouve parmi les quatre chapiteaux composites où de nouveau c'est le côté principal qui est privilégié. On y trouve deux pièces de haute qualité : le chapiteau de droite est décoré de quatre cornes d'abondance aux angles qui en soulignent la forme par des éléments d'un réalisme extrême. Le même rôle est attribué à gauche à quatre atlantes qui soutiennent le tailloir. Le traitement du drapé, le réalisme marqué avec lequel sont traités les motifs de feuillage sont des éléments qui révèlent le passage à des formes gothiques et sont liés à l'art du temps de Frédéric II de Souabe. La figure de l'Abîme infernal sculptée en bas relief sous le lutrin se retrouve sur les chaires campaniennes (Salerne, Sessa Arunca) sous la forme dérivée de l'image classique de l'Océan. Le rythme des incrustations en marbre du garde-corps présente, dans les panneaux latéraux et dans celui du dos, des motifs faits de lignes brisées qui de nouveau, dans leur rigueur géométrique, renvoient à des chaires campaniennes, par exemple celle de la cathédrale de Teano.

Le chandelier du cierge pascal œuvre signée «CRUDELES OPE(rarius?) / A.D. MCCXLV MENS OCT DIE ULTIMA» représente, on l'a dit, l'étape finale pour le décor roman de la cathédrale de Terracina. La colonne torse, autour de laquelle s'enroulent des rubans faits de tesselles noyées dans une pâte de verre, est supportée à la base par deux lionceaux couchés (pl. 110) et se termine par un chapiteau corinthien sur lequel prend appui le support du cierge. Le modèle du chandelier comme le traitement des parties à proprement parler sculptées manifestent le lien avec l'atelier des Vassalletto et, en particulier, avec le chandelier de la cathédrale d'Anagni, œuvre du plus jeune membre de cette famille de marbriers. Autre témoignage de la position particulière de Terracina et de sa cathédrale qui se trouve être un point de rencontre entre deux cultures différentes, mais aussi le terme de l'époque romane et le début de l'époque gothique, grâce précisément à la fructueuse greffe de la culture méridionale sur celle de Rome.

ANAGNI. CATHÉDRALE

Histoire

Pour arriver à comprendre le mieux et le plus clairement possible ce monument, certaines données documentaires sont d'une grande importance; c'est autour d'elles que s'est constituée jusqu'à aujourd'hui toute la série des interprétations et des hypothèses concernant les campagnes de construction et de décoration de la cathédrale d'Anagni.

Sur une première période de la vie de la cathédrale, à l'époque du haut Moyen Age, on ne possède aucun renseignement certain. Les fragments de cette époque remployés dans la façade doivent être considérés comme des restes de l'ancienne église; d'autres éléments, nous le verrons, sont de nature religieuse et se rapportent à la question des reliques.

Les sources sont assez abondantes : les archéologues mentionnent les *Acta passionis atque translationis s. Magni,* rédigés en 1743 probablement par Marangoni qui s'est servi d'un manuscrit, sans doute le *Lectionarium per annum, proprium et commune de Sanctis ad nomen ecclesiae Anagninae,* dont l'original serait datable des débuts du XIIe siècle (entre 1118 puisqu'il mentionne l'autel de saint Pierre d'Anagni dans la crypte, installé cette année-là, et 1130 car il ne mentionne pas les reliques de saint Olive qui y furent alors déposées par Anaclet II); un manuscrit des *Acta* se trouvait jusqu'en 1667 en possession du chapitre de la cathédrale, celui-là même sans doute qui est conservé à la

Bibliothèque Vaticane (Cod. Chigiano CVIII.235). La même source est reprise à son tour dans une rédaction de la fin du XVIe siècle, due à l'oratorien Gallonio (Rome, Bibliotheca Vallicelliana, ms H.12).

Les renseignements sont extrêmement circonstanciés et l'on peut effectivement penser que la rédaction originelle de la source soit pratiquement contemporaine des événements eux-mêmes : je ne parlerai pas ici, étant donné la nécessaire brièveté de cette étude, de toute une série de questions accessoires.

En 1072 l'évêque Pierre de Salerne, ayant constaté l'état de ruine où se trouvait l'église, et profitant, semble-t-il, de moyens et de main-d'œuvre mis à sa disposition par l'empereur byzantin, entreprend une nouvelle construction dont le dessin lui avait été indiqué dans une vision par saint Magne lui-même. Le premier acte de l'évêque Pierre est de déposer les reliques du saint *« in postremis Ecclesiae catacumbis »* et de placer le sarcophage avec le corps de saint Magne – qui auparavant *« quiescebat in parte septentrionali Ecclesiae » – « sub altari in honore Trinitatis ac ipsius nomine ab occidente tribunali superstructo recondidit veneranter »*. Il semblerait en somme que le sarcophage contenant le corps de saint Magne n'ait pas alors été apporté dans la crypte mais ait été laissé dans l'église supérieure où justement il avait été trouvé; cependant à un certain moment le transfert dut avoir lieu, comme des renseignements ultérieurs (voir plus loin) le font comprendre.

La construction de la nouvelle église avança très lentement. L'évêque Pierre participa à la croisade (1097) mais en revint en 1102, pourvu par l'empereur de nouvelles aides pour son église; en 1105 quand il mourut, l'œuvre était achevée ou du moins bien avancée. Ses obsèques furent célébrées par saint Bruno, évêque de Segni, qui quelques années plus tard seulement proclama sa canonisation (1112). Quelques années encore, et le corps de Pierre fut déposé dans la crypte : *« Beati Petri Confessoris et Episcopi Corpus... in catacumbis inferius trastulit et juxta Beatum Magnum mausoleo collocavit »*.

Les documents réapparaissent dans les premières décennies du XIIIe siècle. Guère pris en considération par les historiens modernes, un renseignement figure sur une inscription encastrée dans le pavement de l'église supérieure devant la chapelle Caetani : « DOMINUS ALBERTUS VENERABILIS ANAGNINUS EPISCOPUS FECIT HOC FIERI PAVIMENTU PRO ILLO COSTRUENDO MAGISTER RAYNALDUS ANAGNINUS CANONICUS DOMINI HONORII III PAPAE SUBDIACONUS ET CAPELLANUS C OBOLOS AUREOS EROGAVIT MAGISTER COSMAS HOC OPUS FECIT ». La donation de cent oboles d'or se rapporte donc à l'exécution du pavement de l'église supérieure : puisque l'évêque Albert fut investi de sa charge en 1224 par Honorius III, et que celui-ci mourut en 1227, la date du pavement ne peut se situer qu'entre 1224 et 1227.

On en vient à la crypte. L'inscription encastrée dans le mur du fond, c'est-à-dire en face de l'autel et de l'abside, rappelle comment en 1231 le maître Côme avec ses fils Luc et Jacques avait enlevé l'autel des reliques : « + ANNO DOMINI MCCXXXI XI DIE EXEUNTE APRILIS PONTIFICATUS DOMINI GREGORII VIIII PAPAE ANNO EIUS V VENERABILI ALBERTO EPISCOPO RESIDENTE IN ECCLESIA ANAGNENSI PER MANUS MAGISTRI COSME CIVIS ROMANI FUIT AMOTUM ALTARE GLORIOSISSIMI MARTYRIS PRAESULIS MAGNI INFRA QUOD FUIT INVENTUM IN QUODAM PILO MARMOREO RUDI PRETIOSUM CORPUS IPSIUS MARTYRIS QUO KALENDIS MAII SEQUENTI TOTI

POPULO PUBLICE OSTENSO EODEM DIE CUM YMPNIBUS ET LAUDIBUS IN EODEM PILO SUB ALTARI IN HOC ORATORIO IN IPSIUS HONORE CONDITO PERFUNDITUM ET RECONDITUM CUM HONORE». La date de 1231 marque donc un important événement religieux : l'invention des reliques de saint Magne trouvées sous l'autel et placées de nouveau en cet endroit dans le même simple sarcophage (*in quodam pilo marmoreo rudi*) dans lequel elles avaient été trouvées ; et bien que l'inscription n'en parle pas et que Hugenholtz (1979) la mette partiellement en doute, cette date concerne vraisemblablement aussi l'exécution du pavement de la crypte.

Encore une inscription de 1250 : sur un pilier de l'église supérieure l'évêque Pandolfus déclare : « + PA(N)DULF(US) EP(ISCOPU)S FIERI FECIT HOC OPUS ANN(O) D(OMI)NI MCCL PONT(IFICATI) D(OMI)NI INNOC(ENTII) IIII P(A)P(AE) ANN(O) VIII». C'est enfin de 1255 que date la consécration de la crypte.

Visite

Autour de ces éléments documentaires s'organisent les données de l'observation directe. En premier lieu, celles qui regardent les campagnes architecturales de la construction. L'église de Pierre était une basilique à trois nefs, aux supports alternés, avec un transept sans divisions et une crypte-salle : son implantation générale était donc la même sans doute que celle de l'église actuelle. La façade (pl. 112) doit elle aussi être restée à peu près semblable à la façade romaine, avec trois portails de type campanien : on a justement souligné (Matthiae) comment l'action de Pierre (de Salerne) est fort semblable à celle de Didier pour le Mont-Cassin, se procurant des artisans byzantins et demeurant en lien étroit avec Byzance. Cela n'empêche pas que l'édifice ait des caractères nettement «lombards» qui consistent, on le sait bien, dans l'alternance de colonnes et de piliers pour la nef et dans le décor d'arceaux de l'abside centrale. Puisque, comme le notait précisément Matthiae, dans les murs extérieurs, y compris ceux de l'abside et du transept, il n'y a pas trace d'une surélévation ou d'une transformation, il faut croire que l'implantation de l'édifice est resté, même pendant les travaux du XIIIe siècle, celle de l'évêque Pierre et que les transformations ont donc eu surtout pour but de conférer à l'édifice un nouveau vêtement gothique portant essentiellement sur des éléments architecturaux non visibles en élévation à l'extérieur : c'est-à-dire sur le système de voûtement, sur la scansion des murs qui suivent les usages cisterciens des consoles et des colonnes adossées et sur la plastique architecturale.

(suite à la page 339)

TABLE DES PLANCHES

106

107

108

109

110

III

ANAGNI ▶

113

115

117

118

+ QVI LAVDANT AGNVM SENIOR

121

EDICTVS
MAVRVS

123

DE QVO PLVS ET INEST COMPLEXIO DICITVR HVIVS
IGNIS XXVII
SVB TI LIS
AER XVIII
TERRA VIII
IM MO BI LIS
COR PVLEN TA
MVNDI PRE SENTIS SE
EX HIS FOR MANTVR QVE

Si donc les éléments que nous nous sommes efforcés de rapporter ont une logique interne, la suite des événements a dû être celle-ci. Le premier acte concerne l'église supérieure : c'est le pavement offert par l'évêque Albert entre 1224 et 1227 et exécuté par Côme (pl. 123); il n'est pas exclu qu'il ait marqué une période de réorganisation des autels et des reliques sur laquelle nous sommes mal renseignés. Cette opération fut probablement contemporaine de l'autre, pareillement attribuée à Côme et à ses fils, qui concernait le pavement de la crypte (pl. 114) : n'oublions pas que refaire le pavement d'un édifice religieux voulait dire justement entreprendre un réaménagement des autels et des reliques, soit celles placées sous les autels de l'église supérieure, soit celles beaucoup plus importantes mises dans la crypte dès le début du siècle précédent; de fait l'inscription déjà reproduite, encastrée aujourd'hui dans le mur du fond de la crypte elle-même, rappelle explicitement l'invention des restes de saint Magne qui furent déposés sous l'autel et sous le pavement de Côme. Il est permis de penser que c'est à cette occasion que la structure de la crypte fut l'objet d'une autre intervention : toutes les voûtes – d'arêtes – de toutes les travées, à l'exception de celles de la «nef» centrale qui mène à l'autel majeur, sont rehaussées et transformées en coupoles par entaillement des retombées (pl. 114); on rehaussa aussi les axes proches de la voûte au-dessus de l'autel. B. Andberg qui le premier a soulevé la question l'a justement rattaché au désir de marquer l'importance de l'axe qui relie l'autel aux reliques et au mur du fond, là où se trouve l'inscription et où l'on voit le *Christus-Lux :* très improbable par contre me paraît sa proposition selon laquelle cet endroit pourrait conserver le souvenir d'un ancien emplacement, préroman, des reliques de saint Magne, car les sources disent clairement que le sarcophage se trouvait dans l'église, *in parte septentrionali,* sous l'autel de la Trinité. Il faut encore noter comment cet axe, si manifeste pour l'œil, se croise avec l'autre, transversal, marqué par le déroulement du pavement de mosaïque et menant vers l'autel à droite, dédié à l'évêque Pierre et aujourd'hui couvert d'une fresque du XIVe siècle.

Aucun argument irréfutable ne prouve que le décor de la crypte – celui-ci est l'élément de plus grande valeur religieuse et aussi artistique de la cathédrale – doive être rattaché par force à l'une de ces dates : 1231, celle du pavement, ou 1250 celle où l'évêque Pandolfus rappelle l'*opus* qu'il a fait exécuter, c'est-à-dire la rénovation de la cathédrale; ou encore 1255, année de la consécration de la crypte. Cependant rien ne laisse croire que – une fois mises en place les reliques avec au-dessus le pavement, et achevée la transformation des voûtes d'arêtes en coupoles – l'on ait dû attendre que fut terminé le long travail de rénovation de l'église supérieure qui, comportant des modifications de structure et tout un apport de sculpture architecturale, a bien pu prendre un temps assez long. Entre la crypte et l'église supérieure, il semble que se soient écoulées des années, presque une génération, ce que marque bien aussi la succession des ateliers de maîtres marbriers employés aux deux endroits, maître Côme et ses fils en 1231 (et déjà auparavant pour le pavement de l'église supérieure), les Vassalletto dans les années 1250 pour le mobilier liturgique de l'église haute : il existe une différence de goût aussi bien que d'ateliers – dont l'expérience nous montre qu'ils n'étaient pas habitués à vivre ensemble même au sein de grandes entreprises mais travaillaient un à la fois, sous un régime de monopole. C'est d'un style tardif par rapport aux fresques de la crypte qu'est aussi le panneau fresqué avec une Vierge à l'Enfant, sur un pilier de l'église supérieure; tandis que devront être étudiées plus attentivement que cela n'a été fait jusqu'ici et avec des instruments différents les fresques qui décorent l'église supérieure. Si en effet les frises et les bordures décoratives sont manifestement illisibles aujourd'hui, ayant été repeintes et réinventées de façon radicale durant les restaurations des années 40 (comme Matthiae lui-même nous en avertit, on s'est servi des morceaux existants pour refaire tout le décor de l'église), les êtres fantastiques – dragons, paons, etc. – sur les arcs transversaux semblent encore en harmonie avec le décor de la crypte, et en particulier peut-être avec les parties dues à celui qu'on nomme le premier Maître : il peut donc s'agir de l'embauche de maîtres employés au décor de la crypte, à plusieurs années de distance, tandis que d'autres motifs ornementaux – les fausses briques, essentiellement – sont ceux que nous retrouvons dans l'église voisine de Saint-Pierre in Vineis.

On se reportera au chapitre de la peinture p. 370 pour l'étude complète des fresques d'Anagni.

BIBLIOGRAPHIE

Terracina. La cathédrale Saint-Césaire
• Serafini 1927, p. 136-138.
• A. Lipinsky, *La cattedrale di Terracina,* «Per l'Arte Sacra», 8 (1929), 6, p. 137-150.
• M. D'Onofrio, *Il campanile della cattedrale di Caserta Vecchia e i campanili costieri della Campania,* «Commentari», NS. 21 (1970), p. 173-184.
• A. Carotti, in Bertaux-Prandi 1978, V, p. 765-766.
• E. Di Gioia, *La cattedrale di Terracina,* Rome 1982.
• S. Pasti, *Un altare e un'epigrafe medievali nel duomo di Segni,* «Storia dell'arte» (1982), p. 57-62.
• Claussen 1987, p. 26, 33-35, 59 n. 309.
• Priester 1990, p. 183-185.

Anagni. Cathédrale
• F. Ciammaricone, *Santoario anagnino, dove si leggono l'istorie delli gloriosi santi, li sacri corpi de' quali riposano nell'insigne cattedrale della città d'Anagni,* Velletri 1704.
• (G. Marangoni?), *Acta passionis atque translationum S. Magni,* Jesi 1743.
• A. De Magistris, *Istoria della cattedrale e s. basilica cattedrale di Anagni,* Rome 1749.
• X. Barbier de Montault, *La cathédrale d'Anagni,* «Le gallerie nazionali italiane», Rome 1902, p. 116-187.
• C. Taggi, *Della fabbrica della cattedrale di Anagni,* Anagni 1936.
• S. Sibilia, *Guida storico-artistica della cattedrale di Anagni,* Anagni 1936.
• G. Matthiae, *Fasi costruttive della cattedrale di Anagni,* «Palladio», 6 (1942), p. 41-48.
• Garrison, II, 3, 1956, p. 147-150.
• B. Andberg, *Le paysage marin dans la crypte de la cathédrale d'Anagni,* «Acta ad archaeologiam et artium historiam pertinentia», 2 (1965), p. 195-201.
• M.Q. Smith, *Anagni, An Example of medieval Typological Decoration,* «Papers of the British School at Rome», N.S., 20 (1965), p. 1-47.
• L. Pressouyre, *Le cosmos platonicien de la cathédrale d'Anagni,* «Mélanges d'archéologie et d'histoire», 78 (1966), p. 551-593.
• Matthiae 1966, p. 131-145.
• B. Andberg, *Anagni-Fresken,* «Kunst og Kultur», 50 (1967), p. 133-144.
• B Andberg, *Osservazioni sulle modifiche delle volte nella cripta di Anagni,* «Acta ad archeologiam et artium historiam partinentia», 6 (1975), p. 117-126.
• Carbonara 1979, p. 130.
• F.W. Hugenholtz, *The Anagni Frescœs – a Manifesto. An historical investigation,* «Medelingen van het Nederlands Instituut te Rome», n.s., 6 (1979), p. 139-172.
• P.W. Denotter, *De crypte van Anagni : een Teken aan de wand,* «Spiegel historiael», 15 (1980), (extrait).
• Glass 1980, p. 57-59.
• Kraft 1987, p. 130-136.
• Matthiae-Gandolfo 1988, p. 291-298.
• M.V. Marini Clarelli, «Frosinone delle delizie,» Milan 1991, p. 123-132.

NOTES SUR
QUELQUES ÉDIFICES ROMANS DU SUD DU LATIUM

1 *ALBANO. SAINT-PIERRE. LES VESTIGES DE LA PHASE* ROmane qu'a connue l'église Saint-Pierre sont peut-être à jamais méconnaissables. Il s'agit d'un édifice élevé au VIe siècle et qui occupe une partie des thermes romains : l'utilisation de murs romains est encore évidente à l'intérieur, dans la série des diverses maçonneries. Une restauration de Léon III est attestée ainsi qu'une autre – moins facile à situer – durant le XIIe siècle (Tomassetti; Felci-Pizzi), quand l'église passa aux mains des comtes de Tuscolo, près du monastère de Subiaco. A une époque postérieure, l'axe de l'église fut inversé, l'abside supprimée – il semble qu'elle ait été couverte de fresques – et l'entrée creusée dans l'antique façade dont sont bien conservées la maçonnerie en grands blocs rectangulaires interrompus par des files de briques, et la corniche romane à modillons de marbre et dents d'engrenage. L'entrée sur le côté gauche présente encore des traces d'un porche; celle du côté droit, par contre, est la plus soignée car on a utilisé pour les piédroits de très belles frises sculptées du temps de Sévère. Sur le seuil de cette entrée, on peut lire une inscription – dont on espère qu'elle est en son lieu d'origine – qui porte le nom du commanditaire : DE DONIS... INNOCENTIUS ARCHIPRB FECIT.

Les restaurations des années 30 ont été très dommageables pour la lecture du monument : les interventions ont été sévères, dans le clocher par exemple alors que c'était peut-être l'endroit où les structures romanes étaient les plus reconnaissables, et les modillons de marbre ainsi que les chapiteaux à béquille des ouvertures sont maintenant l'œuvre de la restauration; de même le décor à marqueterie cosmatesque a été repris en utilisant, pour cela, le matériel qui se trouvait dans les dépôts de la Surintendance (S.R.).

2 AQUINO. SANTA MARIA DELLA LIBERA. ENCORE UN MONUMENT *non compris dans les diocèses constituant le Latium médiéval, mais que nous incluons dans cet ouvrage pour ne pas laisser de côté un des édifices religieux les plus importants de l'actuel Latium méridional. L'église, fondation bénédictine à l'origine et sans doute monastère féminin, était située dans les terres du comté d'Aquin, et donc pas directement sur la « Terra Sancti Benedicti » : elle fut probablement réintégrée dans les biens de l'abbaye du Mont-Cassin à l'époque de la plus grande expansion de celle-ci (Carbona, 1977).*

Le plan de l'édifice, qui conserve probablement des sections du fondement d'un temple romain, reprend en bonne partie celui de l'abbaye cassinaise : trois nefs, trois absides, transept d'un seul tenant, façade à trois portails « campaniens » (semblable au premier état de la cathédrale d'Anagni, par exemple), précédée d'un porche à trois arcades et d'un escalier – peut-être à vingt-quatre marches comme au Mont-Cassin. Par contre le système des supports est différent : non des colonnes mais des piliers qui, selon Carbonara et avant lui Bertaux et Krönig, rappellent des églises de la région (San Liberatore a la Maiella, Saint-Dominique à Sora), mais aussi des exemples des Pouilles et de Calabre et, par leur intermédiaire, des solutions propres aux églises ottoniennes et romanes du Nord de l'Europe. Mais c'est de saveur très classique que devait être la corniche sur petits modillons qui marquait horizontalement la nef et qui fut martelée et supprimée pendant la restauration de 1940. Une parenté avec celui de la cathédrale d'Anagni se révèle dans le décor extérieur de l'abside, avec arceaux et lésènes. Cette église devait suivre de près dans le temps le modèle cassinais : vers 1070-1080. Mais c'est plus tard, déjà en plein XIIIe *siècle et sans doute par des ateliers cisterciens, que furent réalisées des voûtes d'arêtes dans les nefs latérales, que des demi-colonnes furent adossées aux piliers, les fenêtres transformées en ouvertures polylobées de type bourguignon et qu'à l'extérieur, des contreforts vinrent épauler la construction.*

Le portail central possède des piédroits de remploi, deux grands reliefs à feuilles d'acanthe qui, sur le couronnement horizontal, sont complétés par une autre corniche, elle aussi à motifs végétaux, mais médiévale à l'évidence; on remarque aussi une inscrip-

tion au sens assez obscur, + AULA DEI GENITRIX INCHOATA MADERNA. *Au tympan, une mosaïque d'un grand intérêt. Au milieu on voit une Vierge à l'Enfant (sur les côtés les lettres grecques qui signifient «Mère de Dieu» en abrégé) entre deux palmiers; plus bas deux sarcophages d'où émergent deux têtes de femme, identifiées au-dessus par les noms de Ottolina et Marra. L'iconographie exploite un motif typique des Jugements derniers – les défunts dans les sarcophages qui s'éveillent à la vie éternelle – et les palmiers reprennent la même allusion. La mosaïque est très abîmée et a été reprise à la fresque, particulièrement à l'endroit du visage de la Vierge.*

Bertaux relevait une parenté entre cette œuvre – pour laquelle il faut souligner aussi l'étrangeté du choix d'une technique comme celle de la mosaïque, coûteuse et peu fréquente, sauf dans des œuvres beaucoup plus monumentales et officielles – et les mosaïques (aujourd'hui disparues) de la cathédrale de Capoue ainsi que celles de la cathédrale de Salerne : ces dernières sont datables du début du XIIe *siècle. Cependant, on ne pourrait que très difficilement admettre que la mosaïque soit de cette date. Sensiblement plus tardive, elle a dû être l'œuvre de commanditaires très en vue à Aquino et bien argentés : deux nobles dames, ou mieux un de leur proche parent qui se souvient d'elles après leur mort et fait exécuter l'œuvre à leur mémoire. La seule Ottolina dont on ait connaissance dans les documents est la femme d'Adinolfus, comte d'Aquin : vers 1160, comme en témoigne un document, celle-ci s'occupait de sa propre dot. Aucun lien n'est prouvé entre cette Ottolina et celle de la mosaïque : mais de toute façon le repère chronologique contenu dans ce renseignement n'est pas en désaccord avec la date possible de 1170-1180 environ pour la mosaïque (S.R.).*

3 *ARDEA. SANTA MARINA. L'ÉGLISE, SITUÉE DANS UNE* zone de sépultures qui, derrière l'abside, conserve les restes d'un extraordinaire et fascinant édifice triconque datant de l'Antiquité tardive, offre une structure simple – une seule nef et une seule abside – difficile à dater avec précision. Cependant, dans la façade à deux rampants, sur laquelle restent des traces de fresques et les vestiges d'un porche, s'ouvre le portail d'accès auquel Toesca a consacré (1927) une brève mention, dans la mesure où il appartient à une série de portails romains sculptés que l'on peut attribuer au XIIe siècle.

Par rapport au type de portails à corniches ornés de rinceaux, répandus à Rome et plus encore dans le Latium, on a préféré ici un système plus simple, laissant les piédroits lisses et ne présentant sur l'architrave que trois figures encloses en trois petits médaillons. Au centre, une sainte Marine priante (SCA MARINA), à gauche un moine à genoux (ABBAS) et à droite un personnage plus mystérieux, lui aussi habillé en moine, avec un capuce et inscription PAT S.MARINE. De chaque côté de l'entrée, deux petits lions, usés de façon irrémédiable.

Les figures sont découpées en lignes parallèles et schématisées, avec des effets assez graphiques : on a pu les considérer comme l'aboutissement de certaines tendances de la sculpture romaine que l'on ressent de façon spéciale dans le portail de Sainte-Pudentienne et qui se font également jour dans des contextes beaucoup plus riches et classicisants, par exemple dans le portail de Santa Maria in Trastevere ou dans la «marche» de Saint-Jean-à-la-Porte-Latine; le portail de Sainte-Christine à Bolsena que Toesca met en cause à ce sujet, n'est par contre pas comparable à celui d'Ardea.

La «marche» de la Porte-Latine suggère un rapprochement qui n'est pas seulement stylistique et formel. Sur la face inférieure de l'architrave d'Ardea se détache en effet une inscription : + CEC(...)EXCELSE(...) CANCELL URBIS OBTULIT HAC PORTA VIRGO MARINA, qui justifie la date de 1191 elliptiquement avancée par Toesca. Il s'agit vraisemblablement en effet de Cencio Savelli, devenu chancelier pontifical en 1191 et déjà cardinal en 1192. Ainsi peut être datée la petite série de sculptures dans laquelle est figuré l'abbé dont dépendait l'église, comme aussi, peut-être, la décoration quasi perdue de l'intérieur. Sur les murs de l'église, en effet, dans des conditions de dégradation extrêmes, on peut encore entrevoir les vestiges d'une ample décoration à fresque : elle devait comprendre des registres historiés et des figures isolées sur des piliers de renforcement. Pour ce qui se peut encore voir, une datation de la fin du XIIe siècle serait tout à fait acceptable pour le décor peint de l'église, dont le fragment le plus lisible est un grand saint Christophe avec l'Enfant sur les épaules.

Il est à noter que d'autres vestiges romans se trouvent aussi dans l'église voisine de Saint-Pierre. Celle-ci, par contre, a été drastiquement restaurée dans les années 30. Elle est à trois nefs séparées par des piliers et a une abside unique; un portail à corniche – constitué de morceaux de remploi – et un décor à dents d'engrenage au sommet des murs sur les côtés externes et sur l'abside, incitent à la penser du XIIe siècle (S.R.).

ASPRANO. GROTTE DE SAINT-MICHEL. LA GROTTE SE TROUVE 4 *aujourd'hui près d'un hameau de Roccasecca, Caprile, exactement au pied du rocher sur lequel s'élève le château d'Aquin. L'espace est divisé en deux par un mur qui forme une espèce de transept irrégulier et absidé. L'abside est peinte à la fresque d'un sujet très cher à la tradition cassinaise : une Ascension avec un Christ dans une mandorle, et sur le bandeau inférieur les apôtres et la Vierge.*

Les fresques sont peu connues, ayant été l'objet d'une publication par G. Di Sotto en 1976 seulement; bien que de facture provinciale, elles présentent un problème intéressant tant du point de vue iconographique – elles s'insèrent dans la série abondante des Ascensions qui s'inspirent de celle, détruite, de l'église abbatiale du Mont-Cassin – que de celui du panorama stylistique de la région. Les figures sont très allongées et les traits sont noirs et lourds : la date des peintures est certainement plutôt tardive, et doit se situer vers la fin du XIIe siècle, sinon carrément quelques années plus tard (S.R).

5 *AUSONIA. SANCTUAIRE DE SANTA MARIA DEL PIANO. LA* crypte est l'unique partie du sanctuaire qui a gardé son caractère médiéval. Elle est formée d'un couloir divisé en trois travées voûtées d'arêtes; du couloir on accède à trois chapelles dont celle du milieu, plus grande, est voûtée d'un berceau, les deux plus petites d'arêtes. Sa structure, quelque peu anormale, a été rapprochée par Macchiarella (1981) des cryptes de San Michele in Corte et de Sant'Angelo in Lauro (Caserta), lui attribuant ainsi des caractères relevant nettement du haut Moyen Age.

C'est encore à Macchiarella que l'on doit l'analyse la plus exhaustive de l'ensemble fresqué dans la crypte d'Ausonia. Les fresques se trouvent aussi bien dans les chapelles que dans le couloir. Donnons une liste succincte des sujets : dans la chapelle centrale se situent des scènes (le miracle de Remingarda, l'offrande de Melchisédech) et des figures de saintes, ainsi que l'Emmanuel en gloire sur la voûte; les scènes sont en lien avec la légende de la fondation du sanctuaire. Dans la chapelle Sud et sur de larges portions du couloir paraissent des scènes de la vie de Jean-Baptiste; toujours dans le couloir, la double scène de la dédicace et de la construction de l'église. Dans la chapelle Nord, enfin, l'Apparition du Christ aux apôtres, le Christ à Emmaüs, et sur la voûte Marie Reine entre les Puissances et les anges, archanges, chérubins, séraphins et l'Agnus Dei. En résumé divers thèmes s'entrecroisent dans ce cycle : le thème ecclésiologique où rentre la célébration de l'église qui contient les fresques, le sanctuaire de Notre-Dame de Piano; le thème mariologique; celui des scènes avec saint Jean-Baptiste, dont toutes sont mélangées d'un certain nombre de saints et d'anges.

L'intérêt des fresques se situe surtout cependant dans leur position au sein du développement de la peinture à la fin du XIe siècle et au début du XIIe, entre Rome, Byzance et le Mont-Cassin. Macchiarella a distingué deux groupes de peintres : le premier, peut-être composé d'une seule personnalité, celui qu'on appelle le Maître aimable, auteur de l'offrande de Melchisédech, du Miracle de Remingarda et de figures de saintes. C'est un artiste de qualité qui peint en traits clairs, avec un cerne noir rendant habilement les physionomies, mouvements et anatomies; qui connaît les modèles des Comnènes à Byzance et qui adopte certains des choix formels que l'on a cru retrouver dans des lieux même très éloignés les uns des autres, de Berzé-la-Ville en Bourgogne au Mont-Cassin et à Byzance vers la fin du XIe siècle. Il devient ainsi un cas exemplaire et un intermédiaire important pour expliquer comment ces nouveaux procédés ont pu voyager et se répandre aussi rapidement. L'autre peintre et ses collaborateurs ne représente qu'un écho du premier Maître, de manière plus grossière, plus lourde, dépourvue de la légèreté et du dynamisme du Maître aimable, peut-être plus lié à la tradition propre du lieu (S.R.).

6 CASAMARI. SAINTE-MARIE DU «REGGIMENTO» (GOUVERNE-*ment). Tout près de l'abbaye cistercienne de Casamari s'élève un oratoire, petite église appartenant à une communauté bénédictine à une époque antérieure à la construction de l'abbaye elle-même; dans la crypte se trouvait jusqu'à un temps très récent une fresque, actuellement décollée et restaurée, et mise au dépôt dans les locaux de l'abbaye. Farina et Fornari qui ont les premiers fait connaître son existence (1981) ont mal interprété alors l'iconographie de la fresque, mais la nouvelle édition du livre (1990) a été corrigée sur ce point. Il s'agit en effet d'une scène complexe : à gauche, sous une sorte d'architecture avec architrave et colonnes de support, le meurtre de Thomas Becket; à droite, encore un grand portrait de Thomas Becket, habillé en évêque, et à côté saint Benoît et saint Léonard.*

La fresque est d'une qualité très intéressante : l'archéologue Farina déjà cité pense que c'est la preuve de rapports étroits entre les cisterciens – qui dans la première décennie du XIIIe siècle ont peut-être pris possession de l'oratoire et l'ont utilisé – et le siège archiépiscopal de Cantorbéry; mais l'entrée des cisterciens à Santa Maria del Reggimento pourrait être au contraire un terminus ante quem *pour la peinture, qui se comprend mieux dans un contexte pleinement bénédictin. Il en découle une datation intéressante de l'œuvre, probablement à la fin du XIIe siècle ou aux toutes premières années du XIIIe, utile donnée dans un panorama toujours trop pauvre en documents et en renseignements (S.R.).*

7 *CASTROCIELO. SAINTE-MARIE DES MOINES. IL S'AGIT, ON L'A* déjà dit (cf. l'Introduction), d'un village appartenant au diocèse d'Aquin et ne faisant donc pas partie du Latium, mais que l'on a décidé d'inclure quand même dans la matière de ce volume pour fournir un panorama le plus exhaustif possible et aussi pour compléter les autres volumes de la collection.

L'église Sainte-Marie des Moines est aujourd'hui réduite à l'état de ruines, envahie par la végétation, et elle se prépare sans doute à disparaître progressivement, comme un tas de pierres de plus en plus petit et informe. Jadis pourtant, c'était l'église d'un florissant couvent de moniales bénédictines qui, figurant dans les documents à partir de 1063 et recensé parmi les biens de l'abbaye du Mont-Cassin, connut son temps de plus grande floraison et de plus grande richesse au cours du XIIe siècle et au début du XIIIe. Il s'agissait d'une église à nef unique avec abside semi-circulaire et sans transept; à la fin des années 70, on en décolla d'importantes fresques qui furent hébergées en divers lieux pour échouer à l'heure actuelle près de la bibliothèque municipale de Castrocielo où elles attendent encore une installation et une mise en valeur plus convenables.

Le cycle couvrait l'abside et le mur qui la flanque. Dans l'abside figurait l'Ascension et au-dessous de celle-ci se trouvait un bandeau avec des figures de saints et de saintes; sur le mur à droite et à gauche, un saint Jean l'Évangéliste qui avait probablement son pendant avec un saint Jean-Baptiste malheureusement disparu. Sous l'Évangéliste, une figure de saint; d'autres fragments font penser qu'au-dessus des saints Jean il pouvait y avoir encore un bandeau, peut-être avec les symboles des évangélistes et l'Agnus Dei. Le modèle iconographique est nettement celui de l'église abbatiale du Mont-Cassin, où précisément se trouvait une Ascension accompagnée des figures des deux Jean; mais le caractère stylistique des fresques ne peut être considéré comme purement cassinais, et au contraire il représente un précieux document du mélange d'éléments formels provenant de la culture romaine et de la culture méridionale. La main de l'artiste se révèle particulièrement heureuse dans la figure de saint Jean, peinte avec force et aux couleurs vives, au dessin ramassé et usant d'un système de notations graphiques à gros traits noirs ou colorés; la manière qui se fait voir dans certains visages de saints est plus vive et davantage marquée de taches. La qualité est très grande, plus – par exemple – que dans certaines fresques de Sainte-Marie-Majeure de Ninfa dont on peut cependant rapprocher les fresques de Castrocielo. Une datation de la deuxième moitié du XIIe siècle, probablement plus rapprochée du début que de la fin de cette période, apparaît vraisemblable (S.R).

8 CASTRO DEI VOLSCI. SAINT-NICOLAS. L'ÉGLISE EST LE RÉSULTAT *d'au moins deux campagnes de construction : la structure originelle consistait en une seule nef sans abside; vers la fin du XIIIe siècle on y ajouta du côté droit une autre nef reliée à la première par de grandes arcades; à cette occasion on apporta des modifications à la longueur totale de l'édifice dont on recula l'entrée.*

La première nef fut fresquée – à une époque antérieure à l'agrandissement – avec un cycle de l'Ancien et du Nouveau Testament, rattaché au groupe dit « ombrien-romain » dès la mention qu'en fait Toesca (1929) et dans l'étude de Marabottini (1955). Le cycle commence au registre supérieur du mur de droite, vers l'autel, avec la création du monde, et le registre inférieur débute avec le sacrifice d'Isaac. Sur le mur de gauche, les scènes du Nouveau Testament commencent par l'Annonciation au registre supérieur, tandis qu'à l'inférieur, très incomplet, on ne discerne que des fragments, que l'on peut sans doute identifier comme l'appel des premiers apôtres ou la pêche miraculeuse (cf. un fragment analogue à Sainte-Marie in Monte Dominici à Marcellina). Encore plus bas, une procession de saints et à la naissance du mur une courtine. Le haut du mur au-dessus du registre supérieur est orné d'une frise à losanges et coquillages; la limite verticale du mur est marquée par une grande colonne végétale peinte, tandis que d'autres colonnettes torses et ornées de fleurs ou bien des petits piliers strigillés sont utilisés pour séparer les scènes, moyennant un artifice d'illusion picturale bien connu dans la peinture romaine et attesté par exemple – pour citer un cas analogue par bien des points – dans le cycle de Marcellina.

Malgré la parenté iconographique qui rapproche le cycle de Castro dei Volsci d'autres cycles même différents par le style, allant de celui de Ferentillo à ceux de Saint-Jean-devant-la-Porte-Latine et de Marcellina, il faut souligner que les fresques de l'église Saint-Nicolas paraissent être d'une exécution fort tardive que Marabottini rattachait avec vraisemblance à la présence à Castro entre 1247 et 1264 – en qualité de châtelain et de représentant du pape – de Nicolas d'Anagni, neveu de Grégoire IX. On peut relever des liens avec le grand chantier de la crypte d'Anagni dans les fresques endommagées de Castro dei Volsci, et ils consistent dans les schémas et les traits de style, conséquence d'une appartenance iconographique à un groupe, le groupe « ombrien-romain », qui à cette date est désormais vieilli et dénote le côté provincial et attardé de cet atelier de peintres (S.R.).

9 *CAVE. SAINT-LAURENT. L'ÉGLISE SE TROUVE A PEINE* en dehors de l'agglomération; elle présente une façade à deux rampants asymétriques, avec un portail aux piédroits de travertin et un linteau fait d'une pièce de remploi avec des rinceaux d'acanthe. Deux ouvertures aux côtés du portail, jadis sans doute entrées latérales, sont aujourd'hui murées. L'intérieur comporte trois nefs, séparées par des colonnes de remploi; le sanctuaire est surélevé avec une abside tronquée, et la couverture est en charpente apparente. Au milieu de la nef centrale, par un escalier en fer à cheval on descend dans la crypte, à l'espace rectangulaire plutôt allongé et terminé par un couloir qui s'étend jusqu'à l'aplomb de l'entrée de l'église.

Celle-ci existait probablement dès le Ve siècle, mais elle n'est attestée de façon sûre qu'au Xe siècle, alors qu'elle dépendait de Subiaco. Une inscription nous fournit un renseignement encore plus important : la consécration a été faite en 1093 par l'évêque Hugo Candidus de Palestrina, ordonné par l'antipape Clément III. Il est vraisemblable, sans être certain, que c'est à cette date et à l'occasion de la nouvelle consécration de l'église que remonte la transformation du petit oratoire doté d'une chapelle – tel devait être son état pendant le haut Moyen Age – en édifice à trois nefs marqué d'un sens de la récupération de matériel classique que manifeste l'utilisation d'éléments de remploi, nombreux dans la région.

C'est l'opinion de nombreux archéologues – Tomassetti (1898) soutenait qu'il s'agissait d'un don de Marcantonio Colonna – que de Saint-Laurent proviennent deux des œuvres sculptées les plus intéressantes de tout le XIIe siècle roman au Latium. Ce sont les deux colonnes dites «de Salomon», actuellement placées dans le sanctuaire de l'église Saint-Charles : une légende très répandue faisait croire que ce type de colonne – de grandes dimensions, torse et ornée de reliefs de pampres – provenait du temple de Salomon détruit. Selon Claussen (1987), le prototype pourrait en être les colonnes exécutées par le Magister Paulus pour le ciborium de Saint-Pierre (1123), malheureusement disparues : on en connaît cependant diverses répliques, parmi lesquelles celles qui se trouvent actuellement dans l'église de la Trinité des Monts à Rome et celles de Cave. Étant donné que l'inscription, jadis sur le devant d'autel, aujourd'hui sur le pavement, mentionnant la consécration de l'autel, donne aussi le nom de l'auteur de l'autel lui-même (PAULUS CUM SUIS OMNIBUS ME MORARE DEUS), on pourrait penser que c'est au propre atelier de Paul, à l'œuvre dans l'église, que sont dues les deux grandes colonnes. Il faut noter que Marocco (1834) voyait encore sur un autel à Saint-Laurent un fragment de marbre avec des motifs de feuillage en tout semblables à ceux des colonnes.

Les colonnes, torses, de grandes dimensions (elles ont près de 2 m 50 de haut), sont couvertes d'un relief continu où apparaissent des amours nus et ailés dans des pampres et au milieu d'un monde d'animaux : chèvres, serpents, loutres, lézards, oiseaux et d'autres à l'air féroce. Ce sont des exemples, et de haute qualité, de la grande capacité de faire revivre et d'utiliser la culture et les motifs classiques chez des artistes, peut-être les marbriers romains eux-mêmes, habitués à vivre au milieu des monuments et des œuvres classiques; ils constituaient un groupe divers en son sein mais avec certaines caractéristiques appartenant aussi à d'autres œuvres sculptées et surtout aux fonts baptismaux de l'abbaye Saint-Nil à Grottaferrata. La référence à des œuvres méridionales généralement invoquée à propos de ces derniers devra être examinée de plus près à l'avenir afin de savoir s'il s'agit, dans le cas de Grottaferrata et de Cave, d'avancées vers le Nord d'un art substantiellement méridional, ou si au contraire on ne doit pas penser à un courant également présent et actif à Rome, qui fait appel à des prototypes de la culture classique, au moins autant que les ateliers de Salerne et du Sud du pays (S.R.).

10

FERENTINO. CATHÉDRALE. SUR L'ACROPOLE, COMME DANS LE *cas d'Aquin ou de Sora, se dresse la cathédrale des Saints-Jean-et-Paul : monument encore reconnaissable bien que soumis à de lourdes restaurations entre 1892 et 1902. Comme dans d'autres cas heureux, une inscription lapidaire aide à fixer la date de la période de construction qui nous intéresse, c'est-à-dire l'époque romane. Cette inscription figure sur la clôture en marbre du sanctuaire : « HOC OPIFEX MAGNUS FECIT VIR NOMINE PAULUS / MARTIR MIRIFICUS IACET HIC AMBROSIUS INTUS / PRESUL ERAT SUMMUS PASCHALIS PAPA SECUNDUS / QUANDO SUB ALTARI SACRI MARTIRIS OSSA LOCAVIT / AECCLAE PASTOR PIUS AUGUSTINUS ET ACTOR / PRIMITUS INVENTUS FUERIT QUO TEMPORE SCS SILIBET INQUIRI PASCHALIS TEMPORE PRIMI / MARTIRIS IN PULCHRO DOCUIT SCRIPTA SEPULC ». Il s'agit à l'évidence d'un événement fort commun dans l'histoire des édifices médiévaux : l'évêque Augustin, au temps du pape Pascal II (1099-1118), replace sous l'autel les reliques de saint Ambroise comme l'avait déjà fait le pape Pascal Ier (817-824) ; les travaux concernant l'autel ont été exécutés par l'artisan Paul (à identifier probablement comme le* magister Paulus, *marbrier, auquel on doit aussi le premier pavement de l'édifice : la coïncidence entre les travaux sur l'autel pour l'invention de reliques et l'exécution d'un pavement cosmatesque est attestée par exemple pour la crypte de la cathédrale d'Anagni vers 1231).*

L'édifice ainsi consacré était une église basilicale à trois nefs, avec trois absides dont celle du milieu est plus grande. Les nefs sont séparées par des piliers, mais au cours des restaurations quatre d'entre eux ont laissé apparaître des colonnes – c'est pourquoi Mme Wagner-Rieger a pu justement parler d'un système de supports alternés. Les pavements étaient à deux niveaux – la zone de la schola cantorum *se trouvait à un niveau plus élevé que celui du pavement qui l'entourait. L'éclairage est assuré par des fenêtres dont celles des nefs latérales présentent un ébrasement, invention des restaurateurs aux XIXe et XXe siècles. La façade est à pignon, avec trois portails « campaniens » aux voussures en plein cintre retombant sur des corbeaux et un décor plastique apparenté à celui bien connu des églises de Campanie (Petraroia, 1980). Un quatrième portail, lui aussi remanié par les restaurations, s'ouvre dans le flanc droit.*

Dans l'ensemble, il s'agit d'un édifice de conception très unifiée et même ordonnée selon un module (Curcio-Indrio, 1980) ce qui fait croire à une chronologie serrée, renfermée dans les années indiquées par l'inscription : sous le pontificat de Pascal II, dans les années de l'épiscopat d'Augustin (1106-1110 ou 1113).

A cette même campagne remontait le pavement dû au magister Paulus : *cependant l'actuel, d'après un renseignement fiable du XVIIIe siècle qui reproduit une inscription aujourd'hui disparue (Contardi, 1980), est le nouveau pavement réalisé au début du XIIIe siècle, au temps du pape Innocent III, par Jacopo, l'éminent marbrier de l'époque, responsable de nombreuses entreprises officielles, dont la première est le nouvel aménagement liturgique de la basilique*

Saint-Pierre au Vatican. Le ciborium par contre est plus ancien : œuvre du marbrier Drudo da Trivio, il est daté des années 30 du XIIIe siècle, peut-être au même moment que des nouveaux travaux de construction qui – dans un style désormais cistercien – eurent lieu dans la cathédrale pour la réalisation des corps latéraux, des fonts baptismaux et des locaux de la sacristie (S.R.).

11 *GROTTAFERRATA. ABBAYE DE SAINT-NIL. SELON LA TRADI*tion, l'abbaye fut fondée en 1004 par Nil, moine grec de Rossano, sur une propriété offerte par les comtes de Tuscolo en un lieu où existait déjà un oratoire *(crypta ferrata)*. Elle fut consacrée en 1024; selon les sources (Andaloro, 1983), elle était grande, très belle et ornée de colonnes, mais aucun élément ne répond au plan de l'église actuelle. En 1163, par suite des luttes entre Albano et les comtes de Tuscolo, les moines furent contraints de se réfugier au Sacro Speco de Subiaco; en 1191, ils revinrent, donnant le branle aux travaux de rénovation de l'église : selon Matthiae, c'est à ceux réalisés durant le pontificat d'Innocent III que remonte le plan de l'église, encore aujourd'hui discernable en dépit des transformations ultérieures : trois nefs divisées par des colonnes de remploi, porche et narthex.

A une phase antérieure, probablement vers 1161, il convient d'attribuer toutefois une série de travaux qui eurent lieu dans la zone du narthex. La «porta speciosa», c'est-à-dire le portail d'entrée de l'église, fut complétée de portes en bois de cèdre. Le portail a une corniche de marbre sculpté ornée d'un «rinceau habité» avec des têtes, des oiseaux, des levrauts, et est surmonté par un tympan avec une mosaïque représentant le «Deesis» (la Vierge et saint Jean entourant le Christ) : entre le Christ et la Vierge, apparaît l'higoumène, donateur de l'œuvre. Sur le livre du Christ, l'écrit porte en grec la phrase de l'évangile de saint Jean : «Je suis la porte...». Il s'agit par conséquent de l'identification du Christ à la «porte» ouvrant sur le salut : un thème dont, récemment, Andaloro a montré clairement les racines byzantines et qui se lie d'autant plus à Byzance que, sur l'architrave de la même porte, on lit un autre texte, lui aussi en grec, copie de vers iambiques composés par le moine Théodore Studite pour être apposés sur l'église avant l'entrée.

La mosaïque restaurée, mais non de façon radicale (Andaloro, 1989) peut être datée des premières décennies du XIIe siècle; elle est probablement contemporaine de la corniche sculptée du portail que Pace (1987) a rattachée au modèle campanien des portails à rinceaux (dont le prototype est celui de la cathédrale de Salerne [*Campanie romane,* pl. 124]). Il reste à mieux clarifier la question de la provenance stylistique de ces reliefs : on ne saurait les définir seulement comme campaniens, et il faudrait en étudier les rapports avec le maigre groupe des sculptures romaines attribuables à la fin du XIe, début du XIIe siècle.

Aux environs de cette époque pourrait remonter l'autre œuvre extraordinaire, aujourd'hui encore dans le narthex de l'église : la cuve des fonts baptismaux, qui se trouvait peut-être à l'origine dans la chapelle de saint Nil. Elle est constituée par une urne aux vastes flancs décorés de bas-reliefs presque aplatis : on y voit un personnage nu portant un grand récipient dont il verse l'eau dans la mer, dans laquelle nagent des poissons; plus loin deux enfants nus sont assis sur des rochers – et au-dessous apparaît, détail singulier, une porte fermée – ils pêchent dans la mer tandis qu'un autre plonge dans les eaux depuis une colonne à chapiteau. D'autres poissons dans les ondes sont figurés sur le couvercle. Il est à noter qu'en ce cas le symbolisme baptismal transparent qui a suggéré le choix iconographique rare et intrigant du relief, a largement puisé dans l'imagerie funéraire païenne, qui sera maintes fois reprise aux XVe et XVIe siècles, et la forme anormale des fonts elle-même peut faire penser à l'imitation d'une grande urne funéraire, de façon à souligner en quelque sorte le fait que, dans la religion chrétienne, les deux idées de mort et de baptême, en tant que liées à la vie éternelle, peuvent se rejoindre et même coïncider.

A l'époque qui suivit le retour des moines de Subiaco, et donc à celle des travaux entrepris sous le pontificat d'Innocent III, doit être par contre rapportée la mosaïque de l'arc de l'abside, qui représente la Pentecôte. Aucun document n'appuie cette chronologie, mais la mosaïque se ressent de l'influence de Monreale, qui, dans une large mesure, parvint jusqu'au Latium (pensons aux réalisations plus tardives du maître ornemaniste d'Anagni, à celui de Saint-Silvestre aux Quatre-Saints-Couronnés, à celui de Filettino); elle constitue ainsi un document précieux sur la propagation de cette mode dont – grâce à l'appartenance grecque du monastère – Grottaferrata pourrait constituer l'une des premières étapes (S.R.).

12 NINFA. ABANDONNÉE EN 1680 EN RAISON DE LA MALARIA, *Ninfa – visitée au siècle passé par Gregorovius, qui l'appela la «Pompéi médiévale» – a eu une existence interrompue qui a entraîné sa ruine et, en même temps, l'a préservée, ainsi effondrée et croulante. Ses murs et ses monuments, qui se dressent parmi les jardins et la végétation, en ont changé l'aspect urbain en un autre, moitié à la Ruskin, moitié embaumé d'étrange manière. Les murs entourent la petite cité où se trouvent les églises : celles-ci étaient fresquées, mais – à demi écroulées et à ciel ouvert – elles ne conservent plus que quelques lambeaux des cycles de leurs peintures : seule, une petite partie en a été* *retirée et abritée dans le château de Sermoneta. Malgré tout, il est encore possible de retirer de ces restes quelques renseignements sur la vie culturelle de la cité à l'époque romane : le lieu ne devait pas être de mince importance puisqu'au* XIIe *siècle il était le fief des Frangipane, famille qui joua un rôle essentiel à Rome durant les premières décennies du siècle; et en 1159 Alexandre III y fut couronné comme pontife. De là, il est aisé de comprendre comment, même sur le plan artistique, elle tient une place de choix dans les rapports entre l'Italie méridionale et Rome.*

Sainte-Marie-Majeure *était l'église la plus importante de la cité. A trois nefs sur piliers, avec une abside semi-circulaire et un sanctuaire surélevé avec crypte, elle fut amplifiée en longueur et en hauteur probablement durant la première moitié du* XIIe *siècle, et de cette époque date la solution adoptée pour la crypte, à voûtes sur colonnes; par la suite, au début du* XIIIe *siècle, on édifia le clocher. Dans l'abside il y avait une fresque représentant l'Ascension et sur les murs semi-circulaires une théorie de saints et de saintes : éléments iconographiques d'influence sans doute cassinaise et dont nous trouvons des reflets au Latium à Castrocielo (voir p. 00). On aperçoit encore une belle figure de saint Pierre (que, d'après Mme Hadermann-Misguich [1986], l'on peut dater d'environ 1160-1170). Selon Gandolfo, elle serait postérieure d'une décennie environ, dans la mesure où on y perçoit un écho des innovations de Monreale.*

Saint-Pierre *comportait trois nefs avec une abside unique et, comme supports, des piliers. Détruite, elle conserve encore dans les pans de murs extérieurs de l'abside des motifs en* opus reticulatum *avec des insertions décoratives en brique : Carbonara (1990) a lié ces caractéristiques au monde influencé par Byzance, qui a connu une diffusion dans l'Italie méridionale, ainsi dans le clocher de Telese en Campanie. L'utilisation des piliers est aussi un trait que Carbonara rattache au monde méridional, mais davantage aux Pouilles et à la Calabre – et à d'éventuels prototypes ottoniens et carolingiens – qu'à la Campanie voisine. La Théophanie peinte dans l'abside, ou du moins ce qu'il en reste – quelques fragments de draperie, un ange, la bordure décorée d'une frise de motifs végétaux plutôt géométrisés – devait être de belle qualité; la chronologie doit être très proche de la fin du* XIIe *siècle et, selon Gandolfo, du début du* XIIIe.

Saint-Jean. *L'église est à tel point ruinée qu'il est impossible d'avoir quelque certitude, même sur son plan. Il est très probable qu'elle comportait une nef unique et des chapelles latérales à trois nefs. On y voit des traces de pavement cosmatesque. Avec une seule abside semi-circulaire et un sanctuaire surélevé, elle comportait aussi, à ses côtés, des bâtiments conventuels. Dans ce qui reste de l'abside écroulée, on entrevoit des fragments de figures d'ange qui pourraient être contemporaines des fresques de Saint-Pierre; au début du siècle, Tomassetti et Enlart virent encore des registres complets de scènes historiées (translation du corps d'un saint, guérison d'un aveugle).*

Saint-Blaise. *Si Sainte-Marie-Majeure, Saint-Pierre et peut-être Saint-Jean étaient de dimensions notables, Saint-Blaise et le Saint-Sauveur étaient par contre des édifices plus petits. La nef est ici unique et l'abside semi-circulaire; Saint-Blaise contraignit à dévier les murailles de la cité, probablement parce que, préexistant à celles-ci (milieu du* XIIe *siècle), elle fut comprise dans l'enceinte. Dans l'abside, une fresque représentait un Christ en gloire et, plus bas, une Vierge parmi les Apôtres (il semble peu probable qu'il s'agisse d'une autre Ascension); la peinture, de la fin du* XIIe *ou du début du* XIIIe *siècle, a été en partie détachée et exposée au château de Sermoneta, mais un autre reste est encore en place, dans des conditions désespérées.*

On doit enfin évoquer, immédiatement au sortir de Ninfa, les ruines de l'abbaye cistercienne de Santa Maria di Monte Mirteto, auprès desquelles se trouve la grotte dédiée à saint Michel Archange. D'après Mme Hadermann-Misguich (1986), des fresques, copiées en 1923 par M. Barosso et disparues depuis, pourraient dater de la fin du XIIe *siècle (S.R.).*

SANT'ELIA FIUMERAPIDO. SAINTE-MARIE-MAJEURE. 13

Dans cette église toute simple à nef unique (18 m sur 7 m 40) et abside, l'autel majeur, fait d'un bloc, présente sur trois de ses faces une série de fresques encore en assez bon état de conservation. Sur le côté gauche, on voit les figures de deux saintes; sur la droite, deux saints dont le premier est un évêque. La peinture sur la face antérieure est plus intrigante : un jeune homme représenté en buste, les bras écartés, tient entre ses deux mains une sorte de cartouche : c'est l'allégorie du Monde, le Cosmos qui fait voir l'Univers. La peinture est d'une remarquable qualité, avec des couches denses et comme faite de taches : Pantoni qui en publia l'étude rattache très justement les peintures de l'autel au groupe des fresques cassinaises; celles-ci, au cours du XIIe siècle, tracent un parcours stylistique qui part des réalisations artistiques du Mont-Cassin, dont dépendait notre église, et les nourrit d'apports byzantinisants toujours intenses. Par rapport aux fresques du Christ en croix à Cassin (actuellement décollées et conservées à l'abbaye du Mont-Cassin) que l'on peut probablement dater du tout début de l'année 1200, il est sans doute permis de considérer celles de Sant'Elia Fiumerapido comme légèrement antérieures : une datation du XIIe siècle tardif proposée en son temps par Pantoni semble en substance encore valable aujourd'hui. Il faut noter, en confirmation du lien que l'on peut établir entre le petit village du Latium et le foyer de l'abbaye cassinaise, que le sanctuaire de l'église Sainte-Marie-Majeure est couvert d'un pavement de mosaïque cosmatesque, dont le modèle est vraisemblablement à rechercher dans celui du Mont-Cassin (S.R.).

SAN VITTORE DEL LAZIO. SAINT-NICOLAS. 14

DESTRUCTIONS *et restaurations ont marqué la petite église Saint-*

Nicolas – dépendance du Mont-Cassin – dont les fresques firent l'objet d'une publication en 1968 de la part de Pantoni. L'édifice, de façon analogue à ce que l'on a vu pour Saint-Nicolas de Castro dei Volsci, était primitivement à une seule nef absidée : à celle-ci on ajouta sur la droite, sans doute au cours du XII*e siècle, une seconde nef plus courte ouvrant sur la première par de grandes arcades.*

Les seuls vestiges encore lisibles d'un décor pictural antérieur à celui de l'époque gothique demeurent dans l'abside et sur le mur de droite. Je n'ai pas retrouvé sur ce dernier la fresque qui selon Pantoni représentait la Dernière Cène : on y remarque par contre un panneau avec le martyre de saint Laurent, datable probablement de la fin du XII*e siècle mais piqueté et délavé au point d'empêcher un jugement plus précis. Aux environs de la même époque sont rapportés les fragments qui subsistent dans l'abside, où le décor était dispersé sur trois registres. Au cul-de-four on voit quelque parcelle de deux personnages en manteaux; plus bas, sur les deux bordures proches des angles formés avec le mur, apparaissent deux figures de saints, à gauche une femme, à droite un homme : les visages sont effacés. Encore plus bas, un motif de courtine sur lequel se détachent deux figures en buste inscrites dans des médaillons : à gauche une sirène, à droite un personnage sans doute masculin qui tient d'une main une forme curieuse, peut-être une fleur ou quelque autre motif végétal. La disparition de la plus grande partie de la couleur accentue l'impression que ces peintures étaient d'une facture plutôt graphique, non dépourvue de réalisme dans les figures de la courtine; le lien avec la culture cassinaise, sans doute en raison de la date déjà avancée des peintures, paraît désormais très atténué (S.R.).*

15 *SORA. CATHÉDRALE SAINT-DOMINIQUE. LA RESTAURA*tion catastrophique de 1917 n'a été que le dernier des événements qui ont bouleversé et détruit la cathédrale Sainte-Marie-Majeure, antique siège épiscopal, certainement déjà en existence en 1062, date à laquelle elle passa sous l'autorité des Normands. C'est à la fin du XIe siècle que remonte probablement l'édifice tel qu'on peut le reconstituer à partir de très rares éléments dont on dispose encore aujourd'hui : c'était une construction basilicale à trois nefs, celle du milieu plus haute que les latérales, avec arcs en plein cintre, façade à pignon et peut-être trois portails de type campanien. En 1103 cet édifice fut incendié par les Normands : sans doute reconstruite, la cathédrale fut consacrée à nouveau en 1155, mais elle subit l'année suivante une nouvelle destruction, et d'autres suivront encore jusqu'au milieu du XIIIe siècle, époque à laquelle remonte surtout la zone du sanctuaire de l'édifice actuel, lui aussi très modifié.

L'élément le plus intéressant est en fait, au moins pour nous, le portail d'entrée. Celui-ci, pourvu de piédroits et d'une architrave sculptés et chargés d'inscriptions a jusqu'à présent reçu peu d'attention dans les diverses études. De la gueule des deux petits lions placés à la base des piédroits naissent des rinceaux avec des lis, des rosaces, des grappes de raisin becquetées par des oiseaux et de grosses fleurs centrées : le relief est de peu d'épaisseur mais riche. Les rinceaux se déploient selon un rythme régulier, interrompu seulement dans le traitement du linteau où apparaît un «saut», comme s'il y avait eu erreur de mesure ou s'il y manquait un morceau. Il faut noter que la voussure du tympan porte, à l'état de fragment, un autre encadrement sculpté, probablement au ciseau, de motifs d'entrelacs plus simples et très différents de ceux du dessous, et que l'on pourrait croire même antérieurs.

Au linteau, au-dessous et au dessus des rinceaux, et dans le haut des piédroits s'étend une série d'inscriptions, dans un désordre peu commun : l'une d'elle est inexplicablement renversée, comme s'il s'agissait d'une erreur dans l'application du modèle commise par un ouvrier qui ne savait pas lire. «LIMINIBUS SACRIS OLIM FUNERE FŒDATIS VIRGINIS / HIC ARCUS IUSSU ROFFRIDI FUIT PERACTUS / QUATTUOR SOLIDOS DEDIT HIC JOANNI MAGISTRO» sur la face extérieure du piédroit, et sur la face interne «ROFFRIDUS AUX(it)» et, gravée à l'envers donc, «GENITRICI VIRGINI SUMMA QUAE FULGET IN AEDE». Sur le dessous du linteau linteau figurent ensuite quelques grandes lettres, «A D M C» espacées de façon à couvrir toute l'ouverture de la porte; elles sont séparées par deux enfoncements rectangulaires comme si d'autres lettres avaient été supprimées, elles sont aussi gravées et certainement retracées. Ceux qui ont mentionné même brièvement le portail (Aceto, Pace) et la littérature locale plus sommaire ont interprété sans hésiter ces lettres comme la date à attribuer au portail, 1100, et ont rapproché cette indication du fait connu que vers ces années-là existait un certain Roffridus archiprêtre de la cathédrale, identifié alors comme le commanditaire mentionné dans l'inscription. Il faut à mon avis envisager la question avec prudence : les lettres ne me paraissent pas de l'époque médiévale, et pourraient bien être apocryphes, gravées là à une date à revoir entièrement, pour rendre «plausibles» les récits plus ou moins légendaires sur la fondation de la cathédrale de Sora et sur les protagonistes de son histoire. Par ailleurs les reliefs du portail entrent bien dans le cadre de la sculpture des régions méridionales au XIIe siècle, qui met au point un modèle, celui du portail à rinceaux, dont les meilleurs exemples sont à Salerne au portail de la cathédrale (fin du XIe siècle). La parenté avec le portail de Saint-Clément sur le Vomano, dans les Abruzzes, a été signalée par Francesco Aceto (1986).

Rappelons encore qu'aux alentours de Sora, à mi-chemin d'Isola Liri, se trouve un autre édifice important, l'église Saint-Dominique. La dédicace est naturellement plus tardive, car l'église est un édifice du XIIe siècle, fort remanié mais d'un grand intérêt. Touchée par une campagne de réfection cistercienne au cours du XIIIe siècle, l'église appartenait en fait à un type apparenté à celui de Sainte-Marie de la Libera à Aquin : trois nefs, transept et trois absides en saillie, ainsi qu'une crypte; la façade à pignon avec des portails de type «campanien» dotés d'un encadrement avec archivolte à oves et denticules; les traces d'une structure de porche appartiennent à la période cistercienne. La maçonnerie est en gros blocs de pierre équarrie et, comme à Aquin, on réutilise des éléments récupérés (S.R.).

16 VELLETRI. CATHÉDRALE. LA CATHÉDRALE, DÉDIÉE A SAINT-*Clément, contient de vastes éléments de son passé romain, qui, tant dans les structures que comme matériau, furent en partie utilisés pour la construction de l'église, survenue probablement au Ve siècle. L'église romane présentait un plan encore discernable aujourd'hui, car les transformations subies, spécialement au cours des XVIe, XVIIe et XIXe siècles, n'ont pas supprimé les traits essentiels de l'édifice : une grande basilique à trois nefs et une seule abside semi-circulaire; les nefs étaient séparées par vingt-deux colonnes de remploi. Le revêtement du XIXe siècle, qui domine dans l'église supérieure, n'a pas touché la crypte. Substantiellement, celle-ci est conservée dans ses structures médiévales, à l'exception de quatre grands piliers qui l'interrompent en son milieu et furent placés là pour supporter le poids du ciborium que l'on éleva dans l'église supérieure en 1600.*

Peu étudiée, la crypte a une surface qui coïncide avec celle du chœur et de l'église supérieure. Elle est divisée en travées par des colonnes qui comportent presque toutes des chapiteaux de remploi; sous l'autel se trouvent les reliques des saints Éleuthère et Pontien, qui y furent transférés aux alentours de 1250. Selon toute probabilité, la crypte est cependant antérieure à cette date, et il semble logique de la penser d'origine romane et, par suite, réalisée dans le cours du XIIe siècle, alors que l'église cathédrale Saint-Clément était un édifice de grande notoriété, en conformité avec l'importance de son évêque. Ce dernier, en effet, se voit conférer par Cencio Camerario, camérier d'Innocent III et futur Honorius III, la faculté de remplacer le cardinal d'Ostie lors de la consécration du pape; et le cardinal d'Ostie et Velletri (les deux diocèses furent réunis en 1149), très lié à la cathédrale Saint-Clément pour des raisons évidentes, était le doyen des cardinaux de curie, et, très souvent (ce fut le cas pour Benoît X, Lucius III, Alexandre IV...), cette charge était l'antichambre du pontificat (S.R.).

17 *VEROLI. SAINT-ÉRASME. LA VILLE DE VEROLI POSSÈDE DE* nombreux vestiges d'un passé roman auquel les études n'ont guère prêté attention.

Au sommet de la colline, la toute petite église Saint-Leucius possède une inscription lapidaire qui en atteste la fondation au XIe siècle («*A.D. MLXXIX Ind. II in Sede apostolicae Urbis Romae Praesidente Gregorio VII Papa Tertia mensis Februarii dedicatum templum in honorem S. Leucii Confessoris ubi reconditae sunt reliquiae Sanctorum Erasmi, Dominici et Sanctarum Agathae, Clarae, Irenae, Restitutae ex linteis S. Laurentii, particula S. Mustiolae*»). L'église Saint-Martin fut elle aussi construite à la demande de l'évêque Laetus et consacrée quelques dizaines d'années après, comme nous l'apprend une autre inscription («*Anno ab incarnatione Domini MCXXVII Ind. V Praesidente Domino Honorio II Pont. Max. anno III mense Augusti die XXII dedicata est haec ecclesia in honorem Dei et B. Martini Episcopi ex reliquiis sanctorum multorum quorum nomina scripta sunt in coeliis*»). A ce même moment, en cette période manifestement florissante pour l'église et la ville de Veroli, remonte probablement Sainte-Marie des Franconiens, autre édifice d'un grand intérêt, qui possède une façade à pignon avec un couronnement d'arceaux et une petite fenêtre, et aussi un portail en plein cintre dont la voussure présente un décor à oves et denticules plein de finesse et d'élégance.

Cependant l'édifice le plus remarquable de la Veroli romane est aujourd'hui l'église Saint-Érasme – la cathédrale ayant été détruite par un tremblement de terre en 1350. Il ne reste pas grand-chose de l'édifice roman lié à une époque où l'église était florissante : une réfection radicale du XVIIIe siècle l'a entièrement transformée à l'intérieur mais l'a conservée au moins en partie à l'extérieur. Il en subsiste en effet le clocher dont la partie inférieure, très haute, est dépourvue d'ouverture (à l'exception d'un passage cintré dans le bas), et qui compte deux étages percés de fenêtres doubles.

Mais l'endroit le plus intéressant est la façade. Car au-dessus du porche roman – maçonnerie en gros blocs avec trois portails dotés de colonnettes, d'autres colonnettes recevant les arcs des trois voûtes d'arêtes de l'intérieur, et des voussures sculptées au-dessus des trois portails se rejoignant pour former une ligne continue – on a construit, dans une intervention non dépourvue de savoir et d'élégance, un second étage percé de trois fenêtres; pour ce faire, on a abaissé les voûtes d'arêtes en respectant cependant tout le reste de la structure et du décor, et en remployant autour des fenêtres des pierres de l'ancienne maçonnerie. On peut encore constater avec évidence, en dépit de ces transformations, la parenté de la solution adoptée à Saint-Érasme – les trois ouvertures, le profil continu des voussures – avec d'autres très répandues en Campanie : pensons à la cathédrale de Carinola, où cependant le choix des colonnes pour soutenir les arcs crée un espace beaucoup plus aéré que dans la version de Saint-Érasme dont la maçonnerie épaisse donne l'impression d'un parement beaucoup plus lourd et dont en effet les voussures, en l'absence du lien structurel arcs/colonnes, deviennent un accessoire graphique et décoratif à la surface du mur.

Les chapiteaux des colonnettes sont assez riches, version médiévale du modèle corinthien avec des figures d'animaux qui apparaissent entre les feuilles. Le décor des trois voussures est plus varié. Elles diffèrent les unes des autres et retombent toutes sur de petits corbeaux dont certains se terminent par une rosace sur la face inférieure. La voussure la plus grande est la plus «classique» dans le choix des motifs décoratifs (oves, perles, associés à un motif de pampre stylisé), tandis que les plus petites ont toutes les deux des rinceaux de type végétal, semblables mais non identiques : les rinceaux naissent de la gueule grande ouverte de petites créatures monstrueuses, peut-être de petits dragons, et sont exécutés au moyen d'incisions profondes, surtout celui de droite qui utilise un motif répété avec beaucoup de régularité et de finesse.

On pourrait avancer une date entre la fin du XIe siècle et le début du XIIe pour ce monument précieux mais négligé, qui présente des rapports très nets avec le style architectural et plastique de la Campanie, mais qui ne s'identifie pas totalement à ce que nous connaissons déjà des grands monuments campaniens. Le graphisme, que nous avons rencontré dans les rinceaux des voussures, est une caractéristique de l'atelier à l'œuvre à Veroli : il convient de se demander si l'on ne pourrait pas établir un rapport avec certaines réalisations, bien connues mais dont on peut encore approfondir et clarifier la connaissance, tel le chandelier de Cori dont par ailleurs la plastique de Saint-Érasme ne partage pas les sources islamiques. Et restent encore entièrement à étudier les conditions dans lesquelles l'œuvre fut réalisée et les campagnes de construction du monument auxquelles se rattachent la façade et les éléments décoratifs. A gauche des voussures, un peu vers le haut, une inscription encastrée dans la maçonnerie renferme une information qui s'y rapporte peut-être, EST MANIBUS FACTUS MARTINI QUEM PROBAT ARCUS. L'artisan – plus vraisemblablement que le commanditaire – signe ici et invoque en témoignage son œuvre même : QUEM PROBAT ARCUS.

Pour éclairer le problème chronologique et historico-artistique, nous ne sommes guère aidés par les renseignements historiques fournis par les rarissimes écrits qui en traitent. Saint-Érasme débute en effet comme abbaye bénédictine, et à une époque imprécise (sans doute entre la fin du Xe siècle et le XIe) elle se transforme en collégiale : toutefois le titre d'*abbas* demeure en usage après une telle transformation. Le premier document connu est de 1042 ; la période la plus florissante se situe sous le gouvernement de l'abbé Jean Ier (1087-1114) pendant lequel les biens de l'église s'accroissent notablement. Au cours de l'année 1114 on annexe à l'église un hôpital ou un hospice; auprès de Saint-Érasme ont séjourné deux pontifes, Alexandre III et Lucius III (S.R.).

PEINTURES MURALES

En 1973, nous demandions à Yvonne Bâtard de rédiger le chapitre sur les peintures murales d'un futur Latium roman *que, dès cet instant, nous envisagions de publier dans cette collection. Nul mieux qu'elle, en France, n'était en mesure de remplir cette tâche : depuis 1920 elle n'avait cessé de revenir en Italie pour étudier cette peinture du Latium qui lui tenait tant à cœur.*

Le chapitre attendait... car la réalisation de ce volume posa bien des problèmes. La mort d'Yvonne Bâtard, en 1982, ne fit que nous faire davantage souhaiter de publier son étude, claire et fine, sans l'ombre d'une pédanterie, rayonnante d'intelligence.

Afin d'éviter des doublets, nous avons dû supprimer tout ce qui, dans le texte des auteurs du reste du livre, traitait les mêmes sujets (les passages concernant les peintures murales dans les monographies et les notices de la cathédrale d'Anagni, Castel Sant'Elia et, à Rome : Saint-Clément, Sainte-Pudentienne, Saint-Grégoire de Nazianze, Saints-Jean-et-Paul, et les Quatre Saints Couronnés). Leur contribution intégrale figure dans l'édition italienne de cet ouvrage, publiée par l'Editoriale Jaca Book à Milan.

Nous sommes heureux de pouvoir ainsi, après vingt ans, rendre enfin hommage à l'éminente spécialiste et à l'admirable amie que fut et reste Yvonne Bâtard.

PEINTURES MURALES

Cette brève étude voudrait montrer que, dès le haut Moyen Age, la peinture du Latium assimile les influences diverses, grecques, byzantines ou «barbares» et les transforme en une peinture, populaire ou savante, mais à caractère nettement «romain» et «roman».

La peinture romane italienne commence à Rome et dans le Latium. Elle touche les pays marses, samnites, étrusques, les «romanise», et s'étend au-delà, au Sud et au Nord. Elle disparaît avec Cavallini qui ressuscite le modelé antique et amorce l'art renaissant. Mais, faute de clients, Cavallini ira travailler à Naples pour les princes d'Anjou quand les papes partiront en Avignon.

L'ORIENT A ROME

L'importance à Rome de la population venue du Proche Orient, d'Égypte, d'Asie Mineure, fuyant parfois les Sarrasins, parfois les iconoclastes, explique les caractères orientaux de la peinture romane. Au moment même où les invasions barbares avaient accéléré en Occident la chute de la culture, des artistes d'origine orientale, ou des

Romains formés par eux, assurèrent les progrès d'une peinture d'abord «hellénistique», puis «romane», dans beaucoup de sanctuaires romains.

Saint-Abbacyr au bas du Palatin et au bord du Tibre

Ainsi, à Sainte-Marie l'Antique, dans une niche étroite de l'atrium, une fresque représente le buste d'un vieillard qui, tout en observant le visiteur d'un œil pénétrant, enfonce une spatule dans un coffret de médicaments. Ce «portrait» est une icône agrandie à l'échelle d'une décoration monumentale. Il représente un saint guérisseur, Abbacyr, le «Père» Cyr. Le visage, à la longue barbe souple, les grands yeux au regard magnétique, la lumière dorée sur les plis des vêtements, pourraient indiquer une origine copte. Mais la noblesse et la sérénité du personnage permettent aussi de supposer un peintre qui garde le souvenir d'icônes peintes à la cire et transfère à la fresque, de facture généralement plus sommaire, les coloris soutenus de la peinture sur chevalet. C'est une des rares peintures du haut Moyen Age romain qui expriment une telle vie intérieure. Elle est due à l'initiative de Nicolas Ier (858-867).

Plus tard, à Rome encore, mais à la fin de l'époque romane, on retrouve dans une petite église, cachée sur la rive droite du Tibre, en face de Saint-Paul-hors-les-Murs, le saint médecin Abbacyr, cette fois accompagné de son disciple Jean, un soldat devenu chrétien et martyrisé lui aussi à Alexandrie. Les corps des deux saints furent transportés, par saint Cyrille d'Alexandrie, à Menouphis (l'actuel Aboukir, nom qui dérive d'Abbacyr). Leurs restes auraient été transférés à Rome, sous Innocent Ier, lors de la persécution iconoclaste, dans l'hypogée de cette petite église dite de «Santa Passera» (une déformation peut-être de «Abbaciro / Appaciro»).

A l'entrée de la crypte de «Santa Passera», sans doute de la seconde moitié du IXe siècle, une inscription indique que les restes des deux martyrs alexandrins y ont été transportés : «CORPORA SANCTI CYRI RENITENT HIC ATQUE JOHANNIS QUE QUONDAM ROMAE DEDIT ALEXANDRIA MAGNA».

Dans l'abside de l'église supérieure, plus tardive, se trouve, à droite de l'autel, Abbacyr, une spatule dans une main, dans l'autre, un coffret de remèdes d'où sort un serpent; il est debout, à côté du Christ assis et bénissant; à la gauche du Christ, Jean est muni, lui aussi, des attributs du médecin.

Comme sur le «portrait» du forum, Abbacyr est un vieillard à la longue barbe blanche; Jean porte une tunique courte, des chaussures et un manteau militaires, rappel de son premier «métier». La robe d'Abbacyr est violette, ses chaussures sont rouges; sa boîte pharmaceutique est jaune. Jean porte une tunique blanche, recouverte d'un manteau rouge; spatule et coffrets sont blancs. Le Christ, assis sur un trône jaune, est revêtu d'une tunique rouge et d'un manteau vert. Le «patron», Cyr, front dégarni, tête dressée, regard ferme, semble enseigner son art avec autorité; le disciple, Jean, a l'air timide et douloureux; derrière son épaule, on distingue la poignée et le haut d'une lame d'épée : rappel de sa jeunesse, ou signe de son martyre?

Cette fresque, en partie médiocrement repeinte, atteste du moins la continuité du culte des deux martyrs égyptiens jusqu'au départ des papes en Avignon.

A gauche de l'abside, une fresque certainement antérieure, datable du IXe siècle et très belle, représente cinq personnages nimbés, vus de face : des fragments d'inscription, BASIL... NIC...; la forme des vêtements, grand «sakkos» à manches sur la dalmatique blanche, et le type des physionomies, indiquent l'origine orientale : docteurs et évêques de l'Église grecque. Les proportions sont longues, les têtes, petites; le contour des corps est indiqué par une simple ligne sans relief. Le premier personnage à partir de la gauche, avec ses petites moustaches à l'orientale, et le second, un vieillard aux traits menus prolongés par une longue barbe en pointe, rappellent les stylisations byzantines en cet ensemble dont l'élaboration est cependant romaine.

Le petit édifice, niché entre des arbres et de pauvres maisonnettes, a plutôt l'air d'une humble chapelle de campagne que d'une église, surtout quand on le regarde dans la gloire du soleil se couchant sur l'autre rive du Tibre dans les ors de Saint-Paul-hors-les-Murs. Mais l'humble monument garde les restes et l'image de deux saints hospitaliers et martyrs, comme le fait une église plus célèbre et plus belle pour les saints Côme et Damien au Forum romain.

Saint Grégoire de Nazianze au Champ de Mars

En 1966 on a parlé davantage des méfaits de l'Arno à Florence que de ceux du Tibre à Rome. Cependant, dans la boucle du Tibre qui, à l'Ouest de l'«Urbs», cerne le Champ de Mars, l'inondation eut un effet inattendu, voire heureux. Dans une chapelle dédiée à saint Grégoire de Nazianze, désaffectée et récemment restaurée après avoir servi pendant trois quarts de siècle de dépôt d'archives, le flot souleva les dalles et l'on découvrit ainsi les substructures d'un temple très ancien.

Entre 1945 et 1950, pendant qu'il était directeur des Archives, M. Montenovesi avait rendu à la chapelle sa physionomie originaire : une nef voûtée et une abside romanes. Mais, sous un gros arc ajouté au XVIIIe siècle, à droite, des blocs de tuf jaune et la moitié d'un arc de la même matière avaient été dégagés; ils datent de la première moitié du IVe siècle av. J.C. Cet «opus quadratum» étrusque se prolonge jusqu'à la porte d'entrée. Seraient-ce, découverts ainsi en deux étapes, des restes du temple dédié à Romulus? C'est du moins le plus ancien des temples romains transformés en sanctuaire chrétien.

Les travaux de Montenovesi ont révélé des fresques romanes, mais déjà en 1938 Lavagnino avait fait restaurer la fresque de l'abside de bonne école romane du XIe ou du début du XIIe siècle, la seule qui soit toujours restée visible. Parfaitement lisible en ce qui concerne les caractères stylistiques du Christ, elle est moins claire pour les deux autres personnages. Cependant les plis filiformes de leurs vêtements, spécialement ceux du personnage de droite, les rapprochent d'autres peintures de la fin du XIe et du début du XIIe, par exemple celles de Saint-Clément. C'est au Christ que Lavagnino appliquait avec le plus de sécurité la date de 1100, grâce à sa ressemblance avec celui de Saint-Pierre de Tuscania. Il est certain qu'après les dégâts causés par l'intrusion de Robert Guiscard (1084) les murs de l'église furent restaurés et que la fresque fut peinte peu après cette restauration. Le Sauveur bénit à la grecque et de sa main gauche tient les Saintes Écritures sur un grand panneau drapé. Jeune, blond, majestueux et paisible, Il est revêtu d'une tunique rose et d'un pallium rouge. A gauche, un évêque de type oriental, le pallium couvert de croix grecques : c'est saint Grégoire de Nazianze (pl. 124). A droite, un personnage recueilli, d'âge mûr, donne lui aussi sa bénédiction à la grecque; sans doute est-ce saint Jean Chrysostome. Les deux évêques sont coiffés de mitres pointues d'époque bien postérieure tandis que leurs vêtements liturgiques sont ceux qu'on voit encore sur d'autres peintures du XIIe siècle.

Sous le premier arc de la nef à droite, parmi les peintures retrouvées lors des travaux de Montenovesi, se trouve une fresque divisée en deux parties superposées : en haut le buste du Christ nimbé se détache sur un fond bleu ciel entre des nuages rouges (pl. 125). Il tient dans la main gauche le rouleau des Écritures et, de la droite, les doigts tendus vers le bas en un geste antique gardé dans la liturgie pontificale, Il semble donner un ordre aux trois personnages qui au-dessous avancent dans un paysage très sobrement esquissé : un arbre feuillu et quelques fruits; le personnage central vêtu de vert porte l'habit militaire, tunique courte et chlamyde fixée sur l'épaule droite par une fibule. Tous trois semblent concentrés et attentifs, leur bras droit indique quelque chose qu'on ne voit pas. On dirait une peinture à la détrempe plutôt fruste mais dont les teintes restent encore vives. L'épisode se rapporte à la conversion du centurion Corneille (Actes des Apôtres, X) suivie de son baptême, si important à la naissance du christianisme, qui vit un israélite, saint Pierre, introduire fraternellement un «gentil» dans l'Église. L'épisode inséré dans un sanctuaire qui date des origines du paganisme romain prend une valeur émouvante. A l'histoire mêlée de légende du premier roi de Rome se substitue le culte du fondateur d'une autre Rome qui, sans armes, plante son enseigne pacifique jusqu'aux limites de la terre, et le Sauveur du monde est représenté sur les plus anciens restes monumentaux de la Rome païenne.

La courbe intérieure de l'arc présente une belle frise sur fond blanc avec corbeille de fruits, oiseaux, pierres ornées, d'un autre artiste et d'une époque un peu plus tardive. Sur la courbe de l'arc suivant, dans un cercle bleu, la main de Dieu, sertie de fleurs blanches stylisées, accompagnées de feuillages verts, d'une grande maîtrise technique, semble dater du XIIe siècle.

A gauche de la nef se voit une Madone avec l'Enfant, visage contre visage – peinture nettement plus récente – et, près d'eux, un personnage âgé, nimbé, à la grande tonsure, aux vêtements liturgiques orientaux, au visage expressif : c'est, représenté une seconde fois, le patron de l'église, saint Grégoire de Nazianze.

Cet ensemble roman encore influencé par Byzance semble en même temps annoncer déjà ce que sera l'art du Cimabue. Mais l'œuvre capitale, le «Jugement Dernier» qui orna autrefois l'autel de saint Grégoire de Nazianze, se trouve maintenant à la Pinacothèque vaticane et sa provenance n'a été reconnue que ces dernières années. D. Redig de Campos l'avait étudié dès 1935 et le datait déjà du milieu du

XIe siècle, « entre 1040 et 1080 environ » ; il y reconnaissait la main des peintres de Castel Sant'Elia mais le croyait venu d'un monastère de bénédictines voisin de Saint-Paul-hors-les-Murs. En 1936 Mercati notait que le tableau provenait de Santa Maria in Campo Marzio : le compte rendu d'une visite canonique du 17 octobre 1660 atteste que le tableau se trouvait encore à cette date au-dessus du maître-autel, dans la chapelle de Saint-Grégoire de Nazianze. Plus récemment, en 1961, Mario Bosi vérifiait l'assertion et, en 1965, une étude de Prehn prouvait que les auteurs de la fresque du centurion Corneille sont ceux du « Jugement Dernier » et des fresques de Castel Sant'Elia. Enfin une découverte plus récente de V. Peri précise les dates proposées par Redig de Campos : chargé d'identifier la moniale donatrice représentée à gauche au bas du tableau, « Domna Constantia », l'abbesse Constance, V. Peri trouva qu'elle était abbesse du monastère du Champ de Mars entre 1061 et 1071. Ces dates corroborent aussi l'analyse comparative de Prehn entre les fresques de Saint-Grégoire de Nazianze et le « Jugement Dernier » transféré à la Pinacothèque vaticane. Par exemple, et compte tenu des différences techniques entre peinture murale et peinture sur toile, il note la ressemblance entre le Christ dans la zone supérieure du tableau et le Christ qui domine la fresque du centurion Corneille : mêmes proportions, mêmes traits du visage, même dessin, sourcils arqués surmontés d'un léger trait de lumière qui se renforce sur toute la longueur du nez, lobes des oreilles eux aussi cernés d'une ligne blanche, cheveux bouclés tombant derrière les épaules, coloris des joues, etc. Prehn compare aussi la fresque du centurion Corneille avec certains éléments de Castel Sant'Elia. Il note par exemple que les montagnes blanches et vertes entre lesquelles croissent des arbres aux branches courbées, aux feuillages épais, à Saint-Grégoire de Nazianze, ont leur analogue à Castel Sant'Elia dans la fresque des cavaliers de l'Apocalypse. Les nuages rouges qui entourent le Christ à Saint-Grégoire de Nazianze ressemblent à ceux qui ondoient dans le chœur de Castel Sant'Elia.

Le tableau du « Jugement Dernier » offert par l'abbesse Constance est de forme singulière ; un disque de plus de deux mètres de diamètre sur une prédelle rectangulaire haute de soixante centimètres. La composition en est répartie sur cinq zones. Sur la première, en haut, le Christ de face trône dans un arc-en-ciel ; Il tient le sceptre et le globe sur lequel est écrit : « EGO VICI MUNDUM ». A ses côtés deux chérubins aux six ailes couvertes d'yeux. Des extrémités, deux anges accourent vers le centre. Dans le deuxième zone sont représentés le jugement et le tribunal : derrière un autel apparaît le Juge, debout, le manteau ouvert laisse voir la plaie du côté ; sur l'autel, les instruments de la Passion ; à droite et à gauche de l'autel, un ange porteur d'inscription. Au-delà de ce groupe central, six de chaque côté, les Apôtres assis sur des escabeaux portent tous un livre ou un rouleau, sauf saint Pierre muni se ses clefs. Les couleurs douces et claires alternent dans leurs vêtements avec des tons plus soutenus, verts foncés ou bruns. Dans la troisième zone, un groupe d'élus s'avance de la gauche conduit par saint Paul. Près de saint Paul le bon larron porte sa croix... et son nom : Dismas, puis vient la Vierge, de taille plus grande ; le centre est occupé par une théorie enfantine, celle des Saints Innocents conduits par saint Étienne. La partie droite de cette zone est occupée par trois des œuvres de miséricorde : donner à boire, visiter les prisonniers, vêtir ceux qui sont nus. Les trois tableautins sont serrés et les personnages plus petits que ceux de gauche, faute de place. Dans la quatrième zone, la terre et la mer s'en vont pour laisser la place à la «terre nouvelle». A gauche, quatre poissons vus par transparence restituent les membres humains qu'ils avaient dévorés; un ours vomit un crâne, un loup, un serpent; des oiseaux rejettent crânes, tibias, etc. Au centre, la terre et la mer sont figurées par deux femmes au torse nu qui tiennent d'une main un sceptre en forme de rame et de l'autre un petit personnage : il représente les morts qui sortent de leur sein. La terre est assise à rebours sur un taureau et rappelle Europe; la mer, sur un monstre marin, comme quelque Néréide. A droite, sous la protection de deux anges, sortent des tombeaux des hommes ressuscités (au bout d'une inscription se trouvent sur cette zone les noms des deux peintres). La cinquième zone, sur la prédelle, se partage entre le ciel et l'enfer. A gauche, le Paradis enclos de hauts murs et bordé d'une tour qui le sépare de l'Enfer. La Vierge y est accompagnée de saints et de saintes et, tout en bas, deux petites moniales dont on lit les noms, représentent l'abbesse et sa compagne. A droite, l'Enfer, assez différent des représentations traditionnelles : on n'y voit pas de démons mais des anges qui plongent les damnés dans le feu, un ange qui traîne un damné pieds et poings liés.

Cette extraordinaire peinture, d'une inspiration poétique singulière, est non moins remarquable par la maîtrise de ses moyens d'expression – qu'il s'agisse des peines infernales, des œuvres de miséricorde, du Juge et de l'autel-tribunal – que par une compénétration de la théologie et de l'exégèse scripturaire. Quand elle dominait l'autel de Saint-Grégoire de Nazianze, elle couronnait les fresques des mêmes peintres sur les murs de la chapelle dédiée au grand docteur de l'Église grecque depuis le haut Moyen Age.

Les Sept Dormants sur la Voie Appienne

Voulant réparer deux très anciennes petites maisons à gauche de la Via Appia, juste avant le tombeau des Scipions et la porte de San Sebastiano, la propriétaire fit fouiller les soubassements et les contours de l'habitation par les services des Beaux-arts. Déjà en 1875, un savant archéologue, Armellini, avait identifié dans une salle sépulcrale de cette antique demeure un «oratoire des Sept Dormants» (pl. 126), mais les fouilles ayant été abandonnées, la petite salle était devenue en 1919... une cave à fromages! Les travaux récents ont débarrassé les murs des moisissures qui les rongeaient et les fresques ont été dégagées. L'inauguration du petit sanctuaire a eu lieu le 13 décembre 1962.

Au sommet de la petite abside se trouve le buste du Sauveur (pl. 127). De type romain, Il bénit de la main droite et soutient la Bible de la gauche. Son nimbe est orné de gemmes. A sa droite et à sa gauche, des anges aux ailes déployées l'adorent et à chaque extrémité s'incline un donateur portant un cierge allumé. Chacun d'eux a son nom inscrit près de lui : Beno de Rapiza et sa femme, Maria Macellaria, les mêmes personnages dont on voit les noms et les «portraits» comme donateurs des fresques de Saint-Clément. Au-dessous du Christ, dans une niche assez largement ouverte, est peinte une grande image de l'archange Gabriel entouré des Sept Dormants.

Le Christ, qui du sommet de la voûte domine l'ensemble, le front strié de rides légères, regarde de ses grands yeux droit vers le visiteur; s'Il présente encore quelques signes byzantins, l'expression du visage est à la fois sereine et solennelle, douce et protectrice. A la noblesse des traits qui fait penser à ceux du Christ de l'Ascension de Saint-Pierre à Tuscania, correspond une exécution soignée de la fresque : coloris aux nuances graduées dans un ensemble lumineux et chaud. De nette empreinte occidentale est l'archange protecteur des Sept Dormants : le goût des nuances et de l'ensemble décoratif s'affirme dans les coups de pinceaux légers et sûrs des ailes multicolores. Des personnages placés de chaque côté de l'archange, subsistent seulement les contours des têtes, des cous et, plus faibles encore, ceux des épaules. Ces esquisses pâlies ne permettraient pas d'assurer leur identité de «Dormants d'Éphèse» sans la continuité de la tradition locale qui a même donné son nom au quartier, sans les noms des donateurs et la date de la décoration «nouvelle» qu'ils firent exécuter (1122). Une fois encore, en 1320, le petit sanctuaire fut abandonné, mais le pape Clément XI, soucieux des églises d'Orient, le fit restaurer et le rendit au culte des Sept Dormants en 1710.

Ce bel échantillon d'art roman n'est pourtant pas le seul dans le Latium à rappeler les Sept Dormants d'Éphèse.

A Rome même, sur le Corso, des réparations entreprises à Santa Maria in Via Lata ont amené la découverte, sous les fresques consacrées à saint Érasme dans la crypte, de l'histoire des Sept Dormants. La composition commence sur le mur Nord et se poursuit sur le mur Est. Un évêque portant le pallium et un dignitaire laïc, la chlamyde, suivis d'une foule dont on ne voit plus aujourd'hui qu'une partie, s'approchent d'une grotte devant laquelle apparaissent sept jeunes gens nimbés. C'est là sans doute la plus ancienne représentation, en Occident, des Sept Dormants. La libre disposition de l'espace, les éléments du paysage, la grâce noble des gestes permettent d'imaginer ce que pouvaient être les enluminures de Constantinople au début du VIIe siècle. Un autre élément passera aussi dans la technique de la peinture occidentale, les plis des vêtements doublement marqués d'un sillon sombre et d'une ligne claire. Malgré le coloris raffiné, le tableau a quelque chose de violent en ce que les coups de pinceaux qui devraient simplement délimiter les traits des visages les écrasent parfois. D'où un mélange curieux de douceur et d'âpreté, de technique «impressionniste» et linéaire. Peut-être pourrait-on dater cette fresque du VIIe siècle. Elle constituerait la plus ancienne «narration» préromane de la légende des Sept Dormants d'Éphèse en Occident.

Enfin à une cinquantaine de kilomètres au Nord de Rome, près de la cité étrusque de Nepi, se trouvent le village et l'église de Castel Sant'Elia. Il ne reste rien du monastère qu'aurait fondé vers 520 saint Benoît lui-même et l'église actuelle, blottie dans la vallée tout en bas de la haute paroi rocheuse, date du XIe siècle. Parmi ses fresques d'une importance capitale, les Sept Dormants trouvent leur place au bas du transept droit (pl. 88).

Sous une double rangée des vieillards de l'Apocalypse, se trouve un tableau divisé en plusieurs scènes juxtaposées comme dans la scénographie des mystères médiévaux. A gauche, un moine sur sa couche funèbre, la tête entourée d'une auréole, et trois de ses frères debout près de lui, au bas d'une demeure aux arcs romans; au centre, un campanile roman, ses cloches visibles au premier et au deuxième étage tandis qu'au rez-de-chaussée un moine, les deux bras levés, les fait sonner; sur la droite, deux scènes superposées : en bas, un espace voûté; des hommes, en deux groupes, dorment dans des postures variées mais toutes abandonnées comme dans le sommeil profond; au-dessus, un bâtiment, lui aussi à ouvertures cintrées comme dans le style roman; un groupe de personnages devant la porte regardent tous vers la gauche, le premier d'entre eux tend la main vers un ange très grand en un geste d'acquiescement joyeux; l'ange tourné vers le groupe semble encore s'avancer vers lui et tend, lui aussi, une main accueillante tandis que, de l'autre main, il étend au-dessus du groupe bien éveillé une longue palme souple : palme du martyre? palme de l'entrée au ciel?

Les sept saints d'Éphèse, murés dans une caverne sous le règne de Dèce, mais «réveillés» après trois siècles pour témoigner de leur foi en la résurrection du Christ, gage de la leur, se «rendorment» après lui avoir rendu ce témoignage.

«L'exégèse de l'orientalisme a depuis longtemps confirmé l'origine chrétienne des Sept Dormants confesseurs de la foi à Éphèse sous Dèce, inscrits au martyrologe romain. (...) A Éphèse, l'Église naissante saluait l'asile de Marie et de Jean (...) avant d'y définir, en 432, la maternité divine de Marie, quatre ans avant de découvrir les corps non corrompus des sept martyrs (436). (...) En 1930-32, le grand cimetière antique d'Éphèse a été exploré par une équipe d'archéologues autrichiens : leurs travaux ont permis de retrouver et de dater la crypto-chapelle initiale des Sept Dormants» (L. Massignon).

A part les fresques des trois sanctuaires romains, bien d'autres formes d'art ont pour thème les Sept Dormants : un vitrail de la cathédrale de Rouen, maintenant à Worcester, une «gwerze» bretonne dont le texte établi par P. Trépos et traduit en français par Mlle Massignon se chante au Stiffel (dans les Côtes-d'Armor, près du Vieux-Marché) le jour du «pardon» annuel où prient ensemble chrétiens et musulmans. Leur «histoire» est représentée sur un sarcophage de l'église Saint-Victor à Marseille. La diffusion des œuvres d'art consacrées aux Sept Dormants dans les pays musulmans prouve la confiance qu'ils ont en ces martyrs chrétiens : dans l'Océan Indien, les pilotes arabes se dirigent d'après une constellation qui porte leur nom. La flotte de guerre ottomane leur est consacrée, des figures de proue ou des peintures sur les voiles attestent aussi la confiance des marins en ces protecteurs chrétiens. Le vendredi après-midi, la sourate XVIII du Coran est lue aux fidèles pour qu'ils prennent comme modèles d'abandon à Dieu les martyrs éphésiens.

VERS UN CLASSICISME ROMAN

Au XIe siècle, à Rome, des églises construites et décorées avant l'an mil, reçoivent de nouvelles peintures qui ouvrent la grande époque romane. C'est le cas, par exemple de San Sebastianello sur le Palatin dû au médecin Pierre, mort bénédictin en 999 dans ce monastère fondé par lui; de Sant'Urbano alla Caffarella qui possède, entre autres fresques, une Crucifixion datée de 1011; et enfin de Sainte-Pudentienne dont la crypte possède une fresque du IXe siècle, tandis que dans un petit oratoire situé derrière l'abside, se trouvent des peintures nettement plus tardives et romanes.

A San Sebastianello subsiste dans l'abside une théophanie où le Christ donne sa bénédiction entre les deux saints titulaires, saint Sébastien et saint Zotique, et les diacres, saint Laurent et saint Étienne. On voit aussi la Vierge en prière entre deux anges et des saints. Déjà les caractères byzantins s'atténuent et un goût ornemental nouveau apparaît comme dans le geste du Christ ou dans les palmes dont les volutes s'accordent avec les cercles qui décorent les vêtements des personnages. La route s'ouvre qui conduira aux «histoires» de saint Clément et de saint Alexis...

Un panneau superposé aux fresques de l'abside présente, au centre, un buste de saint Benoît encadré par ceux de saint Pierre et de saint Sébastien. La fresque doit dater de la seconde moitié du XIe siècle, moment où l'abbé du Mont-Cassin, Didier, résidait dans ce monastère lorsqu'il venait à Rome. La netteté des lignes, le caractère ascétique des visages, joints à l'intensité des coloris, marquent encore un pas en avant dans la maîtrise de l'artiste. La rupture entre l'Église de Constantinople et celle de Rome ralentit les échanges ésthétiques entre l'Est et l'Ouest méditerranéens et les caractères romans progressent plus librement dans l'ambiance romaine.

A Sainte-Pudentienne, une fresque représentant saint Pierre entre sainte Praxède et sainte Pudentienne est généralement attribuée au IXe siècle. Les coloris nets, les formes bordées de traits épais, les têtes solidement fixées sur les cous montrent que la vigueur romaine prévaut déjà sur le hiératisme byzantin.

Mais c'est dans un petit oratoire derrière l'abside que se trouvent des fresques encore plus nettement romaines et vraisemblablement datables du XIe siècle. Sur le mur du fond, dans une niche peu profonde, se trouve une Madone entre les deux sœurs Praxède et Pudentienne offrant leur couronne à Marie (pl. coul. p. 373). Celle-ci ne porte plus les insignes impériaux et l'Enfant est assis sur ses genoux, vu de face. Le costume des deux saintes, vues de trois quarts, est soigneusement précisé : tunique blanche, veste rouge, manteau jaune pâle à dessins rouges, encolure ornée de perles, manches courtes. Bien que fidèle à la tradition des icônes, l'ensemble paraît nouveau grâce aux notes réalistes du costume féminin, à l'élégance souple du geste des deux saintes que souligne encore la finesse des coloris.

Sur le mur d'en face, un ange couronne Cécile, Valérien, Tiburce et le pape Urbain (pl. 128). Sur le mur de gauche où deux sur quatre des épisodes primitifs sont encore lisibles, se voient la conversion des quatre enfants du sénateur Pudens et le baptême de ses deux fils (pl. 129).

Le goût de la narration se joue à l'aise sur les fonds de murailles et de colonnes, avec les gestes des protagonistes, leurs costumes variés et tout ce qui peut valoriser l'intérêt du récit. Qu'on regarde par exemple la gravité attentive de saint Paul penché sur la vasque de marbre rose ornée de motifs floraux où il baptise les deux fils du sénateur. La peinture apparaît ici pour la première fois avec les caractères d'un récit poétique, sans recherches psychologiques complexes, sans préoccupations réalistes, sinon la véracité du récit et le soin d'un coloris pur et brillant. Mieux que ne pouvaient l'obtenir les premiers récits en langue vulgaire italienne, cette composition peinte élabore dans un esprit nouveau des vérités déjà anciennes et y ajoute un «ton» très neuf, amorce d'une peinture chrétienne désormais occidentale.

Après l'an mil, au moment où l'abbaye du Mont-Cassin promeut un renouveau esthétique encore appuyé sur les rapports avec l'Orient, mais enrichis d'éléments arabes et normands venus de Sicile, Rome garde la nostalgie de son passé mais elle accueille l'action des papes réformateurs et regarde vers l'empire germanique. La langue vulgaire issue du latin se forme peu à peu et l'histoire des saints locaux, l'institution des communes, introduisent avec le goût des récits hagiographiques une manière nouvelle de considérer la vie. D'où l'apparition d'une peinture narrative, épisodique, aux coloris vifs et clairs.

A Rome les peintures de Sant'Urbano alla Caffarella en fournissent un document significatif. La petite église installée dans un temple construit par Hérode Atticus sur ses terres, est toute couverte de fresques. Celles de la partie supérieure sont encore lisibles et comportent un cycle christologique, un cycle de saint Urbain et de sainte Cécile; un troisième représente les martyres de saint Laurent et d'autres saints.

Les scènes évangéliques comportent encore des éléments orientaux traditionnels à Rome. Mais le cycle de sainte Cécile, de Valérien, de Tiburce et de saint Urbain est une «biographie» naïve de la sainte et de ses compagnons martyrs : le hiératisme byzantin cède la place à une manière plus directe et plus simple d'entendre le christianisme. En somme, le vieux filon romain de la peinture narrative, avec ses accents dialectaux, qui vivotait dans le haut Moyen Age, reparaît avec vigueur. Cette peinture encore gauche, mais libérée du «tout fait» et du «commandé par les doctes», offre déjà, au début du XIe siècle, les caractères de la fin de ce siècle : l'accent est mis sur l'aspect didactique à l'usage de ceux qui ne savent pas lire, à la différence de la peinture savante qui s'adressait aux clercs et aux grands. Plus même que vers les fresques du «vieux» Saint-Clément – les Limbes, l'Ascension, la Vierge Marie – elle regarde vers le Saint-Clément d'après le sac de Rome par Robert Guiscard (1084) et annonce, mieux encore que les fresques de San Sebastianello, les «légendes» de saint Alexis et de saint Clément, les fresques de Castel Sant'Elia, de Saint-Pierre de Tuscania, de Ferentillo, de San Giovanni a Porta Latina.

CASTEL SANT'ELIA

C'est à Rome, dans le Latium et en Ombrie qu'à la fin du XIe siècle et au début du XIIe se diffuse et se perfectionne un art roman proprement italien : décorations, «vivantes» ou géométriques, insérées entre les scènes narratives empruntées à l'Ancien ou au Nouveau

Castel Sant'Elia
Détail des fresques de l'abside :
procession de vierges

Testament, aux vies de saints, aux faits historiques... ou légendaires. Dès le dernier quart du XIe siècle, avant la quatrième Croisade, les Romains ont assimilé et transformé les nouveaux apports byzantins.

On peut le constater par exemple à Castel Sant'Elia, église bénédictine voisine de la cité étrusque de Nepi, au Nord de Rome. Malgré l'élégance pure et dépouillée de l'architecture, l'importance des fragments antiques déposés le long des murs, l'ambon et le ciborium de marbre, ce sont les fresques qui constituent l'intérêt majeur du monument.

L'abside

Les peintures qui subsistent décorent l'abside et le transept. Au sommet de l'abside, le Christ (pl. 92) qui rappelle celui de l'église des saints Côme et Damien, est d'inspiration traditionnelle romaine, tandis que les personnages féminins qui, au-dessous, présentent leurs couronnes sur leurs mains voilées (pl. coul. p. 363), se rattachent à l'iconographie byzantine. (Les scènes de l'Apocalypse qui décorent le transept comportent davantage de caractères d'art populaire romain (pl. 88 et 90, 91) comme les fresques de l'église inférieure de Saint-Clément).

Le Christ, debout, drapé dans un pallium jaune d'or au laticlave bleu, domine l'abside. A ses côtés, saint Pierre et saint Paul, chacun portant une banderole (pl. 92). A droite de saint Paul, séparé de lui par un palmier, un guerrier en armure, sans doute saint Élie, un soldat converti en 309 par des chrétiens condamnés aux mines en Cilicie, et mort martyr. A droite de saint Pierre, un personnage tonsuré difficilement identifiable. Les cinq personnages se détachent sur un fond bleu profond et se tiennent sur un pré vert criblé de petites fleurs blanches, en calices ou en étoiles. Aux pieds du Christ naissent les quatre fleuves du Paradis terrestre, leurs noms dûment écrits. Derrière le Christ se trouve un élément curieux aux bandes rougeâtres ondulées, peut-être les nuages de l'iconographie primitive : «Ecce venit cum nubibus» (Apoc. 1,7). Les deux bandes inférieures coupent le pré, et le Christ ne s'appuie pas sur ces nuages mais se tient les deux pieds sur l'herbe. Sous cet ensemble se trouve le traditionnel cortège des agneaux qui, sortant de Jérusalem et de Bethléem, s'avancent vers l'Agneau mystique. Mais celui-ci ne se trouve pas à sa place normale – prise par une fenêtre ! – et il est logé un peu plus haut dans un cercle, aux pieds du Christ. Deux fenêtres, dont l'une est bouchée, coupent encore ce cortège des agneaux blancs qui se détachent sur un fond jaune de chrome.

Au-dessus, dans une troisième zone décorée, le centre est si endommagé que le personnage qui l'occupe est invisible. Sur le trône où il était assis on voit une main gantée portant un sceptre surmonté d'une croix et d'un globe, signe de la puissance divine. Le trône est encadré de deux archanges vêtus comme les gardes du corps d'un personnage royal. Eux aussi portent un sceptre et un globe. Aux pieds du trône se blottit un petit bénédictin, sans doute celui qui a fait exécuter les fresques. De chaque côté des anges, quatre saintes vêtues en princesses byzantines se tournent vers le personnage invisible et, de leurs mains voilées, lui font hommage de leur couronne. Deux noms sont encore lisibles : Catherine et Lucie, comme aussi ceux des archanges, Michel et Raphaël. Tous portent des vêtements aux couleurs claires et vives allant du jaune d'or au rouge ocre. L'ensemble de l'abside présente un coloris joyeux depuis l'azur du fond semé d'étoiles blanches régulièrement espacées. Mais les têtes sont inexpressives et pourraient sans dommage passer d'un cou sur l'autre.

Le transept

Les fresques du transept (pl. 88) ont, elles aussi, des teintes vives, quelque chose d'allègre et de majestueux à la fois; mais l'iconographie est plus libre et la composition en tableaux est toute nouvelle.

Sur la paroi latérale, tournés vers le Christ de l'abside, paraissent les vieillards de l'Apocalypse disposés en files de six en deux registres superposés. Ils portent une tunique crème et un manteau, rouge ou vert, dont un pan recouvre la main qui offre un calice. Sauf la couleur, ils sont absolument identiques : profil élancé, bras tendu, un pied posé et l'autre soulevé comme dans une marche processionnelle bien rythmée, ils semblent sortir du fond bleu sur lequel ils se dessinent et avancer sur la prairie semée de crocus blancs. Placés à intervalles réguliers, ils répètent le même geste d'offrande mais, malgré la stylisation de l'attitude, des visages et des vêtements, ils produisent un effet tout neuf parce que cette chorégraphie a retrouvé sa signification originelle, celle d'une adoration collective de l'Agneau.

Au-dessus des vieillards se trouvent les Apôtres et, sur le mur du fond du transept, des Prophètes font suite aux Apôtres. Sous la rangée, bien détériorée, des Prophètes parmi lesquels on distingue encore les noms d'Amos, Jonas, Zacharie et Samuel, viennent trois registres superposés et comprenant chacun deux «tableaux». Leurs encadrements sont constitués par des bandeaux ornés de médaillons où des corbeilles, des vases, des oiseaux, des fleurs, des poissons, alternent avec des palmettes et des motifs géométriques. On les dirait venus de céramiques grecques. Les tableaux représentent des «histoires» de saints ou des scènes de l'Apocalypse, elles-mêmes traitées comme des «histoires». Ils allient les caractères de la peinture populaire narrative à la grandeur de la composition. Au bas de la paroi se voit la mort de saint Anastase, le patron de l'église. Au-dessus, deux registres sont réservés à l'Apocalypse; le tableau le plus haut, à gauche, montre le Christ assis sur un trône, Il remet à saint Jean le livre mystérieux. Dans un second tableau, le Christ apparaît encore comme juge tandis que saint Jean converse avec un ange. Un autre tableau, fort endommagé, est réservé à l'ouverture des six premiers sceaux du livre (cf. Apoc. 2). On voit encore saint Jean avec deux cavaliers ou bien debout, près de deux anges dont l'un lève un encensoir et l'autre sonne de la trompette. Trois cavaliers galopent dans une plaine verdoyante devant des montagnes en pain de sucre tandis que saint Jean les observe. Toujours en présence de saint Jean, la «femme vêtue de soleil» vole au ciel avec des ailes d'aigle et fuit devant un dragon rouge (pl. 90). L'une des scènes les plus curieuses et les mieux composées est celle où l'on voit quatre anges retenir les quatre vents et les empêcher de souffler sur la mer schématisée, au centre, en une sorte de motte blanchâtre où s'entassent des poissons (Apoc. 7,1) (pl. 91).

Abside et transept de Castel Sant'Elia présentent les caractères de l'école romaine où se fondent, à la fin du XIe siècle, les éléments classiques, byzantins, et la veine populaire romaine. Si, dans l'abside, les peintres suivent une très ancienne tradition iconographique et s'en tiennent aux canons primitifs de l'art médiéval, ils innovent en ce qu'ils sont soucieux de dire quelque chose, de faire *parler* leurs personnages et non seulement de les faire *reconnaître* par leurs attributs habituels. Avec des moyens limités, ils font un effort émouvant pour atteindre l'expression. Sans doute, par comparaison avec les chefs-d'œuvre de Saint-Clément, la stylisation est-elle plus raide, depuis celle des nuées jusqu'à celle du sol fleuri de crocus comme un tapis piqué d'astérisques blancs, et l'interprétation des visages est-elle pauvre : deux lignes verticales font un nez, une mince ligne horizontale, une bouche, une courbe, un menton, un demi-cercle, un cou. Mais les couleurs sont brillantes, jaune vif, brun clair, rouge, blanc et noir, ombres pourpres sur des fonds bleus et verts. Les effets linéaires sont poussés à l'extrême : tout l'espace utilisable est rempli de lignes, parallèles ou concentriques, qui paraissent en mouvement à partir d'un point. Ceci est très nouveau et se retrouve, plus nettement encore, dans les scènes du transept dont la composition libre est remplie de trouvailles. Toesca observe que l'Apocalypse peut provenir de manuscrits espagnols ou aquitains, mais que, si l'on se rappelle l'habitude des mosaïstes romains de représenter aux arcs triomphaux des basiliques un moment culminant de la vision de saint Jean, on trouvera plus vraisemblable que ses sources soient locales et se trouvent dans la peinture murale romaine plutôt que dans les manuscrits. Il en conclut prudemment que le problème chronologique ne peut être résolu que par approximation : les arguments stylistiques restent incertains puisqu'on n'a pas encore déterminé les phases des divers styles; mais il s'accorde avec Hermanin, Van Marle et Lavagnino pour dater ces fresques du XIe siècle. On ne peut, comme le fait Hoogewerff, les placer au Xe siècle sans méconnaître leur développement stylistique par rapport aux fresques de Saint-Sébastien sur le Palatin et de Saint-Urbain à la Caffarella (1011), et surtout, sans oublier leurs rapports étroits avec celles de Saint-Clément.

Aux pieds du Christ, dans l'abside, se lit une inscription : IOHANNES / ET / STEPHANUS / FRATRES / PICTORES / ROMANI / ET / NICOLAUS / NEPOS / VERO / IOHANNIS. Jean et Étienne, les deux frères, aidés par Nicolas, neveu de Jean, sont donc les auteurs des fresques de Castel Sant'Elia. Hermanin et Lavagnino ont noté tous les deux le caractère artisanal et familial des peintures romaines : le labeur s'accomplit en équipe, le métier se transmet d'une génération à l'autre comme chez les marbriers. Nos trois artistes sont parmi les Romains dont la peinture narrative atteint, à la fin du XIe et au début du XIIe siècle, une haute dignité de style. Ils transforment graduellement le langage oriental, ils lui confèrent de nouvelles inflexions, ils en modifient la signification. Dans les fresques exécutées à Rome ou dans sa région : Castel Sant'Elia, Saint-Clément, Saint-Pierre de Tuscania, entre 1080 et 1120, on distingue clairement les caractères d'une «école» romaine. On peut y voir un développement, un affinement, des principes déjà mis en œuvre à Saint-Urbain de la Caffarella. Mais à Saint-Urbain, l'art était encore puéril, ignorant. Ici, la puérilité est devenue charme et grâce. On peut chercher des modèles à Byzance, chez les enlumineurs nordiques, chez ceux de l'abbé Didier au Mont-Cassin, et dans la tradition classique. Ce qui est certain, c'est que tous ces éléments concourent à former des œuvres essentiellement italiennes, romaines. La fermeté gracieuse des lignes et du chromatisme domine les volumes bien distribués dans l'espace. Les couleurs, parfois très fines, étendues sur des corps souples, sont comme traversées ou délimitées par un dessin léger, sinueux, qui change continuellement les formes en mouvements décoratifs et confère à ces fresques leur principal caractère de nouveauté.

SAINT-CLÉMENT

L'église paléochrétienne de Saint-Clément, ravagée par Robert Guiscard en 1084, dut être comblée pour permettre la construction de l'église actuelle, consacrée en 1228. Mais au milieu du siècle dernier, il fallut déblayer l'ancien sanctuaire pour consolider par des piliers le nouveau qui menaçait de s'effondrer. On doit à ces travaux la réapparition de peintures très précieuses. Une première série de fresques s'arrête au Xe siècle; la seconde comporte les peintures entreprises après 1084 et achevées – ou interrompues – quand il fallut combler l'église primitive.

Déjà cette première église était ornée de fresques d'époques et de styles différents. Certaines sont peut-être des ex-voto, comme la Vierge-Reine inscrite dans une niche, assise avec l'Enfant sur ses genoux et vue tout à fait de face; elle porte une couronne, un collier aux perles si nombreuses qu'il forme un cadre d'orfèvrerie autour de son visage; elle porte une dalmatique d'un bleu intense et ses grands yeux noirs semblent attentifs aux prières des fidèles. Certains critiques ont pensé qu'il s'agissait d'une transposition de portrait d'impératrice.

Mais parmi les peintures du Saint-Clément primitif, se trouve aussi un cycle christologique de même époque et de grande qualité. Il doit dater du temps de Léon IV (847-855) qui fit exécuter tout un programme de décorations dans cette église. Les Noces de Cana, la Crucifixion, les Saintes Femmes au sépulcre, la descente aux Enfers, sont plutôt en mauvais état mais restent encore assez lisibles pour qu'elles révèlent le style et la formation de leurs auteurs.

Mais c'est l'Ascension, entièrement lisible, elle, qui est l'œuvre maîtresse de cet ensemble. De proportions étonnamment grandes pour cette époque, elle se déroule autour d'une pierre reliquaire (qui proviendrait du lieu même de l'Ascension) encastrée au centre de la scène. On voit le Christ cerné sur un fond étoilé porté par des anges. Au-dessous, se trouvent les Apôtres en deux groupes et, au centre, la Vierge en orante. Elle se trouve devant un fond bleu clair et les Apôtres, eux, devant des bandes écarlates et jaunes. A l'extrémité gauche de la fresque, le pape Léon IV, debout, la tête entouré du nimbe carré, tandis qu'à droite se trouve saint Guy. Les Apôtres ne sont pas rangés en contemplateurs immobiles du Sauveur glorifié, mais blottis les uns contre les autres dans des attitudes dramatiques, les regards anxieux, les pupilles aux coins de l'œil (pour voir, sans oser se tourner ni lever la tête ce qui arrive?). Le caractère dominant est celui de la stupeur inquiète devant le départ du Seigneur.

La culture du peintre de Léon IV est complexe. Il connaît l'iconographie byzantine mais il utilise les innovations occidentales. Il applique des couches de couleur pure mais apprécie la vivacité et la variété des tons de l'enluminure. Aux regards anxieux, il ajoute le geste de crainte d'un apôtre au premier plan. Mais, à l'inverse, les deux personnages qui encadrent la scène sont strictement de face, immobiles et sereins. Le peintre de l'Ascension utilise de main de maître les données traditionnelles et amorce une transition vers les fresques romanes du XIIe siècle.

Sur d'autres parois de cette église souterraine se trouvent des fresques exécutées entre les déprédations commises par les Normands et le comblement de l'église. Quelques-unes d'entre elles sont des chefs-d'œuvre de l'école romane, dont trois se rapportent à la légende de saint Clément, une à celle de saint Alexis.

Dans la nef centrale se voit la Messe de saint Clément (pl. coul. p. 49). Le pape est tourné vers les fidèles, les bras levés, et célèbre la messe devant un fond d'architecture où pendent des lampes. A gauche, le donateur et sa femme représentés en petit et, derrière eux, se tiennent des clercs. Sur la droite de l'autel on voit Théodora, convertie par saint Clément, que son époux Sisinius voudrait saisir, mais miraculeusement frappé de cécité, il se débat contre ses esclaves qui voudraient l'emmener, tandis que Théodora, debout, paisible, un peu d'ironie apitoyée dans le regard, reste immobile. Sous cette fresque, une autre représente les serviteurs de Sisinius qui, frappés aux aussi de cécité, croient saisir le pape tandis qu'ils entourent de cordes une colonne! Ils se donnent beaucoup de mal, leur maître les appellent par leurs noms : Albertello, Carvoncello, etc. pendant que l'un d'eux les excite à tirer sur la corde : «trai», et que Sisinius, excédé, leur crie : «fili de le pute, traite».

Dans le narthex, une fresque représente la translation du corps de saint Clément (pl. 2). A droite, le célébrant se trouve derrière l'autel d'une petite église qui constitue le fond du tableau. De la gauche, à la tête de la procession, s'avancent de jeunes clercs; quatre autres portent la bière, deux balancent des encensoirs; puis vient un groupe très nombreux mené par le pape, accompagné de deux personnages : peut-être saint Cyrille et saint Méthode qui, en 867, avaient porté à Rome les reliques de saint Clément?

La troisième fresque dédiée à saint Clément représente un de ses miracles. Lié à une ancre, il fut jeté dans la Mer Noire. Chaque année, au jour anniversaire de son martyre, la mer se retire et on célèbre la messe à l'endroit où il mourut noyé. La chapelle est dressée près de l'ancre du supplice (pl. 1). Une fois, une maman laissa surprendre son bébé par le retour des flots; elle revint l'an d'après et retrouva son enfant vivant. Devançant le clergé et la foule, on la voit accourir bouleversée, se baisser et serrer l'enfant dans ses bras; puis debout à gauche de l'autel, radieuse, tenir le bambin sur sa poitrine. A eux seuls, les mouvements et les attitudes de la mère et de l'enfant, si souples, si vifs, si vrais, révèlent un grand artiste. Mais s'y ajoutent encore l'intérêt de l'architecture venue de l'antique, les draperies et les tentures de la chapelle, l'accord des bleus, des verts, des rouges sombres du fond du tableau; les costumes ecclésiastiques et civils, le naturel des attitudes et des gestes, et même la surprise d'une conception «moderne» dans la représentation de la mer : elle cerne toute la scène, passe par-dessus la chapelle qu'elle contourne entièrement avec ses poissons grouillants, sa méduse entre deux eaux et les lignes fluides, vertes et jaunes sur fond blanc, de ses ondes serrées. Peut-être un autre élément est-il un signe de plus d'une redécouverte de l'antique : c'est le long candélabre qui borde la fresque à droite et semble lui servir à la fois de clôture et de décoration inattendue.

Comme dans les scènes juxtaposées des mystères médiévaux, l'histoire de saint Alexis, «le pauvre sous l'escalier», est représentée en trois tableaux (pl. 3). Un demi-siècle environ avant la composition de cette fresque, un poète français écrivait la «Cantilène de saint Alexis» qui contient déjà les qualités narratives, le plan rigoureux, l'émotion retenue d'un poème classique. Sauf le prologue et l'épilogue, la fresque romaine suit le plan de la cantilène : la première scène à gauche présente le sénateur Euphémien regagnant sa demeure, à cheval, accompagné d'un officier et d'un écuyer eux aussi sur leur monture. De la maison, une femme les observe pendant qu'Euphémien écoute un mendiant qui «au nom du fils qu'il a perdu depuis dix-sept ans» lui demande l'hospitalité. La scène centrale représente le mendiant malade, épuisé de souffrances, dans la maison où il a vécu ignoré, en rendant toutes sortes de services. C'était le fils de la maison, Alexis, disparu le soir de ses noces, renonçant à tout pour répondre à l'appel du Seigneur. A sa demande, le pape vient le voir, «sous l'escalier», et reçoit son secret. La troisième scène montre Alexis mort et la tête nimbée. Il est couché sur un lit très haut et couvert d'une longue tenture bordée. Le pape, vêtu des ornements sacrés, révèle aux parents qui était leur hôte. Le père se frappe la tête, la mère se tord les mains et l'épouse se penche sur l'époux méconnu, front contre front. Au bas du triptyque, une admirable frise ornée d'oiseaux, de vases, de fleurs, de fruits, borde les trois scènes comme une tenture brodée de couleurs vives. En France, c'est un texte, à Rome, c'est une fresque, qui signalent les débuts de la composition narrative : ordre et mouvement, émotion forte, style sobre et déjà sûr de lui-même.

ANAGNI

Fresques de la crypte de la cathédrale

Le nom d'Anagni, si fameux en France en raison de l'attentat de Nogaret, émissaire de Philippe le Bel, contre le pape Boniface VIII en 1303, revient souvent dans l'histoire de l'Église médiévale : refuge de papes et d'antipapes, lieu de réception d'évêques et de souverains, mais aussi d'excommunications et de luttes féodales. C'est ici que vint Manfred mais aussi les assassins de Thomas Becket pour expier leur crime. En deux siècles la petite ville donna quatre papes à l'Église dont le dernier fut précisément Boniface VIII.

La cathédrale et les œuvres d'art qu'elle contient résument la splendeur passée d'Anagni. De la nef un escalier conduit à deux cryptes proches l'une de l'autre. La crypte principale d'abord et, du côté Sud, une plus petite consacrée à saint Thomas Becket, toutes deux ornées de peintures. Depuis l'étude fondamentale de Toesca en 1902 nombreux sont les travaux qui se sont attachés à cet ensemble.

La crypte principale constitue à elle seule une véritable église souterraine dont les trois absides répondent à celles de l'église supérieure. Elle est divisée en largeur par deux rangées de six colonnes dont les arcs supportent de petites voûtes d'arêtes en forme de coupoles (pl. 114). La partie gauche est relativement plus éclairée que celle de droite. D'après le lectionnaire d'Anagni l'évêque saint Pierre, constructeur de la cathédrale (il mourut le 3 août 1115), fit déposer les reliques de saint Magne – évêque de Trani, martyrisé vers 250 à Fondi et dont les reliques furent transférées en ce lieu – sous l'autel central et celles des saintes Segondine – martyre locale –, Aurélie et Noemisia – deux saintes venues de l'Est et martyrisées dans les environs – sous l'autel de gauche ainsi que celles d'autres martyrs dans l'autel de droite.

Les documents anciens ne parlent pas de peintures mais on sait qu'en 1231 l'évêque Albert fit exécuter le pavement de mosaïques par le maître Côme aidé de ses fils Luc et Jacques. On peut penser que toute la décoration était terminée quand la crypte fut consacrée en 1255. Mais nous reviendrons plus loin sur cette question.

Parcourons rapidement le cycle des fresques.

Dès l'entrée par la porte du côté Sud, on ne peut manquer d'être frappé par les peintures qui ornent la première travée et celle qui lui est immédiatement contiguë sur la droite. A la voûte de la première en effet, fort dégradée malheureusement, se voit figuré le Zodiaque. Au-dessous, sur la portion de mur qui ferme cette travée, dans une peinture devenue peu lisible, un personnage nimbé apparaît au centre de quatre philosophes parmi lesquels M.L. Pressouyre suppose non sans raison que devaient figurer Platon et Socrate. En effet, dans la travée suivante de droite, tandis que l'intrados de l'arc de séparation est décoré d'une étrange faune aquatique dont B. Andberg a révélé le sens moral, la voûte montre le microcosme humain et sa parenté avec les lois cosmiques (pl. 115) : les quatre âges de la vie y sont associés aux quatre tempéraments, aux quatre saisons et aux quatre éléments, toutes correspondances inspirées du *Timée* de Platon et, plus précisément même, selon Toesca, du commentaire du *Timée* par Chalcidius. Sur le mur situé au-dessous de cette voûte on peut voir Hippocrate et Galien assis sur des cathèdres et discutant (pl. coul. p. 337). Galien écoute avec respect Hippocrate qui enseigne : il est vêtu plus simplement que son maître et tient sa plume en l'air pour mieux écouter. Sur le pilastre voisin figure un diagramme également inspiré du commentaire de Chalcidius : le feu et la terre sont les extrêmes, l'eau et l'air les moyens.

(suite à la page 385)

TABLE DES PLANCHES

FRESQUES

124

125

127

128

129

132

La terre est signifiée par le cube de 2, le feu par la cube de 3 et, entre ces nombres, sont insérés les moyens proportionnels représentant l'eau et l'air de sorte que : VIII : XII = XVIII : XXVII exprime la proportion qui fait de l'univers un tout indissoluble. M.L. Pressouyre, corrigeant certaines affirmations de Toesca, a montré que ce diagramme, apparaissant de façon si étrange dans une crypte de cathédrale, se référerait à de nombreux manuscrits médiévaux dont il était certainement la copie pure et simple.

Si nous avançons toujours plus vers la droite, nous trouvons des thèmes plus habituels sur les voûtes des travées suivantes : le tétramorphe d'abord (voûte 3), puis des anges (voûte 4), l'histoire de Samuel et de Saül (voûte 5), la bataille de Masphat (voûte 6) (pl. 116), un des chefs-d'œuvre d'Anagni; en quelques traits toute la violence de la scène est rendue cependant que Samuel, en prière, reste impassible. Enfin viennent des figures de prophètes : David et Salomon, Isaïe et Daniel, tandis que sur le mur situé au-dessous, la Vierge à l'Enfant apparaît assise, glorieuse, au milieu de quatre saints dont les deux saints Jean : l'Évangéliste et le Baptiste.

Si l'on passe à la rangée de voûtes suivantes en avançant vers l'absidiole de droite, on trouve d'abord quatre anges entourant le monogramme du Christ (voûte 8). Les travées voisines rapportent l'histoire de l'arche mais il y a lieu de commencer par la dernière, celle située au fond vers le Sud, ou plus exactement la précédente, car l'ultime est entièrement effacée. Sur cette voûte 13 est représentée la capture de l'arche par les Philistins avec la mort d'Héli et de ses fils, puis sur la voûte 12 les plaies causées aux Philistins par la présence de l'arche et sur la voûte 11 le renvoi de l'arche par les Philistins et sa présence à Bet-Shemesh puis à Qiryat-Yearim dans la maison d'Aminadab (voûte 10). A la voûte suivante (9) nous assistons à la conversion d'Israël et sa délivrance des Philistins.

Si nous en venons maintenant aux travées situées juste devant les absidioles, nous y trouvons d'abord à l'extrême droite l'une des plus belles fresques de l'ensemble : la rencontre d'Abraham et de Melchisedec (voûte 21) (pl. 117) puis l'ascension d'Élie sur son char de feu (voûte 20). Vient ensuite ainsi que l'a montré M.L. Pressouyre une scène de l'Apocalypse : les quatre anges imposent silence aux quatre vents (voûte 19) puis l'apparition du Christ à saint Jean telle que l'a décrite le chapitre initial de l'Apocalypse (voûte 18). A la voûte suivante sont représentés quatre chérubins entourant un monogramme flanqué de l'alpha et de l'oméga (voûte 17). Viennent alors la colombe de l'Esprit Saint (voûte 16) et le buste du Christ enseignant et bénissant au milieu des symboles des quatre Évangélistes (voûte 15).

L'absidiole de gauche représente sur les parois l'histoire de sainte Secondine et au cul-de-four la Vierge à l'Enfant entourée de saints (pl. 118). L'abside centrale décrit l'histoire de saint Magne (pl. 119) et, sur le cul-de-four, figurent les vingt-quatre vieillards adorant l'Agneau entouré du tétramorphe (pl. 120). Sous les écoinçons de l'arc d'entrée on peut voir à gauche les âmes des martyrs suppliant le Christ et l'Agneau de les venger; à droite les quatre cavaliers. Enfin l'absidiole de droite offre un décor très dégradé. On y voit encore le combat de saint Michel contre le dragon, ce qui donne à penser que le cycle de l'Apocalypse devait s'y poursuivre.

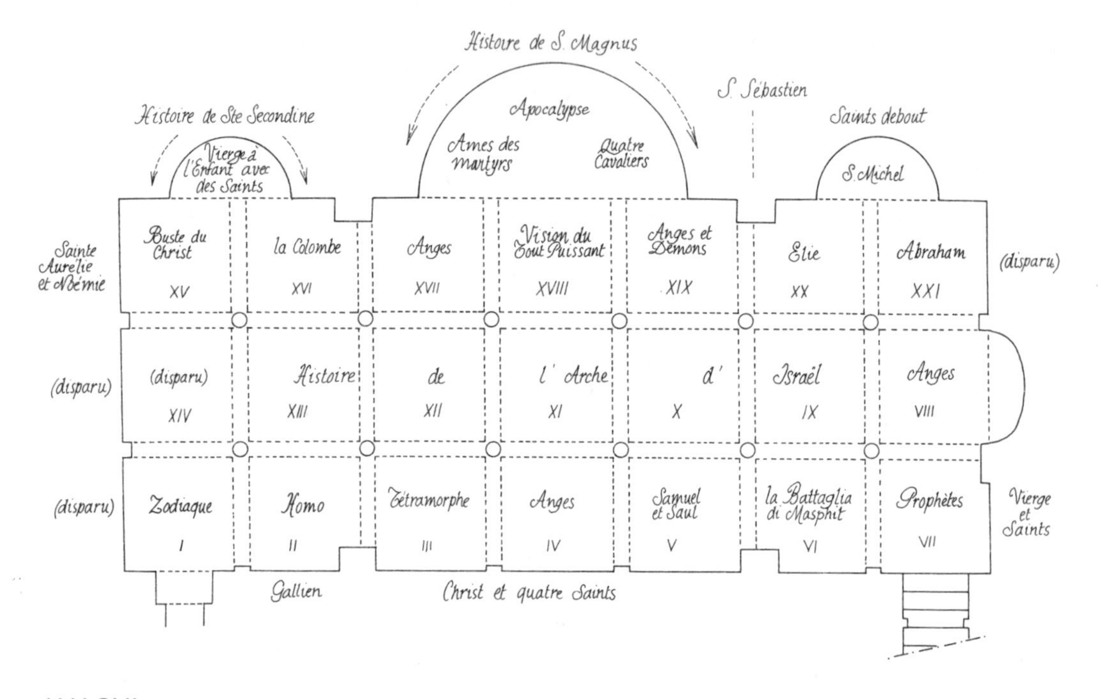

ANAGNI
cathédrale
fresques de la crypte

Il est difficile de saisir le lien exact qui peut unir ces divers thèmes. Matthiae a noté que «la matière iconographique de ce vaste cycle est complexe à l'extrême quoiqu'on ne puisse dire qu'elle témoigne d'une véritable unité». Il lui semble difficile que les simples fidèles aient été en mesure de comprendre la signification des épisodes de l'histoire de l'arche, même si ceux de l'Apocalypse devaient leur paraître beaucoup plus clairs. Mais n'est-ce point sous-estimer la culture religieuse des fidèles de cette époque? les illettrés avaient droit alors à une doctrine substantielle et nutritive. A. Grabar pense y trouver, pour sa part, une illustration des textes liturgiques de la cérémonie de la dédicace. Mais alors pourquoi n'aurait-on pas fait figurer ici l'épisode de Jacob érigeant la pierre sur laquelle il avait dormi à la façon d'une stèle, alors que ce passage de la Genèse constitue une sorte de leitmotiv dans la liturgie de la fête? M.Q. Smith semble plus en consonance avec la mentalité médiévale lorsqu'il relève l'importance du thème de l'arche et toutes ses implications : avec l'Eucharistie, l'Apocalypse, la Vierge Marie, sans oublier le sens littéral et premier de l'arche de l'alliance chez les Israélites et la châsse (l'*arca*) de saint Magne. A l'inverse l'hypothèse de F.W.N. Hugenholtz qui veut mettre en relation l'iconographie de la crypte avec les événements historiques contemporains, quoique fort ingénieuse et documentée, semble moins convaincante.

Le décor de la crypte de saint Thomas Becket est malheureusement très abîmé mais fort intéressant. On y voit la création du monde, d'Adam, d'Ève (pl. 121), le péché originel, les deux coupables cherchant à cacher leur nudité, l'expulsion du paradis terrestre. Puis Adam et Ève dans un grand cercle rouge méditant sur leur sort. Ensuite l'offrande de Caïn et d'Abel, le meurtre de ce dernier par son frère. Puis c'est l'épisode de la rencontre d'Abraham et de Melchisedec avec l'offrande du pain et du vin, l'apparition des trois anges à Abraham qui les invite à sa table, le sacrifice d'Isaac (pl. 121), enfin la bénédiction de Jacob par Isaac devenu vieux. On devait y voir aussi des scènes du Nouveau Testament (mais elles sont devenues indéchiffrables), sept saints bénédictins (pl. 122), le Jugement dernier. Dans le chœur, le Christ, bénissant à la façon byzantine, est entouré de la Vierge à droite et de saint Thomas Becket à gauche.

Dans la crypte principale Toesca a distingué trois maîtres et, pour l'essentiel, son hypothèse n'a pas été remise en question depuis lors, comme l'a noté M. Boskovits : «La reconstitution des caractères des trois peintres est d'une précision exemplaire, et si l'on ne pouvait prévoir encore les distinctions subtiles entre les "mains" d'aides divers, on pourrait la considérer comme définitive».

Dès 1902, en effet, Toesca avait défini le caractère des trois peintres qui travaillèrent simultanément. L'un serait un Frater Romanus auteur de fresques à Subiaco. Il aurait travaillé aux quatre saints qui se trouvent sous la fresque d'Hippocrate et Galien (pl. coul. p. 337), aux voûtes 5, 6 (pl. 116), 9 et 10. Son chef-d'œuvre serait, pour Toesca, la bataille de Masphat sur la voûte 6.

Un autre est appelé par Toesca «le peintre des translations». C'est un magicien de la couleur. Celle-ci est pour l'artiste la plus grande joie à laquelle toutes les autres cèdent; il s'intéresse avec amour à tout ce qui apporte une nouvelle teinte et sa peinture fait songer à de l'émail. Il a travaillé à Hippocrate et Galien, à la voûte 13, à la translation des reliques de saint Magne (abside centrale) (pl. 119), de même qu'aux trois saints qui restent encore dans l'absidiole de droite et dont Toesca écrit : «Là est le chef-d'œuvre de notre peintre». Mais on peut encore lui attribuer le cycle de l'Apocalypse, les voûtes d'Élie et Élisée, Melchisedec et Abraham (pl. 117). Dans son étude sur le *Cosmos platonicien* de la cathédrale d'Anagni, L. Pressouyre a montré, à la suite de M. Garrison «que ce peintre était aussi un miniaturiste et qu'il avait exécuté des enluminures d'un sacramentaire d'Anagni conservé aujourd'hui à la Bibliothèque Vaticane».

Un dernier enfin est nommé par Toesca «le peintre ornemaniste». Il prend surtout plaisir à placer sur les voûtes et les arcs de gracieuses frises teintées d'un jaune d'or portant des fleurs blanches et veinées de rouge et d'azur. Quand il peint des personnages, sa main ne sait pas se libérer des habitudes du calligraphe et il marque visages et vêtements de la même et immuable façon. On le trouve aux voûtes 12, 13, 11 (histoire de l'arche) mais aussi 3 et 4. L'œuvre de ce troisième peintre est-elle d'origine byzantine? Trouve-t-elle ses sources dans l'Italie du Sud ou dans une influence romaine, voire souabe? les avis sont partagés.

La date de 1250-55 avancée pour la décoration de ces fresques est acceptée par Grabar, Nordenfalk, Smith, Pressouyre, Hugenholtz,

Hoegger. Mais M. Boskovits émet l'objection suivante : «Des historiens actuels essaient de mettre en rapport la décoration de la crypte avec la date de restauration située, d'après une inscription de l'évêque Pandolphe, en 1250, en déplaçant ainsi la date des fresques vers le milieu du siècle. Néanmoins, comme l'inscription se trouve sur un pilier de l'église supérieure, il est probable qu'elle se réfère à des travaux dans cette partie de l'édifice, soumise effectivement à une transformation allant vers le gothique au cours du XIIIe siècle. Le fragment d'inscription : «P...» vu par Toesca dans la crypte constitue au contraire l'unique et insuffisant indice qui suggérerait que les fresques de la crypte auraient, elles aussi, affaire à l'évêque Pandolphe. Bien plus suggestives sont les inscriptions qui parlent des travaux exécutés dans la crypte en 1231. L'une, sur l'autel des Cosmati, conservée maintenant dans le trésor de la cathédrale, nomme seulement son auteur et la date de l'œuvre, tandis que l'autre, sur le mur du fond de la crypte face à l'autel de saint Magne, nous informe de la retrouvaille de la dépouille mortelle du saint à l'occasion de la réfection de l'autel et de la procession solennelle avec la précieuse relique qui fut rapportée dans l'église et placée sous le nouvel autel. Est-ce que le lieu d'une pareille cérémonie pouvait rester privé d'une décoration picturale? Vu l'importance religieuse et politique d'Anagni à l'époque en question et le fait que le pape régnant était d'Anagni, cela semble très improbable et donc la date de 1231 pour les fresques de la crypte a en sa faveur une vraisemblance historique». En outre, note M. Boskovits, les affinités relevées par Toesca entre l'œuvre du 3e maître d'Anagni et les fresques de la chapelle Saint-Grégoire de Subiaco imposent entre elles des dates assez proches. Or le décor de Subiaco remonte à 1228...

De toute façon, et quelles que soient les positions adoptées quant à l'attribution exacte de chaque partie de la crypte à l'un des maîtres et surtout quant à la datation précise de leurs travaux, il reste que l'ensemble d'Anagni représente l'un des plus beaux cycles de fresques du Latium pouvant se réclamer du style roman. Il est très important de rappeler en effet qu'au XIIIe siècle tandis qu'architecture et sculpture gothiques l'emportent en France sur l'art roman, il est très rare qu'en Italie les peintres utilisent ce style gothique malgré la diffusion des enluminures nordiques, rhénanes et surtout françaises.

INCIDENCES POLITIQUES

Entre le Latran et le Colisée, se trouve une église fortifiée consacrée à quatre martyrs : «I quattro coronati». Dans la cour d'entrée, une chapelle est dédiée à saint Sylvestre. Datées de 1245-46, ses fresques nous font en apparence reculer dans le temps : la liberté des formes et des coloris est estompée par une sorte de renouveau hiératique (explicable peut-être par le repli à Rome d'artistes orientaux après la prise de Constantinople en 1204 par les Croisés). Un autre intérêt est d'attester la politique papale par le rappel de la donation légendaire de Rome au pape par Constantin.

Au-dessus du portail d'entrée, le sommet de la muraille est occupé par un Jugement dernier (pl. 132), le Christ est assis sur un trône autour duquel se voient les instruments de la Passion : les clous, la couronne d'épines, la lance. Puis, la Vierge, saint Jean, les Apôtres. Pas de damnés, ni d'élus. Au-dessus du tribunal, un ange, à droite, souffle dans une longue trompette; à gauche, un autre est occupé à «replier» le ciel comme on roule une nappe, où se trouvent encore des étoiles, mais où le soleil n'est plus qu'un rond noir. «Volvuntur coeli»?

Au-dessus de ce triomphe du Christ, commence «l'histoire» de Constantin qui se déroule tout autour des murs intérieurs de l'édifice. Les fresques représentent, en une dizaine d'épisodes, la légende déjà traitée moins explicitement à Saint-Sylvestre de Tivoli. Elles témoignent, après les différends récents entre Innocent IV et Frédéric II, de la lutte plus serrée entre papauté et empire, et peut-être même de la préférence accordée par les Romains au gouvernement papal qui respectait les prérogatives des communes, sur celui de l'empereur, déposé au concile de Lyon en 1245.

Les premières fresques montrent Constantin lépreux; l'apparition en songe des saints Pierre et Paul (pl. 130); la montée au Soracte des envoyés de l'empereur pour y appeler le pape Sylvestre; la conversion, le baptême et la guérison miraculeuse de l'empereur. Nous n'analyserons que les deux dernières, de même caractère stylistique que les autres, mais révélatrices de la motivation politique de l'œuvre. Dans la première (pl. coul. p. 383), le pape est assis à gauche, la tête couverte de la mitres; Constantin, agenouillé, lui présente la tiare, cercle couronné d'une pointe conique. Elle représente peut-être le pouvoir temporel en face du pouvoir religieux signifié par la mitre. L'empereur n'a pas de couronne. Celle-ci est portée par un dignitaire et Constantin s'apprête à prendre, des mains d'un autre dignitaire, les rênes du cheval. Dans le dernier tableau, le pape et l'empereur entrent dans Rome (pl. 131). Constantin, précédé d'un écuyer et couronné, marche à pied et tient les rênes du cheval du pape. Celui-ci porte la tiare, il est suivi d'ecclésiastiques mitrés. Un autre, tête nue, porte le dais.

Dans cette fresque, Constantin apparaît comme un homme reconnaissant à celui qui l'a baptisé et guéri et comme un feudataire qui rend au pape suzerain l'hommage qui lui est dû.

L'intérêt iconographique de ces fresques n'est pas seulement de nous montrer un moment crucial des rapports entre papauté et empire. Elles nous montrent aussi l'apport prépondérant des thèmes orientaux sur les occidentaux; hiératisme, séries de figures identiques en procession. Mais le peintre a aussi un sens dramatique qui rend bien l'action : sous une imagination orientale, c'est encore une œuvre romane.

D'autres faits religieux, rigoureusement historiques ceux-là, ont fourni des fresques romanes. Une crypte, accolée au soubassement de la cathédrale d'Anagni, a été dédié à saint Thomas Becket en 1073, au moment de sa canonisation, quand l'impression laissée par sa mort était encore très vive dans cette région où les meurtriers vinrent demander pardon de leur crime. Dans d'autres monuments construits par Henri Plantagenêt pour expier le meurtre de Becket (l'hôpital Saint-Jean d'Angers, par exemple, ou la Chartreuse du Liget) l'évêque n'est pas représenté. Mais à Anagni, la curie romaine lui attribue une place d'une importance surprenante : dans la «deësis» peinte derrière l'autel, la

Vierge occupe bien sa place habituelle, à la droite du Christ, mais saint Jean-Baptiste est remplacé, à sa gauche, par le martyr de Cantorbéry, sur la fresque détériorée dans la crypte sombre et humide. De plus, sur les parois latérales où se déroule un cycle analogue à celui de Ferentillo, de Saint-Jean-Porte-Latine, mais traité par des artisans locaux primitifs, se voit, sous cette double rangée de scènes bibliques, une suite de «tondi» dont l'un est consacré aussi à saint Thomas Becket.

Au Nord de Rome cette fois, mais à la même époque encore, à Spolète, dans l'église des saints Jean et Paul, une fresque représente le martyre : pendant que le saint évêque, debout à l'autel, célèbre la messe, un des émissaires du roi lui fend la tête d'un coup de sa longue épée. L'état de conservation de la fresque, très lisible, sa composition sobre et sûre, la violence rapide du coup et l'immobilité paisible de la victime composent un ensemble d'un très haut tragique.

Saint-Grégoire de Nazianze au Champ de Mars
• Bibliotheca sanctorum, t. 6, p. 194-204, *Saint-Grégoire de Nazianze,* par Mgr Sauget.
• Montenovesi Ottorino, Archivi d'Italie, 1949 seria II, XI-XVI, p. 141-143, Chiesa di S. Gregorio Nazianzeno Capitolium, 1949, p. 15-28 : Antichissimi avanzi, sec. IV A.C., nella chiesa di S. Gregorio Nazianzeno a Campo Marzio ibid., 1950 : Nuove scoperte...
• Archivi d'Italia 1959, vol. XXV, p. 38-44 : *La chiesa di S. Gregorio Nazianzeno.*
• Bollettino della Unione storia e arte, 1960, n° 4 : *San Gregorio Naianzeno a Campo Marzio.*
• Le chiese di Roma illustrate, n° 61, Roma, Marietti 1961 : Mario Bosi, *Santa Maria in Campo Marzio.*
• Rivista d'Arte, XXXVI, 1965 : E.T. Prehn, *Due problemi d'attribuzione* (le second problème concerne S. Gregorio Nazianzeno).
• Rend. Atti Pont. Acc. Rom. Arch. XXXIX, 1966-67, p. 161-186 : Vittorio Peri, *La tavola vaticana del Giudizio universale, nota sulla data e sul tema apocalittico.*
• Rend. Atti Pont. Acc. Rom. Arch. XI, 1935, p. 139-156 : D. Redig de Campos, *Sopra una tavola sconosciuta del XI° secolo rappresentante il Giudizio universale.*
• Cahiers de civilisation médiévale, n° 2, 1958, Poitiers, p. 174-178.

Les sept Dormants sur la Voie Appienne
• Capitolium, décembre 1962 : Antonio Maria Gellini, *Oratorio dei Sette Dormienti.*
• *Histoire de la peinture médiévale,* t. 2, p. 30, G. Matthiae.
• The American benedictine review, vol. XX, n° 3, St Benedict's Abbey, Atchinson, Kansas : Sr Marie Kranz et Sr Benedict Donahus, 1969, p. 374 : The story and art of Sant'Elia.
• Anthony, *Romanesque frescœs,* p. 70.
• L. Massignon, *Les sept dormants d'Éphèse, apocalypse de l'Islam,* Analecta bollandiana, LX-VIII, 1950.
• P. Peeters : Analecta bollandiana, XLI, 1923, p. 367-395.
• L. Massignon et E. Dermenghem, *Les sept dormants d'Éphèse,* recueil documentaire et iconographique. Revue des études islamiques, 1955, 56, 57.
• Gérard Viaud, *La légende des sept dormants,* Annales de Bretagne, décembre 1966.
• P. Saxer, Biblioteca Sanctorum, XI, p. 901-907 : Les sept dormants d'Éphèse.
• L. Massignon, *Le culte liturgique et populaire des sept dormants martyrs d'Éphèse* (Ahl Al Kahf), trait d'union Orient-Occident, *Islam et Chrétienté,* p. 118-180, 1961 (Opera minora, 2e étude, textes recueillis par Y. Moubarac, Recherches et Documents, Dar Al Maraf, Liban, 1963).
• H. Delahaye, *Les légendes hagiographiques,* Bruxelles 1927, p. 177.
• Ernst Heinzmann, Patristic studies, 1953, ch. 17, p. 125-163 : *Stephen of Ephesus and the Legend of the seven Sleepers.*

Anagni
• Toesca, *Gli affreschi della cattedrale di Anagni,* dans *Le gallerie nazionali italiane,* volume V, Rome 1902.
• E.B. Garrison, *Two Illustrations by the Anagni Translations Master,* dans *Studies in the History of Mediaeval Italian Painting,* II, 3, 1956.
• A. Grabar, *La peinture romane du onzième au treizième siècle,* Genève, 1958.
• G. Matthiae, *Pittura Romana del Medioevo,* vol. II (sec. XI-XIV), Rome 1965, chap. 6.
• Bjarne Andberg, *Le paysage marin dans la crypte de la cathédrale d'Anagni,* dans *Acta ad Archaeologiam et Artium Historium pertinentia,* Institutum Romanum Norvegiae, vol. II, Rome 1965.
• M.Q. Smith, *Anagni : An Example of medieval typological Decoration,* dans *Papers of the british School at Rome,* vol. XXXIII (New series vol. XX), 1965.
• L. Pressouyre, *Le cosmos platonicien de la cathédrale d'Anagni,* dans *Mélanges d'Archéologie et d'Histoire publiés par l'École Française de Rome,* t. 78, Paris 1966.
• F.W.N. Hugenholtz, *The Anagni Frescœs – A Manifesto,* dans *Mededeelingen van het Nederlands Instituut te Rome,* t. 41, 1979.
• M. Boskovits, *Gli Affreschi del Duomo di Anagni, un Capitolo di Pittura Romana,* dans *Paragone,* an. XXX, n° 357, Florence 1979.

INDEX DES NOMS DES ÉDIFICES ÉTUDIÉS DANS CE VOLUME

Abréviations employées : p. *signifie la page ou les pages du texte;* pl. *le numéro des planches hélio;* pl. coul. p. *renvoie à la page où se trouve une planche en quadrichromie;* plan p. *signale celle où figure le plan d'un édifice.*

CE VOLUME
EST LE SOIXANTE-DIX-HUITIÈME
DE LA COLLECTION
"la nuit des temps"
PUBLIÉE PAR LES ÉDITIONS ZODIAQUE
A L'ABBAYE SAINTE-MARIE DE LA
PIERRE-QUI-VIRE.

LES PHOTOS
TANT EN NOIR QU'EN COULEURS SONT DE ZODIAQUE.

LES CARTES
ET PLANS ONT ÉTÉ DESSINÉS PAR DOM NOËL DENEY A PARTIR DES DOCUMENTS FOURNIS PAR LES AUTEURS.

COMPOSITION
ET IMPRESSION DU TEXTE, SÉLECTION ET IMPRESSION DES PLANCHES COULEURS PAR LES ATELIERS DE LA PIERRE-QUI-VIRE (YONNE). PHOTOCOMPOSITION LASER PAR L'ABBAYE N.-D. DE MELLERAY (C.C.S.O.M., LOIRE-ATLANTIQUE). PLANCHES HÉLIO PAR LOOS-HVI-HUMBLOT A SAINT-DIÉ.

RELIURE
PAR LA NOUVELLE RELIURE INDUSTRIELLE A AUXERRE. MAQUETTE DE L'ATELIER DU CŒUR-MEURTRY, ATELIER MONASTIQUE DE L'ABBAYE SAINTE-MARIE DE LA PIERRE-QUI-VIRE (YONNE).

Directeur-Gérant : José Surchamp

ISSN 0768-0937
ISBN 2-7369-0198-3

Dépôt légal : 1460-10-92

la nuit des temps

Les arts

16 L'ART CISTERCIEN 1 (3e éd.)
34 L'ART CISTERCIEN 2
4 L'ART GAULOIS (2e éd.)
18 L'ART IRLANDAIS 1
19 L'ART IRLANDAIS 2
20 L'ART IRLANDAIS 3
38 L'ART PRÉROMAN HISPANIQUE 1
47 L'ART PRÉROMAN HISPANIQUE 2
28 L'ART SCANDINAVE 1
29 L'ART SCANDINAVE 2

France romane

54 ALPES ROMANES
22 ALSACE ROMANE (3e éd.)
14 ANGOUMOIS ROMAN
9 ANJOU ROMAN (2e éd.)
2 AUVERGNE ROMANE (6e éd.)
32 BERRY ROMAN (2e éd.)
1 BOURGOGNE ROMANE (8e éd.)
58 BRETAGNE ROMANE
55 CHAMPAGNE ROMANE
37 CORSE ROMANE
77 DAUPHINÉ ROMAN
15 FOREZ-VELAY ROMAN (2e éd.)
52 FRANCHE-COMTÉ ROMANE
50 GASCOGNE ROMANE
31 GUYENNE ROMANE
49 HAUT-LANGUEDOC ROMAN
42 HAUT-POITOU ROMAN (2e éd.)
60 ILE-DE-FRANCE ROMANE
43 LANGUEDOC ROMAN (2e éd.)
11 LIMOUSIN ROMAN (3e éd.)
61 LORRAINE ROMANE
73 LYONNAIS SAVOIE ROMANS
64 MAINE ROMAN
45 NIVERNAIS-BOURBONNAIS ROMAN
25 NORMANDIE ROMANE 1 (3e éd.)
41 NORMANDIE ROMANE 2 (2e éd.)
27 PÉRIGORD ROMAN (2e éd.)
5 POITOU ROMAN (épuisé)
40 PROVENCE ROMANE 1 (2e éd.)
46 PROVENCE ROMANE 2 (2e éd.)
30 PYRÉNÉES ROMANES (2e éd.)
10 QUERCY ROMAN (3e éd.)
17 ROUERGUE ROMAN (3e éd.)

7 ROUSSILLON ROMAN (4ᵉ éd.)
33 SAINTONGE ROMANE (2ᵉ éd.)
6 TOURAINE ROMANE (3ᵉ éd.)
3 VAL DE LOIRE ROMAN (3ᵉ éd.)
44 VENDÉE ROMANE
75 VIVARAIS GÉVAUDAN ROMANS

Espagne romane

35 ARAGON ROMAN
23 CASTILLE ROMANE 1
24 CASTILLE ROMANE 2
12 CATALOGNE ROMANE 1 (2ᵉ éd.)
13 CATALOGNE ROMANE 2 (2ᵉ éd.)
39 GALICE ROMANE
36 LEON ROMAN
26 NAVARRE ROMANE

Italie romane

74 ABRUZZES MOLISE ROMANS
70 CALABRE BASILICATE ROMANES
56 CAMPANIE ROMANE
62 ÉMILIE ROMANE
48 LOMBARDIE ROMANE
53 OMBRIE ROMANE
51 PIÉMONT-LIGURIE ROMAN
68 POUILLES ROMANES
78 ROME ET LATIUM ROMANS
72 SARDAIGNE ROMANE
65 SICILE ROMANE
57 TOSCANE ROMANE
76 VÉNÉTIE ROMANE

Autres pays

58 ANGLETERRE ROMANE 1
69 ANGLETERRE ROMANE 2
71 BELGIQUE ROMANE
63 ÉCOSSE ROMANE
66 PORTUGAL ROMAN 1
67 PORTUGAL ROMAN 2
8 SUISSE ROMANE (2ᵉ éd.)
21 TERRE SAINTE ROMANE (2ᵉ éd.)

BOURGOGNE ROMANE
AUVERGNE ROMANE
VAL DE LOIRE ROMAN
L'ART GAULOIS
POITOU ROMAN
TOURAINE ROMANE
ROUSSILLON ROMAN
SUISSE ROMANE
ANJOU ROMAN
QUERCY ROMAN
LIMOUSIN ROMAN
CATALOGNE ROMANE 1
CATALOGNE ROMANE 2
ANGOUMOIS ROMAN
FOREZ–VELAY ROMAN
L'ART CISTERCIEN 1 et 2
ROUERGUE ROMAN
L'ART IRLANDAIS 1, 2, 3
TERRE SAINTE ROMANE
ALSACE ROMANE
CASTILLE ROMANE 1 et 2
NORMANDIE ROMANE 1
NAVARRE ROMANE
PÉRIGORD ROMAN
L'ART SCANDINAVE 1 et 2
PYRÉNÉES ROMANES
GUYENNE ROMANE
BERRY ROMAN
SAINTONGE ROMANE
ARAGON ROMAN
LEON ROMAN
CORSE ROMANE
L'ART PRÉROMAN HISPANIQUE 1 et 2
GALICE ROMANE
PROVENCE ROMANE 1 et 2
NORMANDIE ROMANE 2
HAUT-POITOU ROMAN
LANGUEDOC ROMAN
VENDÉE ROMANE
NIVERNAIS-BOURBONNAIS ROMAN
LOMBARDIE ROMANE
HAUT-LANGUEDOC
GASCOGNE ROMANE
PIÉMONT-LIGURIE ROMAN
FRANCHE-COMTÉ
OMBRIE ROMANE
ALPES ROMANES
CHAMPAGNE ROMANE
CAMPANIE ROMANE

la nuit des temps 78

TOSCANE ROMANE
BRETAGNE ROMANE
ANGLETERRE ROMANE 1
ILE-DE-FRANCE
LORRAINE ROMANE
ÉMILIE ROMANE
ÉCOSSE ROMANE